江苏大学
五棵松文化丛书

JIANGSU
UNIVERSITY

江苏高校哲学社会科学重点研究基地——"新时代'三农'问题研究中心"研究成果

我国"三农"热点问题研究

金丽馥　石宏伟　著

江苏大学出版社
JIANGSU UNIVERSITY PRESS

镇　江

图书在版编目(CIP)数据

我国"三农"热点问题研究 / 金丽馥,石宏伟著
. —镇江:江苏大学出版社,2020. 11
ISBN 978-7-5684-1493-7

Ⅰ.①我… Ⅱ.①金… ②石…Ⅲ.①三农问题–研
究–中国 Ⅳ.①F32

中国版本图书馆 CIP 数据核字(2020)第 228782 号

我国"三农"热点问题研究
Wo Guo "San-Nong" Redian Wenti Yanjiu

著　　者/金丽馥　石宏伟
责任编辑/柳　艳
出版发行/江苏大学出版社
地　　址/江苏省镇江市梦溪园巷 30 号(邮编:212003)
电　　话/0511-84446464(传真)
网　　址/http://press.ujs.edu.cn
排　　版/镇江文苑制版印刷有限责任公司
印　　刷/江苏凤凰数码印务有限公司
开　　本/718 mm×1 000 mm　1/16
印　　张/27. 75
字　　数/530 千字
版　　次/2020 年 11 月第 1 版
印　　次/2020 年 11 月第 1 次印刷
书　　号/ISBN 978-7-5684-1493-7
定　　价/65. 00 元

如有印装质量问题请与本社营销部联系(电话:0511-84440882)

序 言

　　"三农"问题是农业、农民和农村问题的总称。我国是农业大国，"三农"问题关系经济社会的发展，关系国计民生和社会稳定。同时，"三农"问题也是我国当前建设中面临的最大问题和挑战。这一问题不解决，我国的现代化就难以真正实现，全面建成小康社会的目标也就不能真正实现。故此，党和政府历来高度重视和关心"三农"问题。党的十九届五中全会提出"优先发展农业农村，全面推进乡村振兴"，与党的十九大报告中关于"实施乡村振兴战略"的论述一脉相承，为我们立足"十四五"乃至2035年远景目标做好"三农"工作，促进农业全面升级、农村全面进步、农民全面发展指明了方向。

　　学界对这一中国当前最大的现实问题也极为关注，研究内容广泛，研究成果不胜枚举。笔者长期关注"三农"问题，多年从事"三农"理论与实践问题研究。本书收录了笔者多年的科研成果，主要从农民财产性收入研究、农民职业发展与农民市民化研究、土地流转与城乡融合发展研究、农村合作组织研究四大方向，对改革开放后农村城镇化步伐加快出现的以下问题进行相关解析和论述：农村土地征收、集体经营性建设用地入市、宅基地制度改革试点、乡村振兴等巨大变革，农民经济增长、城乡融合中农民的种种困惑，以及农村合作组织在农村发展中的作用。

　　"农民财产性收入研究"版块，把农民财政性收入问题融入新农村建设、农村产权改革、乡村振兴的大背景下，以江苏地区农民财产性收入为实例，对增加农民财产性收入的必要性、存在的瓶颈、政策的优化及保障机制进行了论述，指出现阶段的关键工作是尽快将承诺的土地权利交到农民手中。明晰土地权利归属和范围，明确农民与集体经济组织在宅基地上的物权关系，使农民真正成为市场的主体。

　　"农民职业发展与农民市民化研究"版块，主要探讨了在社会发生巨大变迁的时期，新型城镇化进程中农业转移人口进入城市后，新生代农民工面临的就业形势严峻、权益保障缺位、精神文化生活匮乏等问题，从完善户籍制度、土地制度、就业制度、社会保障制度四个维度提供新生代农民工市民化的路径选择；对于新生代农民工精神文化生活"孤岛化"的成因进行检视，提出应该深刻认识解决新生代农民工精神文化生活"孤岛化"问题的重要性和紧迫性，逐步形成完善的"政府主导、企业共建、社区参与、自身主动"的精神文化工作机制，切实做到文化成果共享。在这一版块中，笔者还对农村女性素质提升和农民工子女家庭教育等问题进行了探讨。

"土地流转、要素流动与城乡融合发展"版块，指出农村宅基地流转效能直接影响着农民的切身利益和农民市民化的实际进程，对乡村振兴战略的有效推进和城乡融合发展的质量及效率产生间接影响；土地流转、要素流动作为乡村振兴战略的重要组成部分，是农民获得财产性收入的主要渠道，由于我国农村土地流转的种种掣肘，农民依靠土地获取的财产性收入具有不确定性，养老保障、就业问题突出。为此，需要尽快推动农地市场化运作，有序推进农村土地流转，以提高农村土地制度效率，进一步优化农地资源配置。

"农村合作组织研究"版块，分别从新型城镇化进程中农村土地股份制探索、新形势下完善农民专业合作社的对策研究、农村经济合作组织中的政府管理职能、健全农村土地股份合作制的探索、新时期农村土地股份合作制探析五个角度对农村土地股份制进行了全方位研究，分析了土地股份制的实施背景及现存困境，以及新形势下农民专业合作社在提高农户经济效益方面所发挥的作用。其中，特别对扬州市江都区的实践进行了解析，指出针对我国农村实际情况，在推进农村土地制度建设过程中，不能犯冒进主义，也不要搞"一刀切"，而要按照农村发展实情稳步推进。

学术研究是枯燥的，笔者在成书过程中，不断自我鼓励，力求以立体式、多角度、多层次的推进方式，在读者面前展现中国城乡社会体制改革中"三农"的面貌，从理论到实践，反映农村改革发展理论创新和实践成果。同时，也希望以此抛砖引玉，吸引更多人关注和重视"三农"问题。

目　录

农民财产性收入研究

农民职业发展与农民市民化研究

土地流转、要素流动与城乡融合发展

农村合作组织研究

农民财产性收入研究

基于宅基地退出机制增加农民财产性收入研究

农民财产性收入是农民收入的重要组成部分，增加农民财产性收入对推进我国城市化进程、缩小城乡收入差距有着至关重要的作用。党的十九大报告提出：要拓宽居民劳动收入和财产性收入渠道；农业农村农民问题是关系国计民生的根本性问题，必须始终把解决好"三农"问题作为全党工作的重中之重；深化农村集体产权制度改革，保障农民财产权益，壮大集体经济，拓宽增收渠道[1]。宅基地是农民重要的土地财产，赋予农民更多的宅基地财产权利和收益分配机会，是提高农民财产收入的必然要求。如何进一步构建和完善宅基地退出补偿机制，实现农民增收，成为土地制度改革亟待解决的重要问题。由于我国宅基地使用权的流转一直受到法律的严格限制，宅基地对于增加农民财产性收入的功能得不到切实体现。但近年来情况有所缓解，政策也在逐渐放开。我国对宅基地制度改革做出了许多重要决定，也都取得了显著的成果。但是农民增收问题是一项长期工作，需要探索更稳定可实施的方案。

宅基地退出与农民财产性收入虽有着紧密的联系，却一直是研究的空缺。农民可以通过退出宅基地来获得财产性收入的增加，两者的内在关系及增收路径还需进行更进一步的探究。宅基地退出过程是农民丧失房屋所有权和宅基地使用权的过程，所以构建宅基地退出机制的首要问题，就是要充分了解农民财产权益在退出过程中的受损害程度及被损害原因，及时为完善宅基地退出补偿提供政策性建议。

一、构建宅基地退出机制的价值功能分析

随着我国城镇化进程的加快，农村人口不断向城市迁移是一种必然趋势，这对农村宅基地的退出起到了重要的推动作用。农村宅基地的退出对国家和人民都是有利的，既缓解了发展用地矛盾，推进了我国城市化、农业现代化，在促进城乡土地使用权的物权平衡的同时，又增加了农民的财

产性收入、促进农民市民化。

（一） 提高了农村土地资源配置效率

近年来，城市化进程明显加快，农村人口向城镇迁移的数量也越来越多。在1999—2009年的10年间，城市化率从30.89%上升到46.59%，同比增长15.7%。在2009—2017年的8年间，我国城市化率从46.59%上升到58.52%，增长了11.93%。与此同时，"空心村"和农村住房闲置率急剧上升。2009年中国社科院发布的《农村经济绿皮书》显示，农村住房闲置率已高达30%。2015年5月，中国房地产报的调查报告显示，农村房子至少有25%是空置的，如果将只是春节的时候住十多天的房子也算为空置房，则至少有50%的农村房是空置房。国务院发展研究中心农村经济研究部对2749个乡村展开过调查，得到的结果是45%的农村都或多或少地存在遗弃宅基地与旧房的现象[2]。大量闲置的宅基地不仅在浪费着我国宝贵的土地资源，也大大降低了土地资源的配置效率。因此，通过采取积极有效的措施推动农村空闲宅基地的退出，不仅能够使"空心村"得到有效治理，而且对于缓解城市化进程中土地资源利用率低下问题的解决具有重要作用。

（二） 推动了城镇化进程

从社会发展规律的角度来看，城市化是人类经济和社会发展的必然结果。目前，中国的城市化水平与世界平均水平还有一定差距，但随着城市化进程的加快和城市化水平的不断提高，中国的城市化水平逐步进入快速发展阶段[1]。城市化给中国带来了许多好处，但也产生了一些负面影响。两栖占地是城市化进程中的主要问题之一。当前，两栖占地大规模产生的原因之一，是农民退出宅基地得不到有效的补偿，无法从宅基地中获得财产性收入。两栖占地直接导致"空心村"的产生，减少两栖占地的规模，有利于农民更好地向城市迁移，不仅推动了我国的城市化进程，也使得农村闲置宅基地得到有效的解决和控制。因此，在积极探索有效的宅基地退出机制基础上，为农民财产性收入构建长效增长机制刻不容缓。

（三） 增加了农民土地财产收入

2018年，《国务院关于农村土地征收、集体经营性建设用地入市、宅基地制度改革试点情况的总结报告》中指出："宅基地制度改革通过解决历史遗留问题，保障了农民土地权益，形成了多样的农民住房保障形式，有效满足了农民的多元化居住需求。农房抵押、有偿退出、流转等制度设计，增加了农民财产性收入。"[3] 在农民财产性收入的增长过程中，土地作为农民手中最重要的财产，有着巨大的价值和增值潜力[4]。随着城镇化进程的加快，完善的宅基地管理政策、具有针对性的退出补偿机制及快速推进的宅基地制度改革，都将在保障农民的土地财产权和宅基地增值中起到至关重要的作用。因此，全国都需要进一步完善宅基地退出补偿机制，改进补偿办法，完善对被征地农民的合理、规范、多元保障机制，以多种形式实现农民的土地财产权利及收益，将"让农民拥有更多的财产性收入"这个目标落实到实处。

二、现行宅基地退出机制对增加农民财产性收入的影响

随着我国农业生产机械化水平的不断提高，加上宅基地退出制度的不健全，农民通过宅基地来增加财产收入的渠道相对狭窄。大量农村闲置劳动力进城务工，越来越多的农民举家搬迁至城市生活，但是农村人口的大量转移并未使农村居住用地面积减少。相反的，农村居住用地不断外扩，宅基地的大量闲置造成了农村土地资源的极大浪费，这迫切需要建立和完善宅基地退出机制，探索增加农民财产性收入的办法。然而，实际上宅基地的退出正处于困境之中。

（一）宅基地产权不明晰，财产性收入得不到保障

我国现行土地制度严重阻碍了宅基地的退出，由于禁止宅基地使用权的自由流转，宅基地收益权也难以实现。我国法律没有规定宅基地使用人同时拥有收益权，使得农民没有完整的宅基地用益物权，他们因此难以参与宅基地退出产生的土地增值收益分配。农民最大的财富就是土地，明确农村宅基地产权，是增加农民财产性收入的前提和基础，有了宅基地确权证书，就等于握住了宅基地使用权。宅基地涉及的是农民的根本利益，如果没有确权，农民所进行的一系列与宅基地相关的交易都将得不到法律的保障，宅基地的价值也得不到充分体现，宅基地纠纷问题便会时常发生。

当前，我国农村宅基地确权工作从开始时间来讲是比较早的，但是在具体的实践中，情况却不容乐观。许多农村地区在 2014 年才将农村宅基地的确权工作提上议程，并且宅基地历史遗留问题给确权工作带来了障碍，结果是直至 2017 年部分地区依然处于初步确权状态。因此，这就要求国家更积极地改进和推动宅基地确权工作，保障农民财产收入的稳步增长。

（二）宅基地退出法律法规不完善，财产性收入增长面临风险

农村宅基地退出，涉及农民旧房屋拆迁、补偿安置、新区建设及宅基地退出后的农地整理、复垦等多个环节。目前，我国没有关于农村宅基地管理内容的专门立法。尽管党的十八届三中全会已指出农村土地制度的改革方向，中央也出台了若干改革政策，但未形成系统的指导意见，也没有配套的具体措施[5]。《民法通则》《物权法》《土地管理法》等法律也是只有部分规范性条文与农村宅基地的管理工作相关，且只集中在宅基地的分配及其管理方面，宅基地退出的法律规范是缺失的。各省市陆续出台了一些宅基地退出管理方案，也仅仅处于探索阶段，并没有明确的制度举措。我国农村宅基地管理立法明显滞后，大量法律制度的内容也比较粗浅，相关实施仅停留在制度表面，宅基地退出制度缺乏强有力的法规。虽然我国的《土地管理法》规定了宅基地收回制度，也明确了宅基地收回的适用情形，但是，却未提及有关宅基地收回的程序及对退地农民的补偿问题。宅基地管理制度中的收回规定对宅基地的退出基本上没有帮助，加之宅基地置换、复垦等配套政策的缺失，农村宅基地退出机制的构建更加难以实现，侵犯农民利益的现象频繁发生。我国宅基地难以通过对外转让、上市交易等方式实现退出，并且为了防止农村宅基地使用权的外流，农村宅基地的抵押及担保功能也被法律剥夺。这些规定使得农民的财产性收入增长受到限制且得不到保障。

（三）宅基地退出补偿方式单一，财产性收入增长渠道窄

从试点地区的退出补偿模式来看，目前我国主要通过以下两种方式实现对退地农民的补偿：一是货币补偿，即对原住宅进行估价补偿（除房屋以外的其他附属建筑不包括在补偿范围内），并在其他地方重新分配宅基地建房。二是房屋补偿，即补偿与原住宅面积相等的房屋。在进行货币补偿时，农民最关心的就是补偿标准。基于补偿标准这一问题来说，本身这是科学的利益分配的过程，规范合理的补偿标准会对农村宅基地退出机制的顺利实施起到保障作用。但是，在实际过程中，由于政府面临着如耕地保护、城乡一体化建设等诸如此类的各方面压力，造成补偿标准落实不到位且标准过低，诱发补偿不合理等现象。此外，不合理的补偿标准将导致房价上涨，这将严重抑制拟退地农民的积极性，不利于农村宅基地退出机制的完善。[4]不合理的退出补偿机制，将会导致农民在权衡利弊得失后放弃退出宅基地。在实践中，各地政府进行房屋补偿时，多将旧宅基地用于置换指定面积的房屋，或以较低的价格购买新区域的安置房。但是选择此类补

偿方式的退地农民，有很大一部分难以获得良好的居住条件，大多是由于各地宅基地置换房屋的比例不同，且在一些试点安置区，单元住宅设计不合理或选择较少。此外，许多地方政府依据土地征收补偿标准对退地农民进行补偿，但很少甚至没有分享给农民退地后宅基地的发展权收益。这使得农民退出宅基地之后的生活无法得到长期保障，在实质上剥夺了农民分享城市化和发展改革红利的权利[6]。

值得注意的是，拥有宅基地的农村居民，由于他们处于不同年龄阶段、所拥有的教育背景不同，因此有着不同的补偿需求。但是，在目前中国宅基地退出补偿方式极为单一的情况下，大多数农民无法获得合理的宅基地退出补偿方案。此外，农民也无法根据自身需求进行选择，这就造成宅基地退出产生局限性，对于农民财产性收入造成损害。

三、深化宅基地退出机制改革、增加农民财产性收入的对策和建议

在城市化进程中，农民宅基地退出的根本问题是进城农民是否能够在城市中获得稳定的收入，以及农民的财产性收入能否有所增加。有了这些先决条件，进城的农民才会毫不犹豫地放弃原有的宅基地使用权。针对宅基地退出中增加农民财产性收入所面临的困境，为了维护农民的切身利益，推动宅基地制度的改革，本文提出以下对策和建议：

（一）加快宅基地产权确权登记，保障农民的土地财产

2018 年 1 月 15 日，国土资源部部长姜大明出席了全国国土资源工作会议，他指出，中国将探索宅基地"三权分置"，落实宅基地的所有权，保证宅基地农民的资格权，适度放活宅基地及地上房屋的使用权。随着 2018 年中央一号文件的发布，保障农民具有的宅基地资格权被提上议事日程，农民通过进行宅基地确权，获发证书以示获得资格权。目前，一些试点地区的集体土地利用规划和宅基地确权等基础工作仍较薄弱。要加快普及农村宅基地确权工作，为增加农民财产性收入奠定制度基础。

当前，农村宅基地制度改革的重点是，完善现行宅基地所有权制度，落实农民所有权权益。在现有国家体系的框架内，现阶段的关键工作是尽快将承诺的土地权利交到农民手中。明晰土地权利归属和范围，使农民真正成为市场的主体，明确农民与集体经济组织在宅基地上的物权关系。在微观层面，做好集体宅基地所有权和农民宅基地使用权及宅基地资格权的登记证明工作，并清楚界定宅基地所有权。这有利于减少由于主体的模糊

性导致的权力寻租空间[7]。进一步定义宅基地相关概念，制定与宅基地确权颁证工作相关的法律法规，明晰宅基地内涵、退出范围、补偿标准等。规范宅基地确权的主体人员，明确附属的住宅、圈舍等用地的标准与归属。农民只有真正认识到自身所拥有的宅基地权利并且权利得以实现后，才会主动参与到宅基地退出过程中来，把农村土地盘活，农民的土地才会变现为自身财富，获得自身财产性收入，才能使得自身财产性收益有增收的条件和机会。

（二）完善相关法律法规，保障农民财产性收入增收

当前，农村宅基地退出最大的障碍是立法的滞后，阻碍退地农民财产性收入增加的主要原因之一也是补偿标准的空缺。目前，我国对宅基地退出及其退出补偿没有特别规定，无法保障农民的合法收益。因此，有必要从制度层面加快完善宅基地退出补偿的相关法律法规，制定宅基地退出补偿标准，为农民的财产收入提供法律保障。国家在制定有关法律法规时，应当明确农民对于宅基地所拥有的相关权利，充分赋予其处置权。为保护农民权益提供法律依据，允许农村居民自由选择是否退出。同时政府应当建立农民权益保护机制，完善宅基地有偿退出的补偿标准，针对退地农民的不同需求，为其提供退地补偿。

除了改进现有法律法规之外，国家还应尽快确立宅基地退出过程中各参与主体的地位，建立统一的宅基地退出管理系统，进一步规范并完善其退出程序。在此基础上，制定合理的宅基地退出收益分配机制，将农民利益放第一位。完善土地增值收入分配制度，适度提高农民在宅基地增值收益中的分配占比，实现退地农民的应得利益[8]。农民退地意愿的高低，取决于他们对退地补偿标准和制度保障的满意程度，以及退地后的生活保障是否完善。退出补偿标准过低，不利于调动农民退地的主动性，而标准过高又可能导致政府经济困难。因此，有必要以各种方式对退地农民进行民意调查，充分了解他们对于退地补偿的需求。在此基础上，结合当地政府的经济能力、补偿能力，制定科学完备的退出补偿标准，为退地农民提供针对性强、保障效力高的补偿方案，并将其写入相关法律法规。

（三）提高宅基地退出补偿，探索多样补偿方式

农村宅基地有偿退出是指进城定居农民自愿退出宅基地，集体或者政府给予一定的补偿的制度。其中包括对宅基地和房屋直接损失的补偿，以及宅基地发展权的土地增值补偿[9]。当前，我国有关宅基地退出补偿的标准制定还不完善，补偿方式也十分单一，这对农民退地意愿产生了极大的

不利影响，而且损害了退地农民的切身利益。因此，只有提高补偿标准，充分探索宅基地退出补偿的方式，为退地农民提供多种选择，才能有效保障农民的财产权益。

在宅基地退出进程中，有必要从农民的根本利益出发，建立并完善宅基地有偿退出机制。给予农民应得的权利，并征求退地农民的补偿要求，并采用合理的意见。对于自愿且主动退地的农民，应在其原有应得补偿上给予一定的奖励。对于宅基地退出的补偿问题，应尽量通过协商的方式来解决，使宅基地的保障功能体现到实处。在提高补偿标准，因地制宜制定实施标准的同时，也要确保标准的合理化，使农民切身感受到国家给予的政策保障。

为解决宅基地退出补偿方式比较单一的问题，必须继续探索更能为农民所接受的补偿方式。既要确保农民利益不受损，财产性收入有所得，还要保障其退地后生活水平要优于退地前。货币补偿和房屋补偿是最常用的两种补偿方式，但两者都有一定的局限性，可以选择将两者相结合，确保农民可以在换得住房的同时能够获得一部分资金收入，既保证了农民在退地后有所居，又保障了他们的自身财产性收入。在农民退出宅基地时，政府能够为其提供较高的补偿和可供自主选择的补偿方式，是对退地农民财产性收入最为切实的保护。

参考文献

[1] 习近平.在中共十九大上的报告[R/OL].新华网,2017-10-18.

[2] 楚德江.农村宅基地退出机制构建:价值、困境与政策选择[J].内蒙古社会科学（汉文版）,2016,37(5):104-110.

[3] 国务院关于农村土地征收、集体经营性建设用地入市、宅基地制度改革试点情况的总结报告[EB/OL].中国人大网.http://www.npc.gov.cn/npc/xinwen/2018-12/23/content_2067609.htm.2018-12-23.

[4] 金丽馥.江苏地区农民财产性收入的增长瓶颈及其政策性矫治[J].南通大学学报（社会科学版）,2018,34(3):139-144.

[5] 方明.农村宅基地使用权流转机制研究[J].现代经济探讨,2014(8):50-54.

[6] 王海鹏,周德.农村宅基地退出中农民权益保障路径探讨[J].理论观察,2018(8):94-97.

[7] 杨宁.农村宅基地退出机制问题与对策[J].合作经济与科技,2018(22):36-37.

[8] 张日波.宅基地退出的实践与改革展望——以浙江省为例[J].北方经贸,2015(11):69-70.

[9] 孙昊煜,金丽馥.基于江苏省农民财产性收入状况的土地制度改革初探[J].江苏农业科学,2016,44(11):562-566.

乡村振兴进程中农民财产性收入增长的
瓶颈制约和政策优化

改革开放以来，我国工业化、现代化、城镇化不断推进，持续保持快速发展的势头。然而与城市发展相比，农村发展却仍较为落后，具体表现为发展的不平衡不充分。"三农"问题是全国上下最为关心的问题，只有农村步入小康，中国社会才能全面实现小康。党的十九大是我党历史上一次具有重要战略意义的大会。会上，党中央首次提出"乡村振兴"战略，这是符合当前我国发展的实际需要的，是满足广大农民对美好生活的向往需求的。2018 年 2 月 4 日出台中央一号文件《中共中央 国务院关于实施乡村振兴战略的意见》（以下简称《意见》），继而聚焦"乡村振兴"战略，从根本上解决"三农"问题，为农村发展现代化做出全方位的战略部署。《意见》指出，"巩固完善农村基本经营制度，深化农村集体产权制度改革，保障农民财产权益，坚持按照五大总要求，加快推进农业农村现代化"，并对拓宽农民增收渠道提出明确要求。当前，在农民四大收入结构中，国家重视程度逐年增加的财产性收入是最大短板，但无疑也是农民增收、生活富裕的关键点和突破口，为"乡村振兴"战略的贯彻落实打下坚实的物质基础。但值得注意的是，当前我国农村财产性收入遭遇瓶颈，面临增长缓慢、不均衡等问题，因此，亟须从制度政策上做出优化，科学选择并构建农民财产性收入增长的保障机制。

一、农民财产性收入稳步增加对乡村振兴战略的现实价值

为此，党和国家先后出台了一系列增加农民财产性收入的政策。2007年，胡锦涛同志在党的十七大报告中首次明确提出要"创造条件让更多群众拥有财产性收入"；2017 年，中央一号文件聚焦深入推进农业供给侧结构性改革，提出"盘活利用空闲农房及宅基地，增加农民财产性收入"；党的十八大提出"多渠道增加居民财产性收入"。可见，国家和社会已深刻认识

到增加农民财产性收入的必要性和迫切性，这对于新时代促进农民增收，推进城乡融合发展，落实"乡村振兴"战略，实现"产业兴旺、生态宜居、乡风文明、治理有效、生活富裕"五大目标具有现实意义。

（一）农民财产性收入的增加有利于拉动农村内需，推进农村产业壮大

产业兴旺是"乡村振兴"战略的实施重点和根本，而在农村，由于耕地设有高压红线、建设用地总量受限等情况，要想实现产业兴旺，就必须转变思路发展现代农业。目前，随着我国经济的发展，大量农民进城务工，随之就出现大量低效利用、闲置浪费的用地，这些都是农村的"沉睡资本"，充满巨大的市场潜力。据统计，当前农村居民点空闲和闲置用地面积约有 3000 万亩，其中就包括大量宅基地。

2018 年中央一号文件指出，完善农民闲置宅基地和闲置农房政策，探索宅基地所有权、资格全、使用权"三权分置"。宅基地"三权分置"的落实唤醒了大量沉睡的农村土地资产，扩大宅基地流转范围，也释放了农业农村发展的活力。农民可以将闲置地以转包、转让、合作等方式流转给农业大户、合作社、企业等，获得财产性收入；农民还可以将宅基地进行抵押，获得农村产业创新资金。一方面，土地市场的打开，让农民获得更多的财产性收入，促进农村消费需求的扩大，通过拉动内需推动农村经济发展。另一方面，农民增收激发农民进一步学习的动力，他们接受专业培训转型为新型职业农民，并拿出收入的一部分进行投资，扩大经营规模，延长产业链条，对做宽做实做大农村产业、激发农业发展的内生动力具有重要意义。

（二）农民财产性收入的增加有利于村内重整规划，改善农民生活质量

"生态宜居"是"乡村振兴"战略的实施基础，是提高农村发展质量的保证。然而，在过去的农村经济发展过程中，发展方式粗放，我们只注重发展的数量而忽略了农村生态环境的保护：具体表现为农村生活污染物的乱排乱放、农村房屋建设缺乏规划、农村公共基础设施薄弱等现象，出现布局混乱、私搭乱建、道路不畅等问题。这些问题不仅对农民的身心健康、居住质量和新型城镇化进程产生直接影响，与农村的稳定和农业的可持续发展也有着密切的联系。

进入新时代，我国社会的主要矛盾已经转化为人民日益增长的美好生活需要和不平衡不充分的发展之间的矛盾。对美好生活的需要不仅仅是对物质文化生活提出更高要求，对民主、安全、环境等也有更多需求。基于

农用地和宅基地的流转和集中规划，农民在获得更多财产性收入的同时，村内通过拆除违章建设、退出多块宅基地、处理超面积和闲置宅基地，有效释放出大量建设空间，以用于村庄的二次规划；村中农民财产性收入的增加也反映出该村经济得到有效发展，一方面，在资金上能够保证村庄进行道路维修维护、路灯安装、广场建设、公厕建设、河水治理、绿化美化等基础设施的完善，从根本上改善村民的居住环境；另一方面，有利于村内免费义务教育、新农合、新农保等基本公共服务普及化、全面化、细致化，落实到每一位村民，使得村民生活优质化，全方位呈现"新房新村新面貌"。

（三）农民财产性收入的增加有利于农村社会和谐，提升乡风和治理有效性

乡风文明和治理有效是"乡村振兴"战略的实施关键和核心保障，旨在焕发农村文化新气象，构建乡村治理新体系。改革开放以来，农村发生了翻天覆地的变化，基层治理环境、乡村风气和农民价值观呈现出明显变化。城镇化的深入使农村人口逐渐呈现开放性和流动性。据统计，2017年农民工总量达到28652万人，比上一年增加481万人，占乡村总人口数的49.69%。留在村中的大多为老人、儿童等，村中事务难以有效开展。另外，农村的空心化也带来了文化生活的单一、价值观念的错位等精神文明建设不到位的问题。

十九大报告明确要求，要支持和鼓励农民就业创业，拓宽增收渠道。将农村市场做活，吸引更多大学生返乡，为农民财产性收入的增加创造契机。在壮大农村集体经济的基础上，一方面，达到中等收入水平的农民会更加注重自身素质提升和能力培训，有利于基层治理选择优秀、合适的村干部带领农村发展，经济基础的牢固便于凝聚民心、激发积极性，从而创造更多的经济价值。另一方面，农民可支配收入的增加也会带动其文化生活的丰富和精神世界的提升，建起阅览室、小型体育馆、休闲广场等为村民的生活增添新内容，设立光荣榜、召开表彰会引导村民见贤思齐，树立正确价值观，这对美化乡风民风、维护农村社会稳定和谐具有重要作用。

（四）农民财产性收入的增加有利于缩小城乡收入差距，实现农民生活富裕

生活富裕是"乡村振兴"战略的核心目标，也是衡量战略实施效果的基本尺度。一直以来，我国始终坚持按劳分配为主体多种分配方式并存的分配制度，这在初期极大地调动了农民的劳动积极性。但是，工资性收入和经营性收入对农民收入的增加贡献率逐年降低，而财产性收入的比例逐年上升。2016年，农民财产性收入在四大收入中占2.2%，较上一年有所增加。因此，要想农民致富，不仅要提高农民工资性收入和经营性收入，更不能忽视财产性收入的重要作用。

随着国民经济的发展，我国居民的收入在整体上有着显著增加，但也同时存在收入差距悬殊的情况，特别是城乡收入差距更加突出。通过数据对比，城镇居民的财产性收入比农村居民的普遍高出12倍。因此，在财产性收入快速增长而存在城乡差距悬殊问题的形势下，只有创造条件让更多的农民财产实现保值和增值，获得更多财产性收入，打破"马太效应"，缩小城乡收入分配差距，促进城乡融合发展，这对农民过上富裕生活、走向小康道路，对我国实现农村经济现代化具有重要的现实意义。

二、当前我国农民财产性收入增长的特征剖析和瓶颈归因

（一）我国农民财产性收入增长的特征剖析

改革开放后，随着城镇化道路的不断推进，我国经济快速发展，从整体来看，农民收入水平不断提高，农民的生活得到明显改善。然而，在"乡村振兴"战略要求下，我国农民增收面临困境，农民财产性收入作为新的收入增长点，其呈现的新特点和出现的新问题需予以重视。

第一，基于数量值，农民财产性收入绝对规模小，在居民收入中的占比呈现低位徘徊。

统计数据显示，我国农民人均财产性收入2000年仅为44.99元，2005年为88.46元，2010年为202.18元，2016年为271.99元。2016年的人均财产性收入分别比农村家庭平均每人工资性收入、经营性收入、转移性收入低4750.02元、4469.01元、2056.04元。可以看出，我国农民财产性收入在数值上低于其他三类收入，对农民增收的贡献率较低。再由表1可以看出，2000年农民财产性收入占年总收入的比例仅为1.43%，2005年为1.91%，2010年为2.49%，2016年为2.20%；2016年，另三种收入占比分别为40.62%、38.35%、18.83%。因此，农民财产性收入规模有限，绝对值小，占比低，这也说明其对我国农民收入的增加存在巨大的提升空间，可以成为农民增收的强大引擎。

表 1　2000—2016 年我国农民收入构成及占比

%

年份	工资性收入比重	经营性收入比重	财产性收入比重	转移性收入比重
2000	22.32	71.56	1.43	4.69
2005	25.36	68.33	1.91	4.40
2010	29.94	60.81	2.49	6.76
2015	40.28	39.43	2.20	18.09
2016	40.62	38.35	2.20	18.83

数据来自《中国统计年鉴》。

第二，基于增长速度，农民财产性收入保持较快增长，但也呈现不稳定的特征。

进入 21 世纪以来，特别是 2007 年党的十七大首次提出"让更多的群众拥有财产性收入"后，由图 1 可见，农民财产性收入呈现逐年增加的态势。根据《中国统计年鉴》数据，2000 年我国农民人均财产性收入为 44.99 元，是 1993 年农民人均财产性收入的 6.4 倍。2001—2005 年，在"十五规划"期间，我国农民财产性收入从 44.99 元增长到 88.46 元，增长了 96.6%。在 2006 年，我国农民财产性收入首次达到三位数，增至 100.5 元；2007—2012 年五年期间增长 121.51 元，年均增长率为 14.34%；2014—2016 年由 222.36 元增至 271.99 元，年均增长 24.41 元。从整体上看，我国农民财产性收入呈现不断上升的趋势，但仍不稳定，还存在负增长时期。

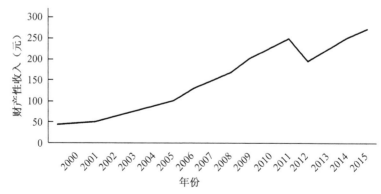

图 1　2000—2016 年我国农民财产性收入变化趋势

资料来源：数据来自《中国统计年鉴》。

第三，基于地域划分，东部地区农村居民的人均财产性收入相对更高。

根据地理位置和经济发展水平，我国分为东部、中部、西部三大板块。从财产性收入规模来看，由表 2 和图 2 可以看出，2007 年，东部财产性收入为 291.82 元，中部为 112.93 元，西部为 79.73 元，西部农民财产性收入远远落后于东中部地区。2015 年，东中西部财产性收入分别为 3152.11、1073.23 元、995.79 元，东部是中西部的 3 倍。可见，东部地区的农民财产性收入相对中西部地区规模更大。并且东部和中部地区的农民财产性收入差距不断拉大，从 2000 年的 57.43 元扩大到 2015 年的 2078.88 元，东部和西部地区的差距从 47.86 元扩大到 2156.32 元。

表 2　2000—2016 我国东中西部农民财产性收入

元

年份	东部	中部	西部	年份	东部	中部	西部
2000	85.50	28.07	37.64	2009	401.97	141.25	93.92
2001	89.84	36.63	34.08	2010	455.62	180.71	114.87
2002	117.29	29.82	34.15	2011	550.78	204.21	138.00
2003	140.83	55.13	43.92	2012	621.58	207.62	152.67
2004	168.46	51.35	50.13	2013	760.63	177.80	179.17
2005	205.38	75.88	59.49	2014	428.84	194.59	177.86
2006	237.67	75.58	65.03	2015	3152.11	1073.23	995.79
2007	291.82	112.93	79.73	2016	545.96	226.79	221.78
2008	382.09	114.54	89.92				

数据来自《中国统计年鉴》。

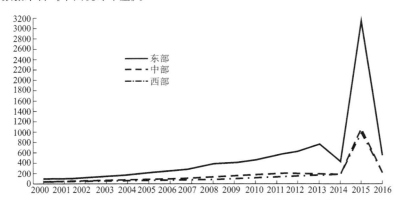

图 2　2000—2016 我国东中西部农民财产性收入变化

资料来源：数据来自《中国统计年鉴》。

第四，基于城乡划分，我国农村居民的人均财产性收入远低于城镇居民。

从总量上比较，如图 3 所示，2000 年，城乡居民的财产性收入差额为 83.39 元，在 2015 年，城乡居民的财产性收入差额达到 2999.2 元，是 2000 年差额的 35 倍。2000 年城镇居民的财产性收入就过百，而农村居民的财产性收入到 2006 年才开始突破 100 界限，并且 2007—2009 年这 3 年中一直徘徊在 150 元左右，增长缓慢。而城镇居民的财产性收入在 2012 年后出现大幅度提升，城乡居民的财产性收入差距逐年拉大。从增长速度上比较，根据图 5 的统计结果，城乡居民财产性收入增长率都不稳定，呈现无规律的增长。但就年均增长率而言，城镇居民财产性收入年均增长率为 31.2%，农村居民财产性收入年均增长率为 12.81%，差距较大。

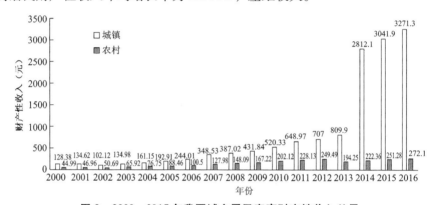

图 3　2000—2015 年我国城乡居民家庭财产性收入总量

资料来源：数据来自《中国统计年鉴》。

第五，基于收入组划分，不同收入阶层的农民获得的财产性收入存在差异。

根据年鉴统计，在 2003 年，江苏省高收入户家庭的人均财产性收入比低收入户家庭高出 251.4 元；在 2016 年，高收入户家庭的人均财产性收入是低收入的 13 倍。2003—2016 年高收入户家庭的人均财产性收入远远高于全省财产性收入的平均水平。农民财产性收入在不同收入群体中增长幅度不同，高收入户增长幅度远大于低收入户。由图 4 可见，不同收入组增幅不同，高收入户增幅最大。14 年来，高收入户家庭的财产性收入的增长幅度是低收入户家庭财产性收入的 4 倍。这不仅反映了农民不同收入群体的财产性收入增长速度的不同，也从侧面反映出农民财产性收入存在结构性矛盾，反映出财产性收入分配的不均衡。

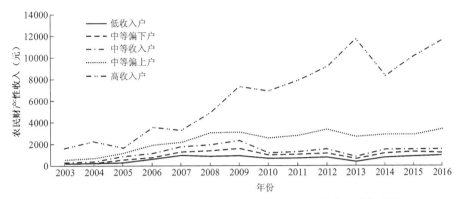

图 4　2003—2015 年江苏省不同收入组的农民财产性收入增长趋势

资料来源：数据来自《江苏统计年鉴》。

（二）制约我国农民财产性收入增长的瓶颈归因

第一，收入分配制度不合理，农民可支配收入低，限制农民财产增值的实现。

财产性收入是一种衍生型财富，它产生的前提是拥有满足基本生活需要以外的财产，包括动产即可支配收入和不动产包括房屋、车辆、土地等，也称为财产存量。财产存量中，可变性较大的是居民的可支配收入，财产性收入增加的有效途径之一就是提高居民的收入水平。然而，我国劳动者报酬在 GDP 中的占比一直呈下降趋势，无法夯实家庭财产的基础。其中，农村居民在收入分配格局中更是处于不利地位。相关数据显示，2014 年农村居民可支配收入为 10488.9 元，城镇居民为 28843.9 元，差额为 18355元；2015 年农村居民为 11421.7 元，城镇居民为 31194.8 元，差额为 19773.1 元；2016 年农村居民为 12363.4 元，城镇居民为 33616.2 元，差额为 21252.8 元，城乡收入差距逐年增加。可见，城镇居民的工资性收入远高于农民，进而可以转化为更多的财产性收入。财富占有和分布不均衡是造成财产性收入差距扩大的基础原因。再者，农民在收入水平较低的情况下，大部分收入还要用于满足基本生活需要，如子女教育开支、家庭就医开支、住房改善开支、生活娱乐开支等，生活成本较高。可见，农民的财富积累和资本增速缓慢，在"收入更多，财产性收入更多"的逻辑关系下，这势必限制农民财产价值的实现以获得更多的财产性收入。

第二，农村土地制度残缺，土地权属模糊，影响农民财产增值的有效收益。

我国农民财产性收入构成主体是土地财产性收入。土地是传统农民视为维持基本生活的最重要的生产要素和财富，通过转包、转让、入股、合作、租赁等方式进行流转获得财产性收入，主要来源于农用地和宅基地收入。十九大报告中强调："深化农村集体产权制度改革，保障农民财产性收入权益。"然而，目前我国工业化、城镇化、现代化得到深入推进的同时，农村土地制度没有及时完善，集体资产产权制度固化，凸显出产权不清、主体虚置、保护不严等问题，使得农民在获得土地财产权益过程中面临多重障碍。

其中，由于土地权属模糊，农民该得到的收益却严重受损，是阻碍农民财产性收入增长的最重要和最主要的因素。我国《宪法》明确规定农村土地为农民集体所有，集体的基本单位是行政村管理下的村民小组。从法律意义上讲，农民集体就享有完整的所有权，包括经营权、使用权、收（受）益权和处置权。但我国土地实行公有制，除了农民集体所有，还有另一种全民所有的形式。现行《土地管理法》就规定，农村集体建设用地必须先通过国家征用，转为国有土地后才能入市交易，农村集体不能直接向市场供应土地。这从法律意义上讲，农民及农村集体经济组织无法享受土地的最终处置权。两项法律制度的规定不仅形成冲突矛盾，造成农民产生对自己的土地不知该不该处置、该如何处置的困惑，责任主体的不清晰不明确还会形成弊端。乡镇政府或村民委员会趁机全权代表农民做出决定而不过问农民意见，介入农民利益的争夺。特别是农地征收或非农化，部分地方肆意制定征地范围、补偿价格，甚至隐瞒征地后的增值收益，以没有长期性、稳定性、后期保障性的一次性补偿方式替代。整个过程农民或不知情，或知情却无力维护自己的合法利益。中央一号文件已经对放活宅基地和农民房屋权的使用权做出要求，但大部分农村并未健全公开、公平的产权流转市场，存在流转无序、合同不规范、价格评估机制不到位等问题，农民的农用地、宅基地及房屋无法正常进入市场进行转让、抵押。农民得不到法律屏障保护，无法公平享有本该获得的土地增值带来的收益，导致农民基于土地产生的财产性收入带有极大的不确定性。

第三，农村金融制度不健全，金融市场发展滞后，固化农民财产增值的外部环境。

随着社会经济的快速发展，在信息网络不断扩大和"互联网+"全面推广的大背景下，我国资本市场和金融市场得到充分发展。然而，当前金融服务区域呈现不均衡性，大部分集中在大中型城市，小城市、农村等偏远地区的金融市场发展相对滞后，无法满足改革开放后农村经济发展刺激而生的金融需求，农村金融环境的固化势必影响农民财产性收入的增加。一方面，农村资本市场尚处于"婴幼儿期"，农民投资理财方式单一。目前，农村的金融机构主要为农村信用社、邮政储蓄银行、农业银行，一些大商业银行、政策性银行并没有进入农村，证券公司等机构在县级城镇也较为鲜见。在这样的寡头垄断格局下，农民可选择的理财产品、投资渠道就更为狭窄单一。他们只能通过传统的储蓄获取银行利息，股票、基金等都无法成为农民获得财产性收入的渠道。而在目前的经济环境中，将现金全部存入银行只会带来贬值，这并不是投资的最佳选择。再者，农村金融市场上缺乏针对农村经济情况、符合农民理财能力并能够带来红利的保险产品，这在一定程度上也削弱了农民投资理财获得资本增值的积极性。此外，农村金融机构信贷门槛较高，手续过于复杂。在土地登记确权颁证工作落实后，农民可以向商业银行凭证抵押贷款，获得农村"创业"的第一笔资金。然而，农村商业银行的营利性质决定了他们更愿意向生产效益好的中小企业放贷，对农民贷款存在排斥态度，并且对农民的贷款程序设置一道一道关卡，为保证自身利益定较高的借贷利率。农民面对这种情况，不得不寻求民间不规范的借贷，这不仅影响农民创业和再生产的积极性，在发生纠纷时农民也无法通过合法途径维护自身利益，严重制约了农民财产性收入的增加。

第四，农民投资意识淡薄，理财能力不强，主观制约农民的财产增值。

伴随着我国资本市场的发育和成熟，居民的投资机会和理财方式逐渐丰富，有更多的渠道增加财产性收入。资本市场的发展与投资风险是正相关的，因此，投资者需要更高的素质和能力以获得更高的收益，反之则会低收益甚至是亏损。但长期以来，我国由于城乡二元结构，农村教育水平远远不及城镇教育，大多数农民并没有接受过专业的投资理财方面的培训教育，很少主动进入资本市场进行贵金属投资、保险理财等，这就从主观上限制了农民增加财产性收入的可能。由于没有接受过较高的教育，很多农民固守传统思想，宁愿通过赌博等不正当行为试图一夜暴富，也不愿意学习相关的金融知识来保值增值。农村的信息闭塞导致农民对当前国内外经济形势和金融政策缺乏了解，而农村金融机构也没有提供全面的咨询通道，在没有帮助和指导的情况下，农民基于自身理财能力欠佳而不敢承担较大风险去购买理财产品。在他们看来，最稳妥的选择还是银行存款，但是这种方式极大限制了农民资金的增值，不能真正实现财产性收入的增长。

三、乡村振兴进程中增加农民财产性收入的政策优化

（一）以乡村振兴为契机促进农民增收，夯实农民财产性收入增长的基础

农民收入与农民财产性收入之间存在着相互依赖、相互促进的逻辑关系。只有农民总收入增加，才会有更多的资金积累并转化为财产，从而获

得财产增值收益。这就要求我们要大幅度提高农村居民的收入水平。在乡村衰败、城乡差距等问题日益凸显的背景下，党中央提出"乡村振兴"战略这个新概念新提法，并从宏观层面制定了系统的制度和政策构建。农民是"三农"问题的核心，在国家发展的关键时期，增加农民收入不仅可以增加其财产性收入，对补齐乡村发展短板、实现农村小康社会也具有重要意义。因此，我们要坚持紧抓"乡村振兴"战略，以"一盘棋"的战略思维促进农民增收。

第一，农民收入增加的前提是农村经济发展水平的提高。经济发展是财富的根本来源，只有将"蛋糕"做大，农村居民才能享受更多的发展成果。基于农业供给侧结构性改革，继续发展农村生产力。政府要加大对农村产业扶持的财政投入，推动农业产业创新，提高农产品的产出率和优质率；开发旅游、休闲、观光等新产业，培育特色农业种植大户、家庭农场等，创新农村经营体制机制，促进农民家庭经营性收入的增加。第二，提高农民工资性收入。一方面，调整国民收入分配格局，提高农村居民的工薪收入在初次分配中所占的比重，保障农民收入长效持续增长。另一方面，继续推进新型城镇化建设，吸引更多农村富余劳动力进城务工。政府要为农民工创设良好的就业环境，拓宽就业渠道，为他们提供就业信息、就业培训、就业保障等优惠政策，保证他们在城务工的合法权益不受侵犯，切实提高农民的工资性收入。第三，严格把控二次分配。政府在财政转移支付上要更多地倾向农村居民，着力增加农民的转移性收入。同时，"乡村振兴"战略明确要求"打好精准脱贫攻坚战，增强贫困群众获得感"。政府要提高农业补贴标准，提升农村扶贫的针对性和有效性，全方位加快农民财富的积累，夯实农民财产性收入增长的现实基础。

（二）基于承包地和宅基地确权保护农民产权，强化农民财产性收入增长的制度性供给

土地是农业最基本的生产要素和最宝贵的发展资本，也是农民最重要的生存资源和工具。在乡村振兴战略部署中，土地是不可或缺的基础性要素。然而，由于我国农村土地产权制度发展滞后，农村土地无法实现自由流动，这势必会限制土地产权价值的实现。在当前经济环境下，土地对农民财产性收入的增长具有最大价值和强大潜力。面对农村的大量沉淀资本，我们亟须改革目前农民土地产权制度的缺失状态，从法律法规上明确农民对土地所享有的"抵押、经营、交易、流转和收益等权利"，完善各项土地制度，确保农民财产性收入增长的制度供给。

首先，细化并落实土地确权登记颁证工作，切实解决权属问题以保护财产权益。宏观层面，在国家已有的法律政策范围内，将对农民的承诺兑现，明确土地权利范围和权利归属；解决好农民财产主体虚化、边界模糊问题，厘清农民及农村集体经济组织对承包地、宅基地、经营性建设用地的物权关系。微观层面，根据十九大报告提出的承包地和宅基地的"三权分置"要求，精准测量核实土地面积，包括承包地、宅基地、林地等，以确权确股不确地的形式将土地确认到每个成员。确权的目的是重塑农村产权制度的基础，在确权基础上，一方面赋予农民抵押、转让、出租等土地功能，实现财产增值；另一方面是杜绝政府权力寻租现象，防止政府和村委在土地开发和征收过程中侵吞农民应有收益。

其次，配套跟进和完善相关制度，包括土地流转制度、土地征收补偿制度等。在确权登记颁证工作落实基础上，在农民土地产权范围和主体明确的前提下，农村承包地、宅基地才能得到有效盘活，并创新流转方式，更多地向合作社、龙头企业等新型经营主体流转土地，形成规模化生产以获得乘数收益效应。培育健全的农村交易市场，搭建土地流转信息平台，做到信息公开对称；建立土地价格评估机制，维护农民主导权地位；规范流转合同，确保农民权益不受侵犯。提高征地补偿标准，以市场价格标准取代传统的农业产值标准，以补偿方式的多样化取代一次性现金补偿，如土地入股安置、留地开发安置等。农村土地制度改革给现代乡村发展带来的影响是全方位的，我们要以土地为支点，以制度来保驾护航，发挥其对财产性收入增长的主导作用，有力撬动乡村振兴。

（三）完善农村金融体系以拓宽农民融资渠道，优化农民财产性收入增长的外部环境

金融是现代经济发展的血液和润滑剂，健康完善的金融市场是市场经济实现可持续发展的推进器，是促进农民增收的前提和基础。然而，改革开放以来，多数金融机构在利益驱使下，相较于农村更倾向将资源投入经济发展较好的城镇，这就导致农民"用钱生钱"受到极大限制。因此，在经济新常态下，我们要打破固有的农村金融生态环境，构建多样化、合理化、健康化的农村金融体系，为农村承包地、宅基地和房屋产权的流转入市提供实现载体和运作平台，充分发挥金融对农民财产性收入增加的辅助作用。一方面，积极发展农村金融机构。《意见》指出："把更多金融资源配置到农村经济社会发展的重点领域和薄弱环节。"在政策要求下，政府可以出台更多优惠政策，引导商业性银行、政策性银行、合作性银行在农村增设网点，鼓励证券公司、保险公司入驻农村开展业务，打破仅有邮政储蓄、农村信用社等垄断局面。同时，降低金融准入门槛，疏导农村地下金融正规化。对小额信贷公司、村镇银行、农民合作金融组织等新型金融机构进行合法化，允许他们进入农村金融机构体系，为农民提供更多的投资机会和选择，为农民财产性收入增加创设良好环境。另一方面，结合农户特点创新理财产品，支持"三权"抵押贷款。与城镇居民相比，农村居民除去生活成本后的存款有限，加之谨慎的投资偏好，当前的高风险、资金数目大的产品并不适合他们。因此，需要开发符合他们的投资需求、适合他们的生活特征的保险品种和投资产品。各地方要贯彻落实"三权"抵押贷款的政策要求，鼓励金融机构增加对"三农"的信贷投放，积极研究和探索扩大农村各类物品的抵押制度，破除农村产权抵押融资的功能仍未得到发挥、贷款发放程序烦琐且利率较高的困境。

（四）加大农村教育投入以培养农民投资理财意识，强化农民财产性收入增长的人力资本

乡村振兴战略的实施需要紧抓人、地、钱、科技四大要素，而其中"人"为核心。在知识强国、科技强国的新时代，乡村振兴进程中农民财产性收入的提高必定离不开发挥农民的主观能动性。基于此，我们要提升农村教育质量，以农民思想道德素质和科学文化水平为切入点，充分挖掘农村内部的增长动力。虽然我国九年制义务教育得到广泛普及，但农村的受教育水平仍然较低，还有很多农民只有小学、初中文化水平，对财产性收入的概念并不是特别了解，仅知道通过自己的体力劳动获得工资报酬。因此，农村居民对理财渠道、理财产品的选择等缺少基本的了解和认知，或者虽然了解但对风险未知的投资存在恐惧心理和拒绝心态，这严重阻碍了农民获得资金性财产性收入的可能性。政府应该进一步加大对农村教育事业发展的政策倾斜和财政投入，一方面，大力开展新型职业农民培训以强化农民财产性收入增加的人力资本，对他们进行技术、管理、市场等方面的专业培训，并丰富培训内容，融入金融投资理财的相关知识。另一方面，鼓励社会金融机构在农村配备专业的理财指导顾问和咨询中心，通过针对性的理财培训，拓展农民科学文化知识面，引导农民树立正确的、健康的投资理财观念，提高农民规避投资风险的能力。另外，我们还可以通过电视、广播、报纸，以及微信、微博等"互联网+"，广泛宣传金融讯息和相关投资理财的知识锦集，为推动农民主动并合理利用自有资源获得额外的增值收益提供良好的氛围。

参考文献

[1] 白雪秋,聂志红,黄俊立.乡村振兴与中国特色城乡融合发展[M].北京:国家行政学院出版社,2018.

[2] 陈晓枫.中国居民财产性收入理论与实践研究[M].北京:经济科学出版社,2014.

[3] 丁晓宁,杨海芬,王瑜.从农村金融视角看农民财产性收入问题[J].财会月刊,2016(20):92-95.

[4] 刘淑清.关于农民财产性收入问题的思考[J].经济问题,2014(7):90-93.

[5] 金丽馥.江苏地区农民财产性收入的增长瓶颈及其政策性矫治[J].南通大学学报(社会科学版),2018(3):139-144.

[6] 周云冉.新生代农民工城市社区融入的路径探析[J].延边党校学报,2018(1):71-73.

[7] 余文鑫.农村居民财产性收入增长的制度困境和机制创新[J].中共福建省委党校学报,2015(1):83-88.

[8] 徐元明,徐志明,蒋金泉.深化农村产权制度改革,赋予农民更多财产权利[J].现代经济探讨,2015(9):52-56.

[9] 王雄军.我国居民财产性收入状况及其趋势判断[J].改革,2017(4):14-26.

[10] 刘可,刘鸿渊,赵彬茹.增加农民财产性收入改革的四川实践与对策[J].农村经济,2016(6):65-70.

[11] 周倩.我国农村宅基地使用权流转制度创新研究[J].农业经济,2017(7):84-86.

[12] 陈晓枫,翁斯柳."三权"分置改革下农民财产性收入的特点和发展趋势[J].政治经济学评论,2018(2):106-122.

[13] 杜伟,黄敏.关于乡村振兴战略背景下农村土地制度改革的思考[J].四川师范大学学报(社会科学版),2018(1):12-16.

[14] 陈慧妮.乡村振兴战略背景下农村土地流转政策的执行路径[J].社会科学家,2018(3):59-63.

[15] 刘锐.乡村振兴战略框架下的宅基地制度改革[J].理论与改革,2018(3):72-80.

[16] 陈美球,廖彩荣,刘桃菊.乡村振兴、集体经济组织与土地使用制度创新[J].南京农业大学学报(社会科学版),2018(2):27-34.

[17] 晓叶.重构城乡发展新格局——关于农村"土改"与乡村振兴的几点思考[J].中国土地,2018(6):1.

基于农村产权改革视角的农民财产性收入增收研究

党的十八大和以"三农"为主题的中央一号文件对农民财产性收入问题都给予密切关注。当前，农村集体资产所有权不清晰、权责不明确、流转不畅通等问题日渐凸显。加快推进农村产权制度改革，提高农民财产性收入的增长，构建城乡要素平等交换关系，促进农村和谐稳定，长治久安。

一、财产性收入：农民收入增收的新途径

随着农村经济进入新阶段，由家庭联产承包责任制所产生的生产力，大力提高了农村居民人均纯收入呈现增长趋势，收入结构也发生明显的变化。

（一）江苏地区农村居民收入增长的趋向分析

2013 年，江苏地区农民人均纯收入达到 13598 元，相比 1990 年增加了 12714.2 元，提升了 14.39 倍[1]（见图 1）。1990 年，江苏地区农民人均纯收入仅有 883.8 元，其中工资性收入为 300.6 元，占农民人均纯收入 34.01%；家庭经营性收入为 557.5 元，占农民人均纯收入 63.08%；同时，农村居民人均纯收入中非生产性收入仅有 51.4 元，占 5.82%。从 1990—2012 年江苏地区农民收入发展的走势可以看出，农民没有足够的财产性收入来源，都是国家和政府给予农户们以适当的补贴来维持。

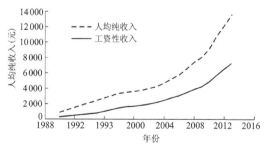

图 1　1990 年—2013 年江苏地区农民人均纯收入和工资性收入增长
资料来源：根据《江苏省统计年鉴》（2016）绘制。

由图 1 和图 2 可知，与 1990 年相比，2013 年江苏地区农民人均纯收入总量和机构趋势发生了巨大的变化。2013 年江苏地区农民人均纯收入中尤其是工资性收入超过 50%，2013 年江苏地区农民人均纯收入中，工资性收入为 7272 元，占纯收入 53.48%；家庭经营性收入为 4521 元，占纯收入 33.25%，比工资性收入增长 20.23 个百分点。工资性收入每年都在上升，意味着在当今农民纯收入来源中，工资性收入占据很大比例。

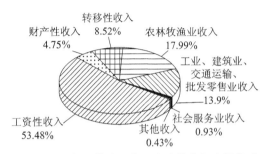

图 2　2013 年江苏地区农民人均纯收入来源构成

资料来源：根据《江苏省统计年鉴》（2016）绘制。

（二）江苏地区农民财产性收入增长势头强劲

从图 3 可以清楚地看出，江苏地区农民财产性收入在家庭人均纯收入中的比重呈现上升趋向，尤其是目前农民财产性收入已经转变为提高纯收入的一个重要新增长点。据此判断，目前江苏地区的城市周边郊区和农村区域正在开发，房产价值将会持续上升，农民的财产性收入会加速增长，势头强劲。

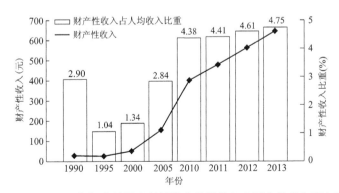

图 3　1990—2013 年江苏地区农村居民人均纯收入中财产性收入所占比重

资料来源：根据《江苏省统计年鉴》（2016）绘制。

二、基于农村产权改革视角下的三种农民财产性收入

中共十七大报告指出："创造条件让更多群众拥有财产性收入。"基于农村产权制度改革视角下相关的农民财产性收入，分别是农村集体资产股份制收益、农村土地承包经营权流转收益及农民房屋和宅基地增值收益[2]。

（一）农村集体资产股份制收益

农村集体资产主要指农村经济组织集团所举办的农业、商业和工业及将固定资产和货币资产所物化的形态。根据目前现行法律，农村集体资产的所有者归属农村经济组织中的每一位成员享有，且任何一位成员都无权直接支配和管理自己的资产，但由于产权虚置、模糊不清的状况，会隐藏一些弊端，譬如缺乏监督和经营者自身道德风险的问题。因此，部分人就会操纵这些农村集体资产来获取私利，侵害经济组织集团中其他成员的权益。推行农村集体资产股份化改革，有助于让集体经济组织中的每一位成员能够依法享有自己的财产权利，资产所有者能实际拥有自己资产的收入。

（二）农村土地承包经营权流转收益

据研究调查，截至 2016 年 6 月，在全国 2.3 亿农村家庭中，土地承包经营权流转取得收入的农户约有 7000 多万户，土地流转比例已经上升到 30%，越来越多的农村家庭一边留下土地承包权，一边通过流转土地的经营权而取得财产性收入。然而，跟所有权不同，经营权没有特定的身份，也没有特定的对象，经营权和所有权、承包权可以合为一体，也可以与所有权、承包权彻底分离，承包者可以是土地的占有者，但是不一定为直接的经营者，所有权亦是如此，不再赘述。按照中国社会科学院农村发展研究所 2016 年的调查数据，2015 年中国农民财产性收入为 251.5 元，占农民可支配性收入的 2.2%，环比上升了 13.2%，超过同期农民可支配收入增幅 4.3 个百分点。在财产性收入当中，用于合理流转土地承包经营权所取得的收入仅仅只有 48 元，在农民财产性收入总额中其占比重为 18.88%，相比 2014 年增长了 25.0%。

（三）农民房屋和宅基地增值收益

在中国农民的资产中，农民的房产和归属房产下面的宅基地是与其连带，且不容易分割。《中华人民共和国物权法》第六十条规定，农村经济组

织团体享有的全部土地，是依靠农村经济组织团体或者村委会代表团体组织行使所有权。因而，农户即使拥有房屋产权，然而农户房产下面的宅基地所有权归属经济组织集团享有。《中华人民共和国物权法》第一百一十七条规定：用益物权人对他人所有的不动产或者动产依照法律规定享有占有、使用和收益的权利。如果农户缺少对宅基地的占有使用权，而以用益物权人的身份展现，此时他就有权享有宅基地的增值、出售或出租给他人而获得的收益。

三、提高农民财产性收入增长的研究建议

农村经济组织集团中的每一位成员将他们共同拥有的土地、团体经营性资产进行一定物化处理，此时需要对农村产权制度给予适当的改革，建立产权交易平台，对一些相关的法律规章制度进行得当的修改和完善。

（一）稳妥推进农村集体资产股份制改革，促使农村土地承包经营权股权化

稳妥推进农村集体资产股份制改革和土地承包经营权股权化，是保证农户拥有的资产价值得到量化，也促使农户增加收益。首先需要做到农村的"两个确权"，一是明确当地农村集体经济组织的成员身份，即按照规定参与股权化和股份化改革的对象；二是做好农村集体资产产权确认工作，按照公平性原则合理规划其股权和股份结构，不仅需要考虑到农村集体经济组织的所有成员享有集体资产的权利，而且要带有长远的眼光和发展的需要及公共基础设施建设和发展利益的需要。现阶段，农村集体资产股份制改革方案主要以单人股为主，具体是否设置集体股，需要考虑到广大人民群众的选择，农村集体经济组织通过一定的程序进行。

（二）极力实现农村居民房产和宅基地"产权合一"形式

随着市场经济体制的建立发展，只有将农村居民的房产和宅基地进行以所有制基础上的"产权合一"，农民就会行使对房产的完全行为权利。在当下，推动新农村社区建设和建立新型城镇化，将会极大推进农村居民房产和宅基地的产权合并，合理划分农民的住宅面积，使得新农村社区建设和新型城镇化中的房产拥有与城镇居民相同的房产完全权利，以此保证农民享有房产增值收益。但是有一点需要明确指出，现在对外公开售出的小产权房是不包括在内的。

（三）健全完善相关的法律法规制度

《中华人民共和国农村土地承包法》第十五条指出，家庭承包的承包方是当地农村经济组织集团的农民；其中第四十一条明确提出，如果承包方是有固定的收入来源和正常的非农职务，一旦经过发包方准许，承包方这时就可将自身的所有或者部分土地承包经营权出让给任何管理农业经营这方面的农户[3]。这两条规定与之前产生明显冲突。所以，要完善、修改和充实《中华人民共和国农村土地承包法》，这将会有助于保障农户们土地承包经营权股权化改革后所获得的财产和收益。完善相关农民财产权的政策法规，制定科学的农村集体经营性建设用地流转交易、权益分配等政策。

（四）发展建立以市场化为基础的农村产权交易平台

发展建立以市场化为基础的农村产权交易平台，农民将会获取合法的财产性收入。建立完善的农村产权交易平台需要做到以下两方面：一是需要建立科学的农村产权交易结构组织，构建以大城市为主，区、县为辅，融入整个网络化农村产权交易体系当中，给予农村产权交易最大的方便、快捷、安全；二是要推行以法制化和市场化为核心的产权交易制度，保证所有进行的产权交易透明化，使得其公平、公正和公开，也是赋予农民更多财产权利的重要保障。

有效确保农村产权交易行为。合理制定农村土地、房屋和其他产权流转交易程序，确定好基准价格，建立诚信和监管机制，加快以出租、转包和转让等方式来流转土地承包经营权，通过转让、出让、入股或者抵押等方式进行流转集体建设用地使用权，房产流转可以采取租赁或抵押的方式，确保农村交易产权能够公正、公开、规范进行。

参考文献：

[1] 江苏省统计局,国家统计局江苏调查总队. 江苏统计年鉴[M].北京:中国统计出版社,2016.

[2] 杨震. 论国家治理现代化进程中的制度认同——以现代性为分析视角[J].社会主义研究,2016(6).

[3] 宋洪远,高强. 农村集体产权制度改革轨迹及其困境摆脱[J].三农新解,2015(2).

农村征地过程中保障农民财产性收入问题的思考

在土地征收过程中保障农民的财产性收入，就是说要处理好政府、集体和农民之间的利益关系，政府要确保农民在土地征收中的合理利益，而不应通过征地来获取利益，更不应该为了城镇化发展所采取不当征地手段及利用其政策优势获取利益。因为正确处理征地利益纠纷事关农村社会和谐稳定，事关城镇化进程顺利推进及全面建成小康社会总目标的实现。然而在现实中，很多地方政府在农村土地征收拆迁过程中出现大量行为失范现象，如违法征地、暴力拆迁、农民安置不当、补偿费扣发挪用等。

一、农村征地过程中政府行为失范的表现

首先我们应该明确政府行为失范的相关概念。失范的字面意义为"没有或失去社会规范"。杰克·D. 道格拉斯对失范的定义为："一种准规范缺乏、含混或者社会规范变化多端，以致不能为社会成员提供指导的社会情境。"现代中国城镇化的变革过程迅猛而深入，从而激发了许多重大的社会难题。比如，城市建设用地的急剧增加促使政府不断加大对农村土地的征收，而在征收的过程中，由于它们大大扰乱了农民传统的生活方式、道德和日常规范，在这个过程中，一方面政府没有系统的有关土地征收的规范，另一方面，农民尚未形成新的价值观念来很好地适应政府的土地征收，就造成了各种各样矛盾的显现。政府行为失范的原因多种多样，如体制转轨期政府角色定位出现偏差、不合理政绩和利益的驱使及监督的缺失等。政府在征地过程中的行为失范严重损害农民的利益，造成各地群体性事件频发，使政府在民众心目中的公信力下降，最终导致了征地拆迁受阻。

（一）暴力性的强制拆迁

强制拆迁是在不能自动履行拆迁情况下采取的必要手段，无论是对于城市国有土地上的拆迁，还是农村集体土地上的征地拆迁都有相关的法律

规定。但是强制拆迁必须在法律依据和事实依据都十分充分的情况下才能够实施。根据《中华人民共和国土地管理法》第 83 条及《中华人民共和国土地管理法实施条例》第 45 条之规定，土地征用房屋强制拆迁应由有关单位申请人民法院执行，即只有司法强制拆迁才算合法，才可以实施。但在实际的拆迁过程中，拆迁主体即政府或者由政府委托的拆迁企业在缺少监督和制约的情况下，征地拆迁的行政自由裁量权过大，在征地拆迁中对被征地农民进行暴力拆迁，不按照正常的法律法规程序操作，在未拿到相关强制拆迁证明时就对被拆迁对象进行强制拆迁的情况时有发生。这种暴力性的强制拆迁不仅危害被拆迁人的生命财产安全，更是严重破坏了政府的形象、削弱了政府在民众心目中的公信力。

（二）违反法定的征地拆迁程序

我们可以从征地拆迁流程中可以得出，一个完整的过程应该包含认定、评估、审核、公示、听证等环节，然而在实际拆迁过程中，有些地方政府为了赶工程进度，减少环节，没有及时有效地公示征地拆迁文件，或者由于拆迁信息的不对称，违法改动征地拆迁的补偿标准，被拆迁人不能及时了解相关政策，而且少数政府为了减少纠纷，甚至取消听证环节，使得群众的合法诉求没有表达渠道，民众上访及"钉子户"等事件时有发生。

（三）补偿标准混乱，扣发挪用补偿费

在农村征地拆迁过程中，政府既是拆迁工作的政策制定者和决策者，同时也是参与拆迁工作的实践者。征地拆迁补偿费是否合理，证明了政府是否协调好了公共利益与农民的合法利益。当征地拆迁补偿费成为被征收者即农民将来财产性收入的主要来源的时候，拆迁补偿费是否合理关系到农民将来的生活和发展。此外，由于各地区经济发展状况不一样，补偿费也存在很大的差异，在不同地区比如经济发达的东部和经济欠发展的西部拆迁补偿费差别就很大，以及在同一地区的不同地方也存在差异。拆迁补偿费的多少还受到政府行政人员主观因素的影响，还存在着少数地方政府乱扣或者挪用补偿款的现象。地方政府是征地拆迁工作的主要指挥者，处于政治优势地位，相对而言农民则是弱势群体，并且由于信息不对称，农民难以了解自己的补偿款的具体数额，这就为某些地方政府非法扣发挪用补偿款提供了可能性。

（四）安置工作不到位

现阶段的安置工作，各地政府主要采取货币安置和实物调换安置这两种安置方式。对于货币安置方式，由于标准较低且执行中容易出现偏差，失地农民往往不能拿到足够的补偿款，因此，货币补偿款不足以购置新住房；而对于实物调换安置，存在如下一些问题：安置小区环境较差，且居住条件没有充分考虑农民以前的居住习惯，相应配套设施不能及时建设，使得安置群体犹如居住在"孤岛"中，成为边缘群体，这不利于失地群众融入城市生活。少数地方政府未能在这个过程中提供合理的安置住房环境及相应的社会保障措施，使农民顺利地过渡到新的生活环境，这就导致被征地农民的未来生活及其子女未来发展等新的社会问题产生。

二、农村土地征收和农民增收存在的问题

（一）地方政府过于依赖土地财政

土地是一种特殊的资源，开发土地不仅可以扩大财政收入，也可以招商引资，带动区域经济发展。"土地财政"有力地补充了地方政府的财政收入，通过征收大量农村用地转为非农建设用地，从而开展招商引资，带动房地产等有关的诸多产业不断发展，推动整个相关地区经济高速发展。但是地方政府过于依赖土地财政后，导致了政府角色发生变化，成为利用土地转型来谋取利益的经纪人和经营者，其核心都在于通过对土地的征收和出售赚取大量预算外的财政收入，而不是通过有限的农村土地资源为城镇化进程增加动力，有时甚至严重损害了农民的利益。这时就会出现一种现象，即如果地方政府从农村征地拆迁中获取大部分利益，那么就意味着农民从中获取的财产性收入将会减少。因为土地是有限的，从土地中取得的利益也是一个定量，地方政府获取得多，相应的农民的利益就会减少。

（二）征地拆迁法律制度存在缺陷

目前，我国还没有明确的有关土地征收拆迁的具体法律如《征地拆迁法》，更不用说有关于农村征地拆迁的相关法规政策。当前进行的征地拆迁主要是依据我国的《宪法》和《土地管理法》的相关法律法规，但是根据我国的实际情况，这两部法律存在着明显的缺陷。一方面，对地方政府征收土地的权力缺乏监督和约束，这就为地方政府滥用手中的权力进行"寻租"行为提供了条件；另一方面，《土地管理法》没有把征地拆迁与土地征收相分离，在具体的征地拆迁过程中缺乏指导性。由于法律法规制度的不

健全，导致地方政府及有关利益主体在征地过程中利用法律漏洞谋取非法利益而损害了农民的利益，这就直接减少了农民合法及应得的土地财产性收入。由于缺少法律维护农民自身的合法权益，农民在征地拆迁中无法利用法律来保护自己的合法利益不受侵犯。

（三）征地拆迁程序缺乏规范性

城镇化进程不断加快导致了征地拆迁规模不断扩大，征地拆迁程序设计及执行不规范损害被征地农民利益的现象频发，因此，必须不断规范地方政府的征地程序，在必要时加以法律手段来规范，从而在程序上保障农民在征地拆迁中获得的土地财产性收入。征地拆迁程序的不规范性主要包含以下几点：其一，实施主体不规范。《中华人民共和国土地管理法》第四十六条规定，国家征收土地的，按照法定程序批准后，由县级以上地方政府予以公告并组织实施。但在实际征地过程中，有些地方政府为了赶工程进度，在还未取得批准的情况下提前开展土地征收工作，或者没有对其具体征地工作进行公示。其二，征收土地公告不规范。土地征收公告是征用土地的必经程序，征用土地公告分为两种，一种是征用土地公告，另一种是征地补偿、安置方案公告。通常情况下，土地征用公告存在的问题比征地补偿、安置方案公告的问题要少。因为土地征用是国家为了公共利益强制性进行的，农民没有话语权，征地补偿、安置方案公告则是为了对被征地农民进行的一种拆迁补偿，但是有些地方政府为了谋取不当利益未对征地补偿和安置方案进行公告，随意实施拆迁程序，对被征地农民的征地拆迁补偿及安置方案给予模棱两可的回答。

（四）征地拆迁过程缺乏监督

基于政府部门的政治优势使其拥有较大的权力空间，而现实中如果我们对于政府的权力缺乏内外部监督及惩罚机制的约束，必然会出现不合理的征地现象及地方政府利用权力损害被征地农民的合法利益。本文论述的关于征地拆迁程序不规范，归根到底是由于在征地拆迁的过程中地方政府的权力缺乏监督造成的。政府权力缺乏监督，就会导致地方政府在征地拆迁过程中的行为失范。近些年来，农村土地征收拆迁中个别地方政府侵害被征地农民权益的事件时有发生，这警示我们要尽快健全土地征收监督机制，规范征地拆迁中地方政府的行为，制约地方政府在征地拆迁中的权力。

三、规范地方政府征地行为，保障农民的财产性收入

农用土地征收拆迁是我国城市化建设过程中的一个重要环节，地方政府作为征地拆迁的主导者，规范其行为对于保障农民的土地财产性收入具有重要意义。针对本文前面阐述的农村土地征收拆迁过程中地方政府行为存在的失范问题，以及解决新型城镇化建设与农民财产性收入之间的矛盾，必须加快解决农村征地存在的问题。具体有以下几点对策：

（一）完善土地征收制度

通过国家制定合理的土地征收制度及细则能有效地削弱"土地财政"现象，抑制地方政府在农村土地征收过程中的失范行为。首先，建立完善的土地产权制度。2019 年发布的中央一号文件指出，要推进深化农村土地制度改革。我们必须要系统总结农村土地征收过程中的经验，加快土地管理法修改，不断完善农村土地利用管理政策体系，使农民受益于完善的土地征收制度，而这个制度就是对他们财产性收入的有力保障。其次，规范土地征收程序。土地征收程序是土地征收制度的重要组成部分。完整合理的征收程序是完善土地征收制度的重要措施。因此，为了避免地方政府在征地过程中不遵守征地程序，要设立监督和审查部门，对征地过程进行严格的监督和审查，防止地方政府不按程序进行，损害被征地农民的利益。

（二）完善土地征用与征收的法律法规

国家进行土地征收的根本目的是为了人民群众的美好生活，但是，由于对"公共利益"没有进行明确的界定，即如何界定哪些项目是为了"公共利益"，哪些又是打着"公共利益"的旗号钻法律的空子。因此，必须加快完善我国法律法规中的土地征收的相关内容和实施细则。一方面，在征地过程中，各地方政府要遵守法律法规，做好公益用地和非公益用地的区分，做到不用"公共利益"名头侵害农民合法利益及在非公益的情况下保障好农民的正当利益。另一方面，被征地农民可以运用法律捍卫自己的权益，也要遵守相应的法律法规，要积极配合政府的拆迁工作，有问题可以通过正常的法律渠道诉说和寻求帮助，而不是采取阻挠征地拆迁的不法行为，比如征地过程中出现的群体性事件及"钉子户"现象等。完善的土地征收法律不仅可对政府权力进行约束和制约，保证其征地过程的合理性，而且也为农民维护自己的合法权益提供了保障。

（三）完善农村征地程序与监督机制

完善农村土地征收程序，政府必须做到程序的公开化、信息的透明化，并不断加强征地过程的民主化，让广大的农民参与进来。其一，政府要做到各个环节程序的公开化，不仅要做好在征地前的民意征集，还要做好征地中的征地公告，更要积极主动进行征地后的补偿、安置公告。其二，征地拆迁这一过程农民是切身利益人，只有让农民充分参与进来，通过有效的征地拆迁程序来表达自己的意愿，谋求自己的合法利益，才能不断减少征地拆迁冲突，推进征地拆迁工作顺利开展。其三，信息的透明度是政府政务公开的一个重要指标，也是民众监督政府的一个有效方式，权力只有在阳光下运行，才不会滋生腐败。通过公开规范化的征地程序、透明的信息公开及民主的征地过程，被征地农民不仅能够清楚地了解政府的征地政策信息，而且还可以通过民主的征地程序维护自己合法的土地财产性收入。

（四）完善城乡社会保障制度

土地作为农民最根本的生产资料，是农民最基本的生活保障来源，虽然现在多数青年农民会选择外出务工，但土地却是他们最后的保障，如果政府在征地过程中未能保障农民的合法财产性收益，那么失地农民为了谋求自己的利益将采取非正当手段阻碍征地工作的进行，甚至发生性质恶劣的群体性事件。被征地农民的土地被征收后所面临的挑战是巨大的。失地农民的土地（宅基地或者农地）被征收后，他们面临着生活环境的巨大改变。他们虽然住在商品房里，却没有与城市居民同等的收入、社会保障及医疗保险等。很多失地农民的生活水平并没有因为征地拆迁的补偿而得到改善，有些甚至低于他们以前的生活水准，因此，政府不仅要为被征地农民提供合理的补偿，而且要安置好失地农民，不仅仅是为他们提供一个简单的住房，而是要真正改善被征地农民的居住环境，而且为农民的长期稳定发展提供制度保障。

当前，我国进入全面建成小康社会的决胜阶段。全面建成小康社会的关键在农民，而解决农村征地拆迁问题的关键就在于解决农民问题。因此，地方政府必须要通过合理的手段和方式解决好农村征地问题进而保障农民在征地过程中的财产性收入，这就要求政府不仅要补足法律上的漏洞，保护好失地农民的权利和利益，而且要完善征地拆迁制度及与被征地农民息息相关的社会保障制度，使农民的生活更加稳定，使我们的社会更加和谐，进而为全面建成小康社会增添强劲动力。

参考文献

[1] [美]杰克·D.道格拉斯.越轨社会学概论[M].河北:河北人民出版社,1987.

[2] 金丽馥.中国农民失地问题的制度分析[M].北京:高等教育出版社,2007.

[3] 林卿.农民土地权益流失与保护研究——基于中国经济发展进程[M].北京:中国社会科学出版社,2013.

[4] 金丽馥,石宏伟.当代中国"三农"理论与实践问题研究[M].南京:南京大学出版社,2010.

[5] 周帆.农用土地转为建设用地过程中的地方政府行为研究[D].吉林大学,2015.

[6] 黄红.我国宅基地置换中失地农民的权益保障[D].上海师范大学,2014.

[7] 国艳霞.区级政府在征地拆迁过程中行为失范研究[D].沈阳师范大学,2015.

[8] 金丽馥.中国农民土地财产性收入:增长困境与对策思路[J].江海学刊,2013(6):97-102.

[9] 刘冬青.农地征收拆迁中地方政府行为探讨[J].合作经济与科技,2017(9):190-192.

[10] 张月.集体土地是否能自由出租?[J].南方国土资源,2015(5):26-27.

[11] 陆亚娜,徐瑜.城镇化进程中农村征地拆迁问题解析——基于博弈论视角[J].苏州科技学院学报(社会科学版),2013(3).

[12] 高玫,余永华,戈丹.农村土地流转与农民财产性收入问题研究——以江西省新余市渝水区为例[J].老区建设,2017(12):18-20.

基于宅基地视角的增加农民财产性收入研究

2017 年，中央一号文件明确提出要增加农民财产性收入。2017 年 10 月，党的十九大报告再次提出拓宽居民劳动收入和财产性收入渠道[1]。无疑将农民财产性收入这一话题推至更加显眼的位置。改革开放以来，我国农村宅基地制度在一定程度上制约着农民财产性收入的增长，同时也间接阻碍了我国农村经济的发展。2017 年中央一号文件聚焦深入推进农业供给侧结构性改革，提出"盘活利用空闲农房及宅基地，增加农民财产性收入"。2018 年中央一号文件再次提出"完善农民闲置宅基地和闲置农房政策，探索宅基地所有权、资格权、使用权三权分置"。全面深化农村土地制度改革，加快农村宅基地使用权流转，切实保障农民合法的土地权益，对于促进农民增收、缩小城乡收入差距、加快城乡一体化建设具有现实意义。

一、宅基地和农民财产性收入的概念界定

（一）宅基地

宅基地，是指农户或个人用作住宅基地而占有、利用本集体所有的土地。宅基地主要分为三种类型：① 在农村已经建了房屋或其他附属设施的土地；② 将要用来建造房屋的土地，即规划用地；③ 已经建了房屋，但不适合居住的土地[2]。根据我国现行法律规定，宅基地的所有权属于集体，农民对宅基地只享有使用权，不享有所有权，但对于宅基地上的房屋享有所有权。

宅基地流转是指流转农村集体建设用地的使用权，要满足土地所有权主体不发生变化这一条件，转让给第三方的是集体建设用地在一定期限内的使用权[3]。张寒[4]等认为，总体来看，我国宅基地流转可以分为三种模式：集体组织成员内部之间的流转、抵押贷款和退出。根据我国相关法律规定，宅基地使用权转让只有满足以下四种条件，其转让才有效：① 同一集体内部成员之间相互转让的；② 想要转让宅基地的成员拥有多处住宅的；

③ 受让人符合宅基地分配条件，但自己却没有宅基地的；④ 转让行为得到批准的。从现有的实践和流转现状来看，非集体经济组织成员直接获取宅基地使用权的制度红线仍然没有突破，出于防止社会资本侵蚀农村村民利益及缓和社会矛盾角度的考量，宅基地流转是一个逐步放宽的过程，不可能像商品一样直接流入市场。

（二）农民的财产性收入

财产性收入一般指由家庭拥有的动产、不动产所获得的收入，它包括通过财产使用权出让和财产运营过程中所获得的租金、红利、股息等。武剑等[5]认为，财产性收入是指金融资产或有形非生产性资产所有者向他人出让财产使用权或财产运营所获得的收入。孙旻煜等[6]认为财产性收入是指通过货币、土地、房产等实物资本和技术成果、管理经验等无形资本参与社会经济活动所产生的收入。本质上来讲，财产性收入就是在现有财产的基础之上通过各种途径所获得的额外收入。

农民财产性收入，是指"金融资产或有形非生产性资产的所有者向其他机构单位提供资金或将有形生产性资产供其支配，作为回报而从中获得的收入"[7]。收入与财产相辅相成，收入增加了，农民消费剩余后的那部分即可转化为财产。当这部分财产成为他们投资的资本时，就会产生红利、租金、股息等一系列财产性收入。

二、农村宅基地流转给农民财产性收入带来的影响

在过去的很长一段时间里，我国农民财产性收入仅仅依靠租金和储蓄收入，农民财产投资方式也长期处于单一的状态。随着我国农村金融体系的完善和农村土地流转的规范化，特别是宅基地制度的改革下，农民财产性收入的渠道逐步拓宽。

（一）盘活农村宅基地，有利于增加农民财产性收入

2018 年 1 月 15 日，国土资源部部长姜大明在全国国土资源工作会议上提出，我国将探索宅基地使用权、资格权和所用权"三权分置"，落实宅基地所有权，保障宅基地农户的资格权，适度放活宅基地和农民房屋使用权。这将是我国改革的一项重大创新。各地在改革试点中要认真开展农户资格权的法理研究，探索宅基地"三权分置"的具体实现形式，可以重点结合发展乡村旅游、返乡人员创新创业等先行先试，探索盘活利用农村闲置农

房和宅基地、增加农民财产性收入、促进乡村振兴的经验和办法[8]。

宅基地"三权分置"的主要目的即盘活、利用农村闲置宅基地和农房，以增加农民财产性收入、促进乡村振兴，将农民闲置的农房和宅基地转变成为能够切身感受到的财产性收入。随着我国农村宅基地"三权分置"的深入推进，农民可将自家宅基地以租赁的方式进行流转，既可以增加自身财产收入，也可以满足住房租赁市场的需求，并且一旦完成宅基地资格权的确认，农民即可将宅基地用于抵押、担保，增加农民投资渠道，实现其自身财产性收入的增加。

（二）加快农村宅基地流转，有利于缩小城乡收入差距

制定完善的宅基地制度有利于保护农民的用益物权，加快推进宅基地流转，促进农民利用住房进行抵押贷款，增加农民收入。传统的宅基地的物权保障已经不能够充分适应新时期农村的发展需求，宅基地作为农民最重要的土地资源，相对于城里可以办产权的房屋，其缺少流通的条件，这在很大程度上限制了宅基地的抵押和担保的功能，农民在宅基地上的权益无法实现，他们利用房屋增加财产性收入的机会几乎为零。加之农村宅基地的征用补偿保障不足，征用土地的一方能够获得较大的收益，而被征用宅基地的农民却获利甚微，极易引发社会矛盾加深。

因此，改革和完善农村宅基地制度管理成为农村发展的必然趋势，随着城乡一体化进程的不断推进，农民的生活得不到改善，投入农业生产的积极性不强，最终将会导致城乡收入差距进一步加大。让农民切实享受到宅基地流转带来的利益，是增加农民收入、更好地统筹城乡发展的重要途径。完善宅基地制度，加快农村宅基地的流转，可以将农民的宅基地发挥出最大的经济价值，增加农民经济实力，提高生活品质，从根本上缩小城乡居民收入的差距。

三、基于宅基地流转视角增加农民财产性收入的困境分析

随着城镇化进程的加快推进，加之我国宅基地流转制度不完善，农民利用宅基地来增加自身财产性收入的渠道比较狭窄，因此越来越多的农民转移到城市中工作、生活。此时，农村呈现出宅基地闲置的现象，又限于政策等方面的原因使得宅基地无法进入土地交易市场，造成农村土地资源被严重浪费。

（一）宅基地产权不明晰

就我国当前状况来看，农村宅基地所有权与收益权并不属于同一个主体，我国《宪法》中规定"宅基地所有权属于农民集体所有"，而宅基地的使用权作为一项独立的用益物权，它是农民在集体经济组织所有的宅基地上建造房屋以及各种基础设施的基础之上，对宅基地进行占有、使用和处分的权利。

我国多个地区进行农村土地改革试点以来，已经完成宅基地确权的农民，可以将宅基地进行抵押、担保、在一定条件下进行转让等，但由于宅基地确权工作并未在全国各农村地区普及，因此没有取得宅基地确权的农民在利用宅基地进行收益的道路依旧曲折。

（二）宅基地管理不规范

《关于加强土地转让管理严禁炒卖土地的通知》规定：农民的住宅不得向城镇居民出售，也不得批准城市居民占用农民集体土地建造住宅，有关部门不得为违法建造和购买者的住宅发放土地使用证和房产证；我国《土地管理法》也明确规定：宅基地流转受让人只能限定在本农村集体经济范围内，而受让人还应同时满足"没有住房和宅基地，且符合宅基地使用权分配条件"等要求。但农村宅基地私下流转现象依旧存在，企业在流转过程中侵犯农民利益的现象时有发生。

由于宅基地所有权主体模糊，导致其缺少实质性的管理单位，农村宅基地的所有人是农村集体经济组织，而在现实的管理中不可能全体成员共同参与，因此只能委托村民委员会进行代管，而村干部无法及时了解宅基地流转的进展，事后干预机制也不够完善。在城镇化进程中，面对农村用地所带来的巨额财富，所有权主体中存在的问题为村干部私自出租宅基地创造了条件。

（三）宅基地公开流转市场缺乏，利益分配失衡

在各地开展的宅基地使用权流转试点中，权益结构失衡的现象普遍存在。在宅基地的征用过程中，政府对于农民的补偿只考虑了其生存性补偿，并未充分考虑农民的发展权益。加之政府与农户的信息不对称，农民实际上很难充分享受到土地增值所带来的收益。

实际上，农民发展权益的实现与市场机制的完善有着密切的联系。当前我国城乡统一的土地市场还没有建立，宅基地流转缺乏公开的市场，没有统一的价值衡量标准，导致农村宅基地的流转无章可循。宅基地和房屋

的价值核算，由于过程复杂，因此需要很强的专业性，而农民几乎不具有这样的专业水平。分散的宅基地流转市场使得农民获取信息的成本增加，交易费用过高，土地资源得不到优化配置。且在宅基地的流转过程中存在隐形流转现象，面对土地级差地租存在所带来的巨大利益，使得理性权利人追求自身利益的最大化，无视国家对土地资源的管制，大肆圈占宅基地，造成集体土地资源大量流失，农民所享受到宅基地带来的利益少之又少。

四、基于宅基地流转视角增加农民财产性收入的路径分析

为了维护农村的稳定与发展，宅基地制度的改革与完善势在必行，结合有关宅基地的制度中存在的问题，本文围绕以下几个方面提出解决措施：

（一）加快推进农村宅基地确权为农民财产性收入的增加奠定基础

我国实行房屋所有权与土地使用权相一致的原则，如若土地与房屋的所有权相分离，将会使房屋的价值大打折扣。对于农民而言，宅基地及地上的房屋设施几乎是他们全部的财产，但是由于法律的限制，宅基地只能在集体经济组织成员之间进行流转，导致农民对于房屋及宅基地失去了完整的产权。农民不能利用宅基地进行抵押、转让、贷款，就失去了为扩大生产、增加投资而获得资金支持的重要渠道，农民财产性收入的增加也就无从谈起。

中央提出农村土地所有权、承包权、经营权"三权分置"以后，又提出了宅基地"三权分置"，并提出了宅基地农户资格权和宅基地使用权的概念。随着保障宅基地农户资格权的提出，农民作为集体经济组织的成员将获得宅基地资格权，并以颁发证书的形式得以实现。目前宅基地确权工作仅停留在试点阶段，加快普及农村宅基地确权工作的推进，是增加农民财产性收入的制度基础。

（二）建立完善的农村土地信贷网络以拓宽农民财产性收入的渠道

将土地引进现代经济运行之中，是有效增加农民财产性收入的客观需要，建立以信贷为基础的土地信贷覆盖网络，将广大农村土地纳入国家财政计量系统，充分利用土地资源的信用价值，为土地征用的监管提供货币支持，同时也能够给农民带来可观的财产性收入。农民拥有完整的宅基地产权（抵押、转让、租赁等）后，可以将闲置的宅基地变为财产，利用各种方式获得土地贷款，用于各种投资理财方式，将使得农民财产性收入来

源的渠道大大拓宽。

（三）建立完善的宅基地流转市场，多渠道增加宅基地财产性收入

国土资源部部长姜大明在全国国土资源工作会议上表示，要适度放宽、放活宅基地的使用权，这意味着宅基地只能在同一个集体经济组织内部成员之间转让这一规定有可能被打破。在逐步放开宅基地使用权主体限制的同时，需要建立较为完善的宅基地使用权流转市场。农民可以通过流转市场这一平台，对宅基地进行登记、评估，宅基地购买者也可以在交易市场进行购买登记，最终交易双方通过流转市场互换信息，实现宅基地的合理化流转。建立并完善宅基地价值评估体系和价格监控机制，形成动态的宅基地流转价格。

规范宅基地流转行为，依法签订相关合同。随着宅基地流转规模的日益扩大，流转过程中问题将不断出现。为此，相关部门应加大对宅基地流转行为的规范力度，避免简单的口头协议，引导农民严格按照现有的法律规定，与宅基地需求者签订合法的书面合同，并且最后由相关部门进行鉴定并登记。

虽然宅基地流转市场的建立会给农民的宅基地流转带来诸多便利，但是严格实行土地用途管制的原则不能破，应统筹城乡规划，科学规划村庄的土地利用，严禁利用宅基地建设别墅大院、私人会所等。

（四）允许部分农宅入市，保障农民享受土地增值收益

在加强土地的用途管制、完善宅基地审批管理制度和严格规划的前提之下，应当允许部分农宅入市。2018年中央一号文件《中共中央 国务院关于实施乡村振兴战略的意见》指出："系统总结农村土地征收、集体经营性建设用地入市、宅基地制度改革试点经验，逐步扩大试点，加快土地管理法修改，完善农村土地利用管理政策体系。扎实推进房地一体的农村集体建设用地和宅基地使用权确权登记颁证。"农宅入市可以改变当前农民"地大房差，货币收入低""乡下房子卖不掉，城里房子买不起"的尴尬局面，释放农村沉睡的资本，使得宅基地资源能够在市场上发挥最大的价值，赋予农民更多财产权利，增加农民收入，让他们充分享受土地增值带给自身的收益。

但是一号文件同时也指出，在适度放活宅基地和农民房屋使用权的同时，不得违规违法买卖宅基地，严格实行土地用途管制。这就说明，宅基地入市要有底线，城里人到农村买房这个口子不能开。与此同时，必须建

立健全社会保障体系，切实保障农民的生存和发展的权益，妥善解决农民住房和再就业问题。

最后，由于宅基地流转市场机制不完善，农民知识水平相对较低，获取市场信息的能力不足，也使得农民在宅基地流转的过程中处于弱势地位。因此，对于宅基地制度的改革，政府应当加强与农民的沟通，提供宅基地流转平台，并提供专业人员对农民进行严格的指导和市场管理，使农民在自身的合法权益得到保障的同时也享受土地增值所带来的收益。

参考文献

[1] 习近平. 在中共十九大上的报告[EB/OL].新华网,2017-10-18.

[2] 卢悠然. 增加农民财产性收入的困境与对策探析[J].开封教育学院学报,2015,35(5):292-296.

[3] 徐小换,徐祯禧. 农民财产性收入与农村宅基地流转现状研究[J].现代经济信息,2014,(6):389-390.

[4] 张寒,楼江. 农村宅基地流转制度优化设计[J].上海国土资源,2017,38(4):29-33.

[5] 武剑,郝文明. 阜阳市增加农民财产性收入的建议[J].农村经济学,2017(22):267.

[6] 孙旻煜,金丽馥. 基于江苏省农民财产性收入状况的土地制度改革初探[J].江苏农业科学,2016,44(11):562-566.

[7] 靳翠,金丽馥. 农民财产性收入增长的保障机制研究综述[J].改革与开放,2016(11):83.

[8] 邵海鹏. 创新宅基地"三权分置"农村土改步向深入[N].第一财经日报,2018-01-17,A03版.

[9] 史卫民. 农村发展与农民土地权益法律保障研究[M].北京:中国社会科学出版社,2015:178.

江苏地区农民财产性收入的增长瓶颈及其政策性矫治

    农民收入问题是我国当前"三农"问题的核心问题，其中的农民财产性收入作为衡量一个国家或地区普遍社会富裕程度与经济发展程度的重要指标，成为中国特色社会主义新时代经济新常态下我国农村发展的重要着眼点。囿于历史和现实的原因，在中国这样一个农业大国，我国农民财产性收入有其自身特点，也因其增长具有重要的社会现实意义而备受关注。无论党的十八大、十八届三中全会，还是近年来的中央一号文件，都将增加农民财产性收入作为我国农村社会经济发展目标的重要内容予以强调，凸显其重要性。为了实现农民收入的有效增长，各地纷纷采取措施，关注本地农民的财产性收入提升的现实可能性，学术界亦对农民财产性收入展开了不同层面的研究，旨在寻求经济新常态下我国农民财产性收入提升的路径。基于对江苏省典型地区的农民财产性收入进行实证调研，分析当前制约农民财产性收入增长的瓶颈因素，寻求解决的对策与思路，是关注新时代我国农村经济社会发展的重要视角与有益探索。

一、农民财产性收入现状的宏观解读：基于江苏省的数据采集

    江苏省是我国改革开放和经济发展的重要代表性省份。党的十八大以来，随着江苏经济的持续增长，在中央和江苏省一系列加强"三农"及社会主义新农村建设的政策措施激励下，江苏省农业基础设施建设取得了长足进展，农业生产条件得到较大改善，农村公共服务设施建设成效显著，农业综合生产能力进一步提高，为农业和农村经济的发展、农民收入水平的提高奠定了更加雄厚的基础。与此同时，农民收入结构发生了较大改变，近年来，江苏省农民人均收入逐年增长，省政府对农民的财产性收入的关注度和帮扶力度都逐渐增强。以江苏省农民财产性收入及省内不同经济发展水平区域农民财产性收入情况进行数据采集剖析，得出的结论具有一定的典型性。

（一）农民财产性收入稳步增长，但基数总盘小，在总收入中占比低，总体不容乐观

党的十八大以来，以农民收入增长的整体提升为基础，江苏省农民的财产性收入也发生了变化。如表 1 所示，随着农村市场化改革的推进，2010—2016 年江苏省农民财产性收入呈现逐年增长态势。2010 年，农村居民人均财产性收入为 389.1 元，到 2016 年增长到 606 元，年增长率除去 2015 年有所降低，其余年份呈现缓慢递增的态势。

调查发现，农民人均财产性收入虽然在逐年增加，但占总收入的比例显然偏低。通过表 1 可以看出，农民人均财产性收入虽与人均年总收入呈同向增长，但财产性收入基数仍然很低，占总收入比重很小。表 2 告诉我们，2016 年江苏省农民人均可支配收入为 17606 元，其中工资性收入为 8732元，占总收入的 49.6%，经营性收入为 5283 元，占总收入的 30%，转移性收入为 2985 元，占总收入的 16.95%，而财产性收入只有 606 元，仅占总收入的 3.44%。同时表 2 也表明，全省各地区占总收入比重较大的是工资性收入及经营性收入，农民收入主要靠外出打工和家庭生产经营获得；财产性收入占总收入的比重较小，远未成为农民收入的主要来源，且远远低于发达国家农民财产性收入占总收入 40% 的比重。

表 1   2010—2014 年江苏省农民财产性收入在总收入中所占比重

年份	农民人均年收入（元）	农民财产性收入（元）	占比（%）
2010	9118	389.1	3.49
2011	10805	476.1	3.56
2012	12202	562	3.73
2013	13598	643.07	3.89
2014	14958	672	4.49
2015	16257	545	3.35
2016	17606	606	3.44

注：数据整理自《江苏统计年鉴》（2010—2016）。

表 2   2016 年江苏省不同地区农村居民家庭基本情况

指标	全省	苏南	苏中	苏北
人均可支配收入（元）	17606	24638	18320	15102
工资性收入（元）	8732	15455	10757	7285
经营性收入（元）	5283	4557	4199	5166
财产性收入（元）	606	1831	549	322

指标	全省	苏南	苏中	苏北
转移性收入（元）	2985	2795	2815	2329
财产性收入占总收入比重（%）	3.44	7.43	5.1	4.42

注：数据整理自《江苏统计年鉴》（2016）。

（二）农民财产性收入地区差异较大，城乡不平衡仍较严重

江苏省作为我国经济发达省份，总体经济总量在全国名列前茅。但是省内的苏南、苏中和苏北不同市县的经济发展水平仍然存在很大差距，表现在农民收入方面尤为明显，并直接反映在农民财产性收入上。由表2可知，2016年苏南地区农民人均财产性收入最高，为1831元；苏中次之，为549元；苏北最低，为322元。苏南分别是苏中、苏北的3.34倍和5.69倍。苏北、苏中总体经济发展水平相对落后于苏南，很大程度上造成了农民财产性收入也低于苏南。

城乡居民收入差异在江苏同样表现较为明显。以城乡居民的财产性收入为比较对象，表3显示，2010年至2016年，江苏省城镇居民的人均财产性收入均高于农民的人均财产性收入。农民的人均财产性收入由2010年的389.1元增加到2016年的606元，年均增长12%以上；城镇居民的人均财产性收入则由2010年的471.04元增加到2016年的4151元，年均增长超过50%。农民人均财产性收入增长速度远低于城镇居民，而且差距逐年扩大，由2010年81.94元增加到2016年的3545元。根据现有的数据分析，短期内这一趋势仍将延续。

表3　江苏省城乡居民财产性收入比较

年份	城镇居民（元）	增长率（%）	农村居民（元）	增长率（%）
2010	471.04	23.4	389.1	31.1
2011	667.06	41.6	476.1	22.4
2012	689.96	3.4	562	18.04
2013	764	10.7	643.07	14.4
2014	2300	201.05	672	4.5
2015	3682	60.09	545	−18.9
2016	4151	12.74	606	11.19

注：数据整理自《江苏统计年鉴》（2010—2016）。

二、当前制约农民财产性收入增长的瓶颈要素分析

制约农民财产性收入增长的障碍主要有社会经济制度障碍、个体理财思想障碍、农民收入基础障碍等，从不同侧面影响和制约农民从事"投资"活动，制约了农民财产性收入的增长。以上分析表明，一方面，2010—2016 年，江苏省农民财产性收入增加整体呈上升趋势；另一方面，这一阶段江苏省的农民财产性收入虽有增加，但相比较于江苏作为全国的经济大省经济强盛的身份而言，农民财产性收入的增长幅度并不尽如人意。究其原因，本文认为可以分别从农民自身因素和国家制度因素这两个主要方面进行分析。

（一）农民自身因素

1. 农民收入水平低，可支配财产有限，无法实现资产增值

财产由收入转化而来，财产性收入则是通过"收入—财产（资产）—资本—收入"的路径循环而来。因此，只有多方位增加农民收入，做大收入总盘子，农民财产性收入才能水涨船高。2010—2016 年，江苏省农民人均收入虽然逐步增长，但据实地调查，即便在江苏这样的经济大省，大多数农村地区农民仍然收入低，生活成本高，就业、医疗、养老保障体系不完善等问题依然存在。农民的积蓄本来就少，很大部分还要用于子女上学、看病治疗和改善居住条件，再加上农业生产成本逐年攀升，造成农民最终可支配的剩余收入非常有限，财富积累和资本增速必定缓慢，财产性收入自然偏低。由表 4 可知，2016 年全省苏南、苏中、苏北农民的人均可支配收入分别为 24638 元、18320 元、15102 元，而人均生活消费支出分别为 17423 元、13460 元、10929 元，占比分别为 70.72%、73.47%、72.37%。这就充分说明，目前农民消费支出占比较大，剩余收入数额有限，可以转化为财产的收入也因此有限，难以形成更多的财产性收入。农民收入水平低，使财产增值缺乏必要的前提和基础。

表 4　2016 年江苏省分地区农民人均生活支出情况

元

指标	苏南	苏中	苏北
人均可支配收入	24638	18320	15102
人均生活消费支出	17423	13460	10929
食品烟酒	4956	4022	3525

指标	苏南	苏中	苏北
衣着	1154	797	847
居住	3748	2752	1973
生活用品及服务	1017	800	677
交通通信	2760	2246	1311
教育文化娱乐	2102	1524	1672
医疗保健	1129	863	735
其他用品和服务	555	455	189

注：数据整理自《江苏统计年鉴》（2016）。

2. 农民主要依靠土地流转获得财产性收入，渠道过于单一

基于我国国情，目前我国农民财产性收入中最主要的来源是土地财产性收入。农民土地财产性收入是农民对其拥有的土地产权发生在让渡过程中获取的非生产性收入。囿于我国农村土地流转的种种掣肘，农民依靠土地获取的财产性收入具有不确定性。以江苏镇江为例，课题组获取的调查数据显示，目前镇江农村土地流转占比较高，有些地区甚至达到完全流转，但平均流转价格稳定在 800～900 元/亩（见表5），属于较低水平。其中，京口区东风社区及京口路社区因城市规划所有农地全部被征，土地流转费用以分配安置房及一些福利分配为主，属于一次性收益。由于该片区的征地是社会公共利益和城市发展规划所需要的征地，其流转环节受制于政府，农民没有任何主动权。农民本身拥有土地数量有限，参与流转环节及行使的权限有限，所以农民最终靠土地流转所能获得的财产性收入也十分有限。

表5　江苏省镇江市部分地区农村土地流转情况

村　名	土地流转情况	
	流转土地占比（%）	2016 年土地（耕地）流转价格（元/亩）
丹阳市飞达村	90.00	560
句容市南亭村	80.00	800
句容市西城村	52.00	750
扬中市新治村	80.00	900

村 名	土地流转情况	
	流转土地占比（%）	2016 年土地（耕地）流转价格（元/亩）
扬中市新民村	100.00	900
扬中市八桥村	30.00	800
丹徒区西麓村	55.00	900
丹徒区长山村	26.00	800
丹徒区辛丰村	80.00	800
润州区鲶鱼套村	（被征地 2000 余亩）	900
京口区东风社区	100.00	（分配安置房）
京口区京口路社区	100.00	（分配安置房）

3. 农民投资意识淡薄，不善理财，不能有效实现资金增值

农民自身素质高低是影响农民收入增长的潜在因素和关键问题，严重影响着农民财产性收入的获取。长期以来，受我国教育发展城乡不均衡现实条件的制约，我国农民受教育程度普遍不高，欠缺投资理财方面的专业知识，这直接制约着财产性收入的获得可能性。不少农民受传统文化影响，投机心理、侥幸心理较为严重，喜欢参与各种赌博，希望能够一夜暴富，甚至有人将参与赌博活动视为发家致富的捷径直至误入歧途。相反，他们对真正的获取财产性收入的投资理财产品缺乏了解，投资理财观念淡薄。究其根源在于缺乏投资意识，不善理财。即使有少数人进入证券市场，但因投资知识贫乏，一般偏好持有和交易小盘股、低价股、绩差股、高市盈率股，在实际操作中的非理性行为较为普遍，难免在股市的大幅波动中遭受重大损失。而与此同时，随着农村经济的迅速发展，农民所拥有的资金越来越多，想要通过投资来获得更多收入，就需要有人能正确地给予引导。但由于广大农村普遍人才外流、金融信息闭塞等客观原因，大部分农民缺乏对国内外经济形势及金融政策的了解，其投资理财缺少良好的向导。金融服务机构在农村的投资咨询服务供给缺失，没有人能够帮助他们选择合理的投资产品，农民自己不敢也不愿贸然购买理财产品。课题组在调研中发现，即使在城乡理财产品盛行时，农民参与的合理投资也很少，主要是以储蓄的方式将钱存入银行；即便是个别农民购买理财产品，大多也是以购买保险产品为主，资金增值十分有限，不能真正实现"财产性收入"。

（二）国家制度因素

1. 农村金融制度不完善，金融市场发育不健全

近年来，随着"互联网+"的推广，网络工具的盛行，尤其是进入经济新常态后，我国资本和金融市场迅速发展，但就目前金融服务供给的区域而言，主要仍局限于一些大中城市，对小城市及农村地区而言，资本和金融市场发展相对滞后，造成农民投资渠道少，投资信息获取不足，农民参与投资理财的积极性不高。即便是网络通信工具已经相当普及的农村地区，农民仍以银行储蓄作为理财的首选。一方面，从目前我国农村的金融机构数量来看，现有农村金融体系仍以储蓄银行、农村信用社等为主体，而各大商业银行、政策性银行尚未发挥其优势，在农村几乎不存在证券机构、保险机构等。金融市场发育不健全造成了农村资金供给的严重不足，农民也难以选择多元化投资方式，无法实现资本增值。由于农村没有规范的证券公司等金融机构，股票、基金等投资理财工具较难成为农民获得财产性收入的渠道。现有适合农民的金融和理财产品有限，农民可选择的渠道被限制于利息率较低的银行储蓄，带来的收益并不乐观。因此，即便是"互联网+金融"时代已经到来，农民实现财产性收入的渠道仍旧十分有限。另一方面，目前我国农村金融机构的贷款门槛较高，手续复杂。农村商业银行也是以营利为目的的金融机构，出于自身利益考虑，偏向于把钱贷给效益信誉较好的中小企业，容易造成对农民金融借贷的排斥，对农民发放的贷款少、程序复杂、借贷利率高。本来就不富裕的农民，常常因没有担保物或抵押物而无法获得贷款，这既不利于农民发展经济，也催生了民间不规范的借贷市场。由于农民的法律意识较为淡薄，多数借贷活动只是单纯地依靠道德来约束，民间借贷一旦发生民事纠纷，他们难以通过合法手段有效保护自身利益，这也严重影响农民投入再生产和财产性收入的增加。

2. 农村土地制度不完善，土地权属还不够明晰

目前我国农民的财产性收入，主要来源于包括农用地和宅基地在内的农村土地。当下，国内学者关于农民财产性收入的关注焦点亦集中于农村土地制度。

以浙江省为例，浙江省是在全国范围内较早实施农地制度改革的典型省份，农民财产性收入相应增长较快。其土地财产性收入主要有三类：一是土地流转收益，二是农民房屋出租及经营收益，三是村集体股份分红。调查数据显示，从2009年到2016年，浙江省农民全年总收入的构成如表6所示，仍以工资性收入为主，占比近50%；从财产性收入的绝对值来看，同年浙江省农民财产性收入则远远超过江苏农民的平均水平，对照表1，

2010 年，江苏省农民财产性收入为 389.1 元，而浙江省农民财产性收入为 561 元；2016 年，两者之间仍有 56 元的差距。浙江省在农地制度改革方面的创新和探索直接反映在农民财产性收入的提升上，效果显著。由此可以看出，农地制度改革已经成为影响农民财产性收入增长的重要因素。

表6　2009—2016 年浙江省农民收入情况

年份	2009	2010	2011	2012	2013	2014	2015	2016
全年收入（元）	10007	11303	13071	14552	17494	19373	21125	22866
工资性收入（元）	5195	5950	6878	7860	10416	11773	13087	14204
财产性收入（元）	519	561	553	546	457	543	608	662
工资性收入占总收入比重（%）	51.91	52.64	52.62	54.01	59.54	60.77	61.95	62.12

注：数据整理自《浙江统计年鉴》（2009-2016）。

我国现行《宪法》明确规定农村土地为农民集体所有，集体的基本单位是行政村自治管理下的村民小组。既然是农民集体所有，农民集体就应当享有包括经营权、使用权、收（受）益权和处置权在内的完整所有权。但我国现行《土地管理法》又规定，农村集体建设用地必须先通过国家征用，转为国有土地才能入市交易，农村集体不能直接向市场供应土地。也就是说，农民及农村集体经济组织没有土地的最终处置权。因而，目前我国农村土地产权仍然处于主体界定不清的状态，农民的土地财产权益的实现受制于重重障碍。从法律意义上说，农民及农村集体经济组织的土地所有权是不完整的。农民的土地，国家可以根据需要随意征收，对于征收的范围、支付的对价及转让后的增值收益，农民基本没有话语权和自主权，农民无法公平分享土地增值带来的收益。基于土地的农民财产性收入具有极大的不确定性，党的十八届三中全会通过的《中共中央关于全面深化改革若干重大问题的决定》（以下简称《决定》），提出要"赋予农民更多财产权利"。党的十九大也提出，要巩固和完善农村基本经营制度，深化农村土地制度改革，完善承包地"三权"分置制度。但具体如何落实还有待于基层的实践和探索，至今尚未出台具体的可操作性的规范性文件。农村与城市土地制度的二元性，不可避免地带来一系列制度性障碍。土地租赁者的短期化行为，使农民的土地流转收入普遍低位固化，难以享受更多的土地财产性收入。我国《物权法》明确界定农民的宅基地使用权为用益物权，《决定》也强调要"保障农户宅基地用益物权"，但公开、公正、规范运行的农村产权流转交易市场尚未建立，农民住房财产权的抵押、担保、转让还不能正常进行，更多的时候受制于政府的行政命令和红头文件。农民获得财产性收入的渠道仍需要不断探索。

三、新时代增加农民财产性收入的政策归因及其矫治建议

我国农民的财产性收入在总收入中所占的比重远远落后于西方发达国家。基于我国社会经济发展的现实国情考察，我国农民财产性收入较低、在农民增收格局中低位薄弱的现象仍将在一段时期内持续，因而今后必将有较大的提升空间。进入社会主义新时代，在经济新常态背景下，我国传统的农村劳动力低廉的劳动成本时代已经一去不复返，靠外出打工等方式获取工资性收入提高农民收入空间有限，依托于市场经济金融体制改革和农村土地流转创新的农民财产性收入必将成为新时代我国农民增收的重要突破口。要改变目前农民财产性收入总量小、在总收入中占比低的突出问题，必须以党的十八届三中全会和党的十九大精神为指导，结合国家最新发布的中央一号文件精神，进一步优化农村政策，推进农村经济体制改革，拓宽农民增加财产性收入的渠道，加快农民的财富积累。在我国经济社会发展全面步入中国特色社会主义新时代背景下，增加农民财产性收入必须以全新的发展理念为指引，推进乡村振兴战略，坚持内外结合，不仅需要尽快建立健全农民增收长效机制，而且要创造良好的外部条件，促进城乡要素双向自由流动，促进农民财产性收入的增加。根据上文分析，结合江苏农村经济发展和农民收入的现实情况，应针对目前农民财产性收入增加过程中存在的问题及其制约因素，制定合理的政策措施，认真做好各项工作，不断拓宽农民增收渠道，增加农民财产性收入。

（一）加强农民投资理财的培训教育，引导农民树立正确的投资理财观，提高农民投资理财水平

2015年中央一号文件指出，富裕农民，就必须从农民自身出发，充分挖掘农业内部增收潜力。现阶段我国农民的主要收入仍然是以体力劳动获取工资收入为主，因此普通农民对于收入取得的认知仍然仅限定于通过劳动获取的工资报酬。一般农民对于通过理财手段获取收益的方式缺乏基本了解和认知，体力劳动获取报酬的不易加上对投资理财未知风险的恐惧，严重阻碍了农民参加投资理财的可能性。通过开展针对性的农民理财教育培训，引导农民树立正确的投资理财观念，是立足农民收入现状、改变农

民增收思路、增加农民财产性收入的重要举措。

随着农村青壮年劳动力大量向城市转移，我国现阶段农村职业培训和农民教育的发展相对滞后。在城市，农民工主要从事的是和农业无关的体力劳动，以此获取劳动报酬取得工资收入，其所接触到的培训相对较少，即便有也主要集中在和所从事的工作相关的职业技能培训，几乎不可能涉及专业的理财方面的内容。笔者调查发现，即便在经济较为发达的江苏，目前农民的受教育程度仍然整体偏低，大多为初中水平，甚至小学文化水平，其中有部分人不会使用智能手机，仅限于接听和拨打电话。他们对资本和投资理财的认识相当有限乃至一无所知，其对收入增长的理解仍局限于"多劳多得"和现金收入，通过尽可能多地从事体力劳动，以获取更多的劳动报酬；对于理财的全部理解就是发工资存银行，直接表现在对银行存折上存款数字变化的关心。他们的这一观念早已根深蒂固，要帮助他们转变增收理念，增强投资意识，提高投资理财水平，运用理财工具为自己增加收入，就必须在农村大力开展这方面的理财教育培训。可以通过进一步丰富现有的现行新型农民职业技能培训，将增加农民财产收入相关金融投资知识纳入农民职业教育培训的内容之中的方式，将理财教育渗入农民思想观念中。此外，还可以通过国家投入制度来作保证，切实处理好农民金融理财培训和工作生活的关系。如通过开办投资理财的专题培训班，加强对农民骨干的投资教育，引导农民树立正确的消费观和理财观，提高农民的投资理财水平和能力，避免盲目投资。要利用农村居民喜闻乐见的电视、广播和报纸等媒体形式，借助手机短信、微信公众号等颇受年轻人喜欢的"互联网＋"通信网络工具，广泛宣传金融投资和理财的相关专业知识，改变农民传统的理财观念，积极鼓励农民利用自有资源资产投资获得收入；鼓励"吃螃蟹"，引导农民在储蓄及投资国债、基金、股票等方式中，作为投资者在获取财产性收入的过程中，充分体验各种各样的风险，增强风险意识，提高抗风险能力，打造积极健康的农村金融秩序和融资环境，为农民积极养成健康的投资理财观念，积极参与投资理财提供良好的环境氛围。

（二）构建完善的农村金融体系，引导农民形成健康的投资收入观，增加农民投资增收渠道

农民财产性收入的增加，需要依托完善的农村金融体系和多样化的投资增收渠道，完善的金融体系是引导农民形成健康的投资理财观念的重要保障。因此，新时代经济新常态下积极推进农村金融体制改革，发展农村

各类金融市场，扩展农民投资渠道，进而实现农民财产性收入来源的多元化，构建增加农民财产性收入的金融保障机制，是农民财产性收入稳步增长的关键要素。

农村金融体系的构建和完善，主要基于要素市场的发育。只有实现生产要素的充分市场化，才能提供农地、宅基地和房屋产权的实现载体和运作平台。构建适应价值规律运行的农村金融市场体系，必须实现农村金融市场要素的产权流转。为此，通过农村金融体制改革和金融产品创新拉近"金融投资"与农民的距离，引导农民形成积极理性的投资收入观念，是现阶段增加农民财产性收入的重要手段。为此，一方面，政府要鼓励证券公司、金融公司等各种金融机构进入农村，积极开展宣传推广活动，帮助农民获取投资信息，了解投资增收内容，改变传统收入观念，从而逐步引导农民参与投资。金融机构大多以营利为目的，在业务拓展初期，政府可考虑提供优惠政策，提供保障措施，使其能够顺利进入农村开拓市场，鼓励金融机构增设农村金融服务机构网点，为农民提供个人理财服务。通过深入开展宣传工作，让农民认识这些金融机构，了解投资渠道，为农民参与市场交易提供条件和渠道。另一方面，政府应鼓励金融机构不断丰富金融产品的种类，为农民提供金融理财服务。农民通过打工等渠道积累了一定的个人和家庭资产，这是金融机构理财产品开发的重要的潜在市场。加强农村产权交易市场规范化建设，鼓励创新开发适合农民生产和生活特征的金融理财产品，增加农民投资增收渠道，促进农民个人和家庭资产的合理配置，增加农民财产性收入。就江苏而言，农民收入随着经济发展而逐年提高，"剩余资本"也逐年增加，金融机构应针对性地开发风险小、收益较高的金融产品，以满足农民的投资需要，从而增加农民金融财产性收入。

（三）完善农村土地产权的规范管理，引导农民形成理性的土地增收观，增加农民土地财产性收入

土地是农民最重要的财产，在农民财产性收入增长过程中，土地无疑具有最大的增长价值和增长潜力。农民获得土地财产性收入的过程，也是其土地财产权转让或细分的过程。目前，制约农民财产性收益的症结在于我国农村土地产权制度的不完善。改革土地征用制度，明确农村土地产权，在此基础上建立合理的利益分配机制，是增加农民土地财产收益的前提和基础。党的十九大报告明确要完善承包地"三权分置"制度，必将为我国农村土地流转建构良好的平台。从江苏农民财产性收入增长困境看，当务之急是在国家现有的法律框架内，尽快厘清落实已经承认允诺的权利，引

导和鼓励更多农村产权进入市场交易。从我国农民财产性收入的构成角度来看，农民财产性权益的增加主要集中在土地流转方面。而要想实现土地流转收益，就必须进一步放活土地经营权。由于土地财产性收入是在产权和市场的基础上产生的，只有明晰农民的土地权利范围和权利归属，农民才可能真正成为自己财产的主人和市场交易的主体，形成稳定的经营预期，对农民财富积累产生乘数效应，为农民财产性收益增加创造条件和机会。

这方面可借鉴上海建立土地资源开发管理机制的成功经验，并结合自身特征，制定出适合江苏农民财产性收入增加的有效途径。上海在农村集体建设用地流转试点中提出，凡以出让方式获取的一次性收益按照农村集体资产产权分配办法进行处置，明确规定将农村集体建设用地流转收益留给村集体经济组织的每个成员。课题组在调研中发现，镇江扬中市也从自己的实际情况出发，对如何保障失地农民的利益进行了有益探索。扬中市是长江中的一个小岛，耕地面积少之又少，一旦农民的土地被征用，农民就难以从土地上获得更多的收入。为此，扬中市将土地流转获得的收益，按一定标准分配给失地农民，以保证农民每年能通过这笔资产而获得财产性收入。

总之，要从宏观上不断完善以《物权法》为基础的财产权的相关法律法规，不断强化对公民财产权的保护，尤其是要强化农民土地产权主体地位，明确农村土地产权内容，完善农村土地流转机制，构建失地农民补偿机制，在坚持家庭承包经营责任制的前提下，加快推进农村征地制度改革，确保农民的财产权利和财富增值不受侵犯，确保"让更多群众拥有财产性收入"的目标落实到位。根据课题组的实地调查，随着城镇化的发展，江苏土地流转费用不断增加，土地征收价格也不断攀升，但农民并未实际享受到土地价格攀升所带来的利益。因此，江苏乃至全国都需要进一步完善征地补偿机制，改进征地补偿办法，建立基于市场价格的征地补偿动态调整机制，保障失地农民的利益，以多种形式实现农民的土地财产权利及收益。

（四）加快农村经济的多样创新发展，引导农民寻求增收的科学新思路，创新渠道增加农民收入

现代农业经济发展水平有其自身的评价指标体系，作为农村居民收入的重要组成部分，农民财产性收入是衡量一个地区社会富裕程度与经济发展程度的重要指标。党的十九大报告指出，要构建现代农业产业体系、生产体系、经营体系，完善农业支持保护制度。农村经济的全面均衡发展和

多样化创新发展，为农民收入的普遍增加提供了机遇和可能。农民收入构成中，财产性收入是重要的组成部分。增加农民财产性收入的前提，是农民拥有足够多的财产，而财产的主要来源是收入。因此，增加农民财产性收入，就需要多渠道增加农民收入。国民经济持续健康发展，为人民群众收入的增加创造了良好的基础。现阶段，要促进农民增收，促进经济又好又快发展，就必须大力发展农村经济，继续解放和发展农村生产力，大力支持农民就业创业，鼓励他们创造更多的物质财富和精神财富，综合增加农民的工资性收入、转移性收入、经营性收入，不断拓展农民的收入渠道，拓宽农村资源资产实现价值的渠道，从而提高农民财产性收入。

在实施乡村振兴战略的过程中，要坚持以农户家庭经营为基础，支持新型农业经营主体和新型农业服务主体成为建设现代农业的骨干力量，积极培育家庭农场、专业大户、农民合作社、农业产业化龙头企业等新型农业经营主体，发挥多种形式的农业适度规模经营，增加农民经营性收入。充分发挥新型农业经营主体在农业机械推广和科技成果应用、绿色发展、市场开拓等方面的引领功能。调研结果表明，党的十八大以来，江苏镇江的家庭农场、农业合作社的发展都呈现出喜人迹象，在转变传统农业发展模式、改造传统农业、大力提高农业机械化水平、积极发展规模农业及现代农业等方面，发挥了良好作用。镇江句容的草莓、葡萄，早已享誉四方，为当地农民带来了更多收入。继续鼓励家庭农场、合作社、农村龙头企业有效利用农业科技成果，促成土地运营规模化，提高土地利用率，提高农业发展效率，大力发展现代农业，增加农民收入。根据消费市场需要，鼓励引进发展新型农林牧渔产品，开拓农业创新发展，拓展农民增收空间。如常州溧阳、无锡宜兴等地区就可以充分利用当地的毛竹资源优势，大力发展毛竹种植和竹产业加工，加大扶持力度，引入农业产业化龙头企业，帮助农民增加收入，为农民财产性收入的增加创造资本积累。

江苏是乡镇企业的发源地，要继承和发扬优良传统，在创新和调整的基础上加快发展，拓宽农民就业渠道。要结合劳动力市场需要和企业用工要求，为农民提供技能培训，提升他们的创业就业能力，健全农业社会化服务体系，实现小农户和现代农业发展的有机衔接。还要根据各地区自然资源优势，适当发展生态旅游、乡间农业旅游，为农民提供更多就业岗位，增加农民收入。可借鉴杭州等地的成功经验，对部分地区实施政策倾斜，扶持发展乡村旅游产业，让农户获取更高的服务性收益。江苏省具有良好生态环境的地区很多，如无锡滨湖区、常州溧阳市等农村地区，具有得天独厚的自然风光，在旅游方面有天然优势。对这些地区可采取一些有针对性的措施并适当政策倾斜，完善村庄规划，合理布局农村建设用地和配套设施。探索将乡村旅游所需的配套设施用地，纳入土地利用规划管理范畴，开发建设成具有一定规模的，具备完善设施的旅游产业链，给农民提供更多的就业机会，也通过旅游给农民的农副产品创造更多销路。建议大力推进旅游宣传，加大政策配套扶持力度。

四、结语

增加农民财产性收入是中国特色社会主义新时代的必然要求，也是我国社会主义新农村建设、全面建成小康社会的必然要求。党的十八大以来，我国农村经济的发展现状表明，我国农民财产性收入在保持持续增长的势头的同时，仍存在着诸多的制约因素。进入中国特色社会主义新时代，必须基于经济新常态，运用现代经济方法，从主观理财意识和客观理财环境的不同视角探索我国农民财产性收入的提升路径，通过全面深化改革，增加农民财产性收入，寻求农民收入增长新的突破口，是新时代促进农民增收的必然选择。江苏作为全国的经济大省和经济强省，在农民财产性收入增加的过程中面临着机遇和挑战，必须采取创新的发展思路，综合考量农民增收的理财观念、金融体系、土地制度以及创新渠道，全面提升农民财产性收入。

参考文献

[1] 习近平.决胜全面建成小康社会夺取新时代中国特色社会主义伟大胜利——在中国共产党第十九次全国代表大会上的报告[M].北京:人民出版社,2017.

[2] 中华人民共和国土地管理法[M].北京:中国法制出版社,2004.

[3] 中国农业部软科学委员会办公室.农民收入与权益保护[M].北京:中国财政经济出版社,2013.

[4] 陈宇学.改善收入分配 促进社会公平正义[M].北京:中国言实出版社,2015.

[5] 李颖.中国农村居民收入差距研究[M].北京:中国农业出版社,2005.

[6] 金丽馥.中国农民土地财产性收入:增长困境与对策思路[J].江海学刊,2013(6).

[7] 郭旭红.刍议增加农民财产性收入的途径[J].农业经济,2014(4).

[8] 马素美.十八大后增加农民财产性收入研究[J].财经界(学术版),2014(15).

[9] 肖红华,刘吉良.提高农民财产性收入的途径[J].湖南农业大学学报(社会科学版),2008(2).

[10] 刘淑清.关于农民财产性收入问题的思考[J].经济问题,2014(7).

[11] 倪呈英.新时期拓展我国农民财产性收入渠道研究[J].农业经济,2015(3).

[12] 王雪红. 城乡居民财产性收入差别大[N].中国信息报,2015-04-07.

[13] 卢阳,陈英,陈亮之. 农民土地财产性收入的理论构建——定义、特征、功能、计量[J].干旱区资源与环境,2017(5).

[14] 张传华. 农民土地财产性收入增长的障碍与破解路径[J].农业经济,2016(10).

[15] 蒲实,郭晓鸣. 促进农民稳定增收的有效举措 拓宽增加农民财产性收入的渠道[N].人民日报,2016-12-23.

[16] 王国忠. 深化农村集体产权制度改革 增加农民财产性收入[J].上海农村经济,2016(6).

[17] 刘凤梅. 我国农民财产性收入增长影响因素实证分析——基于31个省市区面板数据[J].新疆社会科学,2016(5).

[18] 麦浩光,陈怡怡. 比较视野下农民财产性收入现状及增长对策研究——以广东省为例[J].中共银川市委党校学报,2016(12).

[19] 国家统计局. 中国统计年鉴2005年[M].北京:中国统计出版社,2005.

[20] 谭银清,王钊,陈益芳. 我国农民财产性收入的特点及影响因素研究[J].天府新论,2014(4).

[21] 周林彬,于凤瑞. 我国农民财产性收入的财产权制度研究——一个法经济学的思路[J].甘肃社会科学,2011(4).

基于江苏省农民财产性收入状况的土地制度改革探要

党的十八大报告提出要赋予农民更多的财产权利；保障农民集体经济组织成员权利，积极发展农民股份合作，赋予农民对集体资产股份占有、收益、有偿退出及抵押、担保和继承的权利；保障农民宅基地用益物权，改革完善农村宅基地制度，选择若干试点，慎重稳妥推进农民住房财产权抵押、担保、转让，探索农民增加财产性收入渠道。党的十八届三中全会明确了农村土地制度改革的方向和任务，中共中央办公厅和国务院办公厅联合印发了《关于农村土地征收、集体经营性建设用地入市、宅基地制度改革试点工作的意见》，这标志着我国农村土地制度改革即将进入新的改革阶段[1]。

一、江苏省农村居民财产性收入现状分析

改革开放以来，随着经济的快速发展，我省农民人均收入逐年增长，相应地农民的财产性收入也呈现增长趋势，但仍存在一些问题，具体表现为：基数小、占比低；地区间不平衡；城乡差异明显；农村居民不同家庭之间财产性收入不一；等等。

（一）农民财产性收入基数小，在总收入中的占比低

随着经济的快速发展，国家政策的推行，江苏省农民人均财产性收入开始逐年增加。根据图1，2010年江苏省农民人均财产性收入为389.1元，2014年增长到672元，年均增长16%以上。但是，农民的财产性收入基数仍很低，占总收入的比重很小。2013年，江苏省农民人均年收入达到16526元，但农民财产性收入仅有643元，占比仅有3.89%，甚至在2014年出现下滑趋势。农民的收入构成主要是务工获得的工资性收入，家庭经营性收入及转移性收入，其中工资性收入和家庭经营性收入是构成总收入的主要部分，占比超过90%。为增加农民的收入，以目前状况看，应寻找新的收入增长点，优化农民的收入结构，其中，关键就是增加农民的财产性收入，

不断提高财产性收入在总收入中的比重。

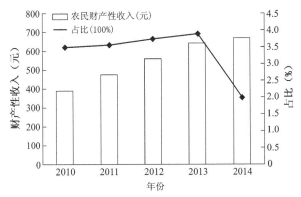

图1　2010—2014年江苏省农民财产性收入在总收入中所占比重

数据来源：《江苏省统计年鉴》（2010—2014）。

（二）江苏省内地区间农村居民财产性收入不平衡

由于江苏省内不同地区经济发展水平不同，造成不同地区之间农村居民的财产性收入差距较为突出，经济发达的苏南地区农民财产性收入远高于经济发展水平相对较差的苏中、苏北地区。以江苏省2014年各地区农民家庭收入状况为例，苏南、苏中、苏北地区农村居民人均财产性收入分别为1494元、421元、251元，分别占总收入的7.13%、2.72%、1.98%（见表1）。苏南地区农民财产性收入远超苏中、苏北地区。

改革开放以来，江苏省实施了"积极提高苏南，加速发展苏北"的区域发展战略，对苏南进行重点投资，加上苏南处于"长三角经济区"中心区域，这些得天独厚的优势，使得资金、人才聚集于苏南，苏南的经济得到快速发展。相反，苏中、苏北地区本身经济基础薄弱，工业起步晚，加之人才外流，必然造成苏中、苏北地区经济发展落后于苏南。

表1　2014年江苏省苏南、苏中、苏北农民家庭收入情况

指标	苏南	苏中	苏北
人均总收入（元）	20954	15476	12670
工资性收入（元）	13190	9112	6097
经营净收入（元）	4058	3617	4459
财产净收入（元）	1494	421	251
转移净收入（元）	2211	2325	1862
财产性收入占总收入比重（%）	7.13	2.72	1.98

数据来源：《江苏省统计年鉴》（2014）。

（三）财产性收入的城乡差距明显且有扩大趋势

目前，江苏省城乡居民收入大幅增长，但城乡居民的年总收入差距尤其是城乡居民的人均财产性收入差距甚为明显（见图2）。城镇居民的人均财产性收入显著高于农民的人均财产性收入。2010—2013年，江苏省城镇居民财产性收入分别是农村居民财产性收入的1.21倍、1.40倍、1.23倍、1.89倍，2014年这种差距尤其突出，城镇居民的人均财产性收入为2300元，同期农村居民的财产性收入为672元，相差3.42倍。从两者相差的比例不断增加看出，城乡财产性收入差距呈现的是扩大趋势。

造成城乡居民财产性收入差距明显的主要原因在于：近年来，房价迅速增长，尤其经济发达地区的增长更是迅猛，这就促使城镇居民手中持有的房屋作为不动产的价值不断增加，因此，城镇居民的财产性收入在总收入中的比重也会同向增加。反之，农民在农村的房屋作为不动产并没有因为城市房价上涨而升值，农民真正能获得的财产性收入极为有限。通过增加农民财产性收入来增加农民的总收入，有助于缩小城乡差距。

图2　2010—2014年江苏省城乡居民人均财产性收入比较

数据来源：《江苏省统计年鉴》（2010—2014）。

（四）农村居民不同家庭之间财产性收入不等

在城乡居民收入差距拉大的同时，农村居民不同收入组家庭之间财产性收入的差距也十分明显。2010年，江苏省农村居民高收入户人均财产性收入高达1225.2元，低收入户仅有109.2元，到2014年，省内农村居民高收入户人均财产性收入达到1472元，低收入户人均仅132元（见表2）。2010年，江苏省农村居民高收入户人均财产性收入是低收入户的11.22倍，2013年则为27.59倍，到2014年由缓和降到11.15倍。这种现象反映出农村居民的"马太效应"已所显示，高收入户的财产性收入呈波浪式上涨，而低收入户的财产性收入总体趋于平缓（见图3）。由此可见，农村居民的财产性收入的差距也是造成农村居民收入差距的重要原因。

表2　2010—2014年江苏省农村居民不同收入组家庭财产性收入比较

元

年份	低收入户	中低收入户	中等收入户	中高收入户	高收入户
2010	109.2	166.8	197.4	444.4	1225.2
2011	117.4	184.2	215.9	492.6	1396.5
2012	122.0	208.0	262.0	588.0	1632.0
2013	85.0	120.0	250.0	385.0	2345.0
2014	132.0	204.0	259.0	509.0	1472.0

数据来源：《江苏省统计年鉴》（2010—2014）。

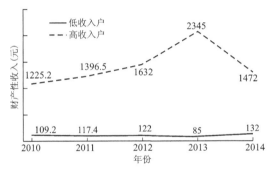

图3　2010-2014年江苏省农村居民人均财产性收入低收入户与高收入户比较

数据来源：《江苏省统计年鉴》（2010—2014）。

综上所述，缩小城乡居民及农民之间收入差距的重要途径就是，采取有效措施以增加我省农民财产性收入，从根本上健全城乡发展一体化体制机制，破除城乡"二元结构"。最大限度发挥农村土地的财产性功能，通过深化土地制度改革，实现农民财产性收入的增长。

二、现有农村土地制度对增加农民财产性收入的影响

（一）土地所有权制度对农民财产性收入的影响

土地所有人在法律规定的范围内占有、使用和处分土地，并从土地上获得利益的权利。土地所有权是指土地所有者依法对土地占有、使用、收益、处分的权利。中国土地实行公有制，分为"国家所有"（即全民所有）和农村"集体土地所有"两种形式，农村集体土地所有权分属不同的主体，又分为村农民集体、乡镇农民集体、村内多个农民集体（如村民小组）三种形式。由于行使集体所有权的组织形式和程序还不完善及农民本身存在

的局限，农民没有足够的能力去独立行使所有权。这样，客观上由相对应的集体经济组织代表农民集体行使所有权，而事实上，目前大多数地区的集体经济组织已不存在。这就造成当下较为明显的问题，农村集体土地所有权的实际行使者是乡镇政府或村民委员会代表，并且，这些代表中以乡村干部代表为主。上述现象必然引起弊端，乡村干部要在代表农民集体的同时，还需兼顾政府的真正意图，当除去农民本身之外的其他利益集体介入农村土地利益争夺时，农民的土地权益则成为受侵害一方。

在土地主要用于农业生产时，农业收益较低，土地的价值没有充分显现，农民就不会过多考虑到土地的所有权。在这种背景下，农民的承包经营权一般不会受到侵害，农户可以通过流转承包经营权来获得一定的财产性收入。但当农用地非农化时，土地会升值，其资产性日益明显。当分配增值收益时，土地集体所有权的主体不明确性会导致出现，各种争议和纠纷。在增值收益的分配中，农户的承包经营权就会退居次要位置，而集体所有权起主导作用。《土地管理法》规定，征收耕地的补偿费包括土地补偿费、安置补助费、地上附着物和青苗补偿费，但通常农户承包经营权被一次性地收回后，只会获得比较低的补偿费用。这就意味着农户丧失生产资料，也就是经营性收入与财产性收入的同时丧失，农户就会沦为自由劳动者。这种现象不仅限于江苏，在全国各地都是普遍存在的[2]。

（二）土地使用权制度对农民财产性收入的影响

农民集体土地使用权是指农民集体土地的使用人依法利用土地并取得收益的权利。农民集体土地使用权可分为农用土地使用权、宅基地使用权和建设用地使用权。农用地使用权是指农村集体经济组织的成员或者农村集体经济组织以外的单位和个人从事种植业、林业、畜牧业、渔业生产的土地使用权。宅基地使用权是指农村村民住宅用地的使用权。完善农村宅基地制度，不仅有利于保障农民的根本利益，还有利于推进我国土地制度的改革和完善，有助于促进农村产权流转交易市场的运行。

我国现行的土地承包经营制度要求承包人不得随意采取转包、抵押、出租、入股、互换等形式调整土地，因此，现行的土地政策对于土地使用权的流转是限制的。而土地使用权流转本身是农民增加财产性收入的一个重要来源，受到限制后，农民对土地拥有的使用权不具备明显的交换价值，不能拓宽农民获得收入的渠道，无助于农民财产性收入的增加，从而影响农民收入水平的提高。目前，土地权缺乏足够的法律保障，主体形同虚设，难以对土地进行自主的规划和使用。尽管国家对农民的土地承包权进行了补充说明，即允许承包人将承包合同转让或转包给第三者，但是现行法律法规还没有完全得到落实。

《物权法》明确界定了农民的宅基地使用权为用益物权。该法也明确规定，用益物权人对他人所有的不动产或者动产，依法享有占有、使用和收益的权利。但具体到宅基地使用权时，却规定"宅基地使用权人依法对集体所有的土地享有占有和使用的权利"，未提及收益权。农民拥有继承权，但不能随意将土地流转给集体经济组织成员以外的其他组织或个人，不能随意出租和买卖土地。这样，宅基地进入土地交易市场受到了各种限制，不利于宅基地价值的体现，也制约了农民财产性收入的增加。

（三）土地流转权和收益权制度对农民财产性收入的影响

土地使用权人和承包人可以通过处置和转让土地使用权获得土地收益。目前，我国农村集体土地的收益主要来源于土地流转。由于土地集体所有权的虚化，使得规模化的土地承包经营权的流转收益分配存在争议，经常出现的问题是在农民不知情或没有完全征得农民意愿的情况下，承包地就"被流转"了[3]。由此引发更多的问题，例如，工商资本进入农村，要求流转大片土地进行规模化生产，在大多数情况下，直接由政府全权代表农民完成流转程序，这些流转收益的分配状况就极易引起争议。而事实上，确实存在如下现象：土地流转的收益大多数归政府所有，真正分到农民手上的只是一小部分。在这种情况下，尽管农民短时间内获得土地流转的费用，增加了财产性收入，但也失去了从土地上获得长久收益的机会。因此，产权明晰才会促进交易。当承包经营权是一种弱产权的时候，利益分配的争议会阻碍土地承包经营权的自由流转，进一步妨碍农业规模化经营与农业现代化。

另外，在我国农村社会保障体系不健全的情况下，土地具有社会保障的功能。我国大多数农民都属于兼职型，既在城市或工厂务工，又在农村耕种。在物价水平不断攀升的情况下，对农民而言，自己耕种的粮食绿色安全且开销少，因此不愿流转土地承包经营权，而更多地选择自己生产、消费，而这一系列行为限制了农户宅基地用益物权的流转。此外，农户的宅基地只允许在本集体经济组织内流转，不允许将宅基地用作担保抵押，宅基地用益物权必须先国有化后才能入市交易。这些限制表明，农户的宅基地用益物权的交易处于一种封闭状态。这种制度区别对待农村建设用地与城市建设用地，两种土地不能平等参与市场交易。只允许农户的宅基地用益物权在本集体经济组织内流转，限制了资本进入农村地区，农户的宅基地用益物权也因此无法实现增值，最终造成了资源的浪费。我国担保法不允许宅基地用益物权用于担保抵押，这也是削弱宅基地产权的一种表现，这种保守的制度导致农户无法利用宅基地抵押进行融资，有时不得不寻求民间高利贷，反而对农户施加了更大的经济压力。农户的土地承包经营权与户籍制度挂钩，一旦农户全家迁入城市，转为非农业户口，就必须无偿交回土地承包经营权。当农村房屋所有者在城市就业并将户口迁离农村，只得放弃农村的宅基地时，便无法获得该处宅基地流转收益，这实际上也是对农民土地财产收益权的损害。

（四）土地征用制度对农民财产性收入的影响

受国内城镇化进程的推动，关于农村集体用地流转、宅基地制度改革等问题一直是业内关注的热点。为了适应城镇化对城镇建设用地的需求，新一轮土地管理制度的改革完善便随之引出，即土地征用制度的推行，其核心是打破土地二元结构限制。

目前，我国实行的是城乡二元的土地公有制结构，城市土地与农村土地的产权主体不同。城市土地为国家所有，农村土地为农民集体所有。国家拥有高度集中分配土地资源的权力，国家规定和管制城乡土地的用途，包括绝大部分建设用地。在现行的法律框架下，农民集体所拥有的农村土地产权是不完全的。在现行征地制度下，农民的土地财产权利被忽视，补偿不足。某些地方政府以很低补偿征得的土地，往往被以数十倍甚至数百倍的差价转手用于商业性开发。而且，征地补偿费还经常被各级政府及集体经济组织截留，本来就不高的补偿费用不能全部到达被征地农民手中。为此，要明确界定国家作为土地终极所有者的权能，各级政府要尊重农民土地权主体的地位，把主要精力放在土地规划的制定和执行上，主要扮演服务者、监管者、仲裁者及农民土地权益维护者的角色。

征地制度问题的实质主要就是行政权力代替农民的土地财产权。就现行制度来看，征地实际上就是政府购买农村集体土地所有权的行为。由于我国集体土地产权的复杂状况，目前在实践中征地补偿的分配问题更加突出，这也是征地过程中纠纷的主要来源。大量的调查研究显示，农民对征地补偿分配问题的关注尚在对补偿标准的不满之上。甚至有数据表明，土地收益的主要成分是给予农民的征地补偿费，按规定应该占到土地收益总额的 68.6%，但实际是农民只得到土地收益的 5%～10%，村集体得到 25%～30%，村以上政府及部门得到 60%～70%。上述比例表明以征地补偿作为农民获得的财产性收入分配极为不均。城市建设用地价值攀升，农村建设用地的价值也不断凸显，农民的土地权益意识逐渐增强，国家也应该增加农民的补偿占有比例，否则城乡矛盾日益加深，不利于城镇化健康发展。

三、深化农村土地制度改革、增加农民财产性收入的主要途径

当前，农村主要存在的两大矛盾：保障发展与保护耕地的矛盾日益严重；农民增收乏力，城乡收入贫富差距日益扩大。这两大矛盾的解决很大程度上依赖于土地制度的变革。如果继续现行的土地制度不变，忽视这两大矛盾的积累，极有可能严重危及我国经济和社会的健康发展。

（一）明确土地产权归属，保障农民的土地财产权

关于农村集体土地所有权的改革，若集体土地国有化，确实有利于国土综合治理，符合农业生产规模化的要求，但强制将土地国有化，农民获得财产性收入途径必将受到限制。若将集体土地完全私有，不符合我国现行政治体制要求，土地管理缺乏政治支持，也必然造成混乱[4]。综上所述，完善现行的农村集体土地所有权制度，落实农民的所有权权益，确实是农村集体土地制度的重点。

现阶段，最重要的是在现有国家法律框架内，把已经承诺给农民的权利尽快落实到位。建立明确的土地权利范围和土地权利归属，使农民真正成为市场的主体，明确农民及集体经济组织对承包地、宅基地、集体建设用地等的物权关系。在微观层面上，做好集体土地所有权和农民土地使用权及土地承包经营权的登记证明工作，土地所有权的清楚界定，有利于减少因主体模糊虚置而造成的权力寻租空间。2016年，江苏省最新农村土地确权政策要求稳定完善农村土地承包关系，需做到："健全土地承包经营权登记制度；推进土地承包经营权确权登记颁证工作。"明确中央和地方各级政府所拥有的土地的界限，对于地方政府使用土地，在有规划和指标限制的前提下，审批力度尽量放轻；对于占用耕地的集体和个人，耕地占用税征收力度要大。同时，在监管过程中，各级政府应明确农民对土地产权的主体地位，工作过程中应侧重于对土地的规划，致力于消除农村土地纠纷。明确农民土地产权的范围、国家公共利益的界限，及时完善国家有关土地的法律法规，保证农村居民享有农村土地的使用权、继承权、收益权、流转权，进一步完善土地流转制度。这样在农民离开农村，外出打工或搬家进城的情况下，允许他们将拥有的土地或住宅使用权顺畅流转和变现。

（二）建立健全土地承包经营权流转的市场运行机制

明确农村土地所有产权，落实保障农民土地财产权，明确界定国家作为土地终极所有者的权能，各级政府要尊重农民土地产权主体的地位，不能让农民及农村集体经济组织成为形同虚设的土地所有权拥有者。各级政府应主要扮演服务者、监管者的角色，为农民宅基地使用权的流转提供平台。只有明确农民土地产权的范围、国家公共利益的边界，依照国家法律、法规让农户享有农村土地使用权、继承权、收益权、流转权，才能够使农民成为独立的产权主体，独立的行使流转权，才能够实现增加农民财产性收的终极目标。《2016江苏省最新农村土地确权政策》中提出应"规范引导农村土地经营权有序流转"，做到"鼓励创新土地流转形式，严格规范土地流转行为，加强土地流转管理和服务，加强土地流转用途管制"。

积极探索农民土地承包权益的有效形式，培育农村土地流转市场，完善流转市场运行机制[5]。第一，规范并完善农村土地产权流转市场。有关部门应加快发展多种形式的土地流转市场，依托农村经营管理机构建立健全的土地流转平台，完善县乡村三级服务和管理网络，建立土地流转检测制度，做到信息公开，信息对称。土地流转的价格、形式、期限，都应由流转双方在法律规定的范围内协商决定，如没有农户的书面委托，禁止农村基层组织以任何理由代表农户流转土地。第二，逐步形成土地流转的市场竞价机制。实行公平竞价制度，运用科学的方法协调农村土地承包经营权流转的费用，并且规定有效年限，以防其他因素发生改变，影响农民的利益。第三，推进土地流转形式多样化。鼓励承保农户依法采取转包、出租、互换、转让及入股等方式流转土地，切实使农户的资产得到有效盘活。

（三）完善土地征用制度，建立合理的分配机制

土地征用制度是否规范，直接影响农民的经济收益。加快征地制度改革，提高农民在土地增值收益中的比例，是增加农民财产性收入的重要途径[6]。因为越稀缺的资源，越应该支付高成本；支付成本越高，就越珍惜。但是现行土地征用制度下，地方政府可以轻易地从农民手里低价征地，形成地方政府越多批地，管理费越充裕的导向，最后造成农村土地资源严重浪费和农民土地效益大量流失。土地始终是农民安身立命所在，是绝大多数农民的主要生产资料，因此，必须切实完善征地补偿制度。

征地补偿标准是征地制度改革的核心问题之一。以市场价格反映土地价值，将征地补偿引入市场机制，以市场机制进行补偿[7]。首先，在符合规划的前提下允许农村集体所有制的建设用地直接进入市场，使农村建设

用地能够像城市建设用地一样具有更高价值。这样实现农用地转为建设用地的市场价格，从而给予农民更多关于土地价格制定的发言权，有更多的机会参与土地增值收入的分配。合理到位地实施该项政策，并出台相应的保障机制，理性的农民会珍视自己的土地财产，实现土地价值的最大化和财产性收入的最大收益。其次，要建立基于市场价格的征地补偿标准体系。只有依据公开市场价格确定的补偿标准才能得到各方认同，避免不必要的损失。最后，法律必须明确公益性用地的范围，采用列举法明示其具体内容，限制地方政府判断公益性用地的自由裁量权。

参考文献

［1］王永作．农业与农村制度创新［M］.北京:中国农业出版社,2010.

［2］赵峰,黄寿海．农村土地承包经营权流转碎片化及其整体性治理［J］.宏观经济研究,2016(1):13-19.

［3］陈红霞,赵振宇,李俊乐．农村宅基地使用权流转实践与探索——基于宁波市的分析［J］.农业现代化研究,2016(1):96-101.

［4］张克俊,高杰,付宗平．深化农村土地制度改革与增加农民财产性收入研究［J］.开发研究,2015(1):34-39.

［5］张秀清．完善农村土地制度,增加农民财产性收入［J］.智富时代,2015(12):29.

［6］薛宝贵,何炼成．现有土地制度下增加农民财产性收入的挑战与路径［J］.宁夏社会科学,2014(6):30-35.

［7］鲍步云,刘朝臣．农村制度创新理论与实践［M］.长春:吉林大学出版社,2007.

新苏南模式下农民财产性收入问题研究

党的十八届三中全会提出要"赋予农民更多财产权利，探索农民增加财产性收入渠道"[1]。2014 年中央一号文件《关于全面深化农村改革加快推进农业现代化的若干意见》中也明确指出，"要城乡统筹联动，赋予农民更多财产权利"[2]。在 2014 年政府工作报告中，李克强总理再次指出，要"坚持和完善农村基本经营制度，赋予农民更多财产权利"[3]。这是继党的十七大报告之后，多次提出要赋予农民更多的财产权利，是党和国家在深刻把握国情的基础上解决"三农"问题、增加农民收入的新举措。

一、新苏南模式下增加农民财产性收入的必然性

"新苏南模式"是苏南地区人民在科学发展观的指导下，在"苏南模式"基础上的进一步提升与创新，最早是由著名经济学家吴敬琏在《"新苏南模式"值得西部地区学习》一文中提出来的。"新苏南模式"最基本的内涵是科学发展、和谐发展下的率先发展，最鲜明的特点是富民优先、科教优先、环保优先、节约优先，本质上是科学发展观在江苏大地上的群众性实践[4]。江苏要率先实现全面小康目标，实现"富民优先"，难点在农民。"三农问题"的核心是农民问题，而农民问题的关键在于增加农民收入。所以，"新苏南模式"下，要把增加苏南地区农民的收入摆到突出位置。

在社会主义新农村建设过程中，苏南地区走出一条"以产业化带动农业经济，以城镇化带动农村发展，以工业化带动农民致富"的发展模式。苏南各市把"富民优先"作为发展的首要任务，千方百计促进农民增收，农民的生活条件得到很大改善。新苏南模式下，农民不再以传统的农耕经济作为生活的最主要来源，他们外出打工的工资性收入成为收入的主要来源，同时财产性收入和转移性收入也成为农民收入的重要组成部分。江苏省统计局数据显示，2012 年苏南地区农民人均纯收入为 17160 元，年均增长 1.3%，其中工资性收入为 11321 元，占收入的 66%，经营性收入为 3730

元，占收入的 22%，工资性收入和经营性收入仍然是农民总收入的主要来源。

但是，随着苏南地区产业结构的调整和优化，传统的劳动密集型产业吸纳劳动力的能力减弱，农民劳动技能单一，农村剩余劳动力转移难度大等原因，保持农民外出务工的工资性收入持续增长存在一定难度。同时，由于农业生产成本的增加，农产品价格的波动，以及受自然条件等因素影响，农民的家庭生产经营性收入增长也存在不确定性。2008 年苏南地区农民人均财产性收入为 458.1 元，2012 年为 889 元，五年间增长近一倍，年均增长 18%，但仍仅占农民人均收入的 5.18%。根据美国经验，普通百姓的财产性收入占家庭总收入的 40%，是家庭收入的重要组成部分。由此看出，苏南地区农民财产性收入还存在着较大的增长空间。

因此，在农民的工资性收入和财产性收入提升空间不大的情况下，增加农民的财产性收入就成为提高苏南农民收入的新的突破口。增加苏南地区农民的财产性收入，对于提高农民收入的整体水平，优化农民的收入结构，缩小城乡居民收入差距，实现苏南地区"两个率先"都有着积极的作用。但苏南地区农民财产性收入的增长还受土地、房屋、金融等制度因素制约，提高苏南地区农民财产性收入的任务仍然十分艰巨。

二、新苏南模式下农民财产性收入现状

(一) 苏南地区农民财产性收入增长速度快，进一步发展空间大

近五年来，苏南地区城乡居民的财产性收入都有了较快的增长。从纵向上看，自 2008 年以来，苏南地区城乡居民的人均财产性收入均增长了近一倍，其中城镇居民的人均财产性收入年均增长 20%，农村人均财产性收入年均增长 18%。而总收入年均增长约为 14%，增长幅度慢于财产性收入增长幅度。从横向上看，苏南地区城乡居民的人均财产性收入也超过同期苏中、苏北及全省平均水平。根据表 1 所示，2012 年苏南地区城镇居民的人均财产性收入为 1263 元，分别是苏中的 2.15 倍，苏北的 2.92 倍；苏南地区农民的人均财产性收入为 889 元，分别是苏中的 2.74 倍，苏北的 4.81 倍。随着国家和苏南各市对农民财产性收入的不断重视，加上苏南地区城镇化的大力推进和乡镇企业的不断发展，房屋出租、股息分红及土地承包经营权流转收入成为近年来农民财产性收入的新增长点，有较大的上升空间，必将成为农民增收的重要贡献力量。

表1　2008—2012年苏南、苏中、苏北三大区域人均财产性收入比较

元

地区		年份				
		2008	2009	2010	2011	2012
苏南	农村居民	458.1	540.9	640	767	889
	城镇居民	628.66	733	880	1159	1263
苏中	农村居民	102.7	110.4	167	271	325
	城镇居民	219.30	297	395	519	588
苏北	农村居民	67.6	93.4	131	156	185
	城镇居民	250.09	297	334	417	433

注：数据整理自《江苏统计年鉴》（2009—2013）。

（二）苏南地区农民财产性收入占总收入的比例小，收入来源单一

虽然苏南地区农民人均纯收入在逐年增长，但工资性收入和经营性收入仍然是农民收入的主要组成部分，财产性收入所占比例很小。根据表2所示，2012年苏南地区农民人均纯收入为17160元，其中工资性收入为11321元，占总收入的66%，经营性收入为3730元，占总收入的22%，财产性收入为889元，占总收入的5%，转移性收入为1220元，占总收入的7%。从中可以看出，苏南农民收入主要还是靠外出打工和家庭生产经营获得。近年来，农民人均财产性收入虽然逐年增长，但占总收入的比例小，远没有成为农民收入的主要来源。相对于城镇居民而言，苏南地区农民财产性收入来源单一，主要来源于土地、房屋和资金三个方面，也就是土地的征用或经营权流转带来的收入，房屋出租、出售或拆迁补偿带来的收入及银行储蓄获得的利息收入等，而这些财产性收入往往受地域和制度等因素影响，增长有限，占总收入比例小。

表2　2012年苏南苏、锡、常、镇四市农民收入结构比较

元

指标	地区						
	江苏全省	苏南	苏中	苏北	苏州	无锡	常州	镇江
农民人均纯收入	12202	17160	12877	10502	19396	18509	16737	14518
工资性收入	6475	11321	7504	5219	12564	13295	11100	8776
经营性收入	4181	3730	4207	4530	4105	2954	3504	4247
财产性收入	562	889	325	185	1389	776	950	412
转移性收入	984	1220	841	568	1338	1484	1183	1083

注：数据整理自《江苏统计年鉴》（2013）。

（三） 苏南地区农民财产性收入低于城镇居民，城乡差距不断扩大

2008—2012 年，苏南地区城镇居民的人均财产性收入均高于农民。根据表 1 所示，苏南农民的人均财产性收入由 2008 年的 458.1 元增加到 2012 年的 889 元，年均增长 18%，城镇居民的财产性收入由 2008 年的 628.66 元增加到 2012 年的 1263 元，年均增长 20%，两者虽然都有明显增加，但农民财产性收入低于城镇居民，城乡居民财产性收入差距呈现逐年扩大的趋势，由 2008 年 170.56 元增加到 2012 年的 314 元，同时城乡居民财产性收入的比重也由 2008 年的 1∶1.37 扩大到 2012 年的 1∶1.42。如果再不创造条件促进农民财产性收入的增加，那么必然导致城乡收入差距的不断扩大，最终影响到苏南地区"两个率先"的实现。

（四） 苏南地区农民财产性收入地区差异大，不同收入组也存在较大差异

苏南地区农民财产性收入差距不仅体现在地区差异上，农民内部不同收入组也存在着较大的差异。根据表 2 所示，苏州农民人均财产性收入最高，比最低的镇江多 997 元，是镇江的 3 倍多，其他依次是常州、无锡、镇江。镇江农民人均财产性收入最低，不仅低于苏南地区的平均水平，也比江苏全省平均值低 150 元。造成地区间农民财产性收入差距的原因很复杂，例如，相对于苏锡常而言，镇江的城市发展水平和经济发展水平等相对较低，因此镇江的农民财产性收入低于苏锡常三市。此外，根据实地调查数据统计，农民内部不同收入组也存在着较大的差距，高收入组农民的财产性收入是低收入组农民的十余倍，这一差距如果不得到有效解决，必然导致农民之间收入两极分化的加剧，社会不稳定因素增多。

三、新苏南模式下农民财产性收入增长困境的成因检视

（一） 农民的收入水平相对较低

只有拥有了财产，才能拥有财产性收入，因此提高农民财产性收入必须从增加农民的财产着手。要让农民拥有财产必须依赖于农村经济的发展，通过农村经济的发展带动农民收入的提高，这样农民才能拥有更多的财产，进而拥有更多的财产性收入。近些年来，苏南地区农民人均收入每年按 13% 的速度增长，人均纯收入也高于苏中、苏北及全省平均水平，但与城镇居民人均收入相比，仅是城镇居民人均收入的一半不到。加之农业生产资料成本的增加，子女教育费用的提高、高额的医疗费用和不断上升的生活

成本，使农民可支配的剩余收入不足，进而导致苏南地区农民的财产性收入不高。农民的收入低，财产少，财富积累速度就慢，以钱生钱的财产性收入自然不高，城乡居民的收入差距也就不断扩大。

（二）苏南地区农村土地制度不完善

农民的土地财产性收入主要来源于土地被征用或者土地经营权被流转后得到的补偿和收益，然而伴随着苏南地区市场经济的发展和城镇化水平的不断提高，农村土地存在的制度缺陷已经成为制约苏南农民财产性收入增加的重要影响因素。一方面，农村土地所有权主体缺位。《土地管理法》规定，农村土地所有权归"村集体经济组织"，"村内两个以上农村集体经济组织的农民集体"，"乡（镇）农村集体经济组织"[5]。这里所指的"集体"是一个抽象的概念，并没有明确谁是最终享有者，作为集体中的农民个体不具有处置"集体"土地财产的权利，农民的土地收益被侵占现象时有发生，这就容易导致了农民对土地财产权利的缺失。另一方面，随着国家基础性项目的建设和苏南城市化进程的加快，越来越多的农村土地被征收，农民的土地承包权和使用权逐渐丧失。土地被征用后，农民虽然可以得到一定的经济补偿，但这一过程中还存在着土地征收管理办法不完善，补偿标准不规范，失地农民安置措施不完善等问题突出。同时在土地经营权流转过程中，流转程序不规范，行政干预较多，缺乏完善的中介机构，这些都是制约苏南农民土地财产性收入增加的土地制度制约因素。

（三）苏南地区农村房屋制度不完善

苏南地区农民拥有大量的住房和宅基地资源，但由于受区域经济发展水平、地理位置和现行的政策及法律法规的限制，大多数家庭难以利用这些资源获得租金或其他处置收益。苏南地区农村房屋方面存在的制度问题突出表现在：第一，苏南地区农村房屋产权管理机构不健全，产权管理混乱，资料不全，相关的法律法规也不完善，不利于农村房屋产权合法、有序的流转。同时《土地管理法》规定，农民每一户居民只可以拥有一处房屋宅基地，如果农村的村民出卖和出租住房后，再申请宅基地的，将不予以批准[6]。这也在一定程度上限制了农村宅基地的流转。第二，随着社会经济的发展，传统的农耕劳作模式正在渐渐失去它的优势，大量农村剩余劳动力进城务工，苏南地区许多农村出现空心化和老龄化现象，绝大部分农村的房屋处于闲置状态。这些绝大部分闲置的房屋没有得到有效的利用，很难获得租金收入。第三，在房屋征用拆迁过程中，各地拆迁补偿标准不一致，农民的利益得不到有效保证。由于房屋拆迁后的配套措施不完善，就业、住房、教育、社会保障等方面也比较欠缺。因此，提高农民房屋财产性收入必须要完善农民房屋拆迁补偿标准。

（四）苏南地区农村金融制度不完善

发展农村金融事业是提高农民收入、发展农村经济的重要推动力量，但苏南地区农村金融机构还存在着诸多问题，突出表现在以下两方面：首先，金融机构少，投资渠道单一。在苏南地区的农村，几乎只能看到邮政储蓄银行、农村信用合作社及农业银行等少数几家金融机构。而这些金融服务机构很少能给农民提供合适的金融和理财产品。可供农民选择的投资渠道单一，不像城市里的商业银行有着丰富多彩的理财产品。农民可选择的投资渠道只有储蓄，而储蓄带来的收益却很低，导致农民的投资积极性不高，一定程度上阻碍了农民财产性收入的增加。其次，金融体制不健全，农民贷款难。虽然苏南地区农村的信用社和商业银行每年从农村吸收大量的储蓄，但是出于自身收益考虑，他们更倾向把钱贷给效益好的乡镇企业和民营企业，对农民发放的贷款仅占其中很小一部分，且贷款程序复杂，农民贷款难。这样就导致民间借贷比较活跃，但是民间借贷风险性大，这也严重影响了农民财产的增加。

四、新苏南模式下促进农民财产性收入增加的途径探究

（一）转变农业发展模式，多渠道增加农民收入

增加农民的财产性收入的前提是农民必须拥有足够多的财产，而财产的获得是收入的不断提高。因此要增加苏南地区农民财产性收入必须多渠道促进农民增收。第一，要加快转变苏南地区传统农业发展模式，积极发展现代高效农业。提高他们的收入最根本还是需要依靠农业经济增长的带动，而农业经济增长的关键在于改造传统农业，建设现代化农业，大力提高农业的机械化水平，同时加快农业科技成果的转化和应用。第二，要加快发展苏南地区的乡镇企业，扩宽农民的就业渠道。目前乡镇企业仍然是吸收农村劳动力的主要渠道，通过发展乡镇企业来加快农村剩余劳动力的转移。同时各地政府要结合劳动力市场的需要和企业用工需求，加强农民的专业就业技能培训，培养一批有文化、有专业职业技能的新农民，提升农民的就业能力，提高他们的非农收入。第三，要加快发展壮大村集体经济。各乡村要依托各自的自然资源，培育一批有特色的产业，如开发生态

旅游项目、现代农业园区等，提高农民的收入。

（二）明确农民土地财产权主体地位，完善征地补偿和土地流转制度

土地是农民赖以生存的生产和生活资料，也是农民财产性收入的主要来源。从当前苏南地区农民财产性收入所存在的增长困境而言，如何进一步明确农民的土地财产权是十分重要的。首先赋予农民物权性质的土地产权主体地位是维护农民土地利益的基础，是农民获得财产性收入的前提条件[7]。承认农民享有物权性质的土地经营权，同时依法让农民享有使用权、流转权、继承权、收益权和处置权。其次，要完善苏南地区农村征地补偿机制，切实保障农民的利益不受到损害。随着苏南地区城镇化进程的加速，土地征收的价格也在不断攀升，但农民实际拿到的补偿款远低于土地被征收的价格。因此要在耕地保护机制的基础上，进一步完善苏南地区的征地补偿机制，改进征地补偿办法，提高征地的补偿标准，保障失地农民的土地利益。最后，要进一步完善苏南地区农村土地经营权流转制度。在保留农民土地承包权的基础上，放活土地经营权，加快构建如家庭农场、专业大户、股份合作、产业化经营等形式的现代化农业经营体系，促成土地经营规模化发展，提高农地的生产效率，提高农民收入。同时规范土地经营权流转过程中的程序，健全农村土地流转的法律法规，积极培育农村土地流转中介机构，促进农村土地及时、合法、有效地流转。

（三）保障农民房屋的用益物权，培育农村房屋产权市场

苏南地区农村拥有大量的住房，但随着农民外出打工，"空心村"现象普遍存在，闲置的房屋并不能给农民带来财产性收入，因此必须在承认农民房屋财产权的基础上，鼓励和引导农民依法、有序地流转农村房屋财产权，保障农民的房屋财产性收入。第一，完善相关法律法规，承认并保护农民的房屋财产权，使农民的房屋财产权可以合法、自愿地进行交易和转让。保障农户宅基地用益物权，改革完善农村宅基地制度，慎重稳定推进农民住房财产权抵押、担保、转让，探索农民增加财产性收入渠道[1]。第二，培育农村房屋产权流转市场，规范房屋财产权交易行为。同时政府要规范农村房屋租赁，为农民房屋租赁制定规范的合同，确保农民活动房屋租赁的财产性收入。第三，合理确定拆迁补偿标准，及时做好农民的安置工作。在农村拆迁过程中，要切实维护农民的利益，一方面要规范拆迁行为，另一方面要提高拆迁补偿标准。同时进一步完善农村的社会保障制度，解决农民因拆迁而带来的后顾之忧，及时解决好拆迁后农民的住房、生活、

就业和子女教育等问题。

（四）完善农村金融体系，开发针对农民的金融产品

第一，完善农村金融机构。银行出于自身利益收入，往往吸收农民存款多，贷给农民的款少，一定程度上制约了农民财产性收入的增加。因此要完善农村的金融机构。强化金融机构的支农义务和责任，增加对农业和农村二三产业发展的信贷支持[8]。第二，扩宽农民的投资渠道，丰富金融产品的种类。随着经济的发展，苏南地区农民的收入得到了较大的提高，手中的闲钱也多了起来，但绝大多数农民都不太懂得理财，或借给亲友，或通过民间信贷获利，多数存在银行获得利息。虽然部分农民有其他投资欲望，但碍于投资渠道有限，金融产品操作复杂等原因而放弃投资。金融机构应该针对农民开发一些操作相对简单，风险性较小，收益高的金融产品，以满足农民的投资需求，进而增加农民的金融财产性收入。第三，改变农民的传统投资理念，提高农民的理财能力。通过电视、广播和报纸等媒体宣传金融投资和理财的相关专业知识和市场行情，改变农民传统的理财理念，提高农民的理财能力，引导农民树立正确的理财观，规避农民投资的盲目。

五、结语

"三农问题"的核心是农民问题，而解决好农民问题的关键在于增加农民收入。江苏省作为经济大省，一直走在我国改革的前沿。苏南地区作为江苏推进"两个率先"的先行区，在社会主义新农村建设过程中，农民收入不断提高，生活条件得到极大改善。但是随着苏南地区产业结构的调整和经济增加方式的转化，农民收入的持续增长遇到瓶颈。在此情况下，增加农民的财产性收入成了提高苏南农民收入的突破口。增加苏南地区农民的财产性收入，对于提高苏南地区农民收入水平，缩小城乡居民收入差距，实现苏南地区"两个率先"，既快又好地推进全面小康社会建设进程都有着积极深远的影响。同时，促进苏南地区农民财产性收入的增长，对于提高苏北及我国其他地区的农民收入有着十分重要的借鉴意义。

参考文献

[1] 中共中央关于全面深化改革若干重大问题的决定[EB/OL].人民网,2013-11-15.

[2] 关于全面深化农村改革加快推进农业现代化的若干意见[N].光明日报,2014-

01－20.

[3] 李克强.2014年政府工作报告[EB/OL].人民网,2014-03-05.

[4] 李源潮.坚持科学发展 创新苏南模式——在江苏发展高层论坛上的讲话[N].新华日报,2007-02-12.

[5] 中华人民共和国土地管理法[M].北京:中国法制出版社,1999:4.

[6] 中华人民共和国土地管理法[M].北京:中国法制出版社,1999:17.

[7] 金丽馥.中国农民土地财产性收入:增长困境与对策思路[J].江海学刊,2013(6):100.

[8] 陈黛媛.让更多农民获得财产性收入——新形势下增加农民财产性收入的思考与建议[J].上海农村经济,2011(9):39.

[9] 李克强.农民收入、农民发展与公共产品供给研究[M].北京:中国社会科学出版社,2010.

农民财产性收入差距产生的原因及缩小差距的对策

改革开放以来，我国已进入经济体制改革的关键时期，居民收入水平有了显著提高，财产性收入占总收入比重越来越大，居民财产性收入差距在一定程度上影响着城乡收入差距。根据中国统计年鉴，2013 年全国城镇居民人均财产性收入为 809.9 元，比 2003 年 135 元增长 6.0 倍，而城乡居民之间的人均财产性收入差距从 2003 年的 69.2 元拉大到 2013 年的 516.9 元。因此，必须缩小城乡居民间的财产性收入差距，才能最终缩小城乡收入差距实现共同富裕。

一、农民财产性收入差距的表现方面

（一）城乡居民财产性收入差距

居民财产性收入差距的不断扩大是伴随着城乡居民财产性收入的增加而愈加显著。由表 1 可以看出，农村居民人均财产性收入远低于城镇居民人均财产性收入，2008 年与 2013 年相比，城乡居民增加的财产性收入差值 277.72 元。同时，农村居民的收入基数小导致从财产性收入增长速度来看，城镇居民快于农村居民，城乡居民人均财产性收入比由 2003 年的 2.61∶1 扩大至 2013 年的 2.76∶1。

表 1　全国城乡居民人均财产性收入基本情况

年份	城镇居民人均财产性收入			农村居民人均财产性收入		
	金额（元）	占可支配收入比重（%）	比上年增长（%）	金额（元）	占纯收入比重（%）	比上年增长（%）
2008	387.02	2.45	11.04	148.08	3.11	15.49
2009	431.84	2.51	11.58	167.20	3.24	12.91
2010	520.31	2.87	20.49	202.25	3.42	20.96
2011	648.97	2.98	24.73	228.57	3.28	13.01
2012	707.00	2.88	8.90	249.14	3.15	9.00
2013	809.90	3.30	14.60	293.24	3.30	17.7

数据来源：根据《中国统计年鉴》（2008—2013）相关数据计算得出。

（二）农村居民财产性收入差距

农村中占大多数的低收入者财产性收入拥有量少、增长幅度小，而占少数的高收入者财产性收入拥有量多、增长幅度大，导致了财产性收入差距在不同收入阶层居民之间越来越明显。由表 2 可以看出，在 2008—2012 年，农村高收入户居民人均财产性收入分别是低收入户居民人均财产性收入的 17.35 倍、24.41 倍、15.92 倍、15.96 倍、16.80 倍。由此得出，农村高收入居民人均财产性收入明显高于低收入居民，说明占少数比例的高收入居民拥有大多数的财产性收入，财富正在向少数人集中。

表2　全国农村不同收入阶层居民人均财产性收入基本情况

元

年份	2008	2009	2010	2011	2012
低收入户	30.8	25.8	44.1	49.6	52.7
中低收入户	46.0	49.6	73.3	84.3	84.8
中等收入户	81.5	86.3	120.8	142.4	143.2
中高收入户	132.9	144.1	185.8	212.1	236.7
高收入户	534.3	629.7	702.1	791.7	885.3

数据来源：《中国统计年鉴》（2008—2012）相关数据整理得出。

（三）区域农村居民财产性收入差距

我国东西部地区的区域条件、经济发展基础、产业优化结构及理财投资能力等方面也制约着农村居民财产性收入的获得。由表 3 可以看出，中、西部地区农村居民人均财产性收入明显低于东部地区，在 2012 年东部农村居民人均财产性收入分别是中、西部的 4.12 倍和 3.73 倍。以农村居民人均财产性收入最高的北京市为例，人均财产性收入是当年广西地区农村居民的 31.84 倍。除此之外，由于财产具有衍生性，财产性收入差距在高低收入区间内反映更为明显，还会受到"富者愈富、穷者愈穷"的马太效应影响（蔡亦敏，2009）。

表3　东、中、西部地区农村居民人均财产性收入基本情况

元

年份	东部	中部	西部
2008	4202.6	916.4	1079.2
2010	5012	1445.8	1378.5
2012	6837.5	1661	1832.3

数据来源：《中国统计年鉴》（2008—2012）相关数据整理得出。

二、农民财产性收入差距的成因检视

(一) 财产原因

居民的财产基数拥有量、区域经济的发展、投资市场的健全、社会保障的水平及居民的受教育程度都与财产性收入的差距密切相关。

居民财产性收入的差距决定着所拥有的财产数量。首先，我国居民财产占有不均衡、群体差距较大，大量的财富集中在少数人的手中，而财产从收入中转化而来，农民长期以来收入水平过低、财产基数较小，不利于财产规模的累积而限制了财产性收入的获得，从而扩大了城乡居民在财产性收入上面的差距。其次，农民财产性收入差距也受到财产结构的影响。土地、住房是农民最主要的财产来源，财产性收入主要为储蓄存款且金融理财产品不多。例如农民对土地只有承包经营权，在现行土地流转制度下，能够从中获得的土地财产性收入少；同时农民人均住房面积虽然较大，但住房价值较低，能通过租赁等形式在房产上获得财产性收入也颇受掣肘。

(二) 发展原因

经济发展对农民财产性收入的增加起着基础性作用。从东中西部三大经济地区看来，东部资源、技术、人才等优势明显，造成地区间居民获得财产性收入机会的不均等；中部位于内陆腹地较为偏远，居民获得财产性收入的途径单一，多为银行储蓄利息收入；西部地区的资源相对匮乏，而且受到自然条件制约没有得到有效利用，发展缓慢。由此，东部地区农民获得财产性收入途径多元，而中西部较为单一。此外，"马太效应"也影响着农民财产性收入的增加（冷崇总，2013）。"马太效应"会在不同经济发展地区产生不同作用，发达地区具有更为强大的发展潜力，也有更充足的资源聚合能力和人力资本，农民获得财产性收入的途径就越多元。如 2013 年北京农村居民人均财产性收入为 1716.4 元，发展相对落后的广西地区农民人均财产性收入为 53.9 元，两地区的农民财产性收入差额由 2005 年的 569.7 元扩大到 2013 年的 1662.5 元。

(三) 市场原因

资源配置的手段是市场，居民财产性收入主要从房地产市场、股票市场、金融市场中获得，财产性收入拉大差距的成因之一就是市场的完善程度以及价格涨跌变化幅度。在房地产市场中，据数据显示，2012 年底全国农村人均住房面积达到 $37.09m^2$，其中砖木结构就达到 $15.92m^2$/人，市值仅仅为 681.90 元/m^2。在土地市场中，我国不适宜居住的生态脆弱地区就占到 55%，此外，农村金融市场发展相对滞后，农村信用合作社是农村主要的金融机构，但是农民日益增长的金融需求难以在农信社低效率的经营管理下得到满足，同时也没有相对适合农民投资需求的金融产品。因此，农民不能根据自己的风险承受能力和投资偏好来决定自己的投资途径，特别是匹配中低收入阶层的、风险较小而安全性较高的理财投资产品明显缺失。

（四）制度原因

城乡二元经济体制影响着财产性收入差距。在以户籍制度和资源配置制度为特征的城乡二元经济体制下，农民面临着投资机会不均等的困境，严重阻碍了农村居民财产性收入增加。受城乡二元经济结构制约，政府公共投入差距明显，在社会保障和公共服务方面存在分割问题，医疗保障、义务教育保障都主要集中在城市，长此以往，城镇居民的人力资本显著提高、劳动力供给充足，从而经济和社会生活素质得以提高，最终增加城镇居民财产性收入。而政府在农村的公共投入主要用于基础设施建设，如水利交通设施等。这些都阻碍了城乡融合及资源、信息、管理等生产要素的结合，不利于农村金融投资环境的改善和农村经济的发展。同时，现行的土地产权制度存在缺陷，使农民的土地财产性收入得不到保障。农民最主要的收入来源及生活保障就是土地，但目前土地产权关系模糊、未形成合力有效的土地流转机制、相关政策和配套措施也不完善，土地的规模效益难以有效被发挥，阻碍了农民土地财产性收入的获得、拉大了城乡居民财产性收入的差距。

（五）素质原因

农民是农业和农村经济的主体。农民的教育水平和理财能力，是农民增收的关键内因，进而影响农民财产性收入的获得造成与城镇居民财产性收入之间的差距。

首先是教育水平，不同的区域之间师资教育力量悬殊，在东部经济发展较快的地区对教育的重视程度高、师资投入充足，而在中西部经济发展相对落后的地区，教育资源相对匮乏、投入欠缺。同时农民的知识储备有限，文化素质偏低，大多数农民缺乏市场意识，难以具备专业性较强的风险投资能力，也缺乏规避风险的预判能力。特别是更为偏僻地区的农村居民，对有风险的投资途径更是避之不及。其次是理财能力，其财产性收入的多少和个人的投资意识、偏好和抗风险的承受能力息息相关，这都是影响财产性收入获得的成因。在农民组织化功能难以正常发挥的同时，相当多的农民在进行市场投资时都是以个人主体独立参与，因此多会选择投资风险相对较小的储蓄手段从而得到收益也较少的利息收入，而高风险、高收益的有价证券往往得不到农民的青睐，从而影响了财产性收入的获得。

三、缩小农民财产性收入差距的对策建议

（一）调整收入分配格局

理顺分配关系，在确保增加农民收入的条件下促进收入再分配的公平，提高劳动报酬在初次分配中的比重，更加注重效率与公平。再分配时，通过税收、财政转移支付、各类社会保险等对初次分配的结果进行再次调节，逐步提高中低收入者的收入，给增加居民的财产基数提供条件，合理的收入分配制度也体现着社会的公平公正。效率和公平并不矛盾，效率是调动积极性的关键，而公平是经济发展的最终归宿也是衡量效率的圭臬。在稳步增加居民财产性收入的同时，不仅要扭转城乡收入差距，也要拉近中低收入者与高收入者财产性收入之间的差距。同时，要着重提高农村居民财产性收入。因为农村居民一直以来徘徊在较低收入状态，抑制了其财富积累的速度，所以不仅要发展优势特色产业、提高农民工资性收入，更要进一步通过税收调节收入分配，切实提高农民的财产性收入，从而缩小社会成员之间的收入差异。

（二）促进经济发展

从整体上增加农民的收入水平，加快发展中西部地区经济。首先，培养农民从业技能，提升农村劳动生产率，加快农村的经济发展进程，也让农民在经济发展中得到切实利益。其次，制定相关措施，大力扶持农民创业积极性，使其工资性收入得到提高，最终加快其收入资本积累，为获得财产性收入创造条件。最后，促进城乡一体化。在推进新型城镇化过程中，要加快城镇和乡村间良性互动，以城带乡以工促农。缩小城乡生活水平和生产条件的差距，对产业、土地、人口、资源等资源要素进行整合，通过规划引导，加速城镇产业的聚集，逐步形成布局合理的城镇化发展格局，使农村居民获得更多财产性收入。

（三）完善市场体系

党的十八届三中全会提出一系列改革措施，"要保障农民宅基地的用益物权，改革完善农村宅基地制度，慎重稳妥推进农民住房财产权抵押、担保、转让，探索农民增加住房财产性收入的渠道"，为维护农民的土地和宅基地权益提供了政策支持。在房地产市场中，农村房屋租赁市场和买卖市场要在确权、确证、市场操作规范的条件下进行，切实保障农民的土地财产性收入权益。此外，农村发展相对滞后的金融市场也有相当大的市场潜力，政府与金融机构应贴近市场，拓展出适应农村居民的周期短、风险低、收益高、收效快等投资特点的金融产品，为闲散农民的资金创新出一条投资途径，使得农民财产性收入得以增加。

（四）加强制度建设

首先，从破解城乡二元结构入手，积极稳妥推进农村土地制度改革。农村最根本的制度是土地制度，土地关系是农村最基础的生产关系，土地权益也是农民最大的利益情况（韩长赋，2014），在这样的前提条件下，将土地所有权和承包经营权分离，允许金融机构对承包土地的经营权进行抵押融资，会极大解放农村生产力，使土地价值在市场中流通得到充分体现，农民也才能从中拥有真正土地性财产收入。因此，要在确权、确地、有证转让、规范公开的市场操作和完善农村土地承包政策、稳定农村土地承包关系并保持长久不变的条件下，在原来的占有、使用、流转、收益等权益的基础上，再赋予农民对承包经营权的抵押、担保的权能，积极稳妥地推进农村土地制度改革[7]，缩小居民财产性收入差距。其次，要拓展农民增收途径，完善农业支持保护制度，建立投入增长稳定机制，健全农业补贴制度和农产品价格保护制度，推进基本公共服务均等化。最后，完善农村社会保障制度。第一，根据不同经济发展阶段，建立相应的农村医疗保障制度和农村健康保险制度，将个人账户与社会统筹相结合，在自我保障的前提下逐步增加社会统筹的比例。第二，进行农村社会救助，对农村中丧失劳动能力没有生活来源的农民，通过相关机构和专业人员进行救助，使受救助者能继续生存下去。第三，进行农村社会福利救助。对农村无法定抚养义务人、无劳动能力、无生活来源、缺少劳动能力等特定对象提供相关社会公益性救助，只有增强对农村弱势群体的保障力度、完善农村居民最低生活保障制度，才能从根本上改变农民在教育、医疗、养老等方面以自我保障为主的局面，使农民可以安心地进行流转土地，获得更多的财产性收入。

（五）提高农民素质

农民的自身素质不仅关系到新农村的建设和现代农业的发展，也直接影响自身收入和财产性收入的增加，因此必须提高农民素质和人力资本积累。不仅要大力投入农村教育师资力量，还要普及现代科学技术知识、劳动经验和生产技能，也可以通过农村社区和村委会为农村居民开展投资致富的项目。同时，还可开授一些投资基础课程培训，转变农民理财投资的观念，提高对风险的分析能力，尽可能地规避投资风险，调动农民的投资热情，为加快财富累积创造条件。

参考文献

［1］蔡亦敏.我国居民财产性收入差距问题探析［J］.中共福建省委党校学报,2009(4).

［2］王婷.增加财产性收入对居民收入差距的影响评析［J］.当代经济研究,2012(7).

［3］冷崇总.关于居民财产性收入差距的思考［J］.价格月刊,2013(3).

［4］赵华伟.我国农村居民财产性收入现状及解决途径［J］.改革与战略,2010(9).

［5］张丹丹.农村居民财产性收入相关问题研究——以河南省为例［J］.人民论坛,2014(6).

［6］徐汉明.增加农民的财产性收入［J］.支点,2013(2).

［7］韩长赋.正确认识和解决当今中国农民问题［J］.求是,2014(02).

增加农民财产性收入问题探究

党的十七大报告提出了"创造条件让更多群众拥有财产性收入"[1]。这对完善当前的收入分配制度具有重要的理论意义和现实意义。但调查数据显示，我国目前农民获得财产性收入存在障碍。因此，需要对农民财产性收入的现状、问题及成因做深入分析。

一、增加农民财产性收入的可行性

"财产性收入"是指家庭拥有的动产如银行存款、有价证券等，不动产如房屋、车辆、土地、收藏品等所获得的收入。它包括出让财产使用权所获得的利息、租金、专利收入等；财产营运所获得的红利收入、财产增值收益等[2]。衡量一国人民的富裕程度，不只看收入的多少，也要看其所积累财产的多少。收入与财产是互动关系，收入增加了，消费剩余部分就可转化为财产。当这些财产用于购买股票或存入银行时，就转化为金融资产；用于投资时，就会产生如租金、利息、红利等收益，这些都是财产性收入。党的十七大报告提出的"创造条件让更多群众拥有财产性收入"具有两层含义：一是国家将创造条件增加人民群众的收入。人们过去可支配收入中占比较大的是工资，今后财产性收入将成为居民收入增长的新亮点。二是创造条件使人民群众的财产能保值、增值。要创造多种条件，使广大投资者公平、公正地共享经济增长的成果，提高生活水平。只有把这些问题分析清楚了，才能真正理解财产性收入的含义。

从财产性收入的内涵看，目前增加农民财产性收入具有一定的可行性：第一，我国收入分配制度的不断完善为财产性收入增加提供了制度保障。改革开放前，我国主要实行按劳分配原则，全国范围内实行统一的分配标准与形式，除少量存款利息外，几乎不存在劳动以外的收入，分配形式单一。改革开放后，我国收入分配制度经历了一系列的改革和调整，目前已在全社会范围内形成了充分尊重劳动、尊重知识、尊重创造、尊重人才的良好环境与氛围，充分肯定了其他收入渠道的合法性，也就为财产性收入提供了制度保障。十七大报告更是在坚持和完善按劳分配为主体、多种分配方式并存的分配制度的同时，改变了以往"初次分配注重效率，再分配注重公平"的说法，与时俱进地提出了初次分配和再分配都要处理好效率与公平的关系。此外，更有新意地提出了要增加劳动报酬在初次分配中的比重，表明是在注重初次分配的公平性、强调和肯定劳动收入地位与作用基础上增加财产性收入[3]。第二，经济快速发展为财产性收入的增加提供了条件。国外发展经验表明，当一国经济发展到一定阶段后，人们的投资、理财渠道会拓宽，家庭收入来源将多元化，财产性收入将快速增长。居民财产性收入占可支配收入的比重是衡量一个国家居民富裕程度的重要尺度。而作为我国人口重要组成部分的农民，其财产性收入比重的加大更将体现我国的经济发展水平。目前，我国农民收入来源主要由工薪收入（劳动报酬收入）、家庭经营性收入（包括家庭经营农业收入和家庭经营第二、第三产业收入）、转移性收入和财产性收入四部分构成[4]。因此，随着我国经济又好又快地发展，农民收入水平的不断提高，国家的财产规模将不断扩大，也就为农民增加财产性收入提供了条件。同时，随着国内投资环境的不断改善，农民财富的不断增加，农民理财意识的不断增强，我国农民的财产性收入增加的方式也会多样化。第三，法律体系的逐渐完善为财产性收入提供了宏观的法律保障。在所有制与分配制度改革调整的同时，国家也在不断完善保护私有财产的法律体系，这为农民的合法经营和投资活动提供了可靠的法律环境与政治保障，进一步坚定了农民通过合法途径获得更多财产性收入的心理预期。

二、农民财产性收入的现状及原因分析

（一）农民财产性收入的现状

首先，农民财产性收入占年收入的比重较小。虽然我国农民收入逐年增加，但无论在总量还是比重上，财产性收入还远远没有成为农民收入的主要来源。根据国际经验，财产性收入一般应占居民当年纯收入的30%左右。而2006年农民财产性收入仅为100.50元，占总收入的2%，2008年农民财产性收入也只占农民人均纯收入的3%左右，没有明显提升。目前，我国农村居民家庭经营性收入和工资性收入仍是收入的主要来源，农民主要还是通过耕作和打工获取收入，财产性收入还远没有成为农民的主要收入来源。而农民现有财产性收入主要来自租金收入和土地补偿收入，虽然增

速较快，但由于基数很小，而且土地的财产性功能尚未完全发挥，影响财产性收入的不稳定因素又较多，结果导致农民的财产性收入占比一直较小。其次，农民获得财产性收入的途径单一。目前，我国农民财产性收入获得途径比较单一，主要是储蓄利息收入、房屋租金收入和土地补偿收入，而且不同地区之间也存在收入差别。在经济发达地区，农民财产性收入主要以房屋租金为主，再是利息收入和其他财产性收入。而在贫困地区和欠发达地区，农民财产性收入的主要来源只是存款利息收入。最后，农民的财产性收入远低于城镇居民的财产性收入。自2000年以来，我国城乡居民的人均财产性收入都有了较快增长。2007年，全国城镇居民人均财产性收入已达361.78元，增幅为48.26%；农村居民人均财产性收入只有146.92元，增幅为46.19%（详见表1）。可以看出，我国农村家庭财产性收入增长潜力巨大，但城乡之间财产性收入却几乎保持着两倍以上的差距。因此，如果不创造条件以提高农民的财产性收入，将会使城乡之间的两极分化问题更加严重。

表1 城乡居民财产性收入及增长率

年份	城镇居民（元）	增长率（%）	农村居民（元）	增长率（%）
2000	128.38	42	45.04	9.91
2001	134.62	4.86	46.97	4.29
2002	102.12	−24.14	50.68	7.9
2003	134.98	32.18	65.75	29.74
2004	161.15	19.39	76.61	16.52
2005	192.91	19.71	88.45	15.45
2006	244.01	26.49	100.5	13.62
2007	361.78	48.26	146.92	46.19

注：资料来源于《中国统计年鉴》（2008）。

（二）农民财产性收入增加缓慢的成因

第一，农民收入水平低，缺乏用于投资的资金。改革开放以来，我国国民经济有了较快发展，但总体水平还不高，农村低收入家庭还较多，相当部分家庭还只能解决温饱问题。2008年，全国农村居民家庭人均纯收入仅有4140.4元，中西部贫困地区农民的收入则更低。而财产性收入的获取是以财产存量为基础，即财产性收入来源于财产存量。在社会保障、就业保障、养老保障体系等还不完善的广大农村地区，农民即使拥有少量积蓄，也主要用于改善居住条件、送子女上学和自身养老，不敢轻易将这些资金用于投资。这必然导致农民获取财产性收入困难，并进一步拉大城乡收入差距。第二，农村的投资环境差，市场秩序有待完善。资本市场风险的防范离不开国家的规范管理。随着财产性收入来源日趋多元化，政府必须加强对市场的监督和管理。但我国投资市场监管体系尤其是农村投资市场监管体系并不健全，保险和证券方面的监管尤为欠缺，已有的一些金融监管职能也没有实现全面覆盖。同时，一些金融理财产品的代理人在营销产品时存在违规行为。他们为推销产品以获得营销业绩，对产品存在的风险不向投资人进行提前警示，使投资人蒙受损失的现象屡有发生。此外，对合法财产和非法财产的区分欠缺制度标准，对非法投机行为的打击力度不够，导致市场上投资陷阱泛滥，农民投资得不到保障。第三，农民投资渠道少，理财方式缺乏。近年来，虽然资本和金融市场发展迅速，但这只限于一些较大的城市，对小城市及农村地区来说，资本和金融市场发展则相对滞后。如，目前大多数县级城镇还没有规范的证券公司，所以股票基金等难以成为农民获取财产性收入的渠道。尽管这些年来我国银行类理财产品不断创新，品种不断丰富，但基本没有针对农村市场的银行理财产品。在农村地区活跃的保险产品主要是人身意外险和健康险，投资红利性保险产品也较少。因此，受理财产品种类的制约，农民实现财产性收入的渠道过少，难以选择多元化的投资方式。第四，农民抗风险能力缺乏。在我国，有相当一部分企业没有按照现代企业管理模式运作，尤其是民营企业，家庭式管理和经营的企业较多。由于被投资方诚信度不高，经营信息不真实、不公开，所以很多投资者不敢轻易投资。同时，一些地区受地理条件限制，农民获取信息困难，所以对市场信息敏感、政策性调整强的投资项目不敢随意投资。哪怕是股票等投资方式，由于行情每时每刻都在变化，农民对上市公司的经营情况又很难及时了解，所以也很难成为农民获取财产性收入的有效渠道[5]。因此，信息传导不及时、不对称，失信行为和投资运作难以把握，致使农民投资的风险很大。而农民的理财知识匮乏，对理财产品的选择和风险的防范缺乏判断能力，导致农民的抗风险能力较低。

三、增加农民财产性收入的政策建议

（一）确保经济又好又快发展，建立公平公正的分配机制

农民获得财产性收入的关键在于经济发展水平的高低。只有实现经济

增长，才能带动农民收入增长；只有农民收入增长，才能积累更多的财富；只有拥有更多的财富，农民才能获得更多的财产性收入。因此，要促进广大农民财产性收入不断增长，首要的是大力发展经济，稳定物价，防止通货膨胀，将社会财富这块蛋糕做大。目前，农民的收入主要来自劳动收入，因此，在努力提高农民劳动收入的同时，必须建立一套有效的公平公正的分配机制，使更多的农民能分享经济发展成果。应着眼分配领域，创造条件，为增加农民财产性收入提供有力的支撑和保障，以切实增加农民的收入，使之拥有满足生活必需的财产外，进一步增加财产性收入，实现收入增长与经济发展的同步。

（二）建立完善的法律保护体系，为增加农民财产性收入提供法律保障

首先，应完善法律保护体系，改善农村投资环境。只有完善的法律体系才能为农民财产性收入奠定法律基础，保障农民的合法财产。目前，农民财产权益保护方面虽有一些相关法律规定，但并不完善，存在很多法律漏洞，而有些方面甚至处于法律空白状态。如，我国至今仍然没有一项关于农民工城市贷款、理财等方面的法规，而这正是广大农民工最迫切和急需解决的问题。虽然已有的各级法律制度包含对农民私有财产保护问题的规定，但内容都比较宏观，加之相关配套措施滞后，导致农民物权保护实施上受到很大限制。因此，应建立有利于保护农民财产的法律体系，保障农民的合法性财产不受侵害，使农民能安全、放心地拥有财产、获得财产性收入。其次，应明确农民财产的法律地位，激发农民的投资热情。应在保证《物权法》实施的同时，重视配套立法建设，要加大《物权法》宣传力度，激发农民的投资热情。应加强社会整治，坚决打击各种阻碍农民实现财产性收入增长的投机和不法行为，落实好"保护合法收入，调节过高收入，取缔非法收入"的政策要求。对骗取农民钱财的不法行为，要予以坚决打击。应建立公平、公开、公正的法治环境，维护弱势群体在经济活动中的权益。此外，现行法律中一些原则性、粗疏性的条款，也需要尽快通过司法解释等途径加以细化，以增强法律实施的可操作性。总之，只有建立健全相关的法律制度体系，农民才能更稳妥地获取财产性收入。

（三）增加农民投资渠道，加强市场体系监管

首先，应推进农村资本市场建设，拓宽农民投资渠道。近年来，我国资本市场的理财产品日益丰富，证券基金、保险产品、银行理财产品及信托产品等主要理财工具发展快速。但从整体上看，我国资本市场还存在一定缺陷，无法形成有效的农民投资渠道。如理财产品品种有限，缺乏针对农村市场的理财产品，现有的金融产品结构也不尽合理等。因此，应积极推进金融体制改革，发展各类金融市场，形成多种所有制和多种经营形式、结构合理、功能完善、高效安全的现代金融体系，积极创造条件扩容资本市场、丰富理财产品，让群众掌握更多的金融工具，把手里的"闲钱"变"活"，把家里的财产盘"活"[6]。扩充股市、基金、保险、海外投资、房地产、金市、收藏等各种渠道，实现农民财产性收入来源的多元化。其次，不断完善市场体系，加强政府的市场监管职能。任何一项投资都具有一定的风险，而对风险的防范，除农民要加强风险防范意识外，更离不开国家的规范管理。完善的市场秩序对保护农民财产性收入至关重要。当前，农民财产性收入增长过于依赖资本市场和房地产市场，所以行情的大幅波动很容易导致农民的财产缩水。因此，政府应创新金融管理体系，为农民获取财产性收入提供良好的市场投资环境。一是营造一个公开、透明的市场环境，强化对现有投资理财渠道的监管及交易方式的规范。二是严厉处罚违法违规、内幕交易等行为，维护证券市场秩序，强化治理结构。三是健全中小投资者利益保障机制，建立集团诉讼等民事赔偿机制。只有资本市场实现健康化、规范化、成熟化的发展，农民才能公平、公正、公开地参与市场交易。

（四）加强市场风险教育，引导农民树立正确的理财观

农民在通过储蓄及投资国债、基金、股市等方式获取财产性收入的过程中，会面临各种各样的风险，尤其是其所处的资本市场和房地产市场等，都是高风险的投资市场。而作为投资者，广大农民的相关知识储备不足，理财和投资水平普遍较低，很大一部分人甚至对资本的认识还相当肤浅。他们既缺乏风险意识，又缺乏抗风险能力，很容易在非理性炒作氛围中进行赌博式投机，给个人财产带来损失[7]。因此，应该加强市场风险教育，引导农民树立正确的理财观，提高农民投资理财水平。社会各界尤其是金融机构，应通过报刊、广播、电视和图书等多渠道地加强农民的投资与理财教育，尽快使农民掌握一定程度的投资理财常识，提高其理财水平。同时，深入基层，进行风险教育和宣传，引导农民走出投资理财的误区，向农民提供可靠的投资信息资源，引导他们适时调整理财方式，并根据每个人的具体情况具体分析，做到科学投资、理性理财。

参考文献

［1］胡锦涛．在中共十七大上的报告［EB/OL］．人民网,2007-10-15.

［2］吴彦艳,丁志卿．居民财产性收入的几个问题研究［J］.经济纵横,2007(11).

［3］易宪容．关于财产性收入的两个重要背景［J］.人民论坛,2007(23).

［4］马林靖,周立群．快速城市化时期农民增收效果的实证研究［J］.社会科学战线,2010(7).

［5］中国人民银行邵阳市中心支行课题组．县域居民财产性收入调查与实证分析［J］.金融经济,2008(2).

［6］张世福．创造条件让更多群众拥有财产性收入［J］.发展,2008(2).

［7］姜婕．中国农民对财产性收入的价值观变迁［J］.求索,2009(6).

土地流转背景下增加农民财产性收入研究

党的十七大中提出，"创造条件让更多群众拥有财产性收入"。党的十七届三中全会通过《中共中央关于推进农村改革发展若干重大问题的决定》，对农村土地流转政策做出明确规定。农村土地流转与农民财产性收入越来越受到党中央的重视。农村土地流转问题与农民财产性收入问题也日益成为众多学者研究的焦点。然而，很少有学者把农村土地流转和农民财产性收入视为整体加以研究，甚至有学者认为农村土地流转和农民财产性收入是毫无关联的，这就导致在实践中往往不能实现农村土地流转与农民财产性收入的良性互动。因此，研究农村土地流转条件下的农民财产性问题，对于增加农民收入、进一步缩小城乡差距、建设全面小康社会具有重大的理论和实际意义。

一、农村土地流转对农民财产性收入的影响

（一）农村土地流转增加农民收入，为农民财产性收入提供资金支持

增加农民财产性收入的首要条件和基础是增加农民收入。农村土地流转在两个方面对农民收入产生了积极影响，一是土地自身就是农民财产性收入的重要来源。根据国家统计局的定义，财产性收入是指家庭拥有的动产（如银行存款、有价证券等）、不动产（如房屋、土地等）所获得的收入[1]。土地自古以来就是农民的主要生产资料，长期承担着社会保障、就业保障、经济保障等功能。但随着城镇化和市场经济的加速，土地的功能有衰弱的趋势。如果土地不能进入市场交易，土地的价值就无法得到有效实现，不会随着国民经济的快速发展而产生效益，广大农民就无法分享到改革发展的成果，就无法真正获得财产性收入。如农民以入股方式进行土地流转，被流转的土地此时就充当了资本或资产，从而为农民带来了财产性收益。二是土地流转可以通过多种途径增加农民收入，以致为农民增加财产性收入奠定基础。主要体现在以下三个方面：首先，土地流转可以使

农地使用权向种田能手、规模经营者、集约经营者集中，弥补分散经营的缺陷，实现土地的规模经营。相对于土地的分散经营，土地规模经营有利于高新技术和大中型农业机械的推广和运用，有助于降低农产品的单位成本，从而提高农业经济效益，同时土地规模经营还可以避免家庭联产承包责任制下农业生产固定资产的重复投资。其次，土地流转重新配置了土地资源，催生了农业龙头企业、专业合作社、种养大户等农业经营主体的产生，并进一步吸引他们投资经营农业。现代农业生产经营主体的出现提高了农业的产业化水平，增加了农业经营效益，并推动了周边农户农业经营性收入的提高。一些流出土地的农户被"返聘"到龙头企业、专业合作社等务工，增加了劳务性收入。最后，土地流转可以通过转移农村剩余劳动力，增加农民在第二、第三产业的收入[2]。

（二）农村土地流转促进农村制度完善，保障农民增加财产性收入的合法性

农村土地流转有农民、企业、国家及其他社会成员共同参与。在流转过程中，每个利益群体必然会努力争取实现自己利益的最大化，农民与企业的冲突，企业与地方政府的矛盾，甚至企业与企业之间也存在竞争，各种问题和情况交织在一起，客观上推动了对农村制度的健全。首先，在市场经济运行过程中，任何制度创新与运行都必须具备健全有效的法律体系，否则难以达到预期目的。在我国农村土地制度创新过程中，必须切实改变目前农村土地流转法律欠缺的局面，根据农村土地流转的实际需要，在科学实践与广泛论证的基础上，不断建立新的法律法规来解决土地流转实践中凸现的新情况，为农村土地流转制度创新提供法律保障。如制定专门的《农村土地流转法》《农村土地抵押法》及《农村土地收益分配法》等。其次，我国土地流转机制尚处于不成熟阶段，各种管理体系及监督部门不够健全，然而随着城镇化和工业化的加速，土地流转已成必然趋势，发达国家的发展历程就充分地证明了这点。因此，相关法律法规一定会逐渐完善，例如完善《中华人民共和国土地管理法》《中华人民共和国土地管理法实施条例》《中华人民共和国农村土地承包法》及《农村土地承包经营权流转管理办法》的相关规定。最后，土地流转中最直接、最关心的群体是农民，而现在的农民大多具有一定的知识文化水平，懂得运用法律的公正性与权威性来维护自己在土地流转过程中应该享受的正当权益，且政府也出台了相关保护农民权益的政策和文件，有力地提高了农民与不法分子做斗争的决心。因此，一旦农民在土地流转中的合理要求得不到相应

满足，就会自觉地抵制各种不合理的侵权行为，强化了农民的法制观念和法律意识。

（三）农村土地流转优化农村资源配置，奠定农民增加财产性收入的市场机制

财产性收入本质上是产品在流通过程中创造价值的动态过程，是财产所有人通过对自己财产的使用权、占有权、受益权和处置权等权利的行使，从而获得收入的过程。但财产性收入不同于一般的商品交易，财产性收入往往不需要通过生产经营来获得，而是由资本市场和房地产市场、收藏品市场等活动，使财产进入市场的竞争机制中，在资源配置中获取财产性收入。因此，有效的市场机制是获得财产性收入的必要前提。农村土地流转对市场机制在以下三方面产生重大作用：一是农村土地流转促使土地资源合理利用。使土地资源逐步向种田能手集中，实现了土地资源与技术资源的合理配置，为农民各尽其能创造了有利条件，善于务农的务农，强于经营的经营，能务工的务工，使劳动力面向市场重新选择职业，促进了农村的分工分业发展，大大提高了土地的资本效用，增加了土地的配置效率，促进了农业的规模经营和产业化的发展。二是农村土地流转促进农村劳动力和城市资本的良性互动。通过土地流转，农村劳动力可以从事农产品加工、营销、配送、服务等农业产业化链条行业及转移到第二、第三产业中，加速了我国的农村城镇化进程；同时还可以使城市的资金、科技、设备等生产要素流到农村，加快农业的现代化步伐，增加农民收入。三是土地流转带动流转市场的发展和完善。土地既然要流转，就必定要建立与之相适应的流转市场，例如土地流转中介服务组织、土地流转市场信息、土地流转咨询、土地流转交易所、土地评估站等服务机构，这些机构有助于农村市场的发展，为农民增加财产性收入提供良好的市场投资环境。

二、农民财产性收入的现状及原因分析

（一）农民财产性收入的现状

首先，农民财产性收入地区差距大。从表1可知，东部和东北部农村居民的财产性收入明显与中部和西部存在很大差距，中部仅是东部的29%。例如，2009年上海农村居民家庭人均财产性收入达932元，占到农民人均纯收入的7.6%。而同期中部的江西省农村居民家庭人均财产性收入为

80.41 元，仅占到农民人均纯收入的 1.6%。财产性收入差距效应，有进一步扩大地区间农村居民收入差距的趋势，收入差距的"马太效应"日益显现[3]。其次，农民财产性收入占年总收入的比重小且增长速度慢。从横向分析，农民财产性收入绝对值小，2009 年最高才 167.2 元，农民财产性收入占年总收入的比例很低，1990 年最高只有 3.6%，而美国居民财产性收入占总收入比重约为 40%。从纵向分析，从表 2 可以看出，1990 年以来，我国农民的人均总收入呈较快增长态势，2009 年是 1990 年的 7.1 倍，然而财产性收入只增加了 4.6 倍，农民财产性收入增长较慢。再次，群体差距加大。群体差距体现在农民内部群体财产性收入不平衡和农民与城镇居民财产性收入的不协调。2009 年，我国农村居民高收入户的财产性收入是629.73 元，中等收入户是 86.25 元，低收入户是 25.81 元，高收入户的财产性收入分别是中等收入户和低收入户的 7.3 倍和 24.4 倍；另外，从表 3 可以看出，与城镇居民相比，农民财产性收入基数小、增长速度慢，2009 年城镇居民的财产性收入是农民的 2.6 倍，1990—2009 年，城镇居民的财产性收入增长达 27 倍。最后，农民财产性收入来源途径单一。我国农民财产性收入来源主要是储蓄利息收入、房屋租金收入和土地补偿收入，而且不同地区之间也存在差别。在经济较发达地区，农民财产性收入主要为房屋租金，其次是利息收入和其他财产性收入。而在贫困地区和欠发达地区，农民财产性收入的主要来源只有存款利息收入。

表 1　东、中、西部及东北地区农村居民财产性收入基本情况

地区	东部	中部	西部	东北部
人均纯收入（元）	7155.53	4792.75	3816.47	5456.59
财产性收入（元）	305.85	90.62	90.36	244.30

数据来源：《中国统计年鉴》（2010）。

表 2　农村居民财产性收入基本情况

年份	1990	1995	2000	2008	2009
人均总收入（元）	990.4	2337.9	3146.2	6700.7	7115.6
财产性收入（元）	35.8	41.0	45.0	148.1	167.2
财产性收入所占比例（%）	3.6	1.75	1.43	2.21	2.34

数据来源：根据《中国统计年鉴》（1990—2010）相关数据计算得出。

表3　城镇居民财产性收入基本情况

年份	1990	1995	2000	2005	2008	2009
平均每人全部年收入（元）	1516	4279	6295	11320	17067	18858
财产性收入（元）	15.6	90.4	128.4	192.9	387.0	431.8
财产性收入所占比例（%）	1.0	2.1	2.0	1.7	2.2	2.2

数据来源：根据《中国统计年鉴》（1990—2010）相关数据计算得出。

（二）农民财产性收入现状形成的原因分析

首先，农民收入总水平低。2009年，全国农村居民家庭人均纯收入仅有5153.17元，中西部贫困地区农民的收入则更低。而财产性收入的获取是以财产存量为基础的，即财产性收入来源于财产存量。在社会保障、就业保障、养老保障体系等还不完善的广大农村地区，农民即使拥有少量积蓄，也主要用于改善居住条件、子女教育和自身养老，不敢轻易将这些资金用于投资，这必然导致农民获取财产性收入困难。其次，农村土地制度不完善。我国的农村土地所有权归属不明确，土地产权关系不清，致使农村土地产权权能不全，农村土地流转的权益无法保障。本来农村土地产权应该具有物权性质，权利主体对土地应该具有占有、使用、处置和收益的权利。但是，我们实际看到的情况是，农村土地产权残缺不全，而我国《土地管理法》又规定集体所有的土地只有经过国家征用转为国有土地后才能出让和转让，农村居民没有自由处分土地的权利[4]。从而导致农民在土地流转过程中缺少主动权，无法合理分享土地所产生的级差地租或超额利润。农地被割离在市场之外，导致土地的保障功能难以向资本功能转换，土地的价值不能随着经济增长而增长，因而作为农民主要生产要素的土地不能给农民带来财产性收入。再次，农村金融体系不健全。我国投资市场监管体系尤其是农村投资市场监管体系不够完善，保险和证券方面的监管尤为欠缺，已有的一些金融监管职能也没有实现全面覆盖和有效运转。目前，我国农村金融服务基本单纯依靠农村信用合作社，而农信社产权制度又不够完善。农村信用合作社产权属于合作组织，产权是明晰的，归社员所有，但目前的实际情况是出资人并没有管理权。农信社经营管理效率低下，金融服务功能很弱，难以满足农村居民日益增长的金融需求，如保险、租赁等。因此，农村居民投资者不能根据自己的风险偏好及资金期限来决定自己的投资偏好，并最终选择使自己效用最大化的投资组合，导致农民理财产品较少，投资渠道单一[5]。最后，农民的投资意愿不强。农民的投资理财观念普遍比较淡薄，没有意识到通过理财可以让钱生钱，主要是由于农民受教育程度不高和长期受传统理财观念的束缚。农民接受教育的程度偏低，限制了农民把资金投入市场获得财产性收入的能力，农民不会使用现代化的设备及时地获取市场信息，不具备对股票、债券等收益率高但风险较大的动产进行分析决策的能力，在变化莫测的市场中获得收益显得十分困难；此外，很多农民尚处于自然经济自给自足的意识状态下，安于现状，惧怕投资风险的心理较严重，对于有现金结余的农民来说，首要的处理方式是进行储蓄，主要是为了子女教育、建房、养老和应付意外事故，而不是为了获得利息收入，再加上银行利率不高，物价上涨，这部分收入并不多。有的农民甚至不储蓄，而将结余的钱放在自认为安全的地方。农民自身理财素养欠缺、观念的束缚，制约了农民获得财产性收入的机会。

三、农村土地流转条件下增加农民财产性收入的途径

（一）确保农民土地财产性收入，健全农村土地流转机制

土地是农村土地流转和农民财产性收入之间的桥梁，在农村土地流转条件下增加农民财产性收入的关键环节就在于妥善地处理土地与各方面的关系。首先，明确界定农民土地承包权的物权性质，加强农村集体土地确权、登记、颁证等工作，使农民清楚土地股权、经营权和使用权的关系，敢于让土地参与市场的竞争，勇于在土地上投资获取收入，使农民真正占有、使用、处置土地的权利。其次，完善征地补偿安置机制。秉承等价交换原则，进一步改革土地征用制度，土地征用必须给予农民以公平的补偿，征地补偿必须以土地的市场价值为依据，确保农民能分享到土地流转后的增值收益，同时为农民提供必要的社会保障；在流转方式方面，要积极探索土地流转的方式，应尽量避免"一刀切"，有条件的地区应该安排农民就业或者鼓励和引导其就业，推广征地留用地制度，允许农民集体土地以产权入股、抵押、租赁等方式参与经营。再次，大力培育农村土地流转中介服务组织，建立农村土地流转资源信息系统，定期收集发布农村土地流转信息，举办农村土地流转招投标和拍卖等活动，为农村土地提供系统化、全方位的流转服务。最后，健全土地流转相关法律法规，应规范土地流转补偿款的管理，加强对土地流转程序的监督，建立专业的土地纠纷仲裁机构，完善《农村土地承包经营权流转管理办法》的相关规定，维护农民合法的土地财产权益。

（二）建立公平公正的收入分配体制，切实增加农民收入

财产性收入是一种衍生财富，只有农民收入增长，才能使农民积累更多的财产；只有农民具有更多的财产，才能创造更多的财产性收入。因此，要增加农民财产性收入，前提是增加农民收入。一是在允许资本、技术和管理等生产要素按贡献参与分配的同时，积极调整资本和劳动在初次分配中的关系，建立一套有效的公平公正的分配机制，使更多的农民分享到经济发展成果，应提高劳动报酬在初次分配中的比重，落实好最低生活保障制度和最低工资制度等；通过经济的、法律的手段，对部分过高收入者加大调节力度，缩小再分配后的收入差距，从税收政策和社会保障两个方面来具体完成，不断体现经济社会公平。二是在土地流转背景下切实增加农民收入。土地流转使农民与土地的依存关系不再那么直接，一部分农民选择了从事其他行业，而继续从事农业活动只有少数农民。这就要求加快科教兴农步伐，不断转变农业增长方式；要加大政府对农业的投入，建立健全农产品现代流通体系；要进一步推进农业劳动力的转移，提高农业劳动比较生产率。尽快消除劳动力在城乡和地区间流动的体制性障碍，推进城市化的健康发展，把城市化进程和进城农民的市民化进程紧密结合起来，加快第三产业发展，同时支持劳动密集型和能源低耗型的第二产业发展[6]。实现农民收入增长与经济发展的同步。

（三）完善农村金融体系，增加农民投资渠道

近年来，我国资本市场的理财产品日益丰富，证券基金、保险产品、银行理财产品及信托产品等主要理财工具快速发展，但仍然不能满足农民获取财产性收入的需要，无法形成有效的农民投资渠道。因此，要逐步构建与农民投资理财需求相适应的多层次、广覆盖、可持续的农村金融服务体系。一是拓展农村金融机构业务种类，丰富金融产品，增加面向农民的金融理财服务，让更多的农民也能拥有财产性收入。二是农信社要积极引导、鼓励、支持农民投资入股，人民银行要发挥监督职能，严厉处罚违法违规、内幕交易等行为，维护证券市场秩序，强化治理结构，使农民在投资过程中的权益得到保障。三是扎实搞好农村金融基础设施建设，为农民增加财产性收入搭建平台。四是大力发展农村金融市场。目前农村金融体系以农村信用社为主，农业银行、农业发展银行、邮政储蓄等共同构成，政府应鼓励证券公司、金融公司等各种金融机构走入农村。由于金融机构以营利为目的，在起步的阶段，政府可考虑优惠的政策倾斜，鼓励其能够进入农村，让农民认识这些金融机构，为农民参与进入市场交易提供条件

和渠道[7]。

（四） 培育农民投资理念，树立农民科学的理财观

增加农民财产性收入，在客观上要求具有一个好的制度环境，在主观上要求农民具有一定的理财能力。长期以来，农民文化素质偏低，导致农民对投资前景和投资风险缺乏准确的分析，很大程度上影响了农民通过投资来获得财产性收入。因此，有关部门和新闻媒体应积极创造条件，营造全社会重视理财的大环境。应加强农民教育，提高农民的综合素质，提高农村整体教育水平，改善农民生活和思维方式，消除保守的理财观；加强对投资股票、基金、黄金、保险、期货、债券等金融产品的理财知识的普及；鼓励农民有序开展投资，敢于和善于参与风险性投资，减少投资的盲目性，增强农民投资理财能力和防范投资风险能力；应加大宣传和引导力度，组织经常性的居民投资理财知识培训宣传，既要激发农民的投资理财积极性，让他们看到投资项目的预期效益，又要对高风险的投资产品进行深入讲解，防止农民因盲目投资而失去财产。通过报刊、广播、电视和图书等多渠道地加强农民的投资与理财宣传，尽快使农民掌握一定程度的投资理财常识，提高理财能力。

（五） 强化市场监管体系，完善相关法律法规

市场常常带有盲目性和随意性，特别是受到农民财产性收入来源的多样化以及财产性收入结构的差异性的影响，增加农民财产性收入存在诸多阻碍因素。一些领域的立法显得滞后，一些机构的监督管理体制缺乏，不利于增加农民财产性收入。要拟定具体的监管实施细则，拓展监管的广度与深度，强化对相关业务和部门的监管；要大力运用现代化监管手段，建立风险预警系统与动态监管网络系统，健全国际通行的以风险防范为核心的监管机制；健全增加农民财产性收入的运作制度，完善并创新监管工具，构造监管与自律结合的全面监管系统，加强政府的市场监管职能，营造一个公开、透明、充满活力的市场环境。另外，要建立公平、公开、公正的法治环境，进一步完善以《物权法》为基础的私有财产权立法，强化对公民合法财产的保护，必须以明确的私有财产权作为前提，进一步完善有效保护私有财产的整套法律制度[8]。

参考文献

[1] 曾为群.分配、金融制度与居民财产性收入增长[J].湖南社会科学,2008(2):133.

［2］王忠林,韩立民.我国农村土地流转的市场机制及相关问题探析[J].齐鲁学刊,2011(1):107.

［3］涂圣伟.着力将财产性收入培育成农民增收新亮点[J].中国经贸导刊,2010(14):32.

［4］赵人伟.重视居民财产及其收入的意义[J].人民论坛,2007(23):17.

［5］赵华伟.我国农村居民财产性收入现状与解决途径[J].改革与战略,2010(9):110.

［6］刘兆征.我国居民财产性收入分析及增加对策[J].经济问题探索,2009(7):39.

［7］张乃文.我国农民财产性收入现状及原因探析[J].农业经济,2010(4):38.

［8］何平.论公民财产性收入的法律确认与保护[J].法学杂志,2008(3):124.

中国农民土地财产性收入：增长困境与对策思路

党的十七大报告明确提出"创造条件让更多群众拥有财产性收入"。2008 年中央一号文件《中共中央　国务院关于切实加强农业基础建设　进一步促进农业发展、农民增收的若干意见》再次提出：进一步明确农民家庭财产的法律地位，保障农民对集体财产性的收益权，创造条件让更多农民获得财产性收入。这是党中央、国务院针对当前城乡差距不断扩大的现实，加大统筹城乡发展力度的重要举措和创新性的发展思路，对于促进农民增收、推进城乡一体化格局的形成具有重大的现实意义。近年来，国家在行政层面多次强调增加农民财产性收入的重要性和紧迫性，不断发布相关文件鼓励增加农民财产性收入，积极采取多项措施增加农民财产性收入。增加农民财产性收入日益成为理论界的热点，并且在一些地区开始实践探索。

财产性收入是指家庭拥有的动产（如银行存款、有价证券等）和不动产（如房屋、车辆、土地、收藏品等）所获得的收入。它包括出让财产使用权所获得的利息、租金、专利收入及财产营运所获得的红利收入、财产增值收益等。等而言之，财产性收入是在现有的财产基础之上，并通过一定的途径获得的额外收入。对于广大农民来说，其期望拥有一定的银行存款等动产和房屋、土地等不动产，但由于农村金融体系不够健全、市场机制不够完备、相关法律法规不够完善等因素的影响，试图以市场为渠道增加农民财产性收入的可能性非常渺小，导致存款、房屋、车辆、收藏品、有价证券等财产失去了获得财产性收入的功能或在财产性收入中占的比例很小。土地作为农民最重要和最主要的财产，被视为农民的"生命"，怎样才能突破土地"瓶颈"，使之变身为农民的"财富"，让更多农民从土地上获得财产性收入，这是当下深化我国农村改革的关键因素。

一、农民土地财产性收入的地位与意义：基于城镇化的视角

农民的土地财产性收入是指农民通过对自己所拥有的土地行使占有权、

使用权、收益权、处置权等而取得的相应收入，即农民对所拥有的土地通过出租、转让、分红等方式所获得的收益。在城乡二元经济结构的影响下，我国农民的土地不能充分自由地实现市场化交易，大多数农民只能通过土地在农民之间的流转、土地征收获得财产性收入。随着我国城镇化加速和经济的迅猛发展，农民的土地财产性收入期待在实现方式上日益多样化、规范化及科学化。在这样的现实背景下，我国农民的土地财产性收入呈现以下特点。

从收入结构来看，农民的土地财产性收入绝对值不仅低而且占农民总收入的比重很小。由表1可知，农民财产性收入绝对值较小，1990年仅有35.8元，2009年最高才167.2元；农民财产性收入占年总收入的比例很低，1990年最高只有3.6%，2000年甚至只有1.43%。而美国居民财产性收入占总收入比重约为40%。以上论述的财产性收入包括银行存款、土地、房屋等。土地财产性收入只是财产性收入的一部分，在一些贫困地区，由于土地不能合理地配置，农民只能通过少量和多年储蓄获得利息收入，土地财产性收入则更少。在负利率时代，这种财产性收入实际上是一种"负收入"。

从发展的态势来看，农民的土地财产性收入增长缓慢。1990年以来，我国农民的人均总收入呈较快增长幅度，2009年是1990年的7.1倍，然而财产性收入只增加了4.6倍，而且绝对值仅增加了131元，平均每年增加不到7元，增加幅度极低。农村土地给地方政府的GDP带来了巨大效益，却没有给农民带来财产性收入，这与我国整体经济的快速发展和社会建设的日益进步是不相适应的。

表1 我国农村居民财产性收入基本情况

年份	1990	1995	2000	2008	2009
人均总收入（元）	990.4	2337.9	3146.2	6700.7	7115.6
财产性收入（元）	35.8	41.0	45.0	148.1	167.2
财产性收入所占比例（%）	3.60	1.75	1.43	2.21	2.34

数据来源：《中国统计年鉴》（1990—2010）。

从地域差异看，表2显示，由于东部的整体经济比较发达、各种金融市场较为活跃、金融产品比较丰富及金融政策较为完善等因素，东部地区农村居民的财产性收入与中部和西部存在很大差距，中部仅占东部的29%。东部地区农民的土地由于地理位置优越，很多土地或被政府和企业征收，或集体组建规模经营，或种植经济作物。而西部地区农民的土地只能种植农业产物，在劳动力转移的形势下，很多土地被摞荒，土地不仅没有带来收益，反而成为累赘。这种状况在一定程度上构成了区域收入差距拉大的原因之一。

表2　我国东、中、西部及东北地区农村居民财产性收入基本情况

地区	东部	中部	西部	东北地区
人均纯收入（元）	7155.53	4792.75	3816.47	5456.59
财产性收入（元）	305.85	90.62	90.36	244.30

数据来源：《中国统计年鉴》（2010）。

从以上分析可以看出，家庭经营性收入和工资性收入仍是农民总收入的主要来源，财产性收入还有很大的发展空间。根据相关研究显示，在土地流转过程中，农民得到的收入和补偿微不足道。在土地用途转变增值的权益分配中，地方政府获得的收益最多，占了60%～70%，村集体组织占了25%～30%，而参与土地流转的农民仅有5%～10%，甚至更少。例如，在浙江某市，农地转为商业用地时，政府与集体所获得的收益是农民的49倍，而未利用土地转为商业用地时，政府与集体所获得的收益甚至是农民的197倍[1]，农民在土地流转过程中的权益得不到保障。一项入户调查也证实，农民在土地用途转变增值的权益的分配中获益甚少，70%左右的农民每亩地领到1万～2万元补偿款，27.4%的农民领到的土地征用补偿款还不到1万元，而实际获得补偿款超过2万元的农民仅有2.9%[2]。如此低的补偿款是严重偏离市场价格的，土地作为农民最重要的生产要素却不能给农民带来切实的利益，农民对有关部门产生不满情绪，导致一系列的群体性事件发生，影响了建设社会主义和谐社会和全面建成小康社会的早日实现。

农民土地财产性收入目前的地位及发展状况在一定程度上制约着整体社会经济的协调与发展。特别是在城镇化快速发展的今天，土地财产性收入作为增加农民收入的重要途径，是缩小城乡收入差距、全面建设社会主义新农村的重要着力点。不解决好、不维护好农民土地财产性收入的重要权益，城乡一体化的建设结构就难以实现。除此之外，城镇化过程中农村人口的转移、农村劳动力转移后的安置、农村居民人均收入的提高，都有赖于更具发展潜力和提高空间的财产性收入增加。从这个角度出发，农民土地财产性收入的增加和地位的巩固，对于农村社会经济的发展乃至中国社会的发展都具有不可估量的重要意义。

二、农民土地财产性收入的增长困境：结构失衡与产权桎梏

从理论上说，农民集体拥有土地所有权，农民个人就有了相应的对土地的占有、使用、收益和处置等权利，农民应当享有对自己所拥有土地的整体支配权，这种支配权是土地财产性收入实现的基础。但事实上却并不完全如此。由于农村土地产权主体不清晰、产权内容不明确、产权保障措施不得力、产权收益及资源配置效率过低、法律及制度性保障缺位，导致权力主宰土地所有权，农民不能完整得到土地所有权，因此，农民本应获得的由土地带来的收益严重受损。

（一）农村土地所有权主体结构模糊，法律保障失位

我国法律规定，农村集体土地归各级农村集体经济组织成员共同所有。例如，《宪法》规定农村土地归集体经济组织所有，《农业法》和《土地管理法》也规定农村土地归乡（镇）、村或村内农业集体经济组织所有。但是，这里的"集体"所有的主体对象是模糊的，在市场经济条件下缺乏一个清晰的定位。在农村，村民委员会是一个集体，农民经济组织也是一个集体，还有其他形式的集体。在实际操作中，农村集体土地缺乏明确的人格化代表，农村集体土地产权主体缺位，农民集体不能充分行使土地权利，农民的土地财产权得不到保障。在现行制度下，所谓的土地集体成员共同所有，实际上成了部分人所有，真正的土地所有者的权益没有得到维护。这一点在土地征用过程中尤其明显。征地过程实际上是政府购买农村集体土地所有权的一种交易活动，应该体现市场的公平、公正、竞争、自愿原则。但是由于农村土地所有权主体模糊，农民在土地价格形成中并没有有效的发言权，只能被动地接受国家或地方政府规定的价格。这种强制性的市场价格，不能真实体现土地的价值，也不符合农民的利益诉求。农民既不能自由地决定土地卖或者不卖，也不能根据市场要求决定土地价格的高低。这种具有强制性的行政占有方式，往往把农民排除在土地增值收益分配之外，严重损害了农民作为土地权益所有者的主体地位。主体结构的混乱和模糊不清，导致土地名义上都是属于农民的，但这些财富不能自由地进行抵押、流转，所以不是农民真正意义上所有的财产，农民通过土地获得财产性收入的可能性和途径就减少了。

（二）农村土地所有权产权内容不明确，保障制度对产权内容的架构支撑乏力

随着城市化进程的加速，在比较利益的驱使下，农民的收入已不再局限于农业收入，更多的农村劳动力开始从事第二、第三产业。大多数农民在从事非农产业的同时，并没有放弃土地，以便从土地获得较为稳定的农业收入，作为家庭收入的底线[3]。从理论上分析，土地的生产功能和社会保障功能是相互独立的。土地是农民最重要的生产要素，体现的是生产功能，应该依据市场需要参与市场资源配置和生产经营。农民的就业、医疗、养老等保障问题应该由国家和社会建立社会保障制度来解决。但我国长期实行城乡二元制度，导致农民的收入水平低、增长慢，农民的就业能力不高，农村的就业机会有限。面对并不健全的农村社会保障体系，农民很大程度上必须依靠土地获取基本的生活资料和经济来源，以土地收入作为保障最低生活水平和抵御社会风险的主要手段，土地的社会保障功能是在农村社会保障缺位状态下农民被迫进行自我保障的一种理性反应，而土地产权的内容却受制于各方因素得不到充分实现和发展。在农村集体拥有土地的制度下，农村土地成为一种综合性保障载体，它包含了最低生活保障功能、医疗保障功能、养老保障功能、失业保障功能等全方位的社会保障功能，而弱化的保障制度难以起到对产权内容有效的支撑作用。由于资金短缺和制度缺位，农村社会保障存在着形式单一、社会化程度低、基金筹集困难、管理水平低、覆盖面窄等问题。在这种情况下，农民在参与土地流转或土地征用时，难免有后顾之忧。只要农民还没有稳定的就业岗位和稳定的预期收入，只要农民还没有享受到真正的社会保障，他们就没有足够的动力去创造和实现土地的财产性收入，也就失去了丰富产权内容的可能性。

（三）财产性收入结构与农村土地所有权产权龃龉，产权优势在结构化缺陷下陷入桎梏

这种收入结构与产权的不协调主要体现在：一是农村土地流转不规范，引发的纠纷较多。土地流转的随意性、自发性强，口头协议多，流转合同的条款和内容不规范，程序过于简单，一旦发生纠纷，调解缺乏依据。二是土地流转价格形成机制不完善。土地流入方一般是农业企业、专业大户、工商企业、种植能手等有组织、有经验的集体或个人，相对而言，普通农民个体在经济实力、智力因素、谈判能力等方面往往居于弱势或被动地位，无法准确地把握市场信息和价位，在定位征地补偿时，流入方一般不考虑土地的增值效益，往往采取"一刀切"的补偿安置方式，并且是低价征用。

近 30 年里，农民在土地流转和征用中的损失达 15 万亿元左右，农民只得到补偿总数的 5% 左右，农民土地流转利益难有保障[4]。三是中介服务组织不健全。土地财产性收入的扩张需求与产权结构的摩擦之间没有良好的缓冲和联络平台。我国大部分农村地区还没有形成规范的土地承包和流转管理服务机构，土地评价缺乏科学依据，土地流转市场还未形成，流转信息不畅通、不准确，土地供求双方对接困难，农民缺少有效的咨询途径，鼓励土地流转的激励机制尚未形成，连接流转双方的政府指导机构和中介服务组织不够完善，从而不利于土地的快速流转和土地的增值。由于农村土地流转机制存在以上诸多问题，土地不仅不能实现保值增值，而且还不能得到合理的价格定位。因此，土地作为财产进入市场形成财产性收入的途径受到制约。

（四）结构失衡导致产权收益及资源配置效率过低，土地资源得不到合理配置

首先，我国山地和丘陵较多，自然地理条件恶劣，再加上长期实行农村家庭承包责任制，导致人均耕地面积小，无法适应农业现代化规模经营的要求，土地无法发挥其最大效益，小规模的农地经营方式成为制约农业竞争力提升的重要障碍。其次，我国宪法和法律规定，农村土地归集体所有，虽然农民拥有土地的使用权，但土地不能抵押获得贷款，不能直接进入市场交易，不能取得发展生产的投资，从而制约了集体建设用地融资实现生产扩大和收入增加的可能性。再次，农村土地缺乏合理规划与严格管理，土地资源浪费严重。据统计，全国各类开发区征用土地时浪费现象严重，城市容积率仅为 0.3，有 10% 左右的土地处于闲置状态；各级地方政府土地储备中心囤地量可能高达 20 亿平方米；1998 年至 2010 年，全国耕地面积从 19.45 亿亩减少到 18.26 亿亩，已逼近 18 亿亩耕地红线。最后，在比较利益的驱使下，大量农民工进城务工，很多土地荒芜或低效益使用。截至 2012 年底，我国有 2.5 亿左右农民进城务工，其中部分农民是举家外出，致使农村抛荒耕地面积不断扩大，土地长期处于低效益和粗放经营状态，闲置浪费情况严重。农村土地数量不断减少，空心村越来越多，土地污染较严重、生产效益低、土地资源得不到合理配置，这些都严重降低了农民从土地获得财产性收入的机会和可能性。

（五）农村土地法律及制度性保障缺位，制约农民土地财产性收入的增加

农村土地法律及制度性保障缺位主要体现在如下方面：《物权法》没有对公共利益做出任何实质性的界定，公共利益往往成为侵犯农民权益的借口；《物权法》没有对农村土地所有权主体做出明确界定，使得农村土地承包经营权的物权属性难以彻底实施；《物权法》明确规定禁止对农地承包经营权进行抵押，没有抵押权的物权无疑是不完整的。《土地登记办法》也存在一些问题，如土地登记部门不统一、土地登记内容不全面，导致土地管理的低效率。《农村土地承包法》中对土地流转的制约性过强，限制了集体经济组织和农民对其土地产权的灵活有效运用。《农村土地承包法》规定任何单位和个人不得通过直接的土地产权交易在集体土地上从事非农业经营活动，导致农民和集体经济组织无法通过农业产业和相关非农产业实现自身的协调发展。现行土地法规赋予政府对农村土地转化为非农用地这一环节绝对主导权，而忽视了农民作为土地产权主体所应有的权益，从而使农民的生产积极性受到冲击，农民的土地收入受到压缩。另外，一些法律法规之间也存在着矛盾。例如，我国法律规定禁止集体土地使用权的流转，但《土地管理法》第六十三条规定，符合土地利用总体规划并依法取得建设用地的企业，因破产、兼并等情形致使土地使用权依法发生转移的除外。又如《土地管理法》第三十七条规定承包耕地的单位或者个人连续二年弃耕抛荒的，原发包单位应当终止承包合同，收回发包的耕地。但是《农村土地承包法》又规定，任何组织和个人不能以欠缴税费和土地抛荒为由收回农户的承包地，已收回的要立即纠正，予以退还[5]。

三、增加农民土地财产性收入的路径选择：多管齐下的制度供给

（一）赋予农民土地产权主体地位，强化主体权益保障农民土地财产权

赋予农民物权性质的土地产权主体地位是维护农民土地利益的基础，是农民获得土地财产性收入的前提条件。要开展农村承包地及宅基地的确权、颁证、登记，明确界定农民作为财产权主体对土地享有的使用权、收益权、部分处分权；要不断明晰农村承包地和集体建设用地的产权关系；要依照国家法律法规明确农民土地产权的范围和国家公共利益的边界。相关部门要尊重农民土地产权主体的地位，在土地规划和开发时，应积极引导和监督，切实维护农民土地权益，而不是追求自身利益与欲望。农民享有明确的股份和土地收益权，这决不等于土地就一定要私有化。产权理论表明，土地作为一种特殊的自然资源，在市场失灵的情况下，彻底的私人产权安排可能造成农村内部有限资源分配不均、土地市场混乱等问题。从中国农村的实际出发，必须坚持农村土地集体所有制长久不变，必须坚持家庭承包经营制度，改革的基本逻辑是在此基础上，将土地使用权、收益

权及处分权尽可能完整地界定给农民，并允许其按照市场原则交易[6]。这种制度有利于稳定农地产权、防范农民在土地征用中的利益受到侵犯以及减少改革成本。此外，要尽快制定和出台与土地物权法配套的相关法律法规。国土资源部门应加快《不动产登记法》的立法准备工作。同时相关部门应不断完善《农村土地承包法》《土地管理法》《农村土地流转中介组织法》等法律法规，使农民的土地财产性收入法制化、规范化。

（二）完善农村土地所有权产权内容，强化制度保障对产权内容的支撑

首先，巩固原有的土地财产权类型，逐步提高耕地等农业用地的经营收益，保障农民对农村土地的充分利用。其次，是在现有基础上创新农业发展模式，鼓励农村金融创新、保险创新，提出适合农村发展的投资保障渠道和模式，使民手中的资源流动起来、活跃起来，在保证较低风险的同时鼓励农村财产权收益模式，开展农村资本有效利用的新思路和新方式。最后，着重建立健全三项农村基本社会保障制度。各地应制定较为科学可行的最低生活保障线标准。结合最低生活保障线标准的确定，严格按照审批程序，分类制定出属于保障对象的条件与范围。要设立专门办事机构，负责农村合作医疗的组织协调和宣传教育及资金的筹集、运营、管理、监督；要加快农村医疗卫生服务机构基础设施建设，加强乡村医生的职业管理和技术培训，建立农民卫生健康服务体系。建立健全农村养老保障制度。基于我国的实际情况，还要充分发挥家庭养老在农村养老保障中的主体作用[7]。只有建立健全农村社会保障体系，农民从土地获得财产性收入的积极性才能不断提高。

（三）建立合理的利益分配机制，促进土地流转制度和土地产权内容的协调

首先，建立合理的利益分配机制。要在初次分配和再次分配中更加注重公平公正，既要维持社会稳定，又要让农民享受到劳动成果；要阻止有关部门或不法分子对土地利用进行暗箱操控，让农民成为真正享有土地收益的主体；要实行多样化的土地补偿安置办法，尽量避免"一刀切"补偿方式，使土地收益的分配更加契合农民的长远利益，充分发挥土地补偿和安置费的功能；政府应制定相关的法律和政策，对集体土地收益进行监督使用，侵犯农民经济权益的行为进行严厉打击，防止农民的财产权益受损。其次，完善土地流转制度。要注重农村土地流转专业人才的培养，建立土地流转师的资质认证、考核、培训和监管制度；鼓励和支持农村土地流转

中介组织的建立，政府为其提供相应的优惠政策和法律保护；要实现农村土地流转中介组织组建、运营、管理的法制化，逐步制定和形成系统的、配套的法律法规体系；要设立配套的土地流转中介组织监管机构；建立土地交易市场，确保农民获得土地收益和土地增值；配套建立土地流转的风险防范措施，积极探索土地流转形式，有条件的地方应实施土地入股分红制度；进一步强化土地承包权的物权性质，稳定农民的土地承包权。合理的利益分配机制和完善的土地流转制度是农民获得土地财产性收入的关键，要通过对土地流转制度和土地产权本身的协调发展，实现制度与权益的互促互利。

（四）加强土地产权内容和收益模式创新，探索农村土地股份合作制建设，完善农村土地信贷覆盖网络，提高土地资源配置效率

农村土地股份合作制是在坚持土地集体所有的前提下，将土地产权分解为股权、经营权、使用权。农民享有土地的股权，集体经济组织拥有土地经营权，土地租赁者掌握土地使用权。实行土地股份合作制有利于明晰产权，使农民真正成为土地的经营主体；有利于实现集约和规模经营，提高农业劳动生产率；有利于维护农民合法的土地财产权益，规避市场风险，使农民获得长期稳定的收入。明晰的产权、劳动生产率的提高、农民收入的稳定增长，又可以带动新一轮的农民财产权益的增加。因此，要完善农村土地股份合作制度，建立相关法律对农村土地股份合作制度实施规范化管理。要根据一定规则对集体成员的边界给予准确定位，明确土地产权主体的权利和义务，按规定确立股份合作组织集体积累提取比例和分红程序，探索按劳分配与按股分红相结合，使农民成为真正的股东；要健全股东代表大会制度，明确相应的运作程序和监督机制。建立以货币为基准、信贷为基础的土地信贷覆盖网络，有利于充分利用土地资源的信用价值，为土地征用的监管提供货币支持，使农村土地得到最大效益的规划，将农村零散的、闲置的土地转为由金融资本介入的、可集中购置的良性资产[8]。要健全农村土地市场机制，以市场为导向，鼓励土地在依法、自愿、有偿转让原则下自由流通，提升土地资本增值功能和经济效益。加强农村土地股份合作制建设和建立农村土地信贷覆盖网络是农民获得土地财产性收入的配套条件。

（五）构建以农村土地发展权为核心的法律保障制度，切实维护农民的土地权益

农村土地发展权是对农村土地在利用上进行再发展的权利，是土地所有权人为了实现土地的效益最大化而改变土地现有用途或提高土地利用程度的权利。土地发展权是一种可以与土地所有权分割而单独使用的产权。土地发展权作为一项民事权利，不但可以通过土地收入给权利人带来收益，而且可以实现土地规划利用保护自然资源，调节土地使用过程中发生的暴力而消除土地所有人之间的不公平，还可以实现土地多元开发而提高土地的利用效率，通过市场补偿机制减轻政府的财政负担。法律保障制度的建立和完善就是为了有效保障这种发展权的有效行使。因此，要在法律制度上加强创新，在制度引导的基础上建立农村土地发展权市场，让其发展权直接进入土地一级市场，由双方主体协商解决，在征收农村土地前，政府必须向农村集体经济组织给予合理补偿。在解决农村土地发展权问题上要推行"片区综合补偿价"。目前的征地补偿标准是按照土地农业用途进行补偿，以农业产值倍数确定补偿标准。在实际补偿中未考虑到农业产品的市场价格和增值效益，损害了农民的切身利益。"片区综合补偿价"是在尊重市场经济规律的基础上，依据国有建设用地地价评估系统，并根据市场评估价，测算出平均取得成本，比较科学地确定被征土地的补偿标准，让农民集体作为土地所有者分享土地发展权价值，使农民能够分享到土地用途改变后的增值收益[9]。

参考文献

[1] 廖洪乐. 改革土地征用制度 保护集体和农民利益[J].中国农垦,2007(10):30-31.

[2] 夏锋. 让农民有更多土地财产性收入表达权[N].上海证券报,2008-10-7(8).

[3] 王银梅,刘语潇. 从社会保障角度看我国农村土地流转[J].宏观经济研究,2009(11):40.

[4] 熊健,赵韧. 农村土地流转问题与对策分析[J].农业经济与管理,2010(4):46.

[5] 姜德鑫. 试论农村土地承包经营权流转法律制度的完善[J].新疆财经大学学报,2009(1):6.

[6] 郭晓鸣. 中国农村土地制度改革:需求、困境与发展态势[J].中国农村经济,2011(4):6.

[7] 金丽馥,冉双全. 农村土地流转与农村社会保障的关联分析[J].中国农学通报,2012(5):166.

[8] 徐印州. 农民应从土地获得更多的财产性收入[J].广东经济,2008(6):39.

[9] 杨明洪,刘永湘. 压抑与抗争:一个关于农村土地发展权的理论分析框架[J].财经科学,2004(6):28.

农民财产性收入增长的影响因素研究综述

农民财产性收入是农民收入的一个重要组成部分。2007 年 10 月，党的十七大报告中提出"创造条件让更多的群众拥有财产性收入"。2008 年中央一号文件又提出"明确农民家庭财产的法律地位，保障农民对集体财产的收益权，创造条件让更多农民获得财产性收入"。2014 年中央一号文件指出深化农村改革的关键是提高农民经营和财产性收入。2015 年中央一号文件再次提出农民财产性收入问题。这使得农民财产性收入引来更多的关注。有效地增加农民财产性收入，有利于提高农民的生活水平和质量，家庭美满和幸福，促进社会共同富裕，共同发展。

一、农民财产性收入的相关概念阐释

对于农民财产性收入的概念有下面一些界定。覃建芹[1]（2011）、张军[2]（2014）、彭宏伟[3]（2015）、金丽馥[4]（2010）、农业部经管司等[5]（2012）认为农民财产性收入是农村居民人均可支配收入组成部分，一般是指家庭从拥有的动产（如银行存款、有价证券），不动产（如房屋、车辆、土地、收藏品等）所获得的收入，具体包括居民出让财产使用权所获得的利息、租金、专利收入，以及进行财产营运所获得的红利收入、财产增值收益等。林艳艳[6]（2008）认为农民财产性收入，主要通过对所有的财产通过出租、分红和金融资产增值等方式所取得的收入。刘鸿渊等[7]（2015）认为财产性收入本质上是一种租金形式。需要特别指出的是，谭银清等[8]（2014）认为农民出租生产性固定资产所得到的租金不计入财产性收入。阮锐钊等[9]（2009）认为，农民财产性收入是指农民通过自己通过行使对自己拥有财产的占有权、使用权、收益权、处置权等权能所获得的相应收益。按照国家统计局的界定，农民财产性收入是指金融资产或有形非生产性资产的所有者向其他机构单位提供资金或将有形非生产性资产供其支配，作为回报而从中获得的收入，也就是农民在一定时期内让渡财产使用权所获得的收入（田代贵[10] 2015、李伟毅[11] 2011）。刘国利等[12]（2015）、王文烂[13]（2010）认为农民财产性收入主要来源于土地、房屋和资金等三方面。

二、农民财产性收入增长所面临的现状

1. 农民财产性收入呈现出基数小、占纯收入比重低的特点。王岐红[14]（2008）等通过建构和调查研究了 1999 年到 2005 年农民人均收入构成表得知财产性收入在农民收入中所占比例最低，仅占年人均纯收入的 2.7%，无法成为农民收入的主要组成部分。金丽馥[15]（2013）认为我国农村居民家庭经营性收入和工资性收入是收入的主要来源。农民主要还是通过耕作和打工获取收入，由于基数小，土地的财产性功能尚未完全发挥，导致农民的财产性收入比重一直处于较低水平。

2. 农民财产性收入来源单一。张乃文[16]（2014）发现，农民财产性收入来源渠道很少，主要依靠国家征用土地补偿，像动产、房屋、车辆出租、专利技术转让等方式较少。郭俊敏[17]（2011）认为，由于我国农民收入总体偏低、土地市场化改革滞后、农村金融市场发展迟缓等特点造成我国农民财产性收入构成相对单一。吕子臣等[18]（2015）发现农民财产性收入构成中的利息、集体分配股息和红利、租金、出让无形资产净收入、储蓄性保险性投资收入等对财产性收入作用有限。彭腾[19]（2009）认为我国城镇居民财产性收入形式日益增多，除了传统的储蓄存款利息外，房租收入、证券投资收入等财产性收入成为许多家庭的重要收入来源。但是财产性收入形式仍比较单一，仅有少量的利息收入和房租收入。

3. 城乡居民人均财产性收入差距过大。刘淑清[20]（2014）分析数据发现无论从增长速度、绝对数量还是相对数量来看，农村居民财产性收入都远低于城镇居民。刘娥苹[21]（2015）认为无论是城乡二元结构下的市民与农民之间的收入差距，还是中西部地区之间的农民收入差距，都存在着极不平衡的现象。储金泉等[22]（2014）指出，我国农民财产性收入增长速度慢于城镇居民，对江苏盐城市进行了调查研究得出，城乡区域差距大，城关镇、重点镇明显优于边远镇和一般镇；个体差距大，贫富严重不均。彭腾[19]（2009）认为我国现阶段的财产性收入差距较大表现在两个方面：一是城乡财产性收入差距较大，二是农民财产性收入差距大。近年来，城乡收入差距和财产性收入差距都在扩大但财产性收入差距扩大速率明显高于收入差距扩大速率。

三、农民财产性收入增长的影响因素分析

影响农民财产性收入的因素有很多，归纳总结各位学者的思想观点，大致有下列因素：

（一）财产因素
1. 收入水平差距影响农民财产性收入

彭腾[19]（2009）认为财产性收入的源泉是财产，没有财产就不可能有财产性收入。陈亚萍[23]（2008）认为财产由收入转化而来，农民财产规模小，根本原因在于长期以来农民收入水平过低，可以说是收入水平差距经过积累导致财产规模的差距，进而影响到财产收入水平的差距。任芳等[24]（2011）认为总收入对财产性收入具有决定作用。如果总收入水平低下，农民的绝大多数收入就会用来满足家庭的生活开支需要，为此可以用来获取存款利息的本金、进行股票、债券、基金等金融资产的投资就会减少，从而在一定程度上影响了农民财产性收入的增加。李伟毅等[11]（2011）指出低存量的财产加上与城镇居民不断扩大的财产差距，必然导致农村居民财产收入差距的扩大。金丽馥[4]（2010）认为在社会保障、就业保障、养老保障体系等不完善的广大农村地区，农民即使拥有少量积蓄也用于改善居住条件、送子女上学等，不敢轻易将这些资金用于投资，必然会导致农民获取财产性收入困难，并进一步拉大城乡差距。

2. 财产性收入结构单一

付宇等[25]（2012）认为农民财产性收入结构单一，基本是自有资金的利息收入，数量微少，农村金融发展相对滞后，不能开拓农村市场加之农民整体素质不高，接触理财产品机会少，资金投资渠道极为有限。土地、宅基地无法抵押和自由上市流转，金融资本等价值资产收入微薄。曹淑华等[26]（2011）指出当前农村居民财产性收入的实际有效来源仅为银行存款的利息收入，通过这种方式能够获得的收入相对于股票、债券、基金等金融资产交易的获利极低，这就致使农村居民拥有的财产性收入非常有限。

（二）市场因素
1. 农村的市场体系不健全，影响农村居民的财产性收入

（1）农村金融市场严重滞后，不能满足农村居民的金融需求。刘飞[27]（2014）、付宇等[25]（2012）等认为农村金融市场不发达的现状不利于农

进行投资理财。马凌等[28]（2010）指出农信社在县级以下的行政区很少见甚至没有，而证券公司、保险公司或者投融资机构更是基本看不到。陈亚萍[23]（2009）指出，由于农村信用合作社产权属于合作组织，并且出资人不具有管理权，在产权虚位的情况下，经营效益低下，金融服务功能欠缺，不能满足广大农民日益增长的金融需求，因而限制了农民财产性收入的增长。任碧云等[29]（2013）认为合理分布农村金融机构，丰富投资理财产品，提高居民金融认知度，转化储蓄为资本资源，才能有效提高农民财产性收入。

（2）农村投资理财市场呈现弱势状态。金丽馥等[4]（2010）认为理财产品虽然每年都在创新，品种丰富，但基本没有针对农村市场的银行理财产品。受理财产品种类的制约，农民实现财产性收入的渠道就少，难以选择多元化的投资方式。付宇等[25]（2012）认为农村投资信息体系不发达，农民难以获得股票、基金、外汇市场等的即时信息。谭银清[8]（2014）指出农民不得不选择传统的储蓄这一理财产品，或者将钱用于民间借贷。但是储蓄取决于收入水平，农民只有在扣除消费支出后有剩余情况才能储蓄。

（3）农村财产交易市场严重缺乏。农村大量闲置了许多房屋建筑，严重缺乏交易市场，使得农民的财产收入效率低下。彭宏伟[3]（2015）认为农村财产交易市场的缺乏是影响农民财产性收入增长的主要障碍之一。

2. 农村土地流转市场含有缺陷影响农村居民的财产性收入

（1）农村土地流转市场致使农民财产性收入增加，但市场发育不够完善。皮海峰[30]（2016）调查发现超过50%的农户没参与过土地流转，已转包和正在进行的农户中，只有大约20%的经营户流转了不到一半的承包地，农民对土地流转抱有怀疑态度。可见，这种制度方式还是难以适应现今农业的发展，进而也影响农村居民的财产性收入。杜勇[31]（2009）利用SWOT分析法得出土地产权不明、土地政策法规不健全、土地流转交易不规范，合同期限短等劣势都是市场不完善的突出表现，农民从中获益减少。

（2）土地流转过程中交易载体缺位严重。马智利等[32]（2015）认为交易双方信息不对称、土地流转的交易成本高，会影响土地流转的交易速度和规模效益，导致资源的不合理配置现象的发生。另外，马振敦[33]（2015）认为交易主体会受到市场或环境的影响，会因为交易双方的不确定性导致自身受影响。

（三）制度因素

1. 土地制度

陈子剑[34]（2015）认为土地征用补偿制度的不健全使得农民的补偿远

低于土地出让的价格，这是当前农民财产流失最严重的渠道。丁琳琳等[35]（2015）指出由征地带来的收入对于农民来说是不稳定的、不持续的，应该把落脚点放在土地流转制度方面。彭必源等[36]（2009）认为土地是村集体所有，经营权归农民所有，农民在转让经营权时要受到集体所有权的制约，这种制约往往会限制农民通过转让经营权来获取财产性收入，从而降低农民的财产性收入。冯政等[37]（2014）认为土地确权制度对农民财产性收入的重要影响体现在收入来源相对集中。田代贵[10]（2015）认为农村产权制度改革滞后，农用地和宅基地长期产权不清，农民作为两类土地法定财产主体地位缺失，土地权益长期被剥夺，农村土地产权制度的缺失使得广大农民无法通过让渡土地相关权利来增加自身财产性收入，农民的收入提升空间严重受限（崔顺伟[38]2015）。我国《土地管理法》规定，集体土地只有通过国家征用转为国有土地后才能出让或转让，农民是没有权利自由处理土地的，这就导致了土地在流转过程中得不到有效的法律保障。王巍[39]（2014）、史红亮等[40]（2013）基于云南、宁夏、山东、上海农民财产性收入渠道的比较和分析后认为，城市边缘区土地置换的模式，城市边缘区不同权属性的集体土地上的宅基地置换和集体所有建设用地置换，影响了农民财产性收入的土地和房屋两方面。

2. 保障制度

田代贵[10]（2015）、崔顺伟[38]（2015）认为农村基本医疗保险和农村基本养老保险发展滞后，不仅没有全覆盖，更重要的是保险收入低，农民现金资产被大量挤压，不能带来财产性收入。曹淑华等[28]（2011）认为，尤其是在收入水平特别低的情况下，农村居民抵御风险能力有限，不得不把有限的资金作为教育、医疗、养老等准备金存入银行，从而抑制了他们的投资愿望，也减少了农村获得财产性收入的数量和途径。王岐红[14]（2008）认为我国现有的社会保障体系主要是以城市居民为中心，农村居民始终处于国家社会保障体系的边缘。农村社会保障范围小、标准低、保障资金来源不充分、缺乏法制保障导致农民保障水平极其低下。金丽馥等[41]（2015）认为政府在农村的公共投入主要用于基础设施建设，如交通水利设施等阻碍了城乡融合及资源、信息、管理等生产要素的结合，不利于农村经济的发展。董淑梅[42]（2009）等大多数学者一致指出农村社会保障系统的不完善使得农民自有资金以防御型储蓄为主。

3. 分配制度

田炜云等[43]（2015）认为我国农村居民收入分配制度不合理导致农民收入低下，除生活需要之外，农民用来投资的剩余资金很少。田代贵等[10]

（2015）认为分配不公，现行的征地制度不合理，征地补偿费用较低，农民没有合理分享土地增值收益，农村集体收益分配权落实不到位，农户分配占集体经济组织可分配收益较低。农业部经管司等[5]（2012）认为农村集体收益分配权落实不到位的原因有下列几个：一是成员资格不够清晰；二是财务管理不够健全；三是财务公开不到位。

（五）其他因素

曹淑华等[26]（2011）认为农村受教育水平低限制了农村居民掌握收益较高的风险投资技术的能力，他们难以做出分散风险的投资，对土地的承包权和使用权认识不清，加上一些农村的传统习俗也会影响农民的财产性收入。农村的生产性、消费性公共产品供给不足会直接影响到农民的财产性收入。金丽馥等[44]（2012）认为农民的投资理念不强，自身素养欠缺、观念的束缚，限制了农民获得财产性收入的机会。王蔷[45]（2014）认为政府的扶持政策力度不够大也是致使农民财产性收入不高的重要影响因素之一。关锐捷[46]（2012）指出村级债务日趋增加，公益事业负担沉重，集体承担了大量的公益事业，严重制约了农民从集体分配中获得的财产性收入。

四、增加农民财产性收入的有效途径

根据近年来多数学者的研究进展，对于增加农民财产性收入的方法和建议概括如下：

马智利等[32]（2011）、温月芬[47]（2012）、冯政[37]（2015）、王巍[39]（2014）认为要建立明确的农村土地确权制度，建立明晰的土地的权利范围和权利归属，使农村土地产权明晰，权责明确，建立健全土地承包经营权流转市场，提高宅基地利用效率和使用收入。陈刚[48]（2014）指出增加农村居民财产性收入的政策，其重点可能时促进农村土地相关权益的流转，保障农村居民从土地相关权益流转中的获益机会。周林彬等[49]（2011）认为要增加农民的财产性收入，要从完善财产权制度方面着手。财产权是财产的表现形式，是个人财产富裕的标志。财产权的界定影响农民获得财产性收入的基本前提是拥有财产权的多少与财产权清晰界定的程度。徐汉明等[50]（2012）认为完善农村土地制度，改革完善现行的征地补偿机制，完善农村社会保障体系。刘国利[12]（2015）、张乃文[16]（2010）、王文烂[13]（2010）、郭俊敏[17]（2011）、胡丹[51]（2011）、马凌[28]（2010）应该加强农村金融体系建设，扩展农民融资渠道，大力发展农村金融市场，开发适合农民需要的理财产品，帮助农民增加财产性收入。王岐红等[4]（2008）、金丽馥[4]（2010）、郭俊敏[17]（2011）、董淑梅[42]（2014）、王巍[39]（2014）认为，要增加农民财产性收入首先要大力发展基础教育，提高农民整体素质，农民的自身素质关系到新农村的建设和农业的发展，直接影响自身收入和财产性收入的增加，同时要进一步增强农民的投资理财观念，增强农民的理财意识和能力。孙海东[52]（2014）、常文涛[53]（2013）发现城镇化是提高农民财产性收入的主要动力，推进农村城市化，加快城市化进程，促进经济发展，增加社会财富。张军[2]（2014）认为应大力推进土地承包经营权股份化和农村集体资产股份化改革，探索农户房产和宅基地产权合一的并轨方式，建立并完善农村产权交易平台，保障农民获得合法财产性收入。

五、结语

以上学者在分析农民财产性收入的现状、影响因素后，提供了一些增加农民财产性收入的方法和途径。但是纵观学术界对农民财产性收入的研究和调查分析，发现还存在着一些不足的地方：多数学者对农民财产性收入问题只是停留在理论研究上，而利用理论定性研究分析和实证定量研究相结合的方法较少；对于影响农民财产性收入增加的因素研究缺乏进一步的细化，并且对财产因素没有过多的涉及；缺乏有创新的思想理念；对农民财产性收入问题和土地财产性收入问题不能很好地区分；等等。由此，我们应该在以后的研究调查中，注重理论与实践相结合，系统、全面地看待问题，多加提出新颖的建议和看法，以期在关于农民财产性收入研究领域里有所建树。

参考文献

[1]覃建芹.基于土地制度改革的农村居民财产性收入增收研究[J].管理现代化，2011(1).

[2]张军.农村产权制度改革与农民财产性收入增长[J].农村经济，2014(11).

[3]彭宏伟.新型城镇化与农民财产性收入增长问题研究——以吉安市为例[J].井冈山大学学报(社会科学版)，2015(4).

[4]金丽馥,冉双全.增加农民财产性收入问题探究[J].经济纵横，2010(11).

[5]农业部经管司,经管总站研究课题组.发展壮大农村集体经济　增加农民财产性收入[J].毛泽东邓小平理论研究，2012(3).

[6]林艳艳.从城乡居民财产性收入差异看提高农民财产性收入问题[J].科技经济

市场,2008(10).

[7] 刘鸿渊,刘可.农民财产性收入增长困境与破解之策[J].兰台世界,2015(6).

[8] 谭银清,王钊,陈益芳.我国农民财产性收入的特点及影响因素研究[J].天府新论,2014(4).

[9] 阮锐钊,王伟伟.农村财产性收入:基于制度因素影响的分析[J].新西部(下半月),2009(12).

[10] 田代贵,马云辉.农村经营性资产与农民财产性收入的波及面:重庆例证[J].改革,2015(9).

[11] 李伟毅,赵佳.增加农民财产性收入:障碍因素与制度创新[J].理论月刊,2011(4).

[12] 刘国利.增加农民财产性收入问题探究[J].农民致富之友,2015(8).

[13] 王文烂.农民财产性收入增长的制度障碍及其化解[J].技术经济,2010(12).

[14] 王岐红,陈善步.农民财产性收入现状、形成原因及对策分析[J].湖南财经高等专科学校学报,2008(4).

[15] 金丽馥.中国农民土地财产性收入:增长困境与对策思路[J].江海学刊,2013(6).

[16] 张乃文.我国农民财产性收入现状及原因探析[J].农业经济,2010(4).

[17] 郭俊敏.增加我国农民财产性收入的途径分析[J].农业经济,2011(10).

[18] 吕子臣,马宏山,朱蕾.多渠道增加农民财产性收入[J].农村经营管理,2015(3).

[19] 彭腾.论赋予农民更多财产权利[J].湖南财政经济学院学报,2014(2).

[20] 刘淑清.关于农民财产性收入问题的思考[J].经济问题,2014(7).

[21] 刘娥苹.农村土地产权制度改革对农民增收的影响与对策——以土地流转为视角[J].上海党史与党建,2015(10).

[22] 储金泉,张守敬.多渠道增加居民财产性收入[J].中国老区建设,2014(1).

[23] 陈亚萍.论农民增加财产性收入的阈界与对策[J].《生产力研究》,2009(7).

[24] 任芳,谢安.陕西省农村居民财产性收入问题及对策[J].安徽农业科学,2011(25).

[25] 付宇,刘建华,刘乃安.吉林省增加农民财产性收入的路径探析[J].税务与经济,2012(6).

[26] 曹淑华,官能泉,马卫鹏.安徽省农村居民财产性收入研究[J].安徽农业科学,2011(14).

[27] 刘飞,谢建文.关于增加农民财产性收入的几点思考[J].商业经济,2008(3).

[28] 马凌,朱丽莉,盖锐.我国农民财产性增收的金融条件分析[J].金陵科技学院学报(社会科学版),2010(4).

[29] 任碧云,姚博.城镇化进程中农村金融发展与农民财产性收入关系实证研究[J].现代财经(天津财经大学学报),2013(11).

[30] 皮海峰,李艳.经济转型期农村土地流转市场的培育[J].三峡大学学报(人文社会科学版),2016(1).

[31] 杜勇.从SWOT上分析农村土地流转市场[J].法制与社会,2009(11).

[32] 马智利,刘路.增加鲁西地区农民财产性收入的研究[J].广东农业科学,2011(16).

[33] 马振敦. 探究中国农村土地流转市场发展[J].农业经济,2015(6).

[34] 陈子剑. 提高农民的财产性收入研究[J].安徽农业科学,2009(34).

[35] 丁琳琳,吴群,詹旭. 农民土地财产性收入影响因素分析[J].西北农林科技大学学报(社会科学版),2015(4).

[36] 彭必源,王凯. 关于增加湖北省农民财产性收入的探讨[J].农业经济,2019(8).

[37] 冯政,刘博,吴远洪. 土地确权与土地产权交易对农民财产性收入增长与土地资源配置效率提高的影响分析[J].财会研究,2015(11).

[38] 崔顺伟. 中国农村居民财产性收入制约因素及改革路径[J].农业经济,2015(9).

[39] 王巍. 增加农民财产性收入探析[J].经营管理者,2014(2).

[40] 史红亮,张正华. 云南农民财产性收入渠道的跨省市比较研究[J].天津农业科学,2014(6).

[41] 金丽馥,王沁. 农民财产性收入差距产生的原因及缩小差距的对策[J].农村经济与科技,2015(2).

[42] 董淑梅. 多渠道增加农民财产性收入[J].科技创新导报,2014(5).

[43] 田炜云,邵战林. 农民财产性收入研究综述[J].中国市场,2015(29).

[44] 金丽馥,冉双全. 土地流转背景下增加农民财产性收入研究[J].商业时代,2012(3).

[45] 王蔷. 化解增加农民财产性收入的制度约束[J].当代县域经济,2014(12).

[46] 关锐捷. 发展壮大农村集体经济　促进农民财产性收入增长[J].农村经营管理,2012(5).

[47] 温月芬. 山西农民财产性收入问题研究[J].山西农经,2012(4).

[48] 陈刚. 土地承包经营权流转与农民财产性收入增长——来自《农村土地承包法》的冲击试验[J].社会科学辑刊,2014(2).

[49] 周林彬,于凤瑞. 我国农民财产性收入的财产权制度研究:一个法经济学的思路[J].甘肃社会科学,2011(4).

[50] 徐汉明,刘春伟. 农民财产性收入影响因素实证研究[J].商业研究,2012(3).

[51] 胡丹. 增加农民财产性收入的对策分析[J].理论月刊,2013(6).

[52] 孙海东. 增加农民财产性收入的调查研究[J].上海农村经济,2014(5).

[53] 常文涛. 工业化、城镇化与农民财产性收入关系的实证分析[J].理论月刊,2013(6).

农民财产性收入增长的保障机制研究综述

一、农民财产性收入的内涵

1. 财产性收入的内涵。金丽馥[1]（2013）认为财产性收入就是在现有财产的基础上通过一定的途径获得的额外收入。唐雪梅等[2]（2013）认为财产性收入是居民已有的财产通过投资和管理而带来的增值收入，是居民收入增长、财富不断积累的重要渠道。杨娅婕[3]（2011）、曹淑华等[6]（2011）认为"财产性收入"一般是指家庭拥有的动产和不动产所获得的收入。包炎[4]（2010）认为"财产性收入"至少包括对财产权的确认和对财产的保值增值。宋玉军[5]（2008）认为财产性收入就是指金融资产或有形非生产性资产的所有者向其他机构单位提供资金或将有形非生产性资产供其支配，作为回报而从中获得的收入。

2. 农民财产性收入的内涵。对于农村居民，李洁[7]（2011）、程国栋[13]（2005）、李伟毅等[11]（2011）认为财产性收入更多的是指利息、土地转包的收入、股息收入、红利收入、租金收入、出卖家禽和作物所获得的收入等。姜婕[8]（2009）认为农民的财产性收入是指农民通过对自己所拥有的财产行使占有权、使用权、收益权、处置权等权能，而获得的相应收益。肖红华等[9]（2008）认为农民财产性收入，指拥有金融资产或有形非生产性资产的农村住户向其他机构单位提供资金或将有形非生产性资产供其支配，作为回报而从中获得的收入。郭宏升[10]（2008）、林淋[14]（2009）认为农民的财产性收入，指农民个人或家庭利用财产而得到的收入，是农民收入的组成部分。张乃文[12]（2010）从动产和不动产角度对农民财产性收入进行定义。

二、农民财产性收入的现状

目前，国内学者对农民财产性收入的现状做了大量的研究，包括理论定义和数据分析两方面。一方面，通过对面板数据的分析，对某个地区的财产性收入、农民收入变动的动态变化进行分析；另一方面，总结了目前农民财产性收入的特点。

董虹[15]（2012）指出，东部地区农民人均财产性收入明显高出中、西部地区，中、西部地区农民人均财产性收入较为接近。张车伟等[16]（2004）指出我国财产性收入占总收入比重较低，西部地区财产性收入贡献率大于东部地区。涂胜伟[17]（2010）、郭俊敏[18]（2011）通过调研数据得出，现阶段我国农民财产性收入主要是租金及土地财产性收入构成，在偏远的西部地区，财产性收入仅为存款利息。王宇露等[19]（2007）指出，到2004年发达地区农民财产性收入在总收入中的比重已变为粮食主产区农民的财产性收入的2倍，原因在于发达地区农民的财产性收入在1996年至2004年增幅大于粮食主产区农民的财产性收入。陈静萍等[20]（2008）指出，农民人均纯收入增长多，但目前我国农民的财产拥有状况仍令人担忧。

目前农民财产性收入主要有以下三个特点：

第一，农民财产性收入来源集中并且占年收入的比重较小。

李洁[7]（2011）通过数据得出农村居民财产性收入在实际数量上不足这个事实是显而易见的。周璐红等[21]（2011）研究江苏地区农民财产性收入指出，农民财产性收入基数小，占总收入的比重较低。陈静萍[20]（2008）、王歧红[22]（2008）、徐汉明等[23]（2012）认为，我国农民财产种类少，农民的财产性收入来源单一，金融财产缺乏，农民对于基金、股票、债券几乎一无所知，农民拥有的财产仅限于农地承包经营权流转收益、土地征收补偿收益、房屋出租收益这几种主要的形式。

第二，城乡差距大，且农村居民的财产性收入增速不如城镇居民。

陈亚萍[24]（2009）指出，改革开放和市场经济确立后，农村居民在金融资产和总资产净值这两项的存量水平及增长速度都要大大低于城镇居民。对于城乡居民财产性收入差距不断拉大的原因，李代俊[25]（2011）强调这主要是由于城乡居民在收入增长机制、分享改革开放成果等方面制度安排的不足造成的。杜辉[26]（2011）认为是因为城乡二元经济结构所导致的一些具体制度安排上的"城市偏向"、农村土地制度和金融制度不健全限制了农村居民财产性收入的获取及城乡居民整体文化素质结构差异而造成的城乡差距。吴丽容等[27]（2011）通过数据分析得出，现阶段，我国居民财产性收入差距主要表现在城乡居民财产性收入差距、不同地区居民财产性收入差距、不同收入组居民财产性收入差距三个方面。

第三，农民财产性收入虽持续增长，但增长率波动性大。

王歧红[22][p29]（2008）、周璐红[21]（2011）、陈子剑[28]（2009）等通过数据分析得出，农民财产性收入虽持续增长，但增长率波动性大；对农民人均总收入增长的贡献率低且不太稳定。许鹏[30]（2009）、刘春雨等[31]（2012）调研发现，其波动幅度大是因为财产性收入主要受土地征用补偿、集体用地经营权转让等一次性收入的变动影响。

三、农民财产性收入增长的影响因素

学者们从不同视角对农民财产性收入增长的影响因素进行了探讨，主要包括以下几个方面：

（一）制度因素

1. 土地相关制度

程俊[36]（2014）、涂圣伟[38]（2010）、马凌等[32]（2011）认为，土地与房屋是农民财产性生产要素的重要组成部分，但是由于农村土地产权制度不完善，这一部分财产性生产要素的功能无法充分发挥。王蔷[33]（2014）认为土地承包地经营流转面临着流转期限过短、产权不完整和政府对土地经营者的扶持政策力度不够的制度性约束。徐元明等[34]（2011）认为，土地制度的城乡二元结构致使农村土地的资产价值无法充分体现，农民的土地权益得不到有效保护。牛俐等[35]（2014）认为，征地制度中存在公益性用地界定不清以致征地范围过宽和土地征用对农民的补偿过低两个问题。张治峰[37]（2009）认为，现行土地制度偏重土地的保障功能、土地的财产功能不断凸显和农民丧失了巨额土地增值收益。李代俊[25]（2011）认为，现行的农村宅基地制度使农民房产难以形成财产性收入。

2. 金融制度

涂圣伟[38]（2010）认为，由于农村金融机构单一，非正规金融机构被排斥在体制外，导致民间借贷盛行，金融秩序混乱。冯志艳[40]（2011）认为农村金融建设滞后、金融机构产品创新不足、金融机构缺乏高素质的针对农民的投资理财人员。马凌等[41]（2010）认为，确认、保护乃至提高农民财产性收入的政策支持不足及农村金融信息网络建设不足。

3. 社会保障制度

倪呈英[43]（2015）、涂圣伟[38]（2010）、范金宝等[42]（2007）认为，农民理念转变困难，农村医疗水平落后，社会保障制度不健全，预防性储蓄挤占其他投资。林淋[14]（2009）认为，我国现有的社会保障制度是不公平的，

由于户籍制度的限制，农民不能与城镇居民享有同等社会保障。王歧红[29]（2009）认为农村三大产业结构发展很不协调，致使农民收入来源少，投资渠道窄。

4. 集体经济制度

董淑梅[45]（2014）认为村集体经济实力薄弱，无法为农民财产性收入的增长提供支持。农业部经管司、经管总站研究课题组[46]（2012）认为集体经济发展滞后，农户收益分配不到位。王蔷[33]（2014）、张立先等[44]（2012）认为农村集体建设用地使用权流转受到严格限制，不能直接入市并且集体建设用地不能直接入市，影响土地产权经济价值的实现。覃建芹[47]（2011）认为农村集体的经济行政复合体制使得农民土地财产权益可能受损。徐元明等[34]（2011）认为社区农民集体经济组织缺位，集体财产的产权主体错位，农民对于集体财产的成员所有权和受益权不断被剥夺。

（二）农民自身因素

刘飞等[48]（2008）认为农民理财方式和观念落后并且缺少投资理财的相关知识。张乃文[12]（2010）、陈亚萍[24]（2009）发现，因为受教育条件、环境等因素影响，农民整体素质偏低制约着财产性收入的获得。董淑梅[45]（2014）认为农民思想观念守旧，接受新生事物能力较弱。马凌等[32]（2011）认为农民的投资理财能力欠缺，风险承受力差。

（三）其他因素

林艳艳[49]（2008）通过对现阶段我国城乡居民财产性收入结构差异的研究，分析城乡收入差距的影响因素。高志仁[50]（2008）指出城乡市场发育程度不同，加大了财产性收入差距。王歧红[29]（2009）认为农村三大产业结构发展很不协调，致使农民收入来源少，投资渠道窄。唐雪梅[51]（2014）在城镇化背景下分析了农民财产性收入增长的制约因素。

四、农民财产性收入增长的保障机制

针对我国农民财产性收入的现状和影响因素，研究者们就提高农民财产性收入提出了相关建议，以建立和完善一系列的保障机制，主要有以下几点：

（一）推进农村土地制度改革，最大限度盘活土地资产

1. 明确土地所有权主体，落实保障农民的土地财产权

姚永明[54]（2011）、涂圣伟[38]（2010）、马凌[32]（2011）、张立先等[44]（2012）认为，明晰土地产权是保障农民土地财产权利的重要基础，要大幅度提高农村居民财产性收入，必须在土地制度改革上率先取得突破，真正落实农民的土地和房屋产权及其财产权利。张克俊等[52]（2014）认为，必须克服地方政府为自身利益而不愿进行农村土地确权的阻力。覃建芹[47]（2011）、牛晓奇[53]（2008）认为，在现阶段，我们需尽快厘清落实现有国家法律框架内（包括《物权法》在内）纸面上已经承认允诺的权利，然后进一步设计保护农民土地财产权利的具体制度。牛俐等[35]（2014）认为，产权主体的不明晰使得代表农民群体利益的集体经济组织同其他组织进行谈判的能力进一步弱化，往往会使农民的土地财产权益得不到保障。李保奎[55]（2012）认为，国家应依法明确农民土地产权的范围，让农民享有农村土地使用权和继承权及收益权和流转权，才能真正意义上做到还利于农民、还权于农民。

2. 完善土地征用制度，提高土地征用补偿收入

陈益芳等[56]（2012）认为，要提高农民的财产性收入，必须在现有土地征用制度框架内，缩小征地范围，提高补偿标准，规范征地程序，严格土地执法，或者打破现有土地征用制度框架，形成城乡统一的土地市场体系。张立先[57]（2012）认为，征地过程中要做到保障农民权益，核心问题是如何对被征地农民的财产实行替代补偿。徐汉明等[23]（2012）认为，按照当前的征地补偿规定，农民在征地过程中没有发言权，不能充分行使自己的权利，补偿标准普遍较低，农民的权益受到极大的损害。王巍[58]（2014）认为，要遵循市场主导的原则，弱化政府行政作用并简化征收程序。周江等[59]（2014）认为，应改革政府垄断经营土地制度，允许农村经营性建设用地可以出租、出让、入股、信托等多种方式进入市场。张一[60]（2013）认为，应尽快出台集体土地征收补偿条例，完善补偿机制，提高补偿标准，让农民更大范围内和程度上享受到集体土地流转的利益，甚至让农民直接成为土地流转的主体。

3. 提高宅基地利用效率和使用收入

张立先[57]（2012）认为，土地增值收益应主要用于补偿被拆迁农户的宅基地和房屋损失，以及用于安置被拆迁农户的农村住宅集中区基础设施配套建设，切实保障农民宅基地的用益物权。肖红华等[9]（2008）认为，加强对农村租房市场的管理，应当允许农民长期出租宅基地使用权。张立先

等[44]（2012）认为，应该开展农民土地承包经营权和宅基地使用权抵押贷款，有利于破解农民因缺乏有效担保物而导致融资难的制约，又有利于推动土地从原来的保障属性向资产属性转化，实现农民土地财产权利的经济价值。张秀清[62]（2015）认为，要完善农村住房制度、提高宅基地利用效率和使用收入。姚永明[54]（2011）认为，应该顺从城市化的演进规律，在政府的组织下，遵照农村居民自愿的原则，将农村居民的宅基地向城镇社区集中。

4. 健全完善土地流转服务体系，不断提高承包地流转收益

肖红华等[9]（2008）认为，土地作为一种特殊的生产要素，其生产经营权只有流动才能得到优化配置，并发挥出最大效益。覃建芹[47]（2011）、金丽馥[1]（2013）、陈益芳等[56]（2012）认为，要通过培养农村土地流转专业人才、建立农村土地流转中介组织、培育农村土地流转市场，健全完善土地流转服务体系，强化土地承包权的物权性质来完善土地流转制度。李保奎[55]（2012）认为，征地补偿应该标准合理化及补偿分配对象应该明确。赵华伟[61]（2010）、张立先等[44]（2012）认为，土地承包权本身被认为是一种财产权，应该加快建立健全土地承包经营权流转市场，在允许农民相互之间以多种方式流转承包地的同时，重点支持专业大户、家庭农场实行规模经营。

（二）发展农村金融市场，建立健全农村投资体系。

李代俊[25]（2011）、郭宏升[10]（2010）、张乃文[12]（2010）、李洁[7]（2011）、李伟毅等[11]（2011）认为，金融体系的不健全和金融市场的落后阻碍了农村居民财产性收入的获得，应该探索增加正规金融市场的供给，进一步进行金融理财产品创新，拓宽投资渠道，扩大农民的选择权，构建收入来源多元化、风险差异化、资产存量组合化的理财平台。陈子剑[28]（2009）认为，应从深化农村信用社体制改革，加强农村信用体系建设和加强农村信用体系建设来发展金融市场。肖红华等[9]（2008）认为，储蓄的利息是农民资金收益的最常见的渠道来源，要完善和规范农村金融机构的储蓄功能。刘飞等[48]（2008）认为，可以通过证券公司在农村设立分支机构，并派工作人员及充分发挥存款机构的中介作用来建设农村证券市场。

（三）加速农村集体经济产权制度改革，增加农民集体资产收益

唐雪梅[51]（2014）、董淑梅[45]、李伟毅等[11]（2011）认为，应改革农村集体产权主体不明的现状，积极鼓励有条件的地方开展农村集体经济组织

产权制度改革，赋予农民在集体产权中的股份，并允许其在一定范围内流转，让沉淀的资产能够转化为农民的财产性收入。覃建芹[47]（2011）认为，可以保留现行农村村民委员会作为村一级行政组织，经济职能由土地合作社来实施，这样的制度安排有利于促进农村集体组织经济、行政职能的分离。徐元明等[34]（2011）认为应打通农民从集体资产中获取收益的渠道，使集体资产增值收益成为农村居民财产性收入的重要来源。何绍周等[63]（2012）认为应加快集体资产的清产核资，实行股份量化，明晰权属。涂圣伟[17]（2010）认为要进一步健全完善农村集体资产管理体系，加快建立集体资产产权界定和登记制度、流转和评估管理制度、年检和报告制度，加强农村集体资产管理。任维哲等[64]（2014）通过对陕西省农村居民财产性收入研究得出，多样化的新型集体经济的发展是改造传统农业和实现农业现代化的重要基础。

（四）加强农民教育，培养农民投资理财观念

李莉[65]（2007）认为应大力发展基础教育，加大农村人力资本的积累。董淑梅[45]（2014）、李代俊[25]（2011）、牛晓奇[53]（2008）、杭静等[67]（2014）认为要鼓励媒体、公益机构等各种社会力量加入培训计划，金融机构或相关组织对农民进行全方位的培训和教育，更新农村居民投资理财观念并增强理财能力，使其学会规避投资理财风险，掌握金融知识，了解现代资金收益方式，保证农民获得投资回报。金丽馥等[66]（2015）认为农民的自身素质不仅关系到新农村的建设和现代农业的发展，也直接影响自身收入和财产性收入的增加，因此必须提高农民素质和人力资本积累。

（五）完善农村社会保障体系，消除农民投资后顾之忧

董淑梅[45]（2014）认为，要在财政上向农村保障体系大力倾斜、要大力推进农村养老保险覆盖面及不断扩大农业政策性保险的品种。程俊[36]（2014）认为应该鼓励各种保险类企业进军农村市场，完善保障体系内的多样性。倪呈英[43]（2015）认为可以对农业保险进行一定的补助，逐步引导农民养成进行农业生产投保的意识，避免农民因灾返贫。曹淑华等[6]（2011）认为应建立覆盖农村的以养老保险、医疗保险和最低生活保障为主要内容的农村社会保障体系，增强农民的抗风险能力。徐汉明等[23]（2012）认为完成土地流转机制的创新，就需要积极的推动农村社会保障体系改革。覃建芹[47]（2011）认为建立健全社会保障体系，一方面可以逐步弱化农村土地的福利性质和社会保障功能，突出土地生产发展和增收致富功能；另一方面，

可以为低收入阶层参与资本市场获取财产性收入提高风险承受能力。

（六）完善法律保护体系，为增加农民财产性收入提供法律保障

彭腾[68]（2009）认为财产性收入源自财产的所有权、收益权和处置权，因此必须以明确的财产权为前提，建立有效保护财产的法律体系。郭宏升[10]（2008）、郭俊敏[18]（2011）认为需健全和完善保障农民财产权益的相关法律制度，包括现行法律中一些原则性、粗疏性的条款，需要尽快通过司法解释等途径加以细化，以增强法律实施的可操作性。郑丽等[39]（2008）认为，应重点围绕调整现行的城乡二元分割的户籍制度、完善村民自治制度、保障农民选举权和被选举权、保障农民受教育权、落实农民劳动权和社会保障权、保障农民的土地财产权、推动农村司法制度改革、完善民意表达机制等方面保障农民财产性收入。

五、现有研究的不足与未来展望

目前学术界对农民财产性收入的研究主要停留在理论和实证研究上，并将重点放在东部发达地区，对欠发达地区农民的财产性收入研究较少，与国外案例的对比就更少了。另外，尽管许多学者从经济学、社会学、财政学不同角度来研究这一课题，仍然只是停留在对农民财产性收入的内涵、现状、影响因素及对策上。其重要性也主要局限于宏观层面，对微观农户的影响则很少涉及。运用数据模型来分析影响因素的较少，都是定性研究。综上所述，关于农民财产性收入的研究很多，但不能仅仅停留在理论阶段。

参考文献

[1] 金丽馥.中国农民土地财产性收入:增长困境与对策思路[J].江海学刊,2013(6).

[2] 唐雪梅,赖胜强.财产性收入的社会经济影响及分配优化途径研究[J].管理现代化,2013(1).

[3] 杨娅婕.对提高我国居民财产性收入问题的思考[J].经济问题探索,2011(1).

[4] 包焱.我国居民财产性收入的相关研究[J].佳木斯教育学院学报,2010(4).

[5] 宋玉军.增加居民财产性收入的机会创造与政府作为[J].统计与决策,2008(14).

[6] 曹淑华,官能泉,马卫鹏.安徽省农村居民财产性收入研究[J].安徽农业科学,2011,39(14).

[7] 李洁.从增加农村居民财产性收入角度探析缩小城乡居民收入差距的措施[J].广西青年干部学院学报,2011,21(6).

[8] 姜婕.中国农民财产性收入的价值观变迁[J].求索,2009(6).

［9］肖红华,刘吉良.提高农民财产性收入的途径[J].湖南农业大学学报:社会科学版,2008,9(2).

［10］郭宏升.增加我国农民财产性收入的重要意义及对策[J].阴山学刊,2008,21(5).

［11］李伟毅,赵佳.增加农民财产性收入:障碍因素与制度创新[J].新视野,2011(4).

［12］张乃文.我国农民财产性收入现状及原因探析[J].农业经济,2010(4).

［13］程国栋.我国农民的财产性收入问题研究[D].福建师范大学,2005.

［14］林淋.现阶段我国农民财产性收入问题研究[D].南昌大学,2009.

［15］董虹.我国东、中、西部地区农民财产性收入差距探析[J].学理论,2012(13).

［16］张车伟,王德文.农民收入问题性质的根本转变——分地区对农民收入结构和增长变化的考察[J].中国农村观察,2004(1).

［17］涂圣伟.着力将财产性收入培育成农民增收新亮点[J].中国经贸导刊,2010(11).

［18］郭俊敏.增加我国农民财产性收入的途径分析[J].农业经济,2011(10).

［19］王宇露,刘芳.粮食主产区农民转移性收入和财产性收入增收探讨[J].安徽农业科学,2007,35(16).

［20］陈静萍,曹洪滔.论创造条件让农民拥有财产性收入[J].北方经济,2008(4).

［21］周璐红,马卫鹏,王晓峰,等.江苏省农民财产性收入研究[J].安徽农业科学,2011,39(21).

［22］王歧红,陈善步.农民财产性收入现状、形成原因及对策分析[J].湖南财经高等专科学校学报,2008,24(2).

［23］徐汉明,刘春伟.农民财产性收入影响因素实证研究[J].商业研究,2012(3).

［24］陈亚萍.论农民增加财产性收入的阈限与对策[J].生产力研究,2009(7).

［25］李代俊.农村居民财产性收入比较研究——以四川省为例[J].生产力研究,2011(9).

［26］杜辉.我国居民财产性收入动态演化:结构与差距研究[D].西南财经大学,2011.

［27］吴丽容,陈晓枫.我国居民财产性收入差距、成因及负面效应[J].福建教育学院学报,2011(4).

［28］陈子剑.提高农民的财产性收入研究[J].安徽农业科学,2009,37(34).

［29］王歧红.新时期农民财产性收入问题研究[D].湖南师范大学,2009.

［30］许鹏.广东农村居民财产性收入的分析[J].广东经济,2009(4).

［31］刘春雨,陈敏,潘兴良,等.广东、云南农民财产性收入调研报告[J].中国经贸导刊,2012(1).

［32］马凌,王弘颖.关于提高农民财产性收入的思考[J].农业考古,2011(3).

［33］王蔷.化解增加农民财产性收入的制度约束[J].当代县域经济,2014(12).

［34］徐元明,刘远.农村财产制度改革与农民增收长效机制的构建[J].江海学刊,2011(6).

［35］牛俐,陈学法.农地制度改革与农民财产性收入关系研究述评[J].改革与战略,2014(12).

[36] 程俊.提高农民财产性收入障碍分析与策略研究[J].特区经济,2014(4).

[37] 张治峰.完善土地制度 增加农民财产性收入——兼论积极培育扩大农村消费市场[C].国家发展和改革委员会第七届中青年干部经济研讨会.2009.

[38] 涂圣伟.着力将财产性收入培育成农民增收新亮点[J].中国经贸导刊,2010(11).

[39] 郑丽,薛晓娟.让更多群众拥有财产性收入需健全农民的权利保障机制[J].陕西学前师范学院学报,2008,24(1).

[40] 冯志艳.完善金融体系提高农民财产性收入[J].合作经济与科技,2011(6).

[41] 马凌,朱丽莉,盖锐.我国农民财产性增收的金融条件分析[J].金陵科技学院学报(社会科学版),2010,24(4).

[42] 范金宝,吴玉芬.现阶段影响农民收入因素的问题探讨[J].集团经济研究,2007(4X).

[43] 倪呈英.新时期拓展我国农民财产性收入渠道研究[J].农业经济,2015(3).

[44] 张立先,郑庆昌.保障农民土地财产权益视角下的农民财产性收入问题探析[J].福建论坛(人文社会科学版),2012(3).

[45] 董淑梅.多渠道增加农民财产性收入[J].科技创新导报,2014,11(5).

[46] 农业部经管司,经管总站研究课题组.发展壮大农村集体经济 增加农民财产性收入[J].毛泽东邓小平理论研究,2012(3).

[47] 覃建芹.基于土地制度改革的农村居民财产性收入增收研究[J].管理现代化,2011(1).

[48] 刘飞,谢建文.关于增加农民财产性收入的几点思考[J].商业经济,2008(3).

[49] 林艳艳.从城乡居民财产性收入差异看提高农民财产性收入问题[J].科技经济市场,2008(10).

[50] 高志仁.农民财产性收入与城乡差距[J].经济科学,2008(4).

[51] 唐雪梅.城镇化背景下农民财产性收入增加的途径研究[J].农家科技,2014(3).

[52] 张克俊,高杰.关于增加农民财产性收入的思考[J].中国乡村发现,2014(2).

[53] 牛晓奇.农村居民财产性收入现状 困境及增收建议——基于安阳县100户农村居民财产性收入的实证分析[J].农业经济,2008(9).

[54] 姚永明.农村居民财产性收入增加路径研究[J].农村经济,2011(5).

[55] 李保奎.农民财产性收入增长的土地制度障碍与创新路径[J].内蒙古农业大学学报(社会科学版),2012,14(4).

[56] 陈益芳,王志章,谭银清.增加我国农民财产性收入的障碍因素及其解决途径[J].沈阳农业大学学报(社会科学版),2012,14(5).

[57] 张立先.深化农村土地产权制度改革促进农民财产性收入较快增长[J].农村工作通讯,2012(15).

[58] 王巍.增加农民财产性收入探析[J].经营管理者,2014(6X).

[59] 周江,李成东,张新春.增加农民财产性收入:改革轨迹、现实困境和对策建议[J].农村经济,2014(7).

［60］张一．增加农民财产性收入［J］.地球,2013(1).

［61］赵华伟．我国农村居民财产性收入现状与解决途径［J］.改革与战略,2010,26(9).

［62］张秀清．完善农村土地制度,增加农民财产性收入［J］.智富时代,2015(12).

［63］何绍周,彭博,马也．农民财产性收入增长面临的制度性约束——基于市场和法治的视角［J］.农业技术经济,2012(6).

［64］任维哲,王鑫．多渠道增加陕西省农村居民财产性收入研究［J］.改革与战略,2014(11).

［65］李莉．当前农民增收的制约因素与对策分析［J］.安徽农业科学,2007,35(23).

［66］金丽馥,王沁．农民财产性收入差距产生的原因及缩小差距的对策［J］.农村经济与科技,2015(2).

［67］杭静,龙文军．农民财产性收入潜力在哪［J］.中国农村金融,2014(11).

［68］彭腾．让更多农民获得财产性收入的思考［J］.学习论坛,2009,25(11).

农民职业发展与农民市民化研究

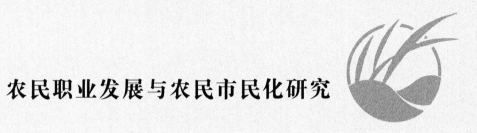

新生代农民工就业保障问题研究

2010年中央一号文件《中共中央 国务院关于加大统筹城乡发展力度进一步夯实农业农村发展基础的若干意见》首次使用了"新生代农民工"的提法，他们具有一些不同于传统农民工的新特征、新诉求和新问题。新生代农民工的问题越来越引起国家的重视，并且成为我国首要着力解决的关键性课题。2013年中央一号文件《关于加快发展现代农业 进一步增强农村发展活力的若干意见》指出，把推进人口城镇化特别是农民工在城镇落户作为城镇化的重要任务。加快改革户籍制度，落实放宽中小城市和小城镇落户条件的政策。加强农民工职业培训、社会保障、权益保护，推动农民工平等享有劳动报酬、子女教育、公共卫生、计划生育、住房租购、文化服务等基本权益，努力实现城镇基本公共服务常住人口全覆盖。新生代农民工问题涉及的方面很多，解决其就业问题是关键。新生代农民工的就业不是为了解决自身的温饱，而是为了有更好的发展，基于发展权的角度解决新生代农民工的就业保障问题对维护新生代农民工的权益、促进经济发展、推动城乡一体化建设具有重要意义。

一、新生代农民工的概念及其发展权

（一）新生代农民工的概念和特点

目前理论界对新生代农民工有不同的理解，如王春光把年龄在25岁以下，于20世纪90年代及以后外出务工经商的农村流动人口看作第二代即"新生代农民工"。全国总工会新生代农民工问题课题组将新生代农民工界定为"出生于20世纪80年代之后、年龄在16岁以上的新一代农民工"。笔者认为，新生代农民工是相对于老一代或第一代农民工而言的，是指20世纪90年代以后和21世纪初进入城市务工或经商、户籍仍在农村的流动人口。新生代农民工大部分是出生在20世纪80年代以后，这个时间段与第一代农民工相比，社会发生了极大的变化，人民生活水平也得到了很大的提高。新生代农民工由于所处的大环境与第一代农民工不同，他们身上必然会呈现出不同于第一代农民工的新特征。

第一，文化程度高。得益于九年义务教育的普及，他们的受教育程度相对较高，各方面素质基础较好，以初、高中毕业生为主。据 2004 年一次抽样调查表明，在新生代农民工流动就业人群中，文盲占 2%，小学文化程度的占 16%，初中文化程度的占 65%，高中文化程度的占 12%，中专及以上文化程度的占 5%。

第二，职业期望高。从就业趋向上来看，新生代农民工敢于"挑肥拣瘦"，就业意向多在于"白领阶层"，不愿从事脏、累和收入低的工作，从而引发了"民工荒"。

第三，打工的主要动机是追求个人的发展。第一代农民工进城打工是为了温饱，而新生代农民工大多数是为了实现自我价值，求得自己甚至后代能拥有和城里人基本一样的生活条件、生活场所、文化背景、发展方向和基本权利。他们对城市生活有强烈的向往，希望能在城市里有一席之地。

第四，对生活品位有所追求。与第一代农民工保持农民艰苦朴素的本质不同，新生代农民工更追求时尚，如将工资收入用来购买品质好的食物、生活用品，追求时尚的服装、发型，使用科技含量高的手机等电子产品。

第五，具有一定的维权意识。在城市中，农民工处于边缘地位，是社会的弱势群体。但同父辈们相比，新生代农民工不愿意忍受如劳动强度大、长年加班、工伤得不到补偿、同工不同酬、医疗保险和养老保险得不到保障等。

第六，社会身份特殊。虽然他们在家乡有承包地，本人脱离了农业生产，但在现行的户籍制度下，身份依然是农民。

（二）新生代农民工的发展权

发展权是指个体和集体基于持续而全面的发展需要而获取的发展机会均等和发展利益共享的权利。1986 年联合国大会通过的《发展权利宣言》第一条第一款规定："发展权是一项不可剥夺的人权，由于这种权利，每个人和所有各国人民均有权参与、促进并享受经济、社会、文化和政治发展，在这种发展中，所有人权和基本自由都能够获得充分实现。"由此可见，一国之中的任何个人都有权享受国家经济、政治、文化、社会等领域的发展成果，并在此领域促进和实现自己更好的发展。可以说，发展权关注的不仅是人权在量上的落实和取得，更着眼于人权在质上的提升和飞跃。

新生代农民工发展权是新生代农民工有权在城市务工和生活过程中进

行一系列参与、促进发展的活动，并且从中争取发展机会、获取发展利益，从而维护自身尊严、享受平等的国民待遇的权利。新生代农民工作为国家公民，应当享有和其他社会成员平等的经济权利、政治权利、社会保障等，既包括农民工享有享受政治、经济、文化成果并促进其自身发展的权利，也包括其有权平等参与政治、经济、文化、社会生活的机会。

二、新生代农民工就业中存在的问题

（一）就业竞争力不足

新生代农民工受教育程度高于第一代农民工。随着九年义务教育在我国的全面展开，新生代农民工基本都具有初中学历，其中一部分还有中专、大专的学习经历，所以他们比第一代农民工更善于接受新的事物，更具有自己的思想及追求。然而，一方面，相对于城市里的青年人来说，其受教育程度相差甚远。二十年前农村人在读小学，城里人在读中专；二十年后农村人在读中学，城里人在读大学。虽然同样在进步，但这种相对的退步却使新生代农民工在就业竞争中落后于城市青年。另一方面，从上学到步入社会，新生代农民工缺乏基本的农业劳作的经历，所以缺少建立在高强度农业劳作基础上的吃苦耐劳方面的品质，这一点新生代农民工要逊色于老农民工们，加之在进城务工方面也缺少必要的技能及经验，使得他们在需要技术以及强劳动力的行业的就业竞争中落后于老农民工。

（二）就业信息渠道有限

新生代农民工获得的就业信息大部分来自于非正规渠道，大部分人是或是通过熟人、亲戚介绍工作，或是自己上网获得就业信息，只有少数通过正规的职业介绍机构找到工作。虽然近年来国家进一步完善了农民工就业信息服务，要求输出地为准备外出就业的农民免费提供政策咨询和准确及时的务工信息，但这种政策存在着落实难的问题。一方面，输出地的就业信息难以与输入地形成及时合理的对接，就业信息的种类、范围都十分有限，另一方面，输出地政府只起到信息提供的作用，其效果远没有经熟人介绍理想。

（三）就业起点与自身理想差距较大

作为有文化的一代农民工群体，新生代农民工对于平等的需求更为强烈。他们希望与同龄的城市青年一样，共同享有城市的基础设施、教育资源、公共服务等资源。从农民工身份转化的角度来看，他们正处于农民身份职业化、公民化的转变。然而，由于知识水平、就业能力等方面的不足，新近接触社会的新生代农民工阶层的起点很低，工作范围多数都在第三产业。试图通过目前的考试、竞争取得稳定的工作或编制对于他们来说几乎是不可能的。这种理想与现实的差距如果加以正确的就业引导，可以激发新生代农民工积极工作的动力，但如果放任这种现象的存在，势必会影响生产力的科学管理，以及社会的和谐发展。

（四）劳动权益保障不足

由于农民工在社会上还处在弱势地位，在就业时一些企业会通过签订不合法的劳动协议、以身份证作抵押、克扣工资、同工不同酬等形式，侵害农民工的合法劳动权益。

从南方网记者刘志毅发表的《潜伏富士康 28 天手记：员工签自愿加班切结书》可以看出，签订自愿加班切结书之后，打工者的加班时间就不再受法律规定的每月上限 36 小时的约束，企业在追求利润的同时，又能逃脱法律的制裁。国家统计局 2010 年 3 月公布的《2009 年农民工监察调查报告》显示，2009 年外出的农民工中，平均每个月工作 26 天，每周工作 58.4 小时。其中，劳动强度最大的是餐饮业，每周的工作时间超过 60 小时。而《劳动法》明确规定，劳动者每日工作时间不超过 8 小时、平均每周工作时间不超过 44 小时的工时制度。如果由于生产经营需要，必须加班的话，《劳动法》规定用人单位必须与劳动者协商后才可以延长工作时间，一般每日不得超过 1 小时，遇到特殊原因的话，延长工作时间每日不得超过 3 小时，每月不得超过 36 小时。

这种侵害农民工合法权益的现象还很多，并且还长期存在着。而对于新生代农民工来说，他们在面对合法权益受侵害的同时，还面临着新的问题。由于年纪轻、阅历浅，多数新生代农民工的心理承受能力十分有限，在遇到困难时缺少依靠和帮助，这样很容易走向极端。如震惊一时的富士康跳楼事件，从 2010 年 1 月 23 日富士康员工第一跳起至 2010 年 11 月 5 日，富士康已发生 14 起跳楼事件，引起社会各界乃至全球的关注。在 14 起跳楼事件中，死者年纪最大的仅为 25 岁，有的跳楼者刚刚入职两个月就走向了极端。因此，对新生代农民工的就业保障，要全方位、人性化的针对其特点进行研究，不仅要严格从法制上给予他们保护，更要在心理上给予他们支持。

三、解决新生代农民工就业问题的对策措施

（一）完善劳动权益保障机制

1. 建立新生代农民工工会组织

工会原意是指基于共同利益而自发组织的社会团体。工会组织成立的主要意图，可以与雇主谈判工资薪水、工作时限和工作条件等。我国《工会法》规定："企业、事业单位、机关有会员二十五人以上的，应当建立基层工会委员会；不足二十五人，可以单独建立基层工会常委会，也可以由两个以上单位的会员联合建立基层工会委员会。"新《工会法》实施 12 年来，我国工会制度在企业、事业单位、机关中得到很好的贯彻落实。但由于农民工群体工作的流动性大，岗位的受关注程度不高，以及就业中存在的各种不公平及歧视现象严重，农民工从工会中获得的利益与保障还是十分有限的。

目前的工会组织形式对于农民工群体来说，可操作性不强。我们应充分考虑农民工群体的特点，有针对性地建立农民工工会组织。对此有以下几点建议：

第一，打破以企业、单位为界限的组织形式，在农民工聚集的城市，以城市或城区为单位，建立区域农民工工会组织。对该区域的农民工进行统一登记、管理。

第二，在农民工管理中坚持管理为辅、保障为主的基本原则。在就业合同，劳动保障及劳资纠纷方面为农民工提供服务。

第三，农民工工会定性为地方性事业单位，除必要的岗位需要相关专业人员外，可吸纳农民工作为工会的工作人员。一方面，农民工更明确自身的特点、需求及困难，使农民工工会的工作展开有的放矢。另一方面，为农民工设立专门的公务员岗位，从政府层面提高对农民工阶层的重视与尊重，对于逐步提高农民工社会地位有重要意义。

2. 规范企业用工制度

《劳动法》规定，"用人单位必须与劳动者依法签订劳动合同。"在实际操作中，大多数用工单位并没有与新生代农民工签订劳动合同，所以在发生劳资纠纷的时候，农民工缺少基本的合同保障，也就缺少合法维权的证据。有些用工单位即使与农民工签订用工合同，但多数合同都过多强调用人单位的权利及农民工的义务，是不平等的合同。因此，应严格规范农民工用工制度，制定统一、规范的合同样本，在合同中应详细体现工作岗位、

劳动报酬、工作时间、保险缴纳等相关内容，将合同交由农民工工会备案，并由工会负责审查、监督。

（二）完善就业培训机制

新生代农民工相对于第一代农民工的就业优势，就在于他们具有一定的文化基础，学习的能力及接受新事物的能力要强于第一代农民工。将这种优势转化为实际生产力，将农民工转化为产业工人，就需要建立新生代农民工的就业培训机制。目前针对农民工的技能培训、文化教育培训的途径有很多，但其在培训内容、教育手段及经费投入等方面都存在不足。针对新生代农民工的特点，以及再农民工就业培训方面出现的问题，提出以下建议：

第一，合理利用开发教育资源。目前的中职、高职技术学校有着良好的师资力量及教育实训资源，可打破学与工的界限，打破传统的授课模式，设立新生代农民工进修班，在教学内容、授课时间上充分考虑农民工的实际情况，减轻由于学习给农民工带来的负担。

第二，优化培训内容。针对新生代农民工的特点，以及实际的用工需求，应设置实用性强的培训内容，如餐饮服务、车工、钳工、数控、汽修等课程。在课程设置的过程中坚持多一些操作、少一些理论的原则，帮助他们在掌握基本原理的前提下，切实地培养一技之长。

第三，建立企业定向委培的培训模式。由政府牵头，建立培训机构与企业的定向委培机制。企业负责提供一部分培训经费，支持培训机构设立专门的课程，定向培养企业需要的技术工人。在缓解政府在培训投入方面压力的同时，也可缩减企业在培训新员工方面的投入，并增加农民工就业的目的性。

（三）完善就业信息渠道

新生代农民工最初到城市里务工多数是由亲戚、熟人介绍工作，但由于其流动性强，当离开最初的工作之后，再寻找工作就需要通过自身的寻找。而目前的正规就业渠道对于新生代农民工来说还是十分有限的，从而造成了务工难的局面。有时由于缺少社会经验，新生代农民工还会陷入黑中介的陷阱。因此就业渠道建设对新生代农民工的就业保障至关重要。

第一，强化农民工工会的就业指导职能，设立专门的就业信息交流平台，将农民工的职业特长与企业用工需求归类，合理推荐工作，提高就业效率。

第二，建设公益的就业信息网站，招工与务工双方面都提供免费的信息服务。网站的建设还应强调权威性、稳定性，防止钓鱼网站欺骗农民工，侵害其权益。

第三，加强就业市场监管，坚决取缔黑中介，完善各种职业介绍机构。

第四，建立劳动力输出地与输入地的就业信息联系，使新生代农民工第一时间获得就业信息。

参考文献

[1] 王春光.当代中国社会阶层研究报告[M].北京:社会科学文献出版社,2001.

[2] 陆益龙.户口还起作用吗——户籍制度与社会分层和流动[J].中国社会科学,2008(1).

[3] 杨玉华.马克思的"农村劳动力转移"理论及其当代价值[J].经济评论,2007(2):20-25.

[4] 张俊良,何晓玉,陈丹.农民工劳动权益保障问题及其对策研究[J].农村经济,2007(5).

[5] 李军鹏.全面建设小康社会的社会公共富求指标分析[J].国家行政学院学报,2002(S1).

[6] 中国统计摘要(2010)[M].北京:中国统计出版社,2011:53.

[7] 肖瑞,李利明.农村土地变迁之路[J].经济管理文摘,2003(2).

[8] 旷晨,潘良.我们的1950年代[M].北京:中国友谊出版公司,2006.

工会保障视角下的新生代农民工就业保障研究

　　农民工作为在中国社会经济结构转型和体制转轨时期出现的一个独特的而又引起广泛关注的过渡性群体，在促进经济社会发展的同时，其内部也发生着代际变化，2010年中央一号文件首次使用了"新生代农民工"的提法。十八大报告提出，就业是民生之本。与第一代农民工不同，新生代农民工更注重自身的发展，有着更高的就业期望，也因而面临着更多的就业问题。工会作为保障工人权益的人民团体，如何在新的就业形势下完善和创新管理模式，改进服务方式，为新生代农民工提供就业支持与保障，对于构建和谐劳动关系，进一步推动经济社会健康稳定发展有着重要意义。

一、发展农民工工会，强化维护职能的必要性

（一）发展农民工工会，强化维护职能是我国工会与时俱进、不断发展的重要目标

　　为顺应经济建设的飞速发展，我国的工会制度建设、组织发展也处在不断自我完善与发展的阶段。1992年颁布实施《工会法》时，明确了工会的具体职能，为工会的组织建设提供了法律保障，但由于当时尚未明确提出建立和发展社会主义市场经济，因此《工会法》的起草过程具有一定的计划经济的背景。2001年10月27日通过的《关于修改〈中华人民共和国工会法〉的决定》，在顺应新形势、总结实践经验的基础上进一步突出和强化了工会维护职工合法权益的职能。2003年8月2日，中华全国总工会表示，所有离开家乡进城务工并以工资收入为主要生活来源的农民工，都可以加入工会，成为工会会员。2006年3月27日《国务院关于解决农民工问题的若干意见》公布，文件强调要强化工会维护农民工权益的作用，充分发挥共青团、妇联组织在农民工维权中的作用，力争使工会成为农民工的正式维权组织。

　　法律及政策的不断完善，显示了农民工工会的法律地位及社会地位得

到了逐步的重视和提升。明确维护职能，通过实践与理论研究，探索并完善农民工工会在保障新生代农民工就业方面的规章制度及具体流程，既是迎合新生代农民工就业保障的需要，也是我国农民工工会发展的未来趋势。

（二）农民工工会是新生代农民工群体自身发展的需要

虽然农民工是目前仅次于农民并且多于工人的劳动群体，但局限于其就业流动性强、团体意识及法律观念淡薄等自身特点，受困于现存的利益格局及"强资本弱劳工"的劳动关系等外部因素，农民工群体无法独自完成改善当前就业环境的现实目标及树立自身社会地位的政治任务。进一步分析，新生代农民工是农民工群体未来发展的趋势。20世纪80年代后出生的新一代进城务工的农民工群体，他们成长在深化改革开放、全面建设小康社会的时期。与第一代农民工相比，作为"离土又离乡"的一代农民工，新生代农民工进城务工的动机不再局限于实现温饱、增加收入，他们更希望通过务工为自身发展提供更高的平台，实现自我价值。他们在职业期望、生活品位、维权意识等方面均高于第一代农民工，更倾向于向市民化进行转变。因此，面对新生代农民工群体的发展诉求，以及目前利益实现机制和途径的缺失，需要一个能够切实代表其利益的集团，在社会博弈、劳资谈判、解决纠纷的过程中为其争取合法权益。

（三）农民工的非正式组织泛滥

在缺乏体制保护的情况下，新生代农民工群体中出现了民工维权的草根组织，各种同乡会、老乡会充当了农民工的维权组织。如义乌的"江西玉山帮"等，这些老乡帮会从最初的团结起来维护自身利益走向以非法手段帮助他人解决难题。他们多数以年轻气盛的新生代农民工为骨干，在维护农民工权益的同时，也引发了一部分恶性案件，影响经济发展和社会政治的稳定。这种自发性质的非正式组织，一方面反映了新生代农民工迫切需要代表自身利益的组织作为依靠，另一方面也反射出目前我国合法农民工组织的缺失。

从非正式组织的角度分析农民工工会组织存在的必要性、迫切性，探索体制内组织转型的重要意义。从非正式组织产生的逻辑根源来看，在社会转型时期出现的新社会群体会自发地形成新的社会组织来维护其利益，满足其自我需求。目前新生代农民工处于的弱势地位是其非正式组织产生的直接原因。根据《浙江义乌市工会维权模式农民工问卷》调查，在打工中遇到困难的时候，66.9%的农民工会向家人、工友、老乡求助，求助于工会组织的只有 18.9%，另外，就业途径的调查结果显示，59.0% 的农民工通过老乡介绍就业，通过工会就业的仅为 2.8%，可见体制内工会在维护农民工权益、服务就业等方面存在相当大的改进空间。面对新生代农民工群体的利益维护、组织需求，农民工工会组织应转变发展模式，转换工作思路，与非正式的农民工组织之间取长补短，建立相互借鉴、融合的关系。

二、农民工工会的发展困境

由于我国工会尚处于不断完善、发展的阶段，长期以来，工会只面向和保护城镇职工，直到 2001 年新修订的《工会法》出台，才第一次把进城务工的农民界定为"以工资收入为主要生活来源"的"流动工人"，在法律上肯定了农民工拥有参加工会组织的权利。近 20 年来，农民工工会在全国各地不断发展壮大，涌现出像沈阳鲁园农民工工会、义乌农民工工会等工作成效显著、事迹突出的优秀农民工工会。但受制于诸多困境，多数农民工工会还仅停留在象征意义的层面，在代表农民工群体进行劳资谈判、监督劳动合同的签署及履行、调节劳动争议、保障就业权益等方面存在不足。

（一）体制困境

在公共选择过程中，在各个社会集团和阶层之间的权利角力中，农民工这一团体依然显得无足轻重。农民工虽然人数众多，贡献巨大，但其始终是弱势团体，即缺乏利益表达的渠道，无法参与政策制定，又缺少利益表达的力度，无力影响政策走向。现行的社会价值分配政策，更倾向于那些能够有效参与政治生活的群体。以目前的政治体制，缺少一个相关部门代表农民工阶层的利益，代表农民工参与政策制定，维护其权益。在现有体制内，国家在投资分配、公共服务、政策支持等方面必然会受强势利益集团的影响，产生利益倾斜。因此，在不断提升农民工阶层的社会关注度及影响力的同时，能真正的有一个维护自身权益的，具有一定政治影响力的代表，对于农民工阶层走出体制内困境是十分重要的。

（二）利益困境

农民工权益在追求利益与业绩的经济活动中，往往处在被忽视甚至对立的层面上。在非公有制企业中，从雇主的角度，企业过于注重盈利从而对工会产生了认识上的偏差，担心工会组织工人与企业对立，影响生产，增加用工成本。对于地方政府而言，企业职工的顺从程度成为其建设良好投资环境的一项标准，从而在某种程度上通过地方政策及管理阻碍甚至规避农民工工会的发展。在利益格局构建过程中，这种企业对利益过分追求的偏差，以及地方政府政绩评价机制中的"唯GDP论"，使得既得利益者并不愿意积极组织建设农民工工会，帮助其有效运转。

（三）经费困境

工会法规定，工会的经费来源为五个方面：一是会员缴纳的会费；二是建立工会组织的企业、事业单位、机关按每月全部职工工资总额的2%向工会拨缴经费；三是工会所属的企业、事业单位上缴的收入；四是人民政府补助；五是其他收入。农民工就业的流动性及收入的不稳定性，决定了农民工工会无法依靠会费予以支撑。因此，农民工工会的经费基本依赖上级工会的拨款，而上级工会经费来源多为行政方面拨交的经费，即建立工会组织的企业、事业单位和机关，按每月全部职工工资总额的2%向工会拨交工会的经费，这部分经费还需按有关规定逐级上解。相对于数目庞大的农民工会员，上级工会下拨的经费很难支持农民工工会在维持正常的运作的同时，进一步展开对农民工的职业培训、法律援助、就业支持等工作。

三、农民工工会保障新生代农民工就业的几点建议

（一）完善农民工工会组织模式

根据新生代农民工的就业特点，农民工工会应打破固有的通过企业、事业单位组织职工入会的模式，建立更为灵活的组织形式，扩大入会范围，以达到维护更多的农民工权益的目的。

1. 源头建会模式，即在农民工自己的家乡建立工会，使得农民工在外出打工之前就以加入工会。以四川省为例：四川省重点发展其"源头入会，城际互联"的农民工工会管理模式。按照"源头入会、属地管理、联动维权"的思路，在各村、街道、社区、乡镇建设工会，发展农民工入会。截至2010年12月，四川省共发展农民工会员724.1万人，建成村级工会3.2万个，社区工会4076个，乡镇工会4388个。

2. 项目入会，即在建筑行业等农民工相对集中的行业中，在项目规划过程中组建工会。建设部门在审核项目的劳务资质的过程中将工会组织建设作为审核的硬性标准，从工程项目入手，抓好进入施工企业的零散队伍的工会建设，从源头保障农民工的就业权益。

3. 直选工会，即在非公有制企业中，工会由企业职工在上级工会组织

的指导下自主建立工会，由工人代表直接选举工会领导人，工会直接代表工人的利益，与厂方进行劳资谈判。

（二）提升农民工工会地位

面对新生代农民工群体对于平等的生存权、发展权的进一步需求，作为农民工群体利益的代表，农民工工会如果无法在地方利益博弈中与企业处在平等的地位，无法在投资分配、公共服务、政策支持等方面代表农民工阶层表达合理诉求，也就无从谈起提升新生代农民工社会地位，为其创造公平、自由的发展空间。因此，农民工群体社会地位的提升，首先要建立在其群体利益代表即农民工工会的地位提升的基础之上。目前农民工工会的经费来源、组织管理都要依从于上级工会。这种依附性的团体地位，不利于农民工工会进一步展开权益维护。因此，需要建立独立的农民工工会编制，直接受地方总工会的指导及监督，在与地方的劳动监察、工商协会、行业协会等各类部门的交涉中处于平等的地位。

（三）发展新生代农民工骨干，培育农民工工会管理人才

新生代农民工中不缺乏受过良好教育、具有优秀的学习能力及管理能力的人才，因此除必要的岗位需要相关专业人员外，可吸纳农民工作为工会的工作人员。一方面农民工更明确自身的特点、需求及困难，使农民工工会的工作开展有的放矢。另一方面为农民工设立专门的岗位，从政府层面提高对农民工阶层的重视与尊重，对于逐步提高农民工社会地位有重要意义。

（四）完善就业信息渠道建设

新生代农民工最初到城市里打工多数是由亲戚、熟人介绍工作，从而进城务工。但由于其流动性强，当离开最初的工作之后，再寻找工作就需要通过自身的寻找。而目前的正规就业渠道对于新生代农民工来说还是十分有限的，从而导致了务工难的局面。有时由于缺少社会经验，新生代农民工还会陷入黑中介的陷阱中。因此就业渠道建设对新生代农民工的就业保障至关重要。第一，强化农民工工会的就业指导职能，设立双向就业信息交流平台，将新生代农民工的职业特长与企业用工需求归类，合理推荐工作，提高就业效率。第二，建立劳动力输出地与输入地的工会联系网络，使新生代农民工第一时间获得就业信息。第三，建立用工单位信誉评价体系，根据工会人员的实地调研及农民工的反馈信息对用工单位给予评价，

鼓励优秀，揭露恶意用工。

（五）加强职业技能培训

由于初涉社会，在激烈的就业竞争中，新生代农民工缺少必要的技能及经验，使得他们在需要技术的行业竞争中落后于第一代农民工。因此，加强新生代农民工的职业技能培训是十分必要的。工会应授人以渔，利用其组织能力及优良的社会资源组织新生代农民工进行职业技能培训。一方面，与当地的职业技术学校建立合作关系，合理利用其优秀的师资力量及实训设备，为新生代农民工提供职业技能培训。另一方面，吸收社会上优秀的劳动能手（如瓦匠、电工等），聘请他们为新生代农民工进行专项的劳动技能培训，实现农民工群体代际间的优良品质及精湛技能的交接传递。

（六）完善农民工工会内部就业保障职能建设

虽然相对于第一代农民工新生代农民在法律维权意识方面有所提高，但这种提高尚且停留在意识层面上，对于与劳动保护相关的法律条文，就业合同的具体内容，以及解决劳动纠纷的具体流程等方面都缺少更为细化的认识。因此需要强化农民工工会的就业保障职能，在工会内部建立相关的职能部门，为农民工群体提供更为直接的保障及服务。

1. 建立相关的法律援助部门

工会聘请专职律师，为农民工提供法律咨询、援助。同时，根据农民工的就业特点建立统一的就业合同范本，保证全体农民工在就业前都签订合法有效的合同作为保障。

2. 建立专门的维权办公室

维权成本过大一直是困扰农民工群体的问题。2007 年 1 月 24 日，《人民日报》报道的鲁园农民工工会维权日记对农民工工会维权的艰辛做了最真实的写照。为了给在烧烤店打工的农民工讨回 300 元工资，工会副主席杨春文历时一个月，两次去烧烤店，四次到劳动局，一次到个体工商协会。作为工人的代表，工会讨薪都如此的烦琐、艰难，可以想象农民工走在讨薪路上需要多大的勇气。农民工工会应与劳动、工商部门合作，建立专门的维权办公室，相关职能部门均在此处设立办事窗口，做到劳动维权一站式服务，切实简化维权程序，降低维权成本。

参考文献

[1] 马克思,恩格斯.马克思恩格斯选集(第 1 卷)[M].北京:人民出版社,1995:136-151.

[2] 马克思,恩格斯.马克思恩格斯选集(第 2 卷)[M].北京:人民出版社,1995:196-237.

[3] 列宁.列宁选集(第 2 卷)[M].北京:人民出版社,1995:310.

[4] 江泽民.江泽民文选(第 2 卷)[M].北京:人民出版社,2006.218.

[5] 徐艳.重庆农民工就业保障制度研究[D].重庆大学,2005.

[6] 胡冬梅.辽宁省农民工就业保障政策执行效果研究[D].东北大学,2011.

[7] 向贻奋.新生代农民工就业保障制度探析[D].西南财经大学,2011.

[8] 罗恩立.我国农民工就业能力及其城市化效应研究[D].复旦大学,2012.

[9] 高月.我国农民工就业及其制约因素研究[D].吉林大学,2011.

[10] 刘潇远.农民工工会组织建设初探[D].湖南师范大学,2005.

[11] 刘太兵.试论加强农民工工会建设[J].河南农业,2006(11):38.

[12] 孟维,刘子惠.从鲁园农民工工会维权看农民工工会维权现状、困境及对策[J].辽宁工程技术大学学报(社会科学版),2006(6):611-613.

[13] 石宏伟,栾文建,周德军."民工荒"背景下的农民工就业保障问题研究[J].农业经济,2011(1):73-74.

[14] 王晨静,孙晓冬.农民工工会管理维权模式可行性分析——基于四川"源头入会、城际互联"模式的考察[J].调研世界,2011(11):24-27.

[15] 卢建锋,张艳.农民工工会的外部人控制[J].中国农村经济,2011(11):74-81.

[16] 阮志祥,任建华,任九腊,马丹.农民工工会建立和农民工利益问题[J].商,2012(7):140.

[17] 林海.农民工工会和结社自由[J].法治研究,2009(4):10-17.

农民工就地市民化中完善"新农保"制度研究

一、引言

国务院国发〔2016〕44 号文中指出：加快农业转移人口市民化，是推进以人为核心的新型城镇化的首要任务，是破解城乡二元结构的根本途径[1]。《国务院关于深入推进新型城镇化建设的若干意见》中有进一步明确指出：我国自《国家新型城镇化规划（2014—2020 年）》发布实施以来，新型城镇化各项工作取得了积极进展，但仍然存在市民化进展缓慢，城镇化质量不高，仍需加快培育中小城市和特色小城镇[2]。新型城镇化的核心是人的城镇化，而人的城镇化最根本的问题就是市民化。2016 年农民工总量达到 28171 万人，其中，本地农民工 11237 万人，比上年增加 374 万人，增长 3.4%，本地农民工增量占新增农民工的 88.2%[3]。目前，解决我国农民工市民化问题的基本途径主要有农民工基于城市融入市民化、农民工就地市民化两种。关于农民工城市融入方面学者研究较多，而对农民工就地市民化的问题研究存在一些不足。新型城镇化建设的意见为农民工就地市民化提供了良好的契机。农民工就地市民化可以有效缓解"候鸟式"城镇化给融入城市带来的交通拥堵效应、环境污染状况、资源短缺现象；有利于中小城镇的发展扩大，加快城乡统筹并促进城乡一体化发展；农民工就地市民化还在一定程度上缓解了农民工乡土情结，解决农村"三留人员"问题，从而促进农村社会和谐发展[4]。农民工就地市民化旨在关注农业转移人口社会保障制度的完善，最终目的就是要让更多的农民工在就近转移甚至不转移的前提下，享受到与城市居民一样的社会保障。现行农村地区的社会保障制度主要有新型农村养老保险制度、新型农村合作医疗制度、农村最低生活保障制度等，而新型农村养老保险制度在农民工就地市民化中又起着基础保障性作用。所以，亟须对"新农保"制度进行改革和完善，从而有力推进农民工就地市民化的进程。

二、"新农保"制度概述

（一）我国农村养老保险的发展

我国农村社会养老保险制度的探索始于20世纪80年代中期，1986年民政部根据"七五计划"关于"抓紧研究建立农村社会保险制度，并根据各地经济发展情况进行试点，逐步实行"的目标，开始对农村养老保险进行积极探索。1991年民政部出台《县级农村社会养老保险基本方案（试行）》，但在资金筹集方面仅对个人缴费做了较明确的规定，对集体补助和国家扶持缺乏明确约束。各地在政策执行过程中，由于经济发展等各方面原因，农村社会养老保险缺乏集体补贴和政府财政支持，保险费主要由农民自己缴纳，而且保障水平低，不能满足农民基本养老需要，实施效果并不理想。1999年出台《国务院批转整顿保险业工作小组保险业整顿与改革方案的通知》，农村养老保险工作就此搁浅直至2002年。2002年党的十六大报告明确提出，"有条件的地方，探索建立农村社会养老保险制度"。2007年党的十七大报告指出，"有条件的地方探索建立多种形式的农村养老保险制度"。各地开始积极探索农村社会养老保险制度，此阶段"新农保"筹资有地方财政支持，但在国家层面未出台全国性的指导政策和实施细则，缺乏操作层面的国家政策支持，各地模式不统一。而且没有国家财政资金投入，难以大规模推广，覆盖范围有限。国务院于2009年9月颁布《关于开展新型农村社会养老保险试点的指导意见》，决定从2009年起开展"新农保"试点，2009年试点覆盖面为全国10%的县（市、区、镇），以后逐步扩大试点，在全国普遍实施，2020年之前基本实现对农村适龄居民的全覆盖[5]。

（二）"新农保"制度的基本内容

"新农保"制度是"新型农村社会养老保险制度"的简称，是由政府负责组织实施，针对广大农村居民而建立的一种社会养老保险制度。它实行个人缴费、集体补助、政府补贴相结合的筹资方式，基础养老金与个人账户养老金相结合的待遇支付模式，是用以保障农民年老后基本生活的一种新型农村社会养老保险制度。

新农保的参保范围为年满16周岁（不含在校学生）、未参加城镇职工基本养老保险的农村居民。新农保基金由个人缴费、集体补助、政府补贴构成。其中个人缴费标准设为每年100元、200元、300元、400元、500元

5 个档次并依据农村居民人均纯收入增长等情况适时调整缴费档次。有条件的村集体应当对参保人缴费给予补助，政府对符合领取条件的参保人全额支付新农保基础养老金，其中中央财政对中西部地区按中央确定的基础养老金标准给予全额补助，对东部地区给予 50%的补助。"新农保"制度实施时，已年满 60 周岁、未享受城镇职工基本养老保险待遇的，不用缴费，可以按月领取基础养老金，但其符合参保条件的子女应当参保缴费。新农保基金暂实行县级管理，随着试点扩大和推开，逐步提高管理层次；有条件的地方也可直接实行省级管理[6]。

三、各地"新农保"制度试点情况

（一）宝鸡市"个人账户+双补贴账户"模式

陕西省宝鸡市新农保制度在采取"个人缴费、集体补助、财政补贴相结合"筹资方式的基础上，实行进口补与出口补相结合的财政补贴的创新办法[7]。个人缴费实行统一办理，实行个人账户完全积累制，创新激励机制，形成政府与个人、儿女与父母相互激励、相互约束、良性互动的"捆绑机制"[8]。

（二）苏南"大账户、小统筹、个人缴费与财政补贴相结合"模式

江苏苏南地区（无锡、苏州等地）借助乡镇企业发展的优势，依靠成熟的农村社区管理模式，形成了自有特色的新型农村养老保险模式。其社会养老保险模式的特点，一是实行大账户、小统筹，即以个人账户为主，同时建立小部分社会统筹基金；二是政府财政和集体经济对参保农民给予一定比例的补贴[9]。苏州市 2012 年 1 月 1 日开始实施的《居民社会养老保险管理办法》，将农村养老保险和城镇居民养老补贴整合为城乡统一的居民养老保障制度。苏州的整体社会保障，正在向"城乡统筹、城乡一体化"迈进。苏州地区城乡社会保险并轨工作是制度的一体化，采取多缴多得的原则，目前形成了三方负担、统账结合、个人缴费与财政补贴相结合的保障形式。同时，仍需要继续考虑基金的保值增值，如何多渠道推进养老保险城乡一体化，最终实现新农保制度的"应保尽保"目标[10]。

（三）东莞市"个人账户结合与社会统筹结合"模式

广东省东莞市实行社会统筹与个人账户结合，保险费由市、镇、村和个人共同负担。农民基本养老金与参保人的缴费基数和缴费年限挂钩，并

随社会经济发展水平做适当的指数变动。2009年，东莞市政府下发《东莞市人民政府关于建立全市城乡一体社会养老保险制度的通知》，实行全市农（居）民基本养老保险与职工基本养老保险全面统筹发展，即是将农（居）民基本养老保险与职工基本养老保险合并到同一轨道，从而形成"新型农村养老保险"。

（四）德阳市"新农保"服务创新管理模式

2009年12月底，德阳市旌阳区被四川省列为国家首批"新农保"试点县，上级部门要求新农保试点地区在半年内参保率达到80%。面向全区约30万农户的新农保工作是一项非常庞杂而专业的系统工程，据测算，新农保如果按照传统模式，由德阳市劳动局提供经办管理服务，全年需要投入经费至少627万元，需配备管理人员约180人。面对没有农村基层服务机构、经办人员捉襟见肘和财政一时难以负担的现状，根据精简效能原则，为了实现降低新农保服务成本、提升工作效率的目标，旌阳区政府决定运用现代管理方式和政府购买服务方式，将商业保险公司引入新农保服务经办领域[11]。

四、"新农保"制度存在的问题

（一）立法不健全，与其他相关制度衔接差

国务院于2009年9月颁布《关于开展新型农村社会养老保险试点的指导意见》，决定从2009年起开展"新农保"试点，但推广至今，尚未颁布与之相关联的完整的法律档，建立明确有效的法律机制。由于没有统一的法律来规范"新农保"制度，致使各个地区在"新农保"的缴费标准、集体补助和政府补贴方式、保障水平上做法不统一，地区间存在很大差异[12]。由于农民工身份的转变、工作空间的转移等的变化，使其在城市缴纳的职工养老保险很难顺利转入"新农保"。

（二）资金筹集难，可持续性不强

目前"新农保"制度筹资方式单一，还是依靠农民工个人缴费为主。对于现阶段农村地区集体经济发展不均衡的现象，很难在全国范围内做到集体经济补助农村基础养老金。由于我国幅员辽阔，经济地区发展不均衡，国家财政对于地方给予的补贴也很有限[13]。

（三）投保范围的局限性，代际问题突出

"新农保"制度投保范围要求年满 16 周岁（不含在校学生）、未参加城镇职工基本养老保险的农村居民，可以在户籍地自愿参加"新农保"。但是对于已征地农民，其被征地转为非农户口，则不符合新农保的条件，无法领取到基础养老金，同时又由于没有进城就业而无法参加城镇职工养老保险。被征地农转非居民已成为城镇居民的重要组成部分，但被征地的老年农民的养老保障却没有跟上城镇的脚步，导致失地农民的养老保障处在真空中，无法落实到实处。并且对于已满 60 周岁的老年人则不需要缴费也可领取养老金，这部分收支差额只能由国家财政进行补贴，实行现收现付。但是随着我国老龄化进程的加快，人口红利不断消失，计划生育的负面影响开始凸显，未来很长一段时期内，养老保险金的收入和支出差距将会越来越大，国家所承担的财政压力也越来越大。

（四）管理缺乏专业性，基金保值增值能力差

"新农保"制度中农保基金暂实行县级管理，由于县级单位相关人员大多是非专业，其缺乏相关专业知识技能，所以如何进行长期的有效管理，包括缴费管理、账户管理、档案管理、信息数据管理等，这是新农保制度面临的难题，更别说对农保基金进行更高效的投资使得基金保值增值[14]。随着"新农保"制度在全国范围内全部启动，将会有一大批养老基金需要管理。目前，养老基金管理模式老化，管理设施落后，由于缺乏专业人员，对于基金的投资保值增值，仅仅依靠存入银行或购买国债等单一的稳健投资方式，在现行持续升温的通货膨胀下，加大了养老基金的贬值率[15]。

五、农民工就地市民化中完善"新农保"制度的对策建议

（一）立法先行，完善"新农保"制度体系

目前我国对于"新农保"制度尚未制定出一套完整的法律法规，所以现阶段迫切需要完善法律法规来保障"新农保"制度有条不紊地进行。

1. 加强对"新农保"的规范化管理和推广。我国已于 2011 年 7 月实施《社会保险法》，在国家层面对我国社会保险进行规范，保证了我国社会保险的社会主义特色。当前的重点是在国家层面尽快出台《养老保险法》《农村社会养老保险条例》等法律法规，通过制定国家层面的法律法规明确农村社会养老保险的发展目标、基本原则、基本项目等，从而增强新型农村社会养老保险的权威性和规范性，明确新型农村社会养老保险的法律

地位[16]。

2. 明确各级政府的法律责任。在推行新型农村社会养老保险的过程中，各级主管政府机构可以根据各地试点中的实际情况制定相应的规范，禁止没有立法权的政府机构擅自制定新农保相关规范，从而杜绝各地制度混乱、规范相互冲突的现象，为进一步由国家立法机关制定新农保相关法规提供明晰的立法环境。同时，国家在新型农村社会养老保险的立法过程中，也要重视新农保立法和相关法律法规的修正和完善，并制定新的农村税收法，完善社会养老司法复审制度，从而构建我国社会主义特色的农村社会养老保险法律体系[17]。

3. 制定相关衔接制度。任何一项制度的实施并不是单一存在的，在其实施过程中需要制定和完善相关衔接机制，维护好广大农民工的切身利益，更有利于其自身就地市民化的实现。对于已参加职工养老保险在外打工的农民工，可以将其个人账户接入当地"新农保"账户；对于被征地农民工，可以按照其被征地范围按照一定比例换算成货币转入其"新农保"个人账户；对于农村低保户，国家在审核其现行家庭状况后，酌情按比例补贴。

（二）制定鼓励机制，扩大资金筹措方式

1. 当前"新农保"制度的养老基金主要依靠个人缴费，政府财政补贴毕竟有限，所以各级地方政府可以制定相应的政策，鼓励外来资本进行投资发展当地的集体经济，给进入投资的企业提供实际性的优惠政策，从而鼓励其投入部分资金到当地的"新农保"统筹账户中去。

2. 允许乡镇及以下政府通过信贷方式，大力发展农村信用合作银行等机构，专门开设针对农村的信贷业务，同时，银行应该相对做出一部分让利，降低乡镇政府或者企业贷款的利息率，盘活整个农村经济，同时也帮助到农村养老金多元化的补助，让更多的农民工通过银行给政府的贷款，等到应有的补助[18]。

（三）调整现有"新农保"模式，实现城乡养老体系一体化

现行的"新农保"制度对于一部分失地农民没有做出明确的说明，这些失地农民虽然拥有非农户口，但是依旧在农村从事和农业有关的工作，并且一直生活在农村，同时他们也无法加入城镇职工养老保险。所以，政府应该针对这部分人群重新规划，制定合理的政策，适时调整现有的"新农保"模式，逐渐实现城乡养老体系一体化。而对于 60 周岁以上的老年人，可以通过提高给付养老金的标准，来鼓励其子女积极投保，并且在条件允许的情况下，适当提高自身养老金个人缴费额度，或者可以通过利用自有耕地、宅基地等使用权来进行置换。

（四）提高基金管理透明度，建立监督机制，扩大养老金有效投资的管道

近年来，随着"新农保"制度试点范围的不断扩大，对于基金的管理俨然成为当下制约着"新农保"制度发展的大问题。政府应当提高要求，管理人员必须要有足够的专业知识背景，对于基金的管理要做到公正公开透明化。并且为了保证"新农保"制度健康有序的发展，还需要建立一套完善的监督机制，综合内部监督制约和外部监督的手段，规范"新农保"制度的监督管理。同时逐步合并县级单位管理，逐步实现省级统筹[19]。对于养老金的增值保值，各地区可以选择现行基金管理公司进行投资托管，或者选择有专业知识背景的工作人员进行有效投资，扩大投资管道，提高基金的利用效率。

（五）创新农村土地制度，将土地利用和"新农保"相结合

要统筹城乡发展，农村、农业和农民应该是受益者。在当前市场经济条件下，土地是农民最重要的生产要素，也是最主要的家庭财产。在满足土地利用规划和利用效率的前提下，允许农民以其他经济形式，以土地为资本，参与乡镇企业建设，并且将这部分经济形式转化的经济资本投入到"新农保"养老基金中去。这样，农民可以直接参与土地的市场交易，把土地产权变成他们的永久物权，使农村融入城镇，耕地转为非农用地，农民变为市民，实现农民工就地市民化。

参考文献

[1] 国务院.《国务院关于深入推进新型城镇化建设的若干意见》.国发〔2016〕44号文.

[2] 国务院.《国务院关于实施支持农业转移人口市民化若干财政政策的通知》.国发〔2016〕08号文.

[3] 国家统计局.2016年农民工监测调查报告[J].中国物流与采购,2016(10):66-70.

[4] 柳思维.发展重点小城镇推进农民就近就地市民化的探讨[J].湖南商学院学报,2013,20(6):5-9.

[5] 国务院.《国务院关于开展新型农村社会养老保险试点的指导意见》.国发〔2009〕32号文.

［6］张川川,陈斌开."社会养老"能否替代"家庭养老"?——来自中国新型农村社会养老保险的证据[J].经济研究,2014(11):102-115.

［7］魏哲铭,李东,刘叶.新农保年青农民参保意愿偏低原因探析——"宝鸡模式"调查[J].西北大学学报哲学社会科学版,2013,43(4):125-129.

［8］杨军.新型农村社会养老保险的发展模式研究——以陕西省宝鸡市为例[J].西部财会,2009(9):52-55.

［9］独特网.2016年东莞新型农村社会养老保险制度及好处分析.http://www.depeat.com/yanglaobaoxian/160922.html2016-07-31.

［10］王晓磊.苏州市城乡社会保险制度并轨模式研究[D].西北农林科技大学,2015.

［11］李振文.公私合作视角下新农保管理服务创新研究——基于"德阳模式"探索实践的分析[J].社会保障研究,2014(4):21-28.

［12］刘奎.新型农村社会养老保险的问题及对策分析[J].中共济南市委党校学报,2016(5):72-76.

［13］卢海元.我国新型农村社会养老保险制度试点问题研究[J].毛泽东邓小平理论研究,2010(6):1-8.

［14］邓大松,薛惠元.新型农村社会养老保险制度推行中的难点分析——兼析个人、集体和政府的筹资能力[J].经济体制改革,2010(1):86-92.

［15］吕中伟.新型农村养老保险制度问题研究[J].法制与社会,2017(2):219-220.

［16］徐文芳,谢圣远.新型农村社会养老保险制度探析[J].广西经济管理干部学院学报,2011,23(3):37-42.

［17］司春燕.关于新型农村社会养老保险制度完善与推进的思考[J].农业经济,2011(4):48-49.

［18］李瑞民.新型农村社会养老保险现状分析及建议[J].人力资源管理,2017(2):198-200.

［19］刘奎.新型农村社会养老保险的问题及对策分析[J].中共济南市委党校学报,2016(5):72-76.

农民工市民化过程中的社会保障问题研究

农民工是指户籍仍在农村，却在城市从事非农产业的劳动者。农民工是我国改革开放的产物。改革开放以来，农民工为我国的经济建设做出了重大贡献，成为推动我国经济发展的重要力量。目前全国农民工约有 2.7 亿人。庞大的农民工群体既是我国经济发展转型的坚定保证，也是我国全面建成小康社会的重要基石。农民工市民化是我国解决农民工问题的重要途径。十八届三中全会提出要推进农业转移人口市民化，逐步把符合条件的农业转移人口转为城镇居民。稳步推进城镇基本公共服务常住人口全覆盖，把进城落户农民完全纳入城镇住房和社会保障体系，在农村参加的养老保险和医疗保险规范接入城镇社保体系等。《国家新型城镇化规划（2014—2020 年）》提出要扩大社会保障覆盖面，降低社会保险费率来进一步促使农民工加快身份的转化，来更好地提高我国的城镇化水平[1]。2016 年中央一号文件提出要提高农村公共服务水平，把社会事业发展的重点放在农村和接纳农业转移人口较多的城镇，加快推动城镇公共服务向农村延伸，推进农村劳动力转移就业创业和农民工市民化。但二元化的社会保障制度一直是制约农民工市民化的重要因素。

一、农民工群体的主要特征

第一，农民工群体规模整体较大、人数较多。据国家统计局调查结果显示，2014 年全国农民工总量为 27395 万人，占全国总人口的 20% 左右。这是改革开放后，伴随着国家现代化、城镇化出现的结果。大量的农民工涌入城市，极大地解放了农村的剩余劳动力，促进了我国的快速发展繁荣。从男女比例来看，男性所占比例较大，为 67%，女性为 33%。从年龄段上来看，16~50 岁的青壮年是农民工的主要组成部分，约占 82.9%。

第二，农民工群体普遍文化水平偏低。据国家统计局网站公布的数据，农民工文化水平在初中及以下的占比约为 76.2%，高中及以上为 23.8%。

由此可知，初中文化水平以下的农民工所占比重较大，而高中及以上文化程度的农民工所占比重较小。同时，新生代农民工比老一辈农民工文化水平要高。这也与我国经济的发展、义务教育的普及，以及教育水平的提高有关，在农村地区越来越多的人接受高中、高职及以上的教育。但总体来讲，我国农民工整体文化水平偏低，且大部分集中在初中及以下文化层次[2]。

第三，农民工就业范围狭窄，劳动技能水平相对偏低，工作强度较大。在我国，有56.8%的农民工的就业范围主要局限于第二产业，其中大部分是在制造业与建筑业，属于劳动强度大、工作时间长、危险系数高的行业。这些行业普遍劳动技能要求低，专业性不高，体力要求高。还有42.6%的农民工在第三产业中寻求工作岗位，主要为批发和零售业（11.3%），交通运输、仓储和邮政业（6.3%），住宿和餐饮业（5.9%），居民服务、修理和其他服务业（10.6%）。在经济新常态时期，伴随着经济结构不断优化升级，传统体力型劳动需求会越来越少，而专业技能型劳动需求会越来越高。农民工要大力提高自己的专业技术水平，才能在未来获得更好的发展。

二、农民工社会保障的现状

农民工群体数量庞大、就业层次较低、收入相对较少，非常需要社会保障来抵御不可预知的社会风险。同时，健全农民工社会保障制度是社会公平与效率的需要，也是加快我国城镇化、工业化进程的需要，同时也是实现社会和谐稳定的需要[3]。

1. 农民工社会保障制度模式的选择

为了解决好农民工社会保障问题，中央及地方各级政府制定了大量的法律、法规和相关政策，并形成了四种农民工社会保障模式。一是直接扩面型模式，亦称"城保"模式，其理念基础是"同工同权"，也就是将农民工群体纳入城镇职工社会保障范围内。扩面型模式体现了政策的公平性和统一性，但由于缴费水准太高，超出了大部分农民工和中小企业的承受能力，因此，在实际实践中，扩面型模式的参保率很低而退保率较高。其代表省份是广东、河北等。二是"双低"模式，就是综合考虑到农民工的缴费能力较低和就业质量较差的现状，实行"低门槛准入、低标准享受"的双低模式。这种模式有利于提高农民工参保的积极性，同时也兼顾了制度的衔接性和社会保障扩面要求，对提高农民工社保权益有积极作用。浙江省采用了此种模式。三是完全独立式，也称"综保"模式，该模式是专门为农民工群体单独建立的，具有多种保障项目的综合保障模式。"综保"模式在一定程度上解决了农民工工伤、医疗保障问题，适应了农民工就业不稳定的特点。上海市对进城务工的农民工采用了此种社保模式。四是"农保"模式，就是将农民工纳入流出地的农村社会保障体系。它具有费率低，拥有土地、家庭等保障的优点，但也有保障项目有限、保障水平低等缺点。

2. 农民工社会保障的现实状况

在整个农民工社会保障体系中，社会保险处于极其重要的地位，是社会保障制度的基础。近年来，我国农民工社会保险的参保率逐步提升，农民工的参保意识逐步增强，但同时还存在很多情况并不如人意。表1是农民工参加社会保险的比例。

表1 农民工参加社会保险的比例

保险项目	工伤保险	医疗保险	养老保险	失业保险	生育保险
农民工参保率（%）	26.2	17.6	16.7	10.5	7.8

如表1所示，农民工参保率最高的为工伤保险，仅为26.2%，距离工伤保险对农民工保障的全覆盖还差距很大。医疗保险的参保率为17.6%，较低的医疗保险参保率导致农民工在生大病的时候会"因病致贫、因病返贫"，因此导致农民工面对疾病的时候只能"小病挨，大病挺"。养老保险和失业保险的参保率分别为16.7%、10.5%。这两个保险一个关乎农民工将来年老体衰时的基本生存问题，一个关乎农民工在失去工作时的生活来源问题，对农民工来讲也是非常重要的，但较低的参保率也是不争的事实。生育保险的参保率（7.8%）则更低。

从地域划分上来讲，东部的农民工社会保险参保率最高，其次为西部、中部，如表2所示。

表2 分地域农民工参加社会保险的比例

地区	工伤保险(%)	医疗保险(%)	养老保险(%)	失业保险(%)	生育保险(%)
东部地区	29.8	20.4	20.0	12.4	9.1
中部地区	17.8	11.8	10.7	6.9	4.9
西部地区	21.9	13.6	11.4	7.7	5.8

东部地区工伤保险的参保率比中部地区高出12个百分点，比西部地区高出7.9个百分点；医疗保险方面东部地区为20.4%，比中部地区高出8.6个百分点，比西部地区高出6.8个百分点；养老保险方面，东部地区比中部

地区高出 9.3 个百分点，比西部地区高出 8.6 个百分点；在失业保险方面，东部地区的参保率为 12.4%，比中部地区高出 5.5 个百分点，比西部地区高出 4.7 个百分点；在这"五险"中，参保率最低的为生育保险，参保率最高的东部地区才仅有 9.1%，比中部地区高出 4.2 个百分点，比西部地区高出 3.3 个百分点。经过对比发现，东部地区的社会保险各项参保率均为全国最高，其次为西部、中部。这也与当地经济的发展程度有关。经济发展程度越高，参保率相对也就越高。但即使在经济较发达的东部来说，农民工社会保险的参保率还是很低，农民工尤其是女性农民工的社会保障权益还是没有得到很好的保护和贯彻。

社会救助是指国家和其他社会主体对于遭受自然灾害、失去劳动能力的公民及其他低收入公民给予物质帮助或精神救助，以维持其基本生活需求，保障其最低生活水平的各种措施。它对于调整资源配置、实现社会公平、维护社会稳定有非常重要的作用。我国的社会救助主要包括生活救助、失业救助、医疗救助、住房救助、教育救助、法律援助等。社会救助是保障农民工能够在城市生存下去的最低层次的社会保障制度。由于农民工自身及其就业的特殊性，导致农民工对社会救助有着特殊的、强烈的需求。从现状来看，农民工的社会救助力度还远远不能满足现实需求。据有关数据显示，当农民工遭遇生活困难或失业等风险时，高达 67.2% 的农民工靠自己的积蓄生活。有 45.1% 的农民工有过把积蓄花光了却还没有找到工作的经历。而当积蓄花光后，他们绝大多数选择向家庭求助，其次是亲戚朋友，再次是老乡。很少有人选择向企业、社会或国家求助。这表明国家和社会组织在农民工社会救助方面存在缺失。同时农民工在失业以后，由于自身文化素质低、就业渠道窄、专业性差等缺点，很难在短时间内找到合适的工作，而国家或社会也没有针对农民工的失业再就业专门渠道来帮助他们，导致失业农民工最后只能选择返乡。农民工在外出务工期间生病的时候，有 48.8% 的人选择去药店自购药物。由于农民工缺乏医疗知识，再加上部分药店只图经济利益乱推荐药物，导致很多人药不对症或滥用药物（特别是抗生素），也引发了很多问题。有 23% 的人选择到私人诊所就诊，另有 14.1% 的人选择能拖则拖。只有 14.1% 的人选择立即去正规医院就医。农民工在生病后，不论是选择自购药物，还是去诊所、医院就诊，几乎都是需要自行担负所有医药费，能报销的农民工只占极少数。住房救助是在外务工农民工所急需的项目之一，但由于户籍制度、地方保护等原因，廉租房政策将农民工排除在外了。大部分农民工选择自租、单位宿舍和搭建工棚来解决住宿问题，部分农民工的住宿条件非常差，不得不让人忧虑其健康、卫生方面的问题。由于教育救助的缺失，农民工随迁子女在就学方面也存在很大的问题。据有关数据调查显示，有 58.4% 的农民工随迁子女就读于公立学校，另有 37% 就读于农民工子弟学校，剩下的部分就选择了辍学。有些公立学校在招生的时候存在选择性招生，即歧视农民工子女或变相收取借读费，这在一定程度上阻碍了农民工随迁子女在迁入地的入学。很多企业在招收农民工的时候，为了逃脱相关部门检查以减少社会保险费用支出，往往选择不与农民工签订合同，农民工由于"人生地不熟"，找到工作不容易，往往就默认了企业的行为，而这也正是农民工劳动权益出现纠纷的主要原因之一。当纠纷发生的时候，由于法律知识贫乏及无力支付诉讼成本，农民工只能默默承受权利被侵害的结果。法律援助的缺位往往使部分维权乏力的农民工只能使用一些非常规的或违法的手段，结果也造成了很坏的社会影响，产生了很多社会问题[4]。

　　社会福利是国家、集体和社会为保障全体公民的基本生活，提高人们的物质文化生活水平而提供的福利性物质帮助、福利性设施和社会服务。作为社会福利，它不仅要保障人们的基本生活，更重要的是不断满足人们日益增长的物质文化生活需求，提高人们的生活质量。社会福利是一种保障层次更高的社会保障制度，与社会保险和社会救助相比更能体现出一个国家和社会的发展水平及保障能力。农民工作为我国社会经济建设的一支重要力量，其社会福利水平的状况也深为各界所关注。相比于社会保险和社会救助，农民工的社会福利状况更是令人担忧。由于历史形成的城乡二元体制、户籍制度等原因，使得社会福利只是当地人或城市居民的专属而与外来务工人员无关。在城市里，低工资、高成本的生活使得农民工在住房、教育等问题上举步维艰[5]。社会福利政策均有国家转移支付，不需个人缴费维持，特别适合农民工群体，但现行的社会福利政策总是无形地将农民工排斥在这个体系之外，社会福利的供给与需求之间存在很大的失衡。国家统计局调查数据显示，外出农民工月从业时间平均为 25.3 天，日从业时间平均为 8.8 个小时。日从业时间超过 8 小时的农民工占 40.8%，周从业时间超过 44 小时的占 85.4%。现阶段我国绝大多数农民工不能正常享有双休日，更不用说享有带薪休假的福利。《劳动法》虽然规定工人每天工作不超过 8 小时，每周工作不超过 44 小时，但从上面数据统计可以看出大多数用人单位病没有很好地遵守该项规定。对于女性农民工这一特殊群体来说，很难享有怀孕生子期间的带薪产假，大部分女性农民工是一旦生孩子就等于失业了。2014 年，全国农民工住房公积金的参加比例约为 5.5%，极低的公积金参保比率及极低的租房补贴使农民工的住房状况十分令人堪忧，卫生条件与农民工的健康状况也受到了很大的影响。此外，在农民工的教育培训方面，目前政府、社会或企业的投入还是很少，农民工技能的欠缺也使其在就业市场上处于十分不利的局面。

三、农民工社会保障面临的问题

由于其自身抗风险能力差、工作环境恶劣、劳动强度大等原因，农民工对社会保障需求较为强烈。然而在现实状况下，对农民工的社会保障却并不如人意，存在着很多问题。总体来说，存在着农民工社会保障覆盖面窄、社会保障待遇低、主要保障项目缺失、社会保障制度之间不配套、社会保障制度不符合农民工就业特点等问题[6]。此外，在社会保险、社会救助、社会福利等方面还存在诸多具体问题。

（一）社会保险方面的问题

第一，农民工参保积极性不高、退保现象严重。调查发现农民工对参加社会保险有抵触情绪。由于农民工就业主要分布在劳动密集型行业和非正规就业部门，工资水平比起城镇职工普遍较低，再加上城镇社保缴费费率高，除去正常的家庭、个人生活开支外，农民工工资所剩无几，因此，农民工参加社保的能力和意愿都很低。另外，对于农民工来说，由于其工作的流动性比较大，而社保承接转移手续较为复杂，往往会导致农民工原来缴纳的社会保险费或社会保险费中统筹资金归为流入地政府所有，农民工看不到直接的经济利益而不会再愿意参加社会保险。由于上面所提到的农民工工作流动性大，频频换工作，其退保现象也非常严重。还有部分农民工出于眼前利益，特别是新生代农民工，认为自己离年老体衰还有很长的时间，暂时还不用考虑养老的问题，索性退保，把之前缴纳的社保基金个人账户部分取出来另作他用。这是一种短视的行为。现行养老保险政策允许农民工退保，结果导致农民工流动时反复参保、退保，由于农民工退保只退个人账户的部分，社会统筹部分大多被当地政府截留，用以填补城市社保基金的缺口，这就直接损害了农民工的社会保障权益，也影响了企业为农民工参保的积极性。

第二，部分企业不愿意或逃避为农民工缴纳社会保险费用。企业作为一个经济体，总的目标追求都是利益最大化，因此企业往往会采取减少企业开销、降低运行成本的方式来增加利润。所以很多企业（主要是中小私营企业主）往往不愿意为农民工缴纳社会保险费用。通常采用临时工的方式招募很多农民工，也不与农民工签订用工合同，还瞒报、少报用工人数来躲避政府相关部门的监管、检查，以此减少或者不为农民工缴纳社会保险。这在一定程度上损害了农民工合法的社会保障权益。但在"强资本，弱劳工"的利益格局下，农民工为了保住一份养家糊口的工作，只能忍气吞声地接受。

第三，农民工社会保险转移接续难。我国养老保险是省级统筹，医疗保险是市、县级统筹。由于各个地区发展水平有很大的差异，以及社会保险相关制度政策在设计的时候存有缺陷，导致各地参保缴费率、参保方式、具体政策等都不尽相同，使得农民工保险关系难以转移接续，因此无法适应农民工流动性大、工作更换频繁的特点。按当前各地政策规定，农民工跨地区流动时只能转移养老保险金个人账户部分，社会统筹部分被截留在当地。2010年，国务院出台《农民工参加基本养老保险办法》和《城镇企业职工基本养老保险关系转移接续暂行办法》来缓解农民工社保转移接续问题，也起到了一定的效果，但与现实需要还有差距，有待进一步出台新的办法。

（二）社会救助方面的问题

社会救助是最基本的社会保障措施，是面对处于社会底层的弱势群体建立的社会保障制度[7]。虽然城市已经在生活救助、失业救助方面建立了"最低生活保障线"制度，但由于长期的城乡二元户籍制度等原因，农民工却被排除在城市的"最低生活保障线"之外。当农民工遭遇失业、疾病等状况陷入生活困境之后，却不可能和城镇居民一样享受到当地的最低生活保障制度，最后导致农民工只能回到农村去。

（三）工社会福利方面的问题

农民工社会福利问题主要体现在劳动者福利、农民工随迁子女教育及劳动安全方面。由于历史原因形成的城乡二元户籍制度对现行社会的影响，农民工很难和城镇职工一样享有高温补贴、住房补贴、社区服务、在职培训等，农民工的这些相应的社会福利被一再压缩，部分地区农民工甚至鲜有福利。而在农民工随迁子女教育福利方面，受流入地政策的影响，农民工随迁子女很难在当地的公立学校入学就读。他们或缴纳高额的借读费，或进入民工子弟学校，前者增大了农民工的经济压力，而后者的办学条件、教育质量状况等也很令人担忧。

四、农民工社会保障的制约因素

（一）思想观念方面的因素

我国曾长期实行的城乡二元户籍制度，现在虽然已逐步废除，国家也进一步出台了居住证制度，但心理层面的二元分割制度却很难在短时间内去除。社会上人们的普遍心态还是以城市、农村来区分彼此的社会身份，城市社会对农民工的排斥心理依然存在。在社会保障方面，还是有意无意会把农民工和城里人区分开来。甚至还有不少人认为农民工在农村还有土地赖以保障，没有必要考虑他们的社保问题。

（二）农民工自身的因素

农民工的弱势群体地位也与自身素质偏低密切相关，这也是其社会保障权益屡屡受损的重要因素。农民工文化水平普遍比较低，对社会保障不了解，再加之政府相关部门对社会保障政策缺乏宣传，因此农民工对社会保障的认识和了解很肤浅，意识不到社会保障对其的重要性，并且在一定程度上还对社会保障存在认识上的误区。一是社保意识薄弱。在对社保权益认识上还处于模糊状态，缺乏追求自身合法社保权益的积极性和主动性。不能运用行政的或法律的手段去获得自身社保权益。二是对社保机构不信任，担心社保措施不能得到落实，不愿意参保。固化的现行社会保障机制和体系与农民工流动性强的特点之间有着明显的反差，一定程度上也导致了农民工不愿意参保。另外，很多农民工来到城市就是为了赚钱，很多人担心缴纳社保费后不能享用，因此不愿意参加社保。三是大部分农民工收入偏低，对于参加社保显得有心无力。

（三）企业方面的因素

很多企业为了追求利益最大化，维持成本竞争，往往采用损害农民工合法利益的手段来达到降低成本的目的。很多企业不愿为农民工缴纳社会保险费，拖费或欠费的情况也大有存在。有些企业还以农民工不愿意参加社保为由拒绝为农民工办理社会保险。还有许多企业存在着对农民工的歧视，忽视农民工的社会保障权益，故意违反与曲解国家社保政策，将农民工长期排斥在社会保障之外。由于"强资本，弱劳工"的普遍局面，再加上农民工自身的找工作太难的现实因素，当企业要求不和农民工签订劳动合同的时候，很多农民工也只好默许。这也往往导致农民工的合法权益受损时却得不到应有的法律保障，其权益也难以得到有效得保护[8]。当然也有部分中小企业因为是微利企业，按现行城镇社保缴费比率无力为农民工缴纳保险。

（四）政府的因素

长期以来，关于农民工社会保障立法方面，我国没有一部全国性的立法。虽然《劳动法》《国务院关于建立统一的企业职工基本养老保险制度的决定》和劳动部发布的《关于完善城镇职工基本养老保险政策有关问题的通知》也只是对农民工参加老保险做出了笼统的说明，在具体操作层面还没有全国性的立法。而国务院及各部委发布的关于农民工社会保障方面的通知、决定、条例等，因其立法层次低、效力弱，缺乏法律的权威性和稳定性，所以也并没有很好地解决农民工社会保障方面的问题。此外，各地在社会保障方面的立法非常多，也很混乱，不容易形成一个统一的系统。各地的不同的政策使农民工社保的异地转移接续很困难，也导致农民工反复参保、退保或参保意愿降低。

此外，部分地方政府过度追求 GDP 的增长，将经济发展看作第一要务，而忽视农民工的社会保障权益。地方政府担心若是强调维护农民工的社会保障权益，会影响企业家在当地的投资。因此，面对企业偷保、漏保、同工不同酬等侵害农民工合法权益的行为，政府相关部门有意无意地忽视，并没有起到强有力的监督、执法作用。政府在农民工社会保障资金方面的投入也很不足。

五、解决农民工社会保障问题的对策

农民工的社会保障制度建设是非常重要的，解决好农民工社会保障问题，对于我国不论是实现"中国梦"的愿望还是眼下的"十三五规划"目标都具有非常重要的现实意义。

（一）继续深化户籍制度改革

国务院在 2015 年 12 月 12 日公布了《居住证暂行条例》，展现出以常住人口全覆盖、公共服务均等化为目标的户籍制度改革"路线图"，这是户籍制度全面改革的伊始。对于破除城乡二元发展模式，促进农民工市民化，进一步提高我国的城镇化水平有很大的促进作用。但这仅仅只是开始，并且还远远不够。居住证政策也只是逐步解决城乡二元制度的一个过渡方案，在很多城市与户籍相关的附加利益并没有完全消除。因此还需要进一步深化户籍制度改革，进一步剥离户籍与附加利益的关联。由于历史的原因造成的城市社会对农民工的偏见应该被消除，城市社会也要消除对农民工的排斥心理，真正接纳农民工作为他们的一分子，都是在为城市的发展做贡献。城市社会在设计、执行社会保障政策的时候也应考虑农民工的社保需求，使农民工真正和城镇居民一样享受相同的社会保障待遇。

（二）努力提高农民工自身的素质

改变农民工弱势群体地位，维护农民工合法的社会保障利益需要大力提升农民工的自身素质。首先，农民工要积极接受专业技能、技术培训，提升业务水平，避免在我国产业转型升级的新时期被淘汰或被遗留在最低端的行业。只有就业层次提升，工资提高，才能更好地支持农民工参加社会保险、缴纳社保费。其次，农民工应积极融入城市生活，改变在农村的落后生活习惯。这样才能更好地融入城市，被城市社会接纳。再次，农民工要积极组建或加入农民工工会组织，改变无组织的涣散状态，避免在权益遭到侵害时，维权乏力的状态。最后，农民工要提高社会保障意识，不要蝇营于眼前小利，忽视生活中可能遇到的疾病、失业、年老体衰等风险，要积极参加社会保险，敢于同侵犯自身合法社保权益的行为做斗争。

（三）增强企业的社会责任感

企业在追求利润的同时也应该增强社会责任感。企业家应该意识到如果只顾追求利润而忽视农民工的合法权益，会对企业未来的发展造成不利影响，只有维护好包括农民工在内的企业职工的合法权益，企业未来才能发展得更好，企业的生存才能长久。企业应按时、足额为农民工购买社会保险，为农民工创造良好的工作环境，提升农民工的安全生产意识，加强对农民工的劳动保护。企业在雇佣农民工时，应该和农民工及时签订劳动合同，否则，政府相关部门一经查实，必须对企业进行惩罚。企业应支持农民工参加或建立农民工工会组织，理解并支持农民工关于自身合法利益的诉求。此外，为了适应企业的转型升级和未来发展，企业应加强对农民工的技能培训。

（四）加强政府在农民工社会保障制度建设中的责任主体地位

国家应尽快针对农民工的社会保障问题进行全国性的立法，确保农民工的社会保障问题做到有法可依。针对农民工的多样性就业特点，设计不同类型的社会保障模式，来适应多样性的需求。同时也要加快实现城乡社保的衔接工作和不同地区社保的转移接续工作，并最终建立全国一元社会保障制度。在目前状况下，地方政府要加强对农民工社会保障工作的监管，督促企业依法为农民工购买社会保险。拥有足够的社保资金是社保政策顺利实施的物质基础，因此，政府还要加大对农民工社保资金的投入，并确保社保资金的安全。

参考文献

［1］国家新型城镇化规划(2014—2020 年)［M].北京:人民出版社,2014:25.

［2］《2014 年全国农民工监测调查报告》.国家统计局 . http://www. stats. gov. cn/tjsj/zxfb/201504/t20150429_797821. html.

［3］程业炳,周彬,张德化.城市二元结构下农民工社会保障制度改革研究［J].重庆科技学院学报(社会科学版),2014(1).

［4］徐璟,何如海.安徽省新生代农民工社会保障问题研究［J].淮北师范大学学报(哲学社会科学版),2011,32(1).

［5］夏燊.新生代农民工的社会保障权益问题研究——基于苏州 328 名新生代农民工的调查［J].中国农学通报,2014,30(17).

［6］王俊杰.农民工社会保障制度研究［M].北京:知识产权出版社,2015.

［7］黄春华.新生代农民工社会保障现状及对策［J].特区经济,2012(9).

［8］王春光.新生代农民工城市融入进程及问题的社会学分析［J].青年探索,2010(3).

农民工随迁子女义务教育供给模式创新研究

随着我国工业化和城市化的深入推进，进城从事第二、第三产业的农民工日益增多，国家统计局发布的《2015 年农民工监测调查报告》提供的数据显示，截至 2015 年年底，全国农民工总量已达 27747 万人。自 20 世纪 90 年代初开始，我国的农民工流动即已从个人迁徙过渡到家庭迁徙阶段，由此催生了农民工随迁子女的特殊概念。根据《2015 年全国教育事业发展统计公报》发布的数据，截至 2015 年年底，全国义务教育阶段在校生中农民工随迁子女共 1367.10 万人，其中，在小学就读 1013.56 万人，在初中就读 353.54 万人。数量庞大的随迁子女对流入地的教育资源承载力带来了严峻挑战，而随着国家"全面二孩"政策的实施，未来城市义务教育体系又增加了新的供给预期。我国曾长期处于计划经济模式下，政府是公共产品唯一的提供者，由此形成了义务教育政府单一供给模式。在这一传统供给模式下，政府集义务教育管办评角色于一身，义务教育公共产品的提供、生产、管理、评估关系模糊。随着国家保障农民工随迁子女在流入地接受义务教育"两为主、两纳入"政策体系的形成，政府即成为农民工随迁子女义务教育供给的责任主体，公办校成为义务教育公共产品的生产主体，由此政府不仅承担了巨大的财力和资源配置压力，政府供给亦面临供给总量不足与结构性矛盾并存的困境。因此，必须打破传统供给模式的思维束缚和政策制度藩篱，通过政府购买教育服务的方式，充分挖掘和释放市场机制和社会机制的供给潜力，在生产、管理、评估等供给环节引入市场主体和社会主体，构建政府宏观主导、市场机制和社会机制有效参与的农民工随迁子女义务教育协作供给新模式。

一、农民工随迁子女义务教育供给：理论内涵与分析框架

义务教育供给模式是指政府提供义务教育公共产品和公共服务的各种方式，而供给模式本质区别即在于供给主体的不同选择。美国印第安纳大

学政治理论与政策分析研究所的埃莉诺·奥斯特罗姆与文森特·奥斯特罗姆夫妇基于对现实世界公共产品供给既有经验的深入体察，提出了"多中心治理理论"。该理论提出了区分公共服务"提供"与"生产"的问题，"作为提供一项公共服务的政治单位的组织不必一定生产该项服务。一个地方性的提供单位能够组织其自己的生产单位，比如建立一个地方政府的机构，但它也能够从额外的生产者那里购买服务，或者加入其他提供单位所组织的共同服务的安排中去。"[1]这一理论的核心要义即是主张采用分级别、分层次、分阶段的多样性制度设置，加强政府、市场、社会之间的协同共治[2]。纵观农民工随迁子女义务教育供给问题的既有研究成果，所涉学科与借助的理论工具、研究主题与研究视角皆十分多样，但绝大多数研究皆聚焦于教育公平的内涵探讨，满足于对农民工随迁子女义务教育不公平状况的经验描摹、数据堆砌和个案陈述，缺乏宏观研究视野和深度理论分析，既有研究成果中亦是鲜有从供给主体选择视角切入对农民工随迁子女义务教育供给问题的分析。因而，本文拟实现的农民工随迁子女义务教育供给模式的创新，即是在理性审视传统供给模式弊端及区分义务教育供给"提供"与"生产"的前提下，通过政府购买教育服务等协作方式，分别在生产、管理与评估环节引入市场供给机制和社会供给机制，构筑政府主导、市场补充、社会参与的多元协作供给模式，以义务教育供给层面的机制模式创新保障农民工随迁子女在流入地的平等受教育权。

　　本文拟在既定约束条件、供给主体、供给过程及要件、价值目标的内在逻辑联系的基础上，建构农民工随迁子女义务教育政府—市场—社会协作供给的分析框架，即供给价值目标的实现有赖于供给过程及要件的满足程度，供给过程及要件是否满足则取决于供给主体的选择，而供给主体的选择则必须考虑既定约束条件，供给主体的不同选择是通过影响供给过程及要件来决定供给的价值目标的。就农民工随迁子女义务教育供给而言，包括制度安排、资源禀赋条件、产品属性及消费群体特征在内的既定约束条件决定了在供给主体的选择上不能忽视政府主体在满足供给过程及要件上的局限性，同时也不应忽视包括市场主体和社会主体在内的非政府机制在满足供给过程部分要件上的可行性。因而，解决农民工随迁子女义务教育供给问题的关键不在于固守传统的供给方式，而在于合理确定不同供给主体的角色定位及协作方式，即通过政府购买教育服务在提供、生产、管理、评估等供给环节分别引入政府、市场、社会等不同组合方式的供给主体，从而由政府单一供给转变为政府—市场—社会协作供给，以有效满足供给过程及要件，进而实现保障农民工随迁子女在流入地平等接受义务教育的权利的价值目标。

二、传统模式的现实困境：农民工随迁子女义务教育供给的问题与成因

（一）农民工随迁子女义务教育供给存在的问题

1. 政府供给总量不足与结构性矛盾突出

（1）政府供给总量不足

一方面，公办学校数量少，难以满足庞大的随迁子女群体的入学需求。据调查，在入学意愿上，有 69.4% 的农民工希望子女进入公办学校学习[3]。而长期以来各地的义务教育资源布局的主要依据是本地户籍学龄人口规模，大量随迁子女涌入给各地的公办义务教育资源带来了沉重压力，流入地公办学校规模难以满足数量庞大的随迁子女入读需求。据统计，截至 2014 年底，全国义务教育阶段约有 400 万随迁子女未能进入公办学校就读，占义务教育阶段随迁子女总数的 20%，某些城市这一比例甚至达到 40%[4]。另一方面，公办学校入学门槛高。在公办义务教育资源紧张的背景下，各地为了抑制外来人口的入学预期不断提高入学门槛、设置重重条件，要求随迁子女家庭提交种类繁多且不易办理的证明材料，并且潜在条件所要求的证明材料更多也更难办理。以北京为例，北京要求非京籍的适龄儿童少年在京接受义务教育必须提交就业证明、居住证明、户口簿、暂住证、户籍所在地政府出具的在当地没有监护条件的证明等材料，"五证"齐全方可联系住地所属区县教委确定的学校就读，但实际上则是"证明嵌套着证明"，完全办理好"五证"要耗费极大的人力和物力且困难重重。

（2）政府供给结构性矛盾突出

一方面，义务教育后升学政策供需错位。据调查，希望子女在初中毕业后继续在流入地就读高中已成为大多数农民工家庭的强烈愿望，其中，在公办学校中，农民工家长的这种愿望最为强烈，占 58.25%，而在获准及未获准举办的农民工子弟学校中这一比例达 73.12%[3]。然而，出于保护本地户籍学生的考试利益及打击高考移民考虑，各地尤其是随迁子女高度集中的省市，均未放开在随迁子女在当地参加中考和高考的限制，部分省市只允许随迁子女在当地报考中职和高职或在当地借考返回流出地参加录取。以北京中考为例，《关于做好 2015 年北京市高级中等学校考试招生工作的通知》中规定：进城务工人员随迁子女在规定时间内提出申请并通过资格审核后，可以参加北京市中等职业学校考试录取。这意味着只因是"非京籍"学生，农民工随迁子女即已失去在京参加中考进入普通高中就读的机

会[5]。另一方面，教育资源配置失衡。长期以来，一些地方政府并未认真执行国家"两为主、两纳入"政策，未将农民工子女的教育需求列入教育发展规划，仍是从本地户籍学龄人口的角度出发配置教育资源，各地公办义务教育资源集中布局在老城区和市中心，任凭农民工聚居的城乡接合部成为公办义务教育资源布局的空白，进而催生了大批"低门槛、低收费、低成本、低质量"的农民工子弟学校。

2. 市场机制供给质量偏低

（1）农民工子女学校办学条件简陋

受家庭收入水平限制，农民工随迁子女难以进入"高标准、高收费、高质量"的高端民办校就读，因此"低门槛、低收费、低成本、低质量"的农民工子弟学校就成为依托市场机制在生产环节中参与义务教育供给的主体。据统计，广东省东莞市这类学校占义务教育阶段学校的比例已经达到48.16%，而深圳市已经达到64.86%[4]。这类学校主要建在外来人口密集、公办义务教育资源匮乏的城乡接合部，学校校舍大多是租借的破旧厂房、民房或临时搭建的简易平房，硬件设施条件差，大部分学校在饮食、消防、交通等方面存在安全隐患，图书资源和体育运动设施匮乏。据统计，北京市农民工子女学校只有4%的教师运用过多媒体进行教学，28%的学校没有图书室，73%的学校音乐器材满足率不到40%，64%的学校体育器材满足率不到40%[6]。由于达不到当地政府规定的民办校的设置标准，在法律层面上一部分农民工子弟学校始终处于"非法"办学状态。

（2）农民工子女学校师资配置薄弱

农民工子弟学校师资队伍学历层次普遍较低，教学水平明显较公办学校差。根据中央教科所课题组的调查分析发现，在获准举办的农民工子弟学校拥有本科学历的教师比例为42.0%，而未获政府审批备案的农民工子弟学校这一比例仅为9.3%，二者均远远低于公办学校68.6%的比例[3]。另外，由于这类学校属低成本办学，教师待遇水平也普遍偏低。以江苏省苏州市高新区为例，教师工资在扣除保险后仅有2500元左右，这样的工资仅相当于公办正式教师的20%[4]。工资待遇低使农民工子弟学校无法以高薪聘请高水平教师，同时也导致这支特殊的教师队伍稳定性较差、流动频繁，严重影响学校的教学进度和教育质量。更重要的是，农民工子弟学校教师职业发展通道不畅，在职称评定上无法享有和公办校正式教师相同的待遇，只能评定初级业务职称，也没有机会参加政府组织的教师培训和业务交流，职业发展严重受限。办学条件简陋，师资队伍学历水平低、流动频繁，加之职业前景暗淡、教师缺乏工作积极性，使得依托市场机制办学的农民工子弟学校难以提供高质量的义务教育。

3. 社会机制供给参与度低

（1）社会组织市场发育不足

社会机制参与农民工随迁子女义务教育供给，主要是教育事业单位、非营利性教育中介组织等社会组织在管理和评估环节协助政府提高农民工子弟学校的办学水平和评估政府购买教育服务的质量。从教育事业单位角度看，受管理体制束缚，除上海等少部分地区试点外，全国大多数省市公办中小学、高等院校几乎与农民工子弟学校的学校管理均没有交集。从教育中介组织角度看，当前我国的教育中介市场尚处于发育阶段，面对巨大的购买教育服务的需方市场，国内无论是承担教育管理还是承担教育评估的教育中介组织还相对较少，无法满足有效竞争需要的市场规模。另外，目前国家相关法律政策及其行业标准尚不完善，相关教育中介组织的专业资质难以鉴别，这也影响了教育中介组织参与管理和评估环节供给的能力和水平。由于体制所限，公办教育事业单位难以介入农民工子弟学校的管理，教育管理和评估类中介组织数量少、专业化程度低导致无法市场上形成公平、有效的竞争，这不仅制约了社会机制在农民工随迁子女义务教育供给中的参与度，也易导致起步较早的教育中介组织的行业垄断，最终降低政府购买教育服务的质量。

（2）社会组织介入深度受制

当前，无论是教育管理类还是教育评估类中介组织都表现出亦公亦私的鲜明特征，这使得教育中介组织在承担政府购买教育服务时介入深度受制。这两类组织"私"的一面体现在其在法律地位上都是具有独立法人地位的非营利性社会组织，而其"公"的一面则体现得更为明显。从委托管理类社会组织层面看，一方面，这类组织的来源本身包括一些公办优质学校，公办优质学校则与政府教育行政部门存在着行政隶属关系；另一方面，委托管理类教育中介组织也多以公办教育事业单位为依托，在生存上强烈依赖政府扶持，其人员构成也多是公办学校的教师和行政人员，这决定了其办学理念和办学模式均来自和参照公办校的经验。从评估类教育中介组织看，目前教育评估组织上多是由教育事业单位转化而来，由私人举办的教育中介组织较少，且前者在经费补贴上依赖政府财政拨款。调查显示，有的教育评估机构负责人仍保有政府身份，有的组织员工工资来源于政府财政补贴。委托管理类和教育评估类中介组织对政府的依赖尤其是经费依赖弱化了其独立性，其对政府购买教育服务介入的深度易受政府意志的左右。

（二）导致农民工随迁子女义务教育供给不足的成因

1. 政府供给意愿和供给能力不足

（1）政府供给意愿不足

经典公共产品理论普遍认为，由于纯公共物品同时具有消费上的非竞争性和非排他性，因而应该而且只能由政府单一供给。然而经验世界中，作为共识度较高的具有纯公共产品属性的义务教育，却仍有相当一部分由市场甚至社会供给。经典公共产品理论的主要疏漏在于它并未充分考虑政府的供给意愿问题，其内在的预设"好政府"是普遍存在的，然而正如公共选择理论所指出的那样，政府并非"公益人"而是"经济人"，政府也可能存在自身利益，并且在缺乏有效外部约束的情况下致力于自身利益的最大化[7]。这在农民工随迁子女义务教育供给问题的上亦有所体现。一方面，我国以户籍为依据的义务教育属地管理体制是流入地政府供给意愿弱化的重要原因。2015 年 4 月修订的《义务教育法》第 12 条第 1 款规定："适龄儿童、少年免试入学。地方各级人民政府应当保障适龄儿童、少年在户籍所在地学校就近入学。"这种"依户籍地就近入学"的制度设计成为流入地政府推卸供给责任的法律依据，即使随迁子女在流入地公办校接受义务教育，也难以在流入地通过参加中高考接受更高等级的全日制普通教育。另一方面，国家保障随迁子女教育权益的法律规定模糊化。梳理这些法律法规发现，法律层面关于保障农民工随迁子女义务教育的条款多为原则性内容，法律责任规定模糊化，缺乏实际可操作性。《义务教育法》第 12 条第 2 款规定，父母或者其他法定监护人在非户籍所在地工作或者居住的适龄儿童、少年，在其父母或者其他法定监护人工作或者居住地接受义务教育的，当地人民政府应当为其提供平等接受义务教育的条件。具体办法由省、自治区、直辖市规定。这一给予地方政府充分自由裁量权的模糊化规定直接为各地抬高随迁子女的入学门槛提供了法律依据，致使国家保障随迁子女入学的系列政策在地方难以得到有效执行。

（2）政府供给能力不足

经典公共产品理论之最大缺陷即在于先验地预设政府有足够的公共财政能力和管理能力供给所有纯公共物品，并且预设公共生产部门具有较高的生产效率，然而经验世界的情形并非如此，经典公共产品理论家们以西方发达国家为经验研究与论证对象，并未考虑许多发展中或欠发达国家与地区的公共部门实际上并不具备经典理论所设想的那种供给能力[7]。而我国在农民工随迁子女义务教育公共财政上的投入与资源配置能力上的不足亦是体现。在当前"各级共担、省级统筹"的义务教育财政体制下，流入地县级政府是事实上的随迁子女义务教育经费配置主体。2015 年 11 月公布的《国务院关于进一步完善城乡义务教育经费保障机制的通知》中规定，创新义务教育转移支付与学生流动相适应的管理机制，实现相关教育经费可携带。这仅仅解决了流入地和流出地政府的经费配置矛盾，更为根本的中央政府和地方政府在随迁子女义务教育经费分摊上事权与财权严重失衡的矛盾仍然持续，这种教育财政体制设计上的"财权上移、事权下移"严重制约着流入地政府的供给能力，导致流入地政府在为随迁子女提供义务教育公共产品问题上显得"心有余而力不足"。另外，农民工的高流动性也考验着流入地政府的教育资源配置能力。接收农民工随迁子女在流入地就学，不仅需要支付财政性生均经费，还要支出土地划拨、校舍建设、教师工资等成本。农民工属高流动性特殊劳动群体，《2015 年农民工监测调查报告》提供的数据显示，农民工群体中跨省流动的比例为 45.9%，其至少在两个城市有过务工经历。而政府难以及时掌握农民工的流入和流出信息，短期内农民工家庭的大量流入导致政府供给能力不足，流入地义务教育资源难以满足随迁子女接受义务教育的需求。

2. 市场机制供给能力受限

（1）农民工子弟学校的逐利性

从办学成本的角度看，农民工子弟学校的运行成本主要包括校舍租赁及建设费用、教师工资及办公费、学生书本费和维持正常运行的水电费用等。围于随迁子女的家庭收入状况及义务教育学段性质，政府物价部门禁止学校向随迁子女收取高学费。近年来随着校舍租赁和水电费、教师待遇等支出的不断走高，农民工子弟学校的办学成本也水涨船高，极大挤压了学校举办者的利润空间。从办学性质的角度看，农民工子弟学校是在政府无法有效供给农民工工随迁子女义务教育的背景下，民间资本依托市场机制进入义务教育领域的办学形式，因而资本的逐利性决定了农民工子弟学校举办者的办学初衷即是为了获取一定的利润，即使出于社会责任感办学也要有一定的利润底线，否则学校的生存难以为继。在办学成本高、收费低、政府支持不足的运行困境下，在民间资本办学逐利本质的强力驱动下，农民工子弟学校举办者必然尽力压缩办学成本，因而办学条件必然简陋，教学设施设备必然短缺，学校也无力以优厚待遇聘请优秀管理人才和高水平教师充实学校的管理和教师队伍，办学水平低、教学质量差也就成为这类学校在运行困境和逐利本质双轮驱动下的必然结果。

（2）教育资源共享机制缺失

一方面，农民工子弟学校无法与公办学校平等分享政府教育经费。农民工子弟学校的办学经费主要来自于政府财政拨付的生均经费和学生学费。政府拨付的经费额度依本地财力和对农民工子弟学校的扶持力度确定，并无全国统一标准，且往往附带与举办义务教育无关的条件，从而使这类学校的办学条件和办学质量始终处于低水平运行状态。以深圳为例，农民工子弟学校需满足就读学生父母具有本市就业、社保证明，购租房证明，户籍证明等六项证明材料方可获得政府拨付的生均每年5000元的教育经费。另一方面，公办学校和农民工子弟学校交流机制缺失。受义务教育管理体制制约，长期以来公办学校和农民工子弟学校处于独立封闭运行状态，二者一个是"政府军"，一个是"游击队"，彼此之间鲜有交流。而相对于具有较高学历和办学经验的公办学校管理者，农民工子弟学校管理者学历水平和治校水平普遍较低，同时农民工子弟学校教师在职称评定、职业培训方面亦难以获得与公办学校教师同等的待遇，在缺乏交流互动机制的背景下，农民工子弟学校的管理者和教师因循落后的学校管理和教学模式，治校能力和教学水平难以提升，从而最终降低了农民工子弟学校的义务教育供给质量。

3. 社会机制供给的制度屏障

（1）教育中介组织准入条件严苛

教育中介组织属非营利性民办非企业单位，但当前国家规范其市场准入条件的制度设计使得教育中介组织在发育阶段即遭严格限制。1998年国务院公布的《民办非企业单位登记管理暂行条例》第6条规定，登记管理机关负责同级业务主管单位审查同意的民办非企业单位的登记管理。这意味着教育中介组织的设立需经过政府教育行政部门审查和民政部门登记备案两道程序，这种在教育中介组织设立前置审批阶段设置的繁杂手续流程，在有助于规范教育中介组织市场准入的同时，也加大了教育中介组织的设立难度。《民办非企业单位登记管理暂行条例》第11条第3款同时规定，在同一行政区域内已有业务范围相同或者相似的民办非企业单位，没有必要成立的，登记管理机关不予登记。这意味着一些政府部门出于部门利益或个人利益的考量，可能以本地区已有相关教育中介组织为由限制教育管理类和评估类中介组织的设立申请。我国的教育中介组织尚处在市场发育阶段，过于严苛的准入条件使得数量本就有限的教育中介组织成长更加艰难，对市场上教育中介组织数量的制度性限制，导致其难以形成有效的市场竞争，容易引发来自政府和行业的市场垄断，最终降低农民工子弟学校的管理水平和政府购买教育服务的质量。

（2）购买教育服务制度安排缺失

从宏观上看，以公办优质校为代表的教育事业单位参与农民工子弟学校委托管理既受管理体制约束，在法律层面也缺乏相应制度安排。而梳理相关法律法规发现，国家层面亦缺乏规范政府和教育中介组织各自角色定位和权利义务关系的法律法规。当前规范政府购买教育服务的法律依据主要是《政府采购法》；从地方层面看，主要是各地方政府结合各地情况出台的地方性政策，如上海市闵行区出台的《关于规范政府购买社会组织公共服务的实施意见（试行）》，这凸显出当前政府购买教育服务的制度设计缺乏规范性和精准度。从微观上看，一方面，教育中介组织信息发布机制缺失。政府购买教育管理和评估服务是为了给随迁子女提供更好质量的义务教育，卖方信息应该置于政府、社会、家庭等利益攸关方的有效监督之下，反之极易造成权力寻租的发生；另一方面，政府购买教育服务内部协调机制的缺失。购买教育服务需要加强政府部门合作，而当前政府各职能部门对购买教育服务认识不够，对社会机制供给尚有质疑。教育中介组织借助社会机制参与供给的制度性约束制约了其市场发育，也导致其难以有效发挥作为一方供给主体在提供管理和评估中的重要作用。

三、农民工随迁子女义务教育供给模式创新的目标取向：构建政府—市场—社会协作供给的新模式

（一）完善制度，强化政府供给主体责任

1. 强化政府供给意愿

一方面，要逐步解绑户籍制度附加的教育福利功能。鉴于各地在经济社会发展和户籍承载优质教育资源机会上的差异，短期内剥离户籍制度的教育福利功能并不现实，只能采取渐进式的改革路径。在随迁子女入学上，要简化入学手续、减少限制性证明材料，可采取主要根据居住证就近入学的保障政策，禁止各地附加与随迁子女接受义务教育无关的潜在条件；在随迁子女异地中考、高考的问题上，主要采取依据"居住证+居住年限+连续就读年限"的改革路径，居住年限和就读年限分别对应家庭对本地的贡献及摆脱高考移民质疑。另一方面，加强政府—市场—社会协作供给模式的顶层设计。国家要制定专门法律或行政法规，对农民工随迁子女义务教育的供给模式做出制度安排，规范政府、市场、社会主体的供给行为，对政府、市场、社会等供给主体的角色定位、权利义务、购买教育服务的方式程序、责任后果等做出明确规定，尤为重要的是要明确界定政府的农民工随迁子女义务教育供给核心地位和宏观监管职责，以此倒逼地方政府履行供给责任、强化供给意愿。

2. 提高政府供给能力

完善国家义务教育财政体制。首先，要细化中央政府和地方政府在农民工随迁子女义务教育经费配置上的分摊比例，对于跨省流动的农民工家庭，中央财政应承担其随迁子女义务教育一半的投入责任；而对于省内流动的农民工家庭，省级财政应分摊一半的投入责任。其次，中央应加大对流入地尤其是农民工随迁子女流入集中地区政府的专项转移支付力度。中央财政可基于全国中小学生学籍信息管理系统的信息资源，加大对流入地政府购买教育服务的专项转移支付力度，为流入地政府解决随迁子女义务教育问题提供充足的财力支撑。最后，要加强对义务教育经费和专项转移支付情况的审计，提高经费和专项转移资金的使用效率。同时要提高流入地政府配置义务教育资源的能力。一方面，流入地政府要优化教育资源配置，扩大公办校接受随迁子女的规模，同时在农民工居住较为集中的城乡接合部追加公办义务教育资源，真正履行政府作为农民工随迁子女义务教育供给主体的责任和发挥公办校作为接受随迁子女入学主渠道的作用。另一方面，要完善流入地政府和流出地政府、同层次、同区域政府间的政策协调机制，在维护随迁子女入学和升学权益的同时，避免政策先行地区"教育洼地"[8]效应带来的资源配置压力。

（二）购买学位，推动市场机制补充供给

1. 完善购买学位工作机制

首先，应精确核算农民工子弟学校的办学成本。在核算教师工资时，应参照同城公办校正式教师的工资水平；在核算校舍租赁建设费用和水电费时，应参照商业用地及其用水用电价格确定，结合随迁子女的入学需求和市场杠杆对价格的调节作用。在保证农民工子弟学校合理收益的前提下，精确测算出每一个学位的政府采购价。其次，完善政府购买学位的补贴机制。一方面，要改进义务教育学校政府拨款机制，根据学生入学规模对公办校和承担政府购买学位服务的农民工子弟学校在同等标准上拨付生均经费；另一方面，政府应对承担政府购买学位服务的农民工子弟学校在校舍租赁、水电费用等税费政策上给予倾斜和优惠，为农民工子弟学校的办学成本减负。最后，建立健全政府宏观管理机制。一方面，政府完善政府购买学位决策机制。应建立包括发展改革、教育、财政、公安、民政等部门在内的联席会议制度，并建立健全与购买学位相关的财务、预算、审计等配套政策制度；另一方面，政府应完善农民工子弟学校监管机制。建立政府购买学位备选信息库，适当降低民办校的设立标准，将更多农民工子弟

学校纳入担政府购买学位服务的备选范围，同时要加强对农民工子弟学校市场的监管，规范农民工子弟学校办学行为。

2. 建立健全教育资源共享机制

一方面，推动校际教学硬件设施共享。首先，政府可将在调整公办义务教育资源布局时空置的公办学校校舍以优惠条件转让给农民工子弟学校，改善后者的办学条件。其次，应打破教育资源配置体制壁垒，推动公办学校的图书资源、实验室资源及体育设施优惠条件向农民工子弟学校开放，并鼓励公办学校向农民工子弟学校资助多余和淘汰的教学设备、图书资源。最后，推动农民工子弟学校的兼并，通过兼并重组提高资源配置效率和办学水平，推动教学硬件设施改造升级。另一方面，推动同城校际教学资源共享。政府教育行政部门应统筹本行政区域内的义务教育资源配置，建立健全公办校和农民工子弟学校教师定期交流机制。通过公办学校和农民工子弟学校教师定期交流任教、优秀教师公开课、合作教研等方式帮助后者加强师资队伍建设，并对符合相关资质的农民工子弟学校教师在职称评定、业务培训、晋级评优、教龄计算等方面与公办校正式教师同等对待。此外，要推动公办学校优质课程资源共享。课堂教学是教育的中心环节，政府应基于现代教育技术和信息化手段，向农民工子弟学校提供公办校优质课程资源，努力缩小农民工随迁子女和本地城市学生在课堂教学环节上的差距。

（三）购买管理和评估，推动社会机制参与供给

1. 购买管理，提高农民工子弟学校的办学水平

首先，政府要建立健全购买管理民主决策机制。在购买管理的决策过程中，政府应将受托对象农民工子弟学校、受益方学生家庭纳入决策范围，建立政府、农民工子弟学校、随迁子女家庭在内的民主决策机制，通过听证会、座谈会等形式听取受托方和受益方的意见，在增强决策的科学性的同时保证决策的顺利实施。其次，建立健全购买管理的科学遴选机制。政府应建立委托管理类社会组织数据库，遴选具有先进办学理念、丰富治校经验，具备国家认可的专业资质的教育管理组织。从地域看，政府既可以购买域外的优质教育资源管理农民工子弟学校，也可以挖掘域内的优质教育资源；从社会组织性质看，受托方既可以是民办非营利性教育中介机构，也可是体制内的优质中小学、高等院校。最后，要规范购买管理的工作机制。政府应与受托管理的教育专业组织签订正式协议，明确各自在购买管理服务中的权利义务，受托管理农民工子弟学校的机构应充分发挥专业优势，从办学理念、管理队伍、师资队伍、教学质量等方面着力提高农民工

子弟学校办学水平，不仅"授人以鱼"，更要"授之以渔"，使农民工子弟学校尽早具备自主优质发展的能力。

2. 购买评估，建立健全政府购买教育服务的淘汰机制

首先，政府应完善教育评估机构遴选机制。政府应严格审核承担教育评估机构的评估经验、专业资质、市场公信力等资格要素，同时以教育评估机构为责任主体，将人大、政府、媒体、社区、家庭等多方主体纳入评估参与者范畴，提高评估的科学性和公信力；其次，科学确定评估对象和评估内容。第一，对委托方的评估。重点评估政府购买学位和管理服务决策的科学性及决策实施的有效性；第二，对受托方的评估。重点评估承担政府购买教育服务机构单位的供给资质和供给能力；第三，对受益方的评估。一方面，加强对随迁子女学业成就的跟踪监测，在遵循教育规律的前提下，以公办学校学生学业成就为参照，适当降低标准评估政府向农民工子弟学校购买学位的教育质量；另一方面，加强对农民工子弟学校办学水平的综合评价，以协议规定的一定时期为限，以预期性指标和约束性指标为参考，综合考察农民工子弟学校在办学理念、师资队伍建设、教育教学质量等方面的发展情况[9]。最后，要完善政府购买服务淘汰退出机制。政府应依据双方协议和评估报告，对政府购买教育服务受托方实行动态管理，对未有效履行协议受托方义务的农民工子弟学校、教育管理机构，及时将其从政府购买教育服务备选库中淘汰，以此提高政府资金使用效率和购买教育服务的质量。

农民工随迁子女义务教育问题是在我国城乡二元结构和城乡二元教育制度背景下催生的特殊社会问题，从供给角度破解这一难题有赖于政府、市场和社会的协同努力。为此，必须打破传统供给模式的思维桎梏和政策制度藩篱，构建政府—市场—社会协作供给新模式，在这一模式中，政府是核心供给主体和最终责任主体，农民工子弟学校协助政府履行生产义务教育公共产品职责，教育事业单位、教育中介组织则协助政府履行教育管理和评估职责，从而有效保障农民工随迁子女在流入地平等接受义务教育的权利。

参考文献

[1][美]迈克尔·麦金尼斯.多中心体制与地方公共经济[M],毛寿龙,李梅译.上海:上海三联书店,2000:423.

[2]李平原.浅析奥斯特罗姆多中心治理理论的适用性及其局限性——基于政府、市场与社会多元共治的视角[J].学习论坛,2014(5).

[3]中央教育科学研究所课题组.进城务工农民随迁子女教育状况调研报告[J].教育研究,2008(4).

[4]刘善槐,邬志辉.农民工随迁子女普惠性民办校发展的困境与政策应对[J].华中师范大学学报(人文社会科学版),2015(9).

[5]海闻,于菲,梁中华.农民工随迁子女教育政策分析——基于对北京市的调研[J].教育学术月刊,2014(8).

[6]雷万鹏.新生代农民工子女教育调查与思考[J].华中师范大学学报(人文社会科学版),2013(5).

[7]吕普生.纯公共物品供给模式研究——以中国义务教育为例[M].北京:北京大学出版社,2013:38、39.

[8]熊丙奇.教育公平——让教育回归本质[M].上海:华东师范大学出版社,2014:21.

[9]周翠萍.关于政府购买教育服务的制度设计[J].教学与管理,2010(15).

市民化进程中江苏农民工职业技能培训现状及对策

习近平总书记在党的十九大报告中指出："我国经济已由高速增长阶段转向高质量发展阶段，正处在转变发展方式、优化经济结构、转变增长动力的攻关期。"在高新技术产业迅猛发展的今天，农民工的职业技能水平将在极大程度上影响我国第二、第三产业的发展及国际竞争力。2016年农民工监测调查报告的数据显示：接受过职业技能培训的农民工仅占32.9%，和上年相比小幅下降。当前，必须切实推进农民工职业技能教育和职业技能培训的开展，将农民工培养为职业技能高、文化素质优的现代化劳动者，解决我国产业结构调整带来的相关问题，实现劳动力资源的可持续发展和农民工市民化进程的不断推进。

一、江苏省农民工职业技能培训的主要做法及成效

（一）基本情况

江苏省是经济大省，也是农民工就业大省。近年来，江苏省积极响应国家推进新型城镇化的整体部署，开展了不同层次的农民工职业技能培训。如面向农民工开展学历与非学历教育和培训，出台"求学圆梦计划"方案，实施"春潮行动"等。目前，江苏省已形成以行业企业为主体，依托技工院校和民办培训机构开展线上培养和线下实训的农民工培训体系。

（二）主要做法及成效

1. 政府购买服务

江苏苏南地区是农民工的主要输入地，其借助经济发展的优势和成熟的培训管理模式，实现了培训资源与劳动者需求的有效对接。以苏州市为例，在农民工职业技能培训模式上主要为定向培训和订单式培训，由劳动部门整合农民工信息，将农民工交付给专业培训机构进行职业技能培训，并将相关数据提供给用工企业，实施从技能培训、资格认证到最终就业的

一条龙服务，赢得了农民工和企业的广泛好评。

2. 学历提升行动

南通市着眼于农民工文化素质较低、劳动技能较弱的问题，开展了农民工学历提升行动。政府通过政策扶持和学费减免的方式，对农民工开展职业技能免费培训行动，并对完成远程网络学历教育的农民工发放励志奖学金。在此基础上，南通市还组织了多场农民工技能大赛活动，选拔出一批代表性的农民工学习模范，提高了农民工技能培训的积极性。

3. 综合服务中心

作为江苏农民工主要输出地的苏北城市，面对长期存在的农民工学习环境差、就业渠道少的问题，盐城市主要采用了创建农民工综合服务中心的培训模式，围绕农民工在工作和生活中所遇到的困难提供公共服务，其中就包括对农民工开展就业服务、创业指导和职业培训。截至 2016 年年底，盐城市已建成 82 个农民工综合服务中心，并常态化服务农民工 109 万人。

4. 返乡创业园

宿迁市作为江苏省首批入选农民工返乡创业试点的城市，在 2015 年初步建立了农民工数据库，创建了以"政府全投入、入驻零租金、扶持有套餐、服务全代理"为定位的农民工返乡创业园。在创业园内，由专门的培训机构入驻企业，为农民工提供技能培训、就业指导等服务，采取"园内培训""园内就业"的方式，带动农民工就业 4000 多人。

二、农民工职业技能培训存在的问题

（一）思想认识有待提高

截至 2016 年年底，江苏省总计培训农民工 178.34 万人。从江苏省农民工技能培训的人数来看的确取得了一定的进展，但深究培训取得的效果，仍有很大的改进空间。根据 2016 年农民工检测报告的数据，老一代农民工占全国农民工总量的 50.3%，1980 年及以后出生的农民工已逐渐成为农民工的主体。与老一代农民工相比，青壮年农民工对职业技能培训的期待度和参与度比较高，但面对网络游戏、娱乐的诱惑，其学习意志不坚定，缺乏持续性。而老一辈农民工对职业技能的追求较低，且多以体力劳动为主，在白天疲惫的工作结束后，宁愿打牌、睡觉，也不愿意再参加技能培训，对技能培训重要性的认识不足，致使实际培训的质量难以提高。

（二）培训经费投入不足

江苏是全国人口密度最高的省份之一，其高新技术产业产值占工业比重超过 40%，对技术性工人的需求较大。除国家拨款的培训资金外，江苏省也发放了一定数量的经费用于提升农民工技能水平、加快农民工工种转变的技能培训。据统计，2014—2016 年江苏省用于农民工职业技能培训的经费高达 8.5 亿元，年均增长 4%。然而人口基数较大的现实环境致使农民工培训需求与政府供给的资源存在巨大供需矛盾，仅靠政府投资难以持续开展技能培训。此外，培训资金缺乏监督，一些地方部门将技能培训直接甩给企业和培训机构，对资金的流向漠不关心，可能会导致培训资金的乱用或滥用。

（三）培训内容针对性差

作为农民工职业培训重要主体之一的企业，在农民工频繁流动的情况下，往往对培训缺乏足够的积极性和耐心。一方面，企业对国家规定的职工培训要求及教育费用不够重视，工种设置、课程内容基本相同，针对性不强，培训质量低下。另一方面，一些企业虽然开展了技能培训，但其培训知识更新换代慢，缺乏专业的教学队伍，使农民工的教育和技能水平很难比劳动力市场需求发展快。此外，目前我国的农民工技能培训内容多偏重职业教育和技术培训，忽视创新创业教育。2015 年国务院出台的《关于支持农民工等人员返乡创业的意见》明确支持农民工返乡创新创业，然而包括政府、教育培训机构和企业在内的教育培训各参与方，很少把农民工作为创新创业的主体看待。

（四）培训形式单一

当前，农民工职业技能培训主要是采取大讲堂、大课堂的形式，培训地点也固定在某一会议场所或培训院校里。这样的做法虽然方便教育者对农民工的集中培训，但容易受到地点和时间的限制。而农民工一般从事的都是具体的技术岗位，具有很强的操作性。但农民工专项技术培训基地的数量较少，不能很好地满足农民工技能培训的要求。此外，在"互联网+"的背景下，一些企业和培训机构对农民工多采用网络培训的模式，一定程度上解决了农民工因业余时间不足而不能参加集中培训的问题。但一些企业和培训机构钻了网络培训的漏洞，对农民工的技能培训仅依靠线上学习，大大减少线下培训的次数，以此达到减少培训支出费用的目的，致使农民工的技能培训缺乏专业人员的指导。

（五）关于培训的法律缺失

目前，我国缺乏针对农民工职业技能培训的法律法规，培训工作的开展无法可依，在具体实践中出现的问题难以有效解决。政府对培训内容、教学方式和师资力量等缺少监管，导致培训机构只看招生人数不看培训质量的现象时常发生，更有甚者以培训为名骗取财政补贴。同时，农民工职业培训成果考核机制尚未建立，职业资格证书制度尚未形成，一些技术含量高的培训很难得到专业机构的职业技能鉴定，农民工在参加培训后只能得到含量不高的结业证书。

三、完善农民工职业技能培训的对策

（一）加强培训宣传引导

一方面，政府要加强对农民工和企业的宣传引导，让农民工认识到职业培训的重要性，积极主动地参与培训；让企业认识到开展农民工职业技能培训是在储备人才、提高生产率和竞争力，改变企业过去只使用不培养的错误做法。另一方面，面对不同年龄阶段农民工的学习积极性的差异，其参加职业技能培训的要求也应有所区分。老一代农民工应提高对职业技能培训的思想认识，树立正确的学习观念。新生代农民工应增强学习的主动性和自觉性，坚定学习意志。

（二）加大培训投入资金

政府应发挥培训资金投入的主渠道作用，建立"农民工专项培训基金"，保证农民工技能培训的稳定资金来源。同时，加强政府、企业、技工院校之间的合作，对于技能培训开展效果好的企业和技工院校给予政策照顾和资金奖励。鼓励民间资本参与助学和投资，构建农民工培训民间资本资助体系，拓宽技能培训资金来源渠道，减缓政府经费压力。此外，设立监察小组，加强对培训资金的监督，严厉打击违法行为，避免培训资金的乱用和滥用。

（三）增强培训内容的针对性

结合农民工的就业目标设计教学内容，对意愿留城工作的农民工，开展建筑业、轻工业、服务业等行业的技能培训；对意愿回乡创业的农民工，开展农业生产、市场营销等行业的技术培训，增强培训内容的实际性和针对性。同时，进一步优化职业技能培训师资队伍，提高教学水平和培训质量，及时为农民工答疑解难。此外，在农民工职业技能培训的同时，应注重创新创业教育。技工院校和培训机构应积极开设创新创业课程，在对农民工进行技能培训的基础上，对有创业意愿和创业条件的农民工开展创业培训，让他们掌握专业知识和创业技巧。

（四）创新技能培训形式

第一，采取灵活多样的培训方式，进一步改进培训方式，将集中培训与分散培训相结合，合理分配传统线下教学与现代网络教学课程，提高农民工技能培训的时效性。第二，增加地方农民工职业技能培训基地的数量，选取特色鲜明的车间、厂房、工地作为培训场所，制定详细的培训流程和方案，方便农民工实地参与教学，提高农民工实际操作能力。第三，开展农民工技能竞赛活动。地方政府和企业行业等可以定期组织开展农民工专业技能比赛，让农民工在比赛中互相交流，发现不足，使农民工通过比赛不断提升其职业素养和技能水平。

（五）制定培训法律法规

首先，应尽快建立一部合理的、科学的法律法规，强化地方农民工职业技能培训管理。针对我国实际，有必要制定《农民工职业技能培训法》，明确政府、企业和技工院校在农民工技能培训中的责任和义务，并成立专门的监督机构，对农民工职业技能培训实施情况进行有效监管。其次，应及时完善农民工职业培训成果考核机制。在职业资格认定工作中，变"结业证书"制为"资格证书"制，督促培训机构认真履行审核职责，严格执行就业准入制度。同时，鼓励企业将职业资格证书与农民工的工资待遇挂钩，激发农民工参与职业技能培训的积极性，让农民工主动去培训、争取去培训，从而提升其自身素质，进一步推进其市民化进程。

参考文献

[1] 习近平.决胜全面建成小康社会 夺取新时代中国特色社会主义伟大胜利——在中国共产党第十九次全国代表大会上的报告[M].北京:人民出版社,2017:30.

[2] 2016年农民工监测调查报告[EB/OL].[2017-04-28].http://www.stats.gov.cn/tjsj/zxfb/201704/t20170428_1489334.html.

[3] 中华人民共和国2017年国民经济和社会发展统计公报[EB/OL].[2018-02-28].http://www.stats.gov.cn/tjsj/zxfb/201802/t20180228_1585631.html.

[4] 加强农民工技能培训 推动制造强省建设——江苏省的实践与思考[N].谭颖.中

国劳动保障报．2017-07-01(003)．

[5] 梁昊．新型城镇化进程中农民工职业技能培训研究——以河南省为例[J]．成人教育,2017(5):44-46.

[6] 李海云．新型城镇化进程中农民工职业技能培训研究[J]．经济研究导刊,2017(12):105-107,113.

[7] 郭苏豫．新型城镇化进程中农民工职业技能培训的问题与对策[J]．农业经济,2016(8):84-85.

新生代农民工的教育培训问题探析

从 2004 年到 2012 年，中共中央、国务院连续九年出台了 9 个以解决"三农"问题为主的一号文件，支持"三农"，关注民生，这不仅是新中国历史上的第一次，也是把"三农"工作作为全党工作的重中之重这一战略思想的具体体现。而农民工问题本质上就是农民问题，也是"三农"问题的热点话题。统筹城乡发展，加快农民工的市民化的进程也是目前农民工问题中一个亟待解决的问题。目前，我国"新生代农民工"有 1 亿人左右，约占农民工总数的 60%。然而，要使得新生代农民工市民化得以顺利实现，提高他们的各方面素质是目前亟待解决的问题，这就离不开一系列的教育培训工作。其教育培训问题的状况不但关系到我国市民化的进程，而且关系到我国城乡一体化的进程和"三农"问题的解决程度。因此，研究并探讨新生代农民工的教育培训问题，积极探索其教育培训的有效途径，具有极其重要的理论价值和现实意义[1]。

一、新生代农民工的概念与特征

（一）新生代农民工的概念

20 世纪 80 年代初，随着社会结构的转型和社会制度变革的开始，中国大规模的农村人口向城市的流动也拉开了帷幕，八九十年代形成了大规模的"民工潮"，此后农村外出流动人口的规模一直居高不下，成为令人瞩目又极具中国特色的社会现象——农民工现象。农民工一般是指介于农民和工人之间的一个特殊群体，一般是指出生且户口在农村，而人在城里打工的农民，它是我国市场经济发展并从传统农业社会向现代工业社会转型过程中的特定时期的产物，是我国城乡二元制度和户籍制度直接导致的一种社会现象。而当前农民工正经历着从老一代向新生代的转换，他们之中相当一部分是出生在 20 世纪八九十年代以后，成长在改革开放的大环境中，已具备劳动能力的年轻人，学者称之为"新生代农民工"。将他们与老一辈的农民工相比较来看，一方面他们对土地及农业生产活动等都不是那么熟悉；另一方面，他们大多受过义务教育，文化程度较高，且渴望融入城市社会，但我们在很多方面还没有做好接纳他们的准备。据统计，我国现有新生代农民工约 1.2 亿人，将近农民工总量 60%，是一支迅猛发展的劳动力大军。新生代农民工已成为保障我国产业转型、经济提速、社会稳定的中坚力量[2]。

（二）新生代农民工的特征

对于新生代农民工来说，他们可以被看作是农民工群体中的一个新兴群体。从一个角度来看，由于他们和老一辈的农民工同处于城乡二元体制之下，受着农业户口在城市中的各种限制，甚至在各种资源在城乡间的不平等分配的环境中生活长大，因而自然而然地被农民工群体共有的一些特征给同化了；从另一个角度来看，因为新生代农民工大多是出生于 20 世纪八九十年代，正处于青壮年期，身上呈现出了同年龄段的普通年轻人所共有的一些特质。因而想要更正确的认识新生代农民工的特征，就要把他们放在一定的与时间（历史）和空间（地理）相关的三维坐标中来加以把握[2]。在时间维度上，新生代农民工是我国由传统农业社会向现代工业社会转变中的一个过渡性群体，体现出时代性的特征；在空间维度上，新生代农民工是我国城乡一体化过程中一直处于"半城市化"状态的群体，有着边缘性的特征；在未来这个维度上，新生代农民工是我国工人阶级的重要组成部分，体现出发展性的特征。

第一，时代性的体现。新生代农民工由于成长生活在中国社会转型及体制不断变革的社会背景之下，物质生活的日益丰富使得他们在进入大城市务工时显现出与老一辈农民工不一样的特性，他们不仅注重工资待遇水平，还要看工作环境的优劣、自身权利的实现情况等，更加注重自我的发展；同时他们与老一辈农民工相比来说，更加向往城市的生活方式，更加能够接受城市的文化文明，他们的价值观等更多的显现出多元化、时代化的特征。

第二，边缘性的体现。一方面，许多新生代农民工自小就跟着父母在城市里生活长大，心理预期一般都高于老一辈农民工，而耐挫力却相对较低，且与老一辈农民工相比，他们有一个显著的特征就是对农村的农业生产活动并不熟悉，不会种田，所以在农村的社会生活模式下处于边缘状态；另一方面，由于受到城乡二元体制的限制，以及新生代农民工自身的文化水平的制约等，他们在城市中大多从事第二、第三产业的职业，做生产线上的一线劳动力或在工地、服务业等行业上工作，大多是靠体力吃饭，难以找到高收入且稳定的工作，并不能真正地融入城市，所以他们在城市中也处于一种边缘状态。由于他们不熟悉农业生产，土地无法保障他们的日常生活，而城市目前也似乎并没有很好地接纳他们。因此，在城乡两端都处于某种边缘化状态[3]。

第三，发展性的体现。新生代农民工大多是"80""90"后，来城市务工没多久，他们的职业生涯刚刚开始，而且工作不是很稳定的，并未完全确定以后从事的职业，所以他们在职业发展上有着较大的变数；且新生代农民工大多仍未结婚生子，不久就要面对婚姻及以后的子女教育等问题，是选择在城市结婚定居、安家乐业，还是回到农村，他们的心理处于不断发展变化的阶段，仍具有很大的不确定性和发展性。

二、新生代农民工的教育培训现状及存在问题

（一）新生代农民工教育培训概况

据国家统计局统计，2013 年我国农民工总数量是 2. 69 亿人左右，而在 1980 年及以后出生的新生代农民工约有 1. 25 亿人，占到农民工总数的 46.6%，占 1980 年及以后出生的农村从业劳动力的比重为 65.5%。而且根据中国就业网在 2014 年 1 月发布的信息，如表 1 所示，从 2013 年城市劳动力市场用人单位对求职者文化程度的要求来看，85.3%的用人单位对求职者的文化程度有要求[4]。并且，在城市劳动力市场中需求量最大的是受过专门职业教育，具有一定的专业技能的劳动力，占总需求的 60.7%，而那些没有受过专业技能教育培训的劳动力在劳动力市场中的需求量只占了一半不到，这就表明知识和技能已日益成为用人单位选择劳动力的重要标准，体力劳动的需求量日益减少，受到过一些技能培训的劳动力更容易得到用人单位的青睐。也就是说，如果新生代农民工能大规模地受到这种技能教育培训的话，他们的教育和技能水平大概就能适应劳动力市场需求的快速发展，进而能够在城市长期稳定地就业发展。

表1 按文化程度分组的供求人数

文化程度	劳动力供求人数比较										
	需求人数（人）	需求比重（%）	与上季度相比需求变化（百分点）	与去年同期相比需求变化（百分点）	求职人数（人）	求职比重（%）	与上季度相比求职变化（百分点）	与去年同期相比求职变化（百分点）	岗位空缺与求职者比率	与上季度相比供求变化	与去年同期相比供求变化
初中及以下	976848	19.1	1.6	-2.3	1029838	22.2	0.3	-1.3	1.11	0.11	0.01
高中	1968452	38.4	-0.4	-0.5	1880153	40.5	1.5	-1.8	1.21	0.00	0.09
职高、技校、中专	1195694	60.7	-2.6	5.3	1123207	59.7	-4.5	3.0	1.47	0.05	0.20
大专	894501	17.5	-2.1	-1.0	1078675	23.3	-1.3	0.9	0.99	-0.01	-0.02
大学	491747	9.6	-1.0	1.2	615886	13.3	-0.7	2.0	0.96	0.01	0.03
硕士以上	38884	0.8	0.1	-0.3	33824	0.7	0.2	0.2	1.31	-0.01	-0.93
无要求	754915	14.7	1.7	2.9	0	/	/	/	/	/	/
合计	5125347	100	/	/	4638376	100	/	/	/	/	/

注：数据统计截至 2013 年。

（二）新生代农民工教育培训存在的问题

1. 教育培训经费投入不足，教育培训保障制度缺失

从总体上看，国家非常重视新生代农民工的教育培训问题，采取多种有效措施，投入大量资金。近两年，全国各省区市级政府部门也为农民工培训投入约 12 亿元[5]，对提升新生代农民工的素质及技能方面确实起到了一定作用，然而由于新生代农民工的自身数量本来就极其庞大，尽管各级政府部门都对其教育培训工作投入了大量资金，但平均下来，每位农民工得到的政府投入就变得微乎其微了，大概只有 100 多元。而且国家对农民工教育培训的资金投入与国家对高等教育的投入相比来看相差甚远。例如，作为解决"三农"问题重要途径的农村劳动力转移培训工程覆盖了全国大部分的城乡地区，是由劳动保障部、农业部等六个部门共同负责牵头的，每年的拨款资金却只有 3 亿元左右，而我国农村劳动力的基数极其庞大，在这种背景及现有的培训扶持政策标准下，参加培训的农民也存在着培训时间短、培训深度不够等问题，甚至有些贫困的农民尚无能力参加培训基地的培训。然而国家教育部等部门对我国"985""211"等重点高校，每年的投入资金有 3 亿~8 亿元，由此可以看出教育资源分配上有一定的不合理之处。而且一些企业多喜欢采用"拿来主义"的策略，更加倾向于招聘以前

已经参加过培训的农民工，尤其是在现代社会高校毕业生供大于求的就业形势下，企业更把对新生代农民工的教育培训当成是一种额外的开销，不愿意投资。所以对新生代农民工进行教育培训的资金主要是来自政府的财政拨款，外来资金的比例非常小，这显然难以满足教育培训的预算需求，且目前政府缺乏足够的激励机制来吸引其他资金的投入。

虽然国家加大了对新生代农民工进行教育培训的宣传普及力度，社会上也有各种各样的教育培训单位和机构对新生代农民工进行职业教育培训，但目前颁布的一些有关新生代农民工教育培训的文件政策大多侧重于促进农村劳动力转移，以及农民工教育培训的步骤、措施等方面，仍然缺乏有效的法律及制度上的保障，从而使得新生代农民工的教育培训工作多流于形式且无法可依。

2. 教育培训内容同新生代农民工的实际需求脱节

新生代农民工在心理结构上具有一定的复杂性，他们选择到城市中去打工往往是出于他们个体的选择，流动目的也从单纯的生存型向发展型变化，他们不再将工作简单地视为生存手段，而是更看重自身的职业发展。他们具有强烈的求知意识、维权意识和学习欲望等，他们既希望能够学习到专业的技能知识来提高自身的职业竞争力并提升收入水平，改善生存状况，又希望能学习法律知识来保障自身的合法权益不受侵犯，同时还希望学习一些文化知识，来提高自身的修养，陶冶自己的情操。但是现实情况是，当前对新生代农民工的教育培训大多是流于形式，教育培训内容单一，内容多以一些基本职业技能和岗前培训为主，与市场的实际需求相脱节，而且培训的内容较陈旧，农民工们像吃"大锅饭"一样接受培训，没有针对性，实际效果较差，且忽视了新生代农民工自身发展的需求，缺少文化修养方面的课程，与农民工的实际需求相差甚远。

3. 教育培训机制不健全，缺乏统一、高效、完备的培训机制

新生代农民工的教育培训主要由社会保障部、劳动部、教育部等多部门共同参与，牵头部门过多过杂，因而使得其教育培训缺乏统一的领导，且相关部门对新生代农民工的教育培训机构的监督管理并不到位，使得其教育培训工作大多只是流于形式，没有达到应有的效果。并且对于新生代农民工的教育培训往往主要由企业和一些职业院校等来实施，并没有专门的、比较正规的教育培训机构。大多数企业只是仅仅以经济效益为核心，将对新生代农民工进行教育培训当作是一种额外的成本，并不情愿为农民工的教育培训买单。从根本上来看，是用人企业缺乏对新生代农民工进行教育培训的主动性和积极性，也未认识到人力资源投资的长效性，而且新

生代农民工频繁的流动和跳槽，也是使企业缺乏足够动力的一个重要原因；同样作为新生代农民工教育培训主体的一些职业院校和相关培训机构则大多是营利性质的，并不以教学水平及教学效果为中心，师资水平也是参差不齐，而且其教学时间比较固定，而新生代农民工所在的企业工厂里大多实行三班倒的工作时间表，很难固定，这样教学和工作的时间就产生了很大矛盾。因此，从整体来看，新生代农民工的教育培训机制尚未健全，且面临着难以真正落实的局面。

4. 新生代农民工的自身因素，职业技能提升乏力

由我国国家统计局公布的《2013 全国农民工监测调查报告》可知，在新生代农民工中，高中及以上文化程度的人数占到总人数的三分之一，比老一辈农民工要高 19.2% 个百分点[6]。虽然新生代农民工的受教育程度和文化素质普遍要高于老一辈农民工，但这并不意味着他们能够适应、满足现代产业发展对劳动者素质的要求。一方面，由于中国教育体制的问题，他们从小在农村乡镇地区所受到的教育质量是无法和城市相比较的，另一方面，由于产业结构的升级和技术的革新换代，用人单位对劳动者素质和职业技能的要求越来越高，这就使得新生代农民工们不能再像老一辈农民工那样仅靠从事体力劳动在城市中扎根生存，这使得他们在城市的就业市场上处于一种很不利的地位。

新生代农民工自身也意识到了这点，所以他们对接受教育和职业技能培训有着非常迫切的需求。可是，由于他们在社会、经济地位上的"边缘性"，使得他们根本没有能力依靠自己的实力去满足这些要求。而企业在目前也没有足够的动力去对他们进行职业培训，国家政府在这方面也一直是处于一种漠视、置之不理的"缺位"状态[7]。

三、加强新生代农民工教育培训的对策措施

（一）充分发挥政府的主导作用

政府应该转变理念，加强对新生代农民工教育培训工作的组织领导和公共服务，明晰各级政府及部门机构在新生代农民工教育培训工作中的职责，将新生代农民工教育培训纳入公共服务体系之中。把国家有关新生代农民工教育培训的方针政策，通过法律法规的形式规范起来，从根本上保障新生代农民工接受教育与培训的权利。

教育培训经费紧张是制约新生代农民工教育培训工作得以顺利实施的症结所在，虽然各级政府投入新生代农民工教育培训中的经费在逐年增多，

但是由于新生代农民工基数的庞大及其总数的不断扩大，从而必然使得每个参加培训的新生代农民工所得到的补贴还是微乎其微的，要想参加专业的技能教育培训，新生代农民工个人还得承担教育培训的大部分费用，而这对于他们来说是一笔不小的费用，这显然已经成为限制新生代农民工参加教育培训的一个很重要的障碍。政府作为新生代农民工教育培训工作的主导者和推动者，应当不断扩大经费的投入，最好能使之制度化，形成稳定的经费投入保障机制。此外可以制定一系列的激励政策，譬如减免税收等来鼓励企业等加大对新生代农民工教育培训的资金投入，从而加强对新生代农民工教育培训工作的物质保障。

（二）充分调动社会一切积极因素为新生代农民工教育培训提供条件和保障

其一，充分发挥职业院校的参与作用。近些年来，我国在全国各地设立了许多各式各样的职业技术院校，规模已经足够庞大，但是正是由于基数太大，从而政府相关部门对这些职业院校的监督管理并不是很到位，从而使得这些院校的层次和质量良莠不齐，其对新生代农民工的教育培训起到的作用也是微乎其微的，这就造成了对现有教育资源的一种浪费。而新生代农民工与老一辈农民工相比，他们正值青壮年，由于成长环境的熏陶，更具有现代年轻人的一些特性，接受新事物比较快，思维也更加灵活。根据这些情况来看，首先，职业院校应根据新生代农民工的这些新特征来改革创新教学方式，使得教学能更加为新生代农民工所接受；其次，由于新生代农民工的工作时间比较零散，学习的时间难以固定的实际情况，职业院校可以采取更加灵活的授课方式，可以加强院校和企业之间的联合，可以直接到农民工相对集中的企业或地点上课，如车间等工作现场，这样就更好地集中了资本；最后，还可以根据新生代农民工自身的实际需求来开设一些课程，除了专业技能之外，也可以开设一些讲解法律知识和业余文化知识类的课程。

其二，充分发挥各层次培训师的带动作用。我国各类农民工的培训机构数量庞大，而师资力量却相对比较薄弱，尚未形成专业化的培训师队伍，在这方面，我们可以借鉴英国的某些做法。英国有关农民工教育培训的学校在招聘培训师时，既非常重视审核应聘者的学历、经历、技能等，更强调培训师的实践技能，而且对应聘者还有一定的试用期等，这样就在一定程度上促成了培训师队伍的专业化。合格的培训师应该首先调查新生代农民工的教育需求，再根据这些需求进行合理的课程设计与安排，不断完善教育培训的内容和形式，从而提高培训的效果。

其三，充分发挥社区、党工团组织的帮扶作用。随着社会的发展变化，新生代农民工尤其是已经成家的新生代农民工，越来越多地进到各个社区中去，因此社区及相应的居委会等对新生代农民工的生活也有着潜移默化的影响。浓厚的社区文化氛围，优美的社区居住环境，丰富多彩的社区文体活动等，都可以给新生代农民工营造出积极良好的教育氛围，同时，社区的党工团组织也要切实保障新生代农民工的合法权益不受侵害，从而提高整个社会对新生代农民工进行教育培训的效用。

（三）充分发挥企业的主渠道作用

企业作为对新生代农民工进行教育培训的主导者和推动者之一，应该加强对市场需求的调查与研究，对新生代农民工实施有针对性的教育，做到按需教育；了解如今新生代农民工原有的知识技能水平和受教育水平，对新生代农民工实施有时效性的教育，做到因时教育；根据企业自身对人才的需求和新生代农民工的实际状况等，为其制定职业发展规划，并筹备经费和师资等。与此同时，还可以通过实地考察和现场观摩等形式来强化新生代农民工的操作技能；企业还可以对新生代农民工实施循序渐进的教育培训机制，培训师可以先对新生代农民工进行岗前培训，等新生代农民工们工作一段时间后结合其实际工作情况再决定是否进行继续教育，以巩固教育效果；企业还可以建立一系列考核机制，每周对之前培训的相关内容进行考核，强化教学效果；并引入竞争上岗等晋升机制，以激发其学技术的热情；还有最重要的一点就是，企业要强化人力资源基础工作，要做到肯于和敢于对新生代农民工的教育培训进行投资，做好人才培养方面的相关工作，形成完善的教育激励机制，从而达到互利共赢的效果。

（四）充分激发新生代农民工的自主学习意识

为了适应现代城市劳动力市场的变化要求，一方面新生代农民工应该具有自主学习的观念和意识，这样才能够最大限度地挖掘自身的潜力，发挥自身的优势，并且要利用好身边的一切学习资源和业余时间，从而顺利地实现自己的培训目标，成为真正的学习的主人，既可以满足现代产业发展对劳动者素质的要求，也可以适应产业结构升级和技术更新换代的背景下企业对新生代农民工的素质及职业技能发面的要求；另一方面各企业可以从新生代农民工的一些心理特征出发，在社会各部门机构为其提供完备的学习硬件、师资等条件的基础上，企业可以进一步完善新生代农民工学习技能的激励机制，将工资待遇同知识水平挂钩，将晋升标准与技术学习能力挂钩[9]，从而充分激发新生代农民工的自主学习意识。

参考文献

[1]徐媛媛.试论新生代农民工公民意识及其培育[J].贵州师范大学学报(社会科学版),2012(3).

[2]黄丽云.新生代农民工市民化中的价值观[M].北京:社会科学文献出版社,2012.

[3]中国工运研究所.新生代农民工:问题·研判·对策建议[M].北京:中国工人出版社,2011.

[4]中国就业网.2013年第四季度部分城市公共就业服务机构市场供求状况分析(完整版)[EB/OL].http://www.chinajob.gov.cn/DataAnalysis/content/2014-01/22/content_879534.htm.

[5]唐踔.新生代农民工教育培训问题探析[J].成人教育,2011(3).

[6]中华人民共和国国家统计局官方网站.2013年全国农民工监测调查报告[EB/OL].http://www.stats.gov.cn/tjsj/zxfb/201405/t20140512_551585.html.

[7]简新华,黄锟.中国工业化和城市化过程中的农民工问题研究[M].北京:人民出版社,2008:264.

[8]高玉峰,石洪顺,贺字典.新生代农民工教育培训问题及对策研究[J].河北科技师范学院学报(社会科学版),2012(2).

[9]吴小蓉.新生代农民工教育培训问题分析与对策[J].继续教育研究,2012,11(2).

新生代农民工教育需求分析

2001 年，中国社科院社会学研究所副研究员王春光首次提出了"新生代农民工"的概念。此后这一概念衍生出来的新群体越来越受到党和政府以及社会各界的广泛关注。2010 年中央一号文件《中共中央 国务院关于加大统筹城乡发展力度 进一步夯实农业农村发展基础的若干意见》明确要求，采取有针对性的措施，着力解决新生代农民工问题。

随着我国社会经济的不断发展，越来越多的新生代农民工参与社会生产建设，逐渐取代上一代农民工成为城市建设的主力军，他们素质的高低直接关系到我国社会的稳定与健康发展。因此，对新生代农民工的进行继续教育显得尤为重要。

一、新生代农民工的概念和特征

从 20 世纪 80 年代中期开始，我国沿海地区快速发展，带动了对劳动力的巨大需求，同时农村的剩余劳动力为了生存和发展，大规模地进城务工，形成一个新的社会群体——农民工。随着时间的推移，农民工群体也出现了代际之间的更替，许多学者如王春光、徐建玲、刘传江等都通过年龄来划分新生代农民工与老一代农民工，并普遍认为 1980 年之后出生的，具有农村户口，但在城市（镇）从事非农业工作的人为"新生代农民工"。全国总工会新生代农民工问题课题组认为，新生代农民工系指：出生于 20 世纪 80 年代以后，年龄在 16 岁以上，在异地以非农就业为主的农业户籍人口[1]。

"新生代农民工"这一概念首次被正式阐释，是中央财经领导小组办公室副主任、中央农村工作领导小组办公室副主任唐仁健在国新办 2010 年 2 月 2 日举行的新闻发布会上做出的：即"新生代农民工"主要指"80 后""90 后"这批人[2]。

新生代农民工是出生在改革开放之后并生长在社会主义市场经济条件下的新一代群体，虽然他们是传统农民工的延续，但他们在新的社会环境下又体现了不同以往的特征。主要表现在以下四个方面：

（一）生活目标的转变

老一代农民工始终挂记自己赖以生存的土地，所以在工作之余会回到家乡从事农业生产，并最终回归农村养老，而不少新生代农民工则是从小跟随父母在城市长大，有些甚至出生在城市，对农村生活和从事农业生产没有任何准备，相比父辈，他们更希望留在城市中生活，对于城市的依赖感和归属感要远远大于农村。

（二）受教育程度相对提高

《中国农民工调研报告》显示，在20世纪80年代从农村外出务工经商的劳动力中，小学教育水平的比重分别高于文盲、半文盲、初中、高中、大专的比重。而从20世纪90年代起，则是初中教育水平的比重最高。另外根据国家统计局数据显示，"新生代农民工参加职业培训的比例为30.4%，而上一代农民工参加职业培训的比例为26.5%"[3]，通过对比发现新生代农民工中接受过职业教育或培训的人员比例远远高于老一代农民工。所以，与老一代农民工受教育水平普遍较低的现象相比，新生代农民工受教育程度相对较高，多数人都接受了九年义务教育，还有相当一部分人接受了职业教育或培训。

（三）消费观念更加开放

新生代农民工的童年分为两种，一种是作为"留守儿童"跟随爷爷奶奶住在农村，一种是从小跟随父母在城市打工甚至出生、生活在城市。但不管是哪一种，父母都尽量在物质生活上给予他们最大的满足，与老一代相比他们的物质生活环境是相对宽裕的，这些生活经历的转变使他们的消费观念比老一辈农民工更加开放，他们的工资不再像老一辈那样仅用于基本生活需求将大部分省下寄回家中，而是在满足基本生活需求的同时，追求时尚并享受生活，他们会参加一些培训活动或娱乐性活动，增加自己的生活质量和乐趣。这大多是受城市现代化消费观念的影响，使新生代农民工的储蓄意识逐渐淡化。

（四）新生代农民工外出地域更广，且行业分布集中

老一辈农民工因为有深厚的乡土情结一般都就近选择务工地点，而新生代农民工则大多选择外出务工，不再仅限于本省市，而逐渐跨省外出，主要集中在沿海一带的经济发达的大中型城市如广州、深圳、上海等地。与上一

代农民工主要集中在制造业和建筑业的情况不同，新生代农民工主要集中在制造业与服务业。新生代农民工在住宿餐饮业、居民服务等服务行业工作人数所占比重逐渐上升，这说明新生代农民工在选择行业时，不仅看重岗位的工资水平，也很看重企业提供的工作环境和职业前景。

二、新生代农民工教育需求的内涵

教育需求一般有两个层面的含义：一方面是从国家或社会的层面来看，主要是指国家、社会、企业和个人为社会、组织或个人自身的进步和发展而产生的提高劳动者素质的需要；另一方面是从个人的角度来看，是指个体认为教育投资可以提高和增进他们的知识和技术能力，帮助他们找到更好的工作并在城市内取得更高的社会地位。

本文所研究的教育需求主要是从新生代农民工个体出发，是指他们离开农村到城市进入工作岗位后，为了发展和融入城市生活而想要进行继续教育的愿望和需求。

（一）新生代农民工的心理健康教育

新生代农民工与老一辈农民工相比他们在生活上的压力减少但在精神上的压力却逐渐增大，这与他们的社会地位及生活环境有着密切的关系。新生代农民工顶着"农民工"的身份在城市打拼，但他们因为身份问题得不到与城市居民一样的社会保障，甚至合法的权益也难以维护，同时他们因为学历、技术等条件制约只能干一些技术含量低、劳动强度大、劳动时间长、收入低的工作，这就致使他们产生不平等的心态，甚至感觉"低人一等"。这些生活、工作及价值观的冲突，往往会导致他们产生强烈的心理压力和矛盾冲突。

心理问题虽然看不到，摸不着，但是它对一个人的影响是巨大的。如果新生代农民工的这些心理压力和矛盾不被及时地发现和化解，就会转化成巨大的社会矛盾，不仅对新生代农民工自身的发展产生影响，对整个社会的稳定与发展也会产生巨大的危害。

因此，新生代农民工首先需求的是心理健康方面的教育与指导，通过心理方面的教育与指导，使他们正确认识自己所处的位置，摆正自己的心态，正确面对社会发展变化及市场经济条件下带来的社会差异和不公平现象，教导他们既不能急于求成，更不能仇视社会。要学会通过自身的努力改变自己的生活。

（二）新生代农民工的职业技能教育

随着九年义务教育的普及，新生代农民工受教育程度显著提高，但是面对城市经济的迅速发展及对劳工技术专业化的要求，新生代农民工认识到自己仍然缺乏必要的职业技能，对职业培训要求强烈。

据国家统计局公布的统计数据显示（见表1），外出农民工的受教育程度高于留在农村从事农业劳动的平均水平。同时由表中可以看出，在全部外出农民工中，新生代农民工的受教育程度更高。其中，新生代农民工中接受过职业培训的人员比例达到30.4%，另外新生代农民工的受教育程度虽然仍处在初中阶段的水平，但是类型较以往发生了转变，接受过高中及以上教育的人员比例有所上升[4]。

表 1　新生代农民工的人力资本特征

人力资本特征	农村从业劳动力	外出农民工		
		合计	上一代农民工	新生代农民工
受教育年限（年）	8.2	9.4	8.8	9.8
文化程度（%）				
不识字或识字很少	6.6	1.1	2.2	0.4
小学	24.5	10.6	16.7	6.3
初中	52.4	64.8	65.2	64.4
高中	11.2	13.1	12.4	13.5
中专	3.1	6.1	2.1	9.0
大专及以上	2.2	4.3	1.4	6.4
参加职业培训（%）	14.3	28.8	26.5	30.4

随着社会主义市场经济结构的不断调整，越来越多的企业和用人单位需求的是一些受过专门职业教育、具有一定专业技能的中专、职高和技校水平的劳动力，但在新生代农民工中这部分人还只是少数。由于技术水平不高，新生代农民工就业层面窄、在就业机会少、工资低，这迫使大多数的新生代农民工想要进行继续教育培训，提高自身的技术水平，这不仅是他们生存发展的基本要求，更是他们适应市场需求在城市稳定下来的基础。

（三）新生代农民工的思想政治教育

1999年《中共中央关于加强和改进思想政治教育工作若干意见》中就强调，"要十分注意做好下岗职工和进城务工人员的思想政治教育工作"，"对进城务工人员,城市有关部门和用工单位要及时了解他们的思想状况,切实承担起对他们的管理和教育责任"[5]。可见政府对新生代农民工思想政治教育问题十分重视和关注。

思想政治教育是一项复杂的系统工程,有其完整的系统性。但是新生代农民工作为早早结束学业投入工作中的一个群体,他们所接受到的思想政治教育是不完整的、阶段性的,并且至今为止仍然没有一个专门的机构或组织负责他们的思想政治教育。

思想政治教育是指社会或社会群体用一定的思想观念、政治观点、道德规范对其成员施加有目的、有计划、有组织的影响,使他们形成符合一定社会、一定阶级所需的思想品德的社会实践活动[6]。因此新生代农民工想要融于城市,并适应社会的不断发展就必须强化自己的思想政治教育,运用现代化的观念、科学的世界观和方法论随时对自己进行政治观教育、人生观教育、法制观教育、道德观教育等,使自己的思想得到提升,观念得到更新,并且工作技能和整体素质都得到全面的提高。

加强新生代农民工思想政治教育,有利于帮助他们树立正确的人生观、世界观,便于提升他们的思想素质,为他们顺利地融入城市,成为新的市民打下基础。同时,提高新生代农民工的思想政治教育素质有利于建设社会主义和谐社会,对于全面落实科学发展观、构建社会主义和谐社会、推进社会主义城镇化建设都具有重大的意义。

三、新生代农民工教育的现状和困境分析

(一) 新生代农民工的教育现状

新生代农民工是生长在改革开放和社会主义市场经济条件下的新一代,他们从农村来到城市有的甚至从小跟随父母生活在城市,他们渴望在城市找到自己的一席之地,实现自己的价值,更期望在城市定居过上更美好的生活。但是由于综合素质偏低,并且没有接受过专门的技能培训,使他们只能从事一些简单的、临时性的工作,这与他们的预想相差甚远。为了打破这已境况,新生代农民工迫切的需求提升自身的文化素质和技能素质以适用现代化的社会和高速发展的市场经济。因此新生代农民工现在最迫切的教育需求就是接受以职业技能教育为主的继续教育。职业教育的特点是强调职业道德培养、着重进行适应社会发展和生产发展的实践动手能力的技术培训,是一种实用性很强的职业技术、技能教育。职业技术教育是教育与经济直接联系的一个重要的结合点,职业教育周期短、见效快、成本低,职业技术学校所培养的

中、初级技术人才和管理操作人员是直接参与社会生产劳动[7]。正是由于这些特点，大多数的新生代农民工都选择参加职业技能教育培训，通过培训掌握一门技术，以寻找更好的就业岗位。

当今社会是知识经济社会，科学技术是第一生产力，长期居住在城市的新生代农民工同父辈相比，更知道知识和技术对于他们的重要性，因此他们希望通过知识改变自己的命运，继续教育则成为他们更快更好地融入城市生活、获得城市发展空间的必然路径。

（二）新生代农民工教育需求的困境

对新生代农民工进行继续教育问题政府和企业做多出了很多努力。早在2003年9月，国务院办公厅就下发了《2003—2010年全国农民工培训规划》，从宏观角度对农民工职业技能培训做出了部署。对此，国务院及相关部门先后制定了一系列促进农民工教育培训的政策和计划，最有影响力的是国家2004年实施的"阳光工程"，全国共免费培训农民工多达数千万。除政府部门外，企业也对新生代农民工的培训工作做出了巨大的贡献。新生代农民工相较于老一代农民工选择的职业大多倾向于制造业和服务业，前一类职业对工人的技术有一定的要求，因此某些大中型企业会定时对自己的员工进行培训，主要包括企业的历史、精神、工作中要注意的安全问题、工作需要的技术等。虽然政府和企业对新生代农民工的继续教育做出了努力，但目前新生代农民工继续教育的发展仍然存在很大的困境。

1. 自身的原因

新生代农民工接受继续教育，必须以一定的文化水平与知识水平为基础。但是有统计数据显示新生代农民工的教育水平基本保持在初中阶段，并且由于家庭及社会环境等原因使他们在上学期间对学习的积极性并不高，有的甚至中途辍学，因此对于已经参加工作的新生代农民工来说，让他们回到学校重新学习也存在一定的困难。另外有一部分人因从小受到的生存环境的影响，认为参加继续教育培训不仅浪费时间，耽误赚钱，甚至容易丢掉正在从事的工作，得不偿失，他们安于现状，认为生活过得去就行，不思进取，同时加上在城市受到的某些不公正待遇和启示，更加深了他们的这种鸵鸟心态，使他们固守自己原有的岗位不愿前进，对参与继续教育在培训的积极性不高。

2. 缺乏资金支持，培训时间难以调控

新生代农民工大多从事技术性较低的制造业和服务行业，因此收入水平也比较低，但是由于受城市生活观念的影响，新生代农民工的消费观念又比较超前，消费不再仅限于基本生活费用，注重享受生活和追求时尚，因此除

去这些之后可供新生代农民工支配的剩余资金相对较少。同时新生代农民工的职业特点一般都是时间较长、强度较大、假期较少，这就使他们能够自由支配的时间较少。两者加起来使新生代农民工在资金和时间上都难以应付需要一定金钱和时间的再教育培训。有调查显示，有的新生代农民工因参加继续教育而使自己损失了一定的就业机会，从而减少了自身的经济收入，这种状况也在一定程度上对新生代农民工以后的再参与继续教育培训产生了一定的影响。

　　3. 缺乏统一正规的培训机构

　　市场经济的高速发展，使一批人看到新生代农民工教育培训的潜在市场，因此在一段时间内市场上出现了大批就业培训机构、学校等。但这些培训机构大多以营利为目的，缺乏正规统一的管理，有些甚至不被政府和社会单位所承认。培训机构作为新生代农民工进行再教育培训的主要实施载体，从目前来看不能满足新生代农民工的教育需求，主要有以下原因：从培训内容看，课程设置重复、单一、缺乏特色，层次较低，且与就业市场的需要严重脱节；从培训方法看，仍然采用传统的教学方式，没有采用适合新生代农民工特点的方式；从效果评估看，重理论、轻实践，致使很多学生抱怨在培训机构学不到什么东西；从后期的就业服务看，大多缺乏实效性，或者只注重就业的数量，而忽视质量[8]。

　　4. 缺乏相应的保障制度

　　为促进农村劳动力的顺利转移，我国颁布了一些有关农民工教育培训的文件，其主要是集中于针对农民工培训的措施和步骤，却缺乏有效的教育培训的配套保障措施，从而在一定程度上影响了新生代农民工参加继续教育培训的效果[9]。如新生代农民工因继续教育而辞去工作所减少的经济来源和基本生活保障，谁来承担等问题，这些都是新生代农民工是否要接受再教育考虑的问题。同时由于中国长期的城乡二元化结构导致城乡社会福利保障制度存在差异，这就使新生代农民工以一个"农民"的身份在城市接受再教育受到一定程度的限制并且不能够平等地享受当地的教育服务。

四、新生代农民工教育需求问题解决的对策建议

（一）构建新生代农民工教育工作的长效机制

　　政府部门应该发挥其在领导新生代农民工继续教育中的统筹全局的领导作用，建立新生代农民工继续教育培训的长效机制。

1. 制定并落实相关的政策和法规

新生代农民工教育继续教育工作意义重大，关乎社会的稳定、进步与发展。因此政府各部门应高度重视并加强交流与合作，针对新生代农民工继续教育问题制定一系列的有针对性的政策法规，如对主动实施新生代农民工教育的用人单位减免部分税款，对主动参加教育培训并且顺利毕业的优秀新生代农民工减免学费，推行教育培训结业证书和职业资格证书相结合的持证上岗和就业准入制度等，并且要成立专门的机构督促、监督这些政策法规的执行，切实的落实新生代农民工的继续教育问题，提高新生代农民工继续教育的实效性。

2. 加大资金投入，并保证资金发挥相应的效力

"如果新生代农民工放弃工作，进入全日制学校脱产学习，将有可能完全失去收入来源，这将会使他们学习的机会成本增高[10]。这会大大降低新生代农民工进行继续教育的积极性，因此政府应当加大相应资金的投入，一方面加大对教育机构资金的投入，完善教育机构的硬件设施和教师资源配置，另一方面加大对新生代农民工进行继续教育的扶持投资，例如对参与继续教育的新生代农民工给予基本生活补贴，在一定程度上缓解他们在继续教育学习期间的生活压力。

3. 完善相关保障制度

推进新生代农民工的教育问题最主要的是改革现行的城乡二元化结构，清除附加在新生代农民工身上的"农民"头衔。首先应当改革并完善的户籍管理制度，打破农业户口与非农业户口的限制；其次是改革社会保障制度，逐渐缩小城乡社会保障制度的差异，保障农民工在城市享有相等的教育权、医疗保险权等；最后完善农民工的权益保障制度，让农民工的合法权益有法可依。只有改善这些农民工最关心的问题，才能让他们有多余的精力投入再教育之中。

4. 加大宣传力度，使社会、企业和新生代农民工自身认识到继续教育的重要意义

通过电视、网络、手机报、广播等大众媒介，大力宣传继续教育、终身教育的重要性，让新生代农民工了解到进行继续教育、提高自身的能力和价值的对于自身发展的重要性，同时也让企业认识到提高新生代农民工员工的素质的技能的重要性。

（二）充分发挥企业在新生代农民工教育工作中的作用

企业作为新生代农民工活动的重要载体，对新生代农民工的继续教育

培训承担着重要的责任。

1. 强化培训意识与责任

中国一直被视为"世界工厂"，以廉价的劳动力和能源资源市场在世界经济市场占据一席之地。随着中国社会的不断发展，以及中外经济的不断融合，中国及中国企业在不断寻找合适的途径打破"世界工厂"这一称号。提高劳动力的素质，转变经济发展方式则成为一条重要的途径。这就要求企业增强对员工的培训意识与责任感，特别是一些以制造业为基础的中小型企业，这类企业吸收了大量的新生代农民工，因此更应该根据企业的发展要求及职工自身的需求对他们进行有针对性的教育培训，努力做到素质拓展与技能培训并重，从真正意义上提高新生代农民工的综合素质，实现企业与新生代农民工的利益双赢。

2. 加强企业与培训机构或职业学校的合作

企业与培训机构或职业学校的合作能够使新生代农民工获得理论与技术的双重提高。新生代农民工进行继续教育的一大障碍是时间难以调控，企业主动与培训机构或职业学校进行合作，能够合理地分配工作与学习的时间，避免缺工或缺课的现象，这样培训机构或职业学校能够提供专业的教师进行职业技术教育，而企业又能够提供现成的场所进行实践操作，从长期的发展来看，这种合作能够大大提高企业的产品质量，并在一定程度上提高企业的生产效率。

3. 鼓励发展，培养骨干人员

新生代农民工逐渐取代老一辈工人，成为企业发展的主要劳动力资源，并且他们是有理想、有追求的一代并不仅满足于待在生产车间做一些简单、重复的机械劳动，他们迫切希望通过知识来改变自己的未来。企业要认识到他们对自身发展的需求，并鼓励支持他们发展。对此企业要根据新生代农民工平时工作的特殊表现，在全员培训的基础上，对某些员工进行有针对性的技能培训，并从中选拔优秀人员进一步培育，为企业的发展储备骨干人员。

（三）转变新生代农民工的教育观念，树立终身学习意识

新生代农民工生于 20 世纪 80 年代之后，他们的教育观念与老一代相比有着本质的差别，他们思想活跃，勇于接受新事物，因此应当帮助他们转变思想树立正确的继续教育观念，而不是以往的仅仅是为了"学习一门技术，找一个工作"。新生代农民工应当从长远考虑，并对自己以后的职业和生活有一定的规划，这样才能正确地认识到进行继续教育的重要性，同时

也要认识到继续教育不是一次性的，而是无止境的，想要在快速发展的今天在社会中占有一席之地，就必须不断地给自己充电，提高自己的综合素质和竞争力，这些都要靠接受继续教育来实现，只有掌握与时代发展同步的知识和技术才是新生代农民工立于城市的保障。

因此，新生代农民工要树立正确的继续教育观念，并为自己制订相应的个人发展和职业发展计划，大胆的预想和设计自己的未来，同时也要克服生活和学习道路上的困难，积极利用身边各种条件参与各种继续教育培训中，通过国家、社会、个人的共同努力，不断提高新生代农民工的素质和技能，为我国经济建设发挥更大的作用。

参考文献

［1］全国总工会新生代农民工问题课题组．关于新生代农民工问题的研究报告［J］.江苏纺织,2010(8):8-11.

［2］孙陈艳．新生代农民工融入城市生活的教育需求与应对策略［J］.职教通讯,2013(13):39-42.

［3］国家统计局住户调查办公室．新生代农民工的数量、结构和特点［EB/OL］.［2013-4-5］.http://www.stats.gov.cn/tjfx/t20110310_402710032.htm..

［4］国家统计局住户调查办公室．新生代农民工的数量、结构和特点［EB/OL］.［2013-4-5］.http://www.stats.gov.cn/tjfx/fxbg/t20110310_402710032.htm..

［5］中共中央关于加强和改进思想政治教育工作若干意见［Z］.1999(12).

［6］陈万柏,张耀灿．思想政治教育学原理［M］.北京:高等教育出版社,2007:4.

［7］姚蓉．职业教育在经济发展中的作用［N］.科技新报,2013-01-09(B2版).

［8］邓玲娟,刘巧花,吴红敏,等．新生代农民工教育需求困境、原因及对策思路——基于西安市的实证分析［J］.经济研究导刊,2011(25):53-55.

［9］王巧．新生代农民工继续教育需求研究——以福州市为例［D］.福建农林大学,2012.

新生代农民工市民化中的思想政治教育问题研究

2010 年中央一号文件《中共中央 国务院关于加大统筹城乡发展力度进一步夯实农业农村发展基础的若干意见》中，首次使用了"新生代农民工"的提法，并要求采取有针对性的措施，着力解决新生代农民工问题，让新生代农民工市民化。随着我国社会的发展，农民工也从原先的第一代慢慢地衍生到第二代农民工，新生代农民工也逐步肩负起建设城市的重任。所谓"新生代农民工"是特指"80 后""90 后"为主体的进城务工农民新群体，这批人目前在农民工外出打工的 1.5 亿人里面占到 60%，约有 1 亿。新生代农民工的年龄普遍为 18 到 25 岁，他们受过一定程度的教育，渴望进入甚至融入城市社会，然而，城市社会显然在很多方面还没有做好完全接纳他们的准备，他们游离于城市和农村之间，在新生代农民工市民化的过程中如何加强对他们的思想政治教育已成为一个现实的问题。

一、新生代农民工的特点与市民化的重要性

2010 年中央一号文件把农民工特别是新生代农民工的问题放在一个统筹城乡、推进城镇化发展、带动"三农"问题解决的关键性位置上，足见新生代农民工问题的重要性。新生代农民工与他们的父辈一样，户籍在农村但是长期在城市生活和打工。不同的是，新生代农民工有如下几个特点：一是新生代农民工在农村务农的技能远不如他们的父辈，他们与传统农业相疏远，有很多人刚成年就跟随父母来到城市打工，他们的就业观、消费观和生活方式与城市人所差无几。新生代农民工属于边缘化人群，他们游走于农村与城市的边缘，他们对城市的渴望远远高于农村，而对于回农村务农的意愿非常低。他们希望与城市人一样享受诸如医疗保障、养老保险、公共福利等待遇，然而事与愿违，他们长期生活在城市却不被城市接受，他们的梦想迟迟未能实现于是内心压抑，各种矛盾的心理不断折磨着他们。二是新生代农民工的文化素养和自主意识比较强。相比父辈而言，新生代

农民工接受了一定的教育，他们的法律意识较强，对于平等的概念也十分敏感，他们要求平等的就业机会、平等的待遇，平等地参与社会活动以及政治生活，但是他们所受的教育并不完善，他们所受的家庭教育也十分欠缺，大部分人认为职业教育远比思想政治教育来的重要。三是与父辈相比新生代农民工受到的压力更大，处于工作、生活等城市给予的压力下，新生代农民工面临着严峻的挑战，他们有不满足现状而努力拼搏的精神，有积极进取的意识，但是由于他们并没有吃过太多苦，所以他们吃苦耐劳的精神不如他们的父辈们，同样的，他们的抗打击承受力也较弱，遇到挫折或许会知难而退。由于没有受到完整的、系统的、良好的教育，面对困难和压力，他们易受外界的干扰影响，不能很好地处理危机。城市社会通信十分发达，信息交流广泛，新生代农民工作为年轻人极易接受新潮事物，对于新鲜事物的判断不准确，从而容易误入歧途，他们不像父辈那样受传统观念的束缚，极易"一叶障目"，同时对于人生抱有侥幸心理，心存幻想。

我国是一个农业人口总数庞大的国家，也是有着数量巨大农民工人口的国家，这种现实国情决定了解决农民工问题的极端重要性。而我国新生代农民工在整个农民工中所占比例之高、新生代农民工人口总量规模之大以及新生代农民工比之于他们父辈的不同特点决定了解决新生代农民工问题在整个农民工问题中的枢纽地位，新生代农民工市民化是解决新生代农民工问题的关键，因而具有十分重大的意义。一是农民工市民化可以推动我国经济的发展。需求约束成为我国经济发展的一个重大"瓶颈"，我国经济急需通过扩大内需来推动发展，而如何扩大内需已成为保持我国经济快速增长的根本性问题。而扩大内需的根本途径又在于拓展农村市场。只有加快城市化进程，实现农民工市民化，才能形成巨大的和长期的需求拉力。农民工市民化可以扩大农民工的消费需求，使他们的消费观与城市居民一样，改变原有的消费模式和消费结构使之不同于原来的农民工。特别是新生代农民工，他们在吃住用行等方面的消费方式会率先向市民过渡，向市民看齐，其间蕴藏着不可估量的巨大的消费潜力。二是农民工市民化可以促进我国和谐社会的建设。随着社会的发展，大批农民工涌入城市，尤其是新生代农民工，他们怀揣着梦想来到城市，为了实现梦想而努力，然而，越来越多的农民工涌入城市也为城市带来了诸多问题，如人口膨胀、住房紧张、交通拥挤、治安混乱、环境污染、资源浪费等，致使一些地方政府对农民进城往往采取限制和排斥的态度。另一方面，流动人口的增加，加剧了城市社会治安管理的困难度，事实证明，新生代农民工是极易犯罪的群体之一。三是新生代农民工市民化可以推动我国农民人口整体素质的提高，实现全面发展的大计。新生代农民工进入开放的现代化的城市，接受城市文明，在城市文明的洗礼下他们的价值观念、思维方式、心理结构、言行举止等方面都发生了深刻的变化，产生了质的飞跃，促进了农民素质的整体提高。

二、新生代农民工市民化过程中面临的思想政治教育的问题

（一）思想政治教育在新生代农民工市民化过程中的重要性

新生代农民工通常是"80 后""90 后"，他们受过一定程度的教育，与上一代农民工相比，他们拥有更多的文化知识和专业技能，他们有自主意识，要求社会平等的待遇。但是在新生代农民工的家庭教育中很少有人会意识到思想政治教育方面的问题，许多新生代农民工大多数是家庭教育缺失的"留守儿童"，对于他们来讲，父辈的关心来自于是否温饱而不在于教育和精神思想方面，即使有个别家长意识到思想政治教育的问题，但是从他们的文化程度、收入水平，以及生活的压力情况来看，对子女的思想政治教育也是力不从心的。除去家庭教育外，新生代农民工在学校也学习了许多的知识，但是在农村的学校里教学设备与师资力量也不如城市先进，很多新生代农民工完成了基本的学业后就停止了继续接受教育所以在思想政治教育这块停留在基础的层面。很多的新生代农民工接受了一些职业学校的教育，这些学校一方面从事学历教育，另一方面还进行职业技能的培训。学历教育往往偏重于培养学生的应试能力，而对于新生代农民工而言最重要的则是职业技能的教育，通过职业技能的培训，使得农民工掌握一门能够养活自己乃至家人的技术，能够凭借自身的能力留在城市打工，这对于他们而言至关重要，所以，他们忽视了思想政治教育的重要性。其实思想政治教育应该包含在职业技能的教育当中，与职业技能教育齐头并进，而学校过分重视职业技能培训，把就业放在教育目标的首位，导致思想政治教育滞后，新生代农民工在没有受到完整、系统、良好的思想政治教育的情况下进入城市打工，在面对充满了诱惑的城市生活时，容易误入歧途，此时，缺乏良好的思想政治教育的农民工们的缺点就会暴露出来，这不仅对农民工自身有害，同时还影响了城市的发展。

在这样的情况下，如何强化新生代农民工的思想政治教育的问题迫切的摆在我们的面前，这要求政府和社会一起为提高新生代农民工的思想政治教育而做出努力，这时就需要根据新生代农民工的特点来为他们量身定

制适合他们的思想政治教育方式，使他们学之有用，受之有益。对新生代农民工的思想政治教育进行的深化，它不仅使新生代农民工的思想精神更加适应城市社会的生活，提升他们自身的素养，在就业的过程中具有优势，而且也提升了城市人口的整体水平，为城市化的发展做出贡献。

（二）新生代农民工思想政治教育所面临的挑战与困境

思想政治教育面临着价值观的和所处社会环境的双重挑战。从新生代农民工自身来看，在过去的岁月里，农民长期从事最原始的劳动，通过自给自足的劳动方式解决生活问题，过去的农民性格朴实、保守，不怕吃苦，认为只要努力就能获得好的回报，他们对于思想政治教育没有概念。而现如今，新生代农民工改变了这种想法，在经济发达的今天，城市劳动分工细致，经营方式多种多样，劳动报酬也逐步提高。新生代农民工对于父辈"面朝黄土背朝天"的生产生活方式不认同，他们要改变，希望能扎根城市，渴望得到城市的认同，但是究竟以何种方式来实现自己的梦想，这是许多新生代农民工心中的疑问。很多新生代农民工认为金钱是在城市生活的必需品，而对于思想政治方面的教育则认为无关紧要，从而忽视了思想政治的教育，直接导致了他们面对城市的一些诱惑无法做出正确的判断，价值观严重偏离，急功近利，甚至自甘堕落。错误的价值观影响了新生代农民工在城市的进一步发展，新生代农民工要树立起正确的价值取向，对于父辈的生产生活方式不能全盘否定，对于城市生产生活方式也不能全盘接受。随着社会的发展，各种各样的价值观也随之出现，新生代农民工作为一个新的群体要抵挡社会上包裹着华丽外表的陷阱，端正态度，不断提高自身的思想精神，树立正确的价值观。

从社会方面来看，新生代农民工的思想政治教育缺乏良好的社会环境，这其中包括社会经济待遇环境不公平、社会政治环境不理想和社会人文环境不和谐。现如今，虽然越来越多的新生代农民工参与进我国城市化进程的建设中来，有的甚至从事着技术性和管理性的岗位工作，但是对于他们的思想政治的再教育，社会与政府并不重视。很多人认为新生代农民工只是廉价的劳动力，他们不需要掌握思想政治方面的知识，只需要定时定量的完成他们的工作即可，这种想法是错误的。由于本来新生代农民工所接受的思想政治教育就不完善，而后期社会也不能给予他们思想政治教育方面的帮助，导致他们始终停留在当初的状态，从而导致城市人认为农村人没文化、素质低，农村人认为城市人骄傲、自大，从而导致城市与农村，城市人与农村人的误会越来越深，以致难以融合。这种现象不利于我国社会主义的和谐发展，不利于我国社会主义人文环境的和谐发展。新生代农民工不同于他们的父辈，他们有一定的文化知识，有自主意识，渴望以主人翁的身份参与城市的建设、企业的发展。然而，社会却没有做好充足的准备来迎接他们，给予他们所希望的平等地参与城市政治生活的机会和权利。这种不理想的政治环境下的新生代农民工思想政治教育缺少应有的保障。新生代农民工大多处于青壮年时期，正式形成人生观和价值观的重要时期，不和谐的人文环境会对他们的心理造成影响，从而形成错误的人生观、价值观。与此同时，城市的就业环境和工作环境同样阻碍了新生代农民工接受思想政治教育的过程。新生代农民工来到城市就业，是为了满足他们自身的需求，城市为他们提供了就业岗位但是却忽视了他们精神上的需求。农民工参与工作获得劳动报酬，这满足了他们的物质追求。而企业追求利润，渴望利润最大化，注重效率，新生代农民工在这样的环境下也越来越重视绩效，迫切地追随企业利润最大化，这样他们获得的劳动报酬也会提高。部分企业在利润的驱使下，压榨工人的劳动力不断获取剩余价值，并不关心打工者的思想政治状态，也不提供思想政治教育方面的帮助。然而，这种现象会扭曲新生代农民工的价值观，认为金钱和利润代表了一切，从而忽视了职业道德，忽视了思想精神的提升。

三、我国新生代农民工市民化中思想政治教育的现状

我国新生代农民工是一个正在不断发展壮大的新兴队伍，对于新生代农民工来讲，努力融入城市中，成为城市化进程的一部分，是他们在城市打拼的目标。新生代农民工是我国现代化建设的主力军，是加快城市化进程的驱动器，要使社会大众平等互利、和谐共处就必须加强对新生代农民工的思想政治教育方面的引导。作为农民工主体的新生代农民工群体的思想政治教育工作，是缩小城乡差距，促进城乡统筹发展的客观需要同时它也促进了新农村建设工作。一方面新生代农民工到城市来打工，得到相应的工资性收入，这在一定程度上提高了农民的收入，促进了农村经济发展，为缩小城乡收入差距起到了巨大的作用。另一方面，新生代农民工在城市的生活方式的熏陶下，开阔了视野，掌握了技能，丰富了知识，转变了生活习惯，提高了思想水平，他们把这些崭新的风气带入农村，为信息和社会风气相对闭塞的农村注入新的血液，促进农村文明与城市文明的融合。更重要的是，在社会经济不断发展的今天，越来越多的诱惑出现在新生代农民工的周围，新生代农民工的价值观面临严峻的挑战，作为我国社会主

义现代化建设的主力军，良好的思想政治教育是尤为重要的。

在 20 世纪末，党中央便对农民工思想政治教育工作十分重视，并表示要注意做好下岗职工和进城务工人员的思想政治教育工作。由此可见，农民工思想政治教育工作早已进入我党和政府的工作重点之列，但是各级政府对于新生代农民工的思想政治教育工作的实践进程却相对较为滞后，其具体的实施一直处于徘徊阶段。随着新生代农民工的不断壮大，面对新的就业形势、新的社会状况，农民工的心理素质等各方面都有了较大的变化，而政府对这一群体的发展状况尚停留在过去，使得原本思想政治教育不完善的新生代农民工在没有思想政治再教育的相对补充的情况下思想不能与时俱进，工作相对落后，与社会现状相脱节。国家对于新生代农民工的思想政治教育问题没有具体的部门和具体的政策来进行切实的规划，在以何种形式、何种方式开展思想政治教育活动也没有具体的方针政策。另外，在社会上，不论是在企业中还是在社区里，都没有专门为新生代农民工的思想政治教育工作而提供的服务和机构。所以，新生代农民工的思想政治教育问题被当成皮球一样在各部门、单位、社区中踢来踢去，没有良好的受教育的环境，没有完整系统的思想政治教育的方针政策，从长远来讲，不利于对新生代农民工的管理和引导。

四、加强新生代农民工市民化中的思想政治教育的对策建议

新生代农民工是我国社会主义建设的重要力量，是我国城市化建设的重要群体，他们为我们的生产和生活提供了良好的基础和条件，对我国的现代化建设做出了巨大的贡献。他们默默无闻的付出，辛勤的劳动，为我们创造了良好的生活环境，所以全社会要更加关注他们，尤其是要为他们提供良好的思想政治教育条件。

（一）国家要不断完善新生代农民工思想政治教育的理论体系和方针政策

思想政治教育是"以人为本"的教育，思想政治教育不仅包含了马列主义、毛泽东思想、邓小平理论、"三个代表"、科学发展观、习近平新时代中国特色社会主义思想一系列党的方针政策，还必须包含符合人性化的东西。思想政治再教育不是大而空的纯理论知识，不是枯燥无味的空话，对于新生代农民工而言，思想政治再教育要在他们原先接受过的思想政治教育的基础上进行深化，根据他们所学过内容的特点以及理解情况来制订更加适合他们的方案，思想政治再教育要贴近他们的心理与生活，不要停留于纸上谈兵，不要过度的理论化，要与实践结合，与他们的现实状况相结合。思想政治教育要给予他们在城市生活的信心与建议，要包含一系列城市化的适应教育和心理健康教育，要教导他们树立正确的人生观和价值观，要用温和的态度、科学的方法，给予新生代农民工最切实的帮助。思想政治教育对待新生代农民工要以人文关怀为主线，尊重农民工的个性和习惯，注重培养农民工的创造性，耐心倾听农民工的心声，要把新生代农民工的需求放在首位，促进新生代农民工自身全面、和谐、自由的发展。国家要从战略高度制定面向新生代农民工思想政治教育的方针政策，制定和完善新生代农民工的思想政治教育的理论体系。

（二）加强新生代农民工的思想政治教育要从基层社区做起

社区是新生代农民工的居住地，在对新生代农民工思想政治教育过程中可以发挥其特有的作用。新生代农民工想要融入城市，首先要有自己的居住地，在城市社会中，新生代农民工的集体聚居地相对比较分散，没有形成住宅区那样的社区规模，他们的居住地不论是硬件设施还是社区服务都比较落后，不能够满足新生代农民工的需求。城市要为新生代农民工提供统一的居住区，让新生代农民工在离开农村到城市打拼时能有一个安静、舒适的休息与生活环境。城市社区不仅要改善新生代农民工的生活水平，同时也应该提供社会保障机制，要想让新生代农民工感觉真正意义上被城市接受，就要对新生代农民工的社会保障工作进行全覆盖，各种保障措施要涵盖其工作、生活的方方面面，努力解决继续教育、医疗、住房、养老等主要问题，同时保障他们的子女拥有平等的受教育的权利，农民工为当地城市的建设做出了重要的贡献，所以他们的子女有权在当地接受义务教育。除了在物质方面给予新生代农民工的帮助外，更重要的是城市社区应当为新生代农民工提供思想政治教育的环境。新生代农民工比起他们的父辈更加注重社会各方面的发展，他们对国家的政治、社会现状有着更为敏锐的洞察力，对待思想政治教育有着他们自身的观点，所以他们迫切地需要提升自己的文化素养等。新生代农民工所住街道社区要加大宣传力度，为新生代农民工提供各种思想政治教育的内容，并且可以通过各种媒介传播思想政治教育，例如传单、广播等。在新生代农民工的日常生活中，这些都是最便利的方式，可以对他们进行潜移默化的熏陶。

（三）企业应担起新生代农民工思想政治教育的重要责任

企业是新生代农民工工作的场所，对于新生代农民工而言，企业是带给他们劳动报酬的地方，是最能让他们感到充实的地方。在企业工作得到的报酬是为了更好地在城市生活，这对他们来讲至关重要。而对于某些企业来讲，新生代农民工只是廉价的劳动力，是企业谋取利润的工具，企业忽视对新生代农民工的思想政治教育，这是错误的。优秀的企业对员工的思想政治教育工作毫不懈怠，只有农民工的思想得到了提升才能更好地为企业创造利润。可以在企业内部成立专门的农民工工会组织，每个星期定期开设农民工的思想政治教育讲堂，大到国际形势、国家方针政策，小到职业操守、企业文化，这些都可以通过企业内部培训来对新生代农民工进行培养。企业培训是对新生代农民工的思想政治教育的重要途径，根据企业自身特色与农民工自身特点进行思想政治教育可以取得较好的效果。企业也可以与学校合作开设夜校等，通过培训提高他们的技能，增强他们的竞争意识与自信心。除了教育培训外，优良的企业文化不但对新生代农民工的思想政治的教育起到了促进作用，同样在这种优秀的企业文化的熏陶下，新生代农民工更加充满干劲，为企业创造更多的效益。

（四）发挥新生代农民工自身在思想政治教育中的作用

新生代农民工为了梦想来到城市打拼，他们希望城市真心接纳他们，希望与城市化进程一样与时俱进，成为城市化的一部分。然而，由于种种原因，城市人口并不能完全接纳他们，这不仅仅是因为物质的原因，更重要的是新生代农民工的思想政治教育文化与城市人差距过大，导致在很多方面与城市格格不入，这不仅给城市带来了负面影响，同时也阻碍了他们想要融入城市社会的步伐。在这种情况下，需要城市人口与新生代农民工的共同努力。一方面，城市人要消除歧视，努力转变城市居民"优等公民"的心态，消除对新生代农民工的歧视心理，以豁达的态度、宽广的胸襟接纳新生代农民工，推动其与城市居民之间的良性互动关系，让他们找到归属感、安全感和认同感，使其尽快融入城市政治生活。另一方面，新生代农民工要加强自身的学习和修养，不断提升自己的精神素质和文化素养，关心社会现状，不断改造自身的主观世界，顺应时代和社会生产力的发展，树立正确的人生观和价值观，为城市、为社会做出贡献并实现自身的理想。

参考文献

［1］车晓蕙,黄浩苑,吴俊,潘旭.一亿新生代农民工深度撞击"城市化中国"［J］.半月谈,2010(3):11.

［2］唐踔.对我国新生代农民工市民化问题的几点思考［J］.江西农业大学学报,2010,9(2).

［3］韩精灵,龚平.新生代农民工思想政治教育问题探析［J］.现代农业,2011(8).

［4］陈学颖.关于新生代农民工思想政治教育问题研究［D］.沈阳师范大学,2013.

［5］高友端.新生代农民工市民化进程中的文化教育问题［J］.社会学研究,2010(6):105-106.

［6］江小蓉.新生代农民工市民化问题研究［J］.河南社会科学,2011(19):100-102.

［7］李瑾.新生代农民工思想政治教育研究［D］.山西大学,2013.

新生代农民工随迁子女义务教育公平问题的制度研究

随着我国城市化进程的不断推进，新生代农民工涌入城市的路径由原先"独闯式"迁移变成现在的"家庭式"融入，跟随父母流入城市的随迁子女也多数处于义务教育阶段，由此，随迁子女义务教育公平问题也成为我国社会转型期一个特殊的社会焦点问题。教育部的统计显示：全国义务教育阶段在校生中，随迁子女1294.73万人。在小学就读955.59万人，在初中就读339.14万人，随迁子女的队伍仍在壮大[1]。本文从制度层面对随迁子女义务教育公平问题进行了现状研究及原因分析，并提出相应措施，力求为该群体义务教育公平问题提供有益借鉴。

一、新生代农民工随迁子女义务教育现状剖析

（一）入学机会不平等

目前，国家在教育制度、政策等多个方面保障随迁子女的受教育权，但现实情况并不乐观。某些学校将不合理的收费变成"择校费""借读费"，这都无形之中加重了新生代农民工负担，为随迁子女顺利入学树立屏障。另外随迁子女想要顺利进入公办学校，其父母还要出示户口本、户籍所在地无监护人证明等相关证件，但要办齐这些证件并不容易，多数证件需要亲自往返城乡办理。来回的车旅费、伙食费及烦琐的办理程序，使得新生代农民多数以放弃告终，间接造成大量随迁子女被挡在公办学校的大门之外。

（二）教育过程不平等

一般情况下，随迁子女留给城市儿童家长的第一印象为"脏乱差"，因此有的城市儿童家长会要求学校将自己的子女与随迁子女区别对待，分班授课。公办学校考虑到自身的名气、声誉和来自城市儿童家长的压力，会将随迁子女单独分班，并安排一些实习教师或资历较浅的年轻教师单独授

课。长此以往，这些由随迁子女组成的特殊班级会成为差生集中地，外加被排斥感和自身自卑心理的影响，随迁子女会逐步减少参与集体活动，他们逐渐成为班级的边缘人，很难受到公平待遇。

近年来，农民工子弟学校成为多数随迁子女入读的首选，但只有少数农民工子弟学校的成立会得到政府批准。没有得到批准就得不到国家财政资金的资助与扶持[2]，办学资金来源只能依靠学生缴纳的学费和办学者投资。随迁子女家庭条件较差，无力缴纳除必要学费以外的费用，而办学者的投资经费更是捉襟见肘。另外，农民工子弟学校常常因办学指标不达标而被取缔、关闭。据统计，北京目前有 200 多所农民工子弟学校，只有 50 多所通过审批具备办学资质，将近 20 万就读于违法农民工子弟学校的学生面临分流[3]。即使提前通知随迁子女去别的学校继续就读，也会因为公办学校人数已满或需交纳高昂的费用而被迫辍学。

（三）教育结果不公平

随迁子女在遭遇种种不平等待遇后，平等升学的难题又摆在面前。由于长期实行城乡二元户籍制度，随迁子女并不能在流入地正常升学，只能回到户籍所在地参加升学考试。但随迁子女学习成绩较差，即使回乡参加升学考试，顺利入读乡镇高中，由于城乡教育资源的差异、教育水平的参差不齐，随迁子女很容易出现前后教育不接档现象和文化中断等问题，未来的大学之路仍令人担忧。

二、新生代农民工随迁子女义务教育不公平现象的原因分析

（一）城乡二元户籍制度的后续影响

2014 年 7 月，《国务院关于进一步推进户籍制度改革的意见》（以下简称《意见》）正式发布，要求取消农业户口与非农业户口性质区分和由此衍生的蓝印户口等户口类型，统一登记为居民户口[4]。而在现实生活中，《意见》想要达到的效果与《意见》的具体实施并不同步，具有一定的滞后性。随迁子女想要在城市中入读公办学校，接受相对公平的义务教育仍是困难重重。这也是现阶段推进城乡一体化进程的重中之重。

（二）义务教育制度本身不健全

《义务教育法》明确规定：义务教育事业在国务院统一领导之下，实行地方负责、分级管理的体制。在此基础上又详细规定了我国实行三级办学、

两级管理的体制。这种传统义务教育体制在一定程度上激发了地方政府办学的积极性，但也造成了义务教育不平等现象的滋生。由于各个地区经济和社会发展水平存在差异，地方政府用于教育的经费投入也就会有所不同。长期的教育经费投入失衡，衍生出区域间教育发展不平衡。

（三）教育经费制度不完善

一是教育经费总量投入不足。据《中国教育报》统计，2009 年我国教育竞争力全球综合排名第 29 位，但教育投入居末位，作为教育投入一部分的义务教育阶段经费投入则少之又少。教育资金的短缺将直接影响教育资源配置，这也是随迁子女义务教育不公平现状衍生的首要原因。二是义务教育经费转移支付制度不完善。我国法律规定，按照户籍所在地适龄儿童数量进行相应的财政拨款，因此随迁子女的教育经费划归其户籍所在地政府管辖。可实际上他们却在城市接受义务教育，户籍所在地的教育经费无法使用，城市中又没有随迁子女的义务教育经费可以用，这就使得随迁子女无形中陷入了"灰色地带"。

（四）教育监督制度存在漏洞

首先，教育领域的监督者与被监督者形似分离，实则一体。政府部门既是政策制定者，又是政策执行者与监督者，所谓的监督也就成了一道摆设，并无实用。其次，在政府部门信息公开透明度不够的今天，公众的舆论监督也丧失了其最直接、最现实的意义。教育信息缺乏供给或透明度不高，会导致公众无法全面掌握教育资源，公众监督也随之流于形式。

三、推进新生代农民工随迁子女教育公平的对策研究

（一）进一步完善城乡一体化户籍制度

《国务院关于进一步推进户籍制度改革的意见》的颁布，标志着我国实行了半个多世纪的二元户籍管理模式将退出历史舞台[5]。因此要在实现城乡一元户籍制度改革的基础上，取消新生代农民工随迁子女因地域、身份等不同而对其采取的多种限制手段，逐步减小城乡居民的差别对待，才能实现城乡人口在法律地位上的平等。另外，应逐步取消依附于户籍制度上的附加功能，切断户籍与教育、社保等福利制度之间的联系，为随迁子女平等入学创造良好环境。

（二） 深化义务教育管理制度改革

首先，教育部门在对适龄儿童基本信息进行相关统计时，应将随迁子女统计在内，取消身份与地域双重限制。其次，创新现有的学籍管理制度，实现电子学籍卡信息系统的全覆盖。随着"互联网+"的高速发展，将现代信息技术与学生学籍管理制度相融合，形成学生学籍管理数据库系统，既能减少传统学籍管理的烦琐性与复杂性，又简化了随迁子女城市入学手续，节约入学成本。

（三） 建立健全新生代农民工随迁子女教育财政补贴制度

一是要加大义务教育经费的投入力度，提高义务教育阶段教育经费投入比例，进一步吸引农村适龄儿童就近入学，缓解城市教育资源紧张的现状。二是建立义务教育专项转移支付制度。米尔顿·弗里德曼提出的教育券理念，即政府通过发放教育券的方式，让得到教育券的随迁子女自由选择学校就读，不再受户籍、区域等条件的限制。学校凭借收到的教育券到政府相关机构兑取教育专项经费，用于随迁子女在校期间所需的各项费用。教育券制度的建立，可解决随迁子女入学等一系列不平等现象，有效治理公办学校、农民工子弟学校之间教育资源分配不均现象。三是持续引导企业、社会公益组织等社会力量对随迁子女进行资助与帮扶。通过爱心捐款、资助希望小学、实施春蕾计划等，让随迁子女能够公平入学，享受平等的义务教育，感受社会各界对他们的爱与温暖。

（四） 加强媒体宣传与全方位监督机制

利用大众传媒的力量，营造全社会关爱随迁子女的氛围。直击新生代农民工及其随迁子女的生活现状，让更多的人能够较为直观地了解随迁子女生活与受教育现状，更多地尊重与关爱随迁子女，逐步消除歧视与差别对待，促进随迁子女公平享受义务教育。还可以借助媒体监督的力量，更好地落实随迁子女公平接受义务教育等相关政策、规章制度，实现政府教育部门、慈善机构等相关方面的运作更为透明，实现随迁子女义务教育公平在阳光下进行。

参考文献

[1] 2014 年全国教育事业发展统计公报［BE/OL］.http：//politics. people. com. cn/n/2015/0730/c1001-27385268. html.

[2] 罗文宝,吴小芳. 困境与出路：随迁农民工子女教育问题研究［J］.福建教育学院

学报,2014(07):25.

[3] 农民工子弟,无处安放的童年[BE/OL]. http://news. cntv. cn/special/uncommon/ 11/0817/.

[4] 黄庆畅,张洋. 全国取消农业非农业户口区分[N].人民日报,2014-07-31.

[5] 李唐宁. 城乡二元户籍管理模式从此谢幕[N].经济参考报,2014-07-31.

我国新生代农民工政治参与问题研究

当前，新生代农民工的生活水平和经济条件都有所提升，但由于国家制度、社会环境及自身素质等因素的影响，新生代农民工参与政治生活困难重重，很难达到理想状态。新生代农民工能否合法、合理的参与政治生活已经成为社会各界关注的焦点问题。本文欲借鉴之前学者的研究成果，在梳理和分析新生代农民工政治参与的现状、原因的基础上，对其政治参与问题进行较为全面的研究，并最终提出新生代农民工逐步摆脱"政治边缘人"身份的合理化建议。

一、新生代农民工政治参与现状及存在的问题

（一）新生代农民工非制度化政治参与活动数量激增

近年来，新生代农民工政治参与意识逐渐增强，参与政治的机会突增。新生代农民工参与政治的过程中，通过越级上访、暴力对抗等形式的非制度化政治参与情况也随之增加。《半月谈》的调查显示：新生代农民工中被克扣、拖欠工资的占 37.4%，未与用人单位签定劳动合同的比例为 35.1%，认为存在着同工不同酬的不公平现象的新生代农民工高达 65%。另外，新生代农民工还承受着各方面的歧视与不公平待遇，负面情绪不断累积，久而久之就会导致他们通过极端、暴力的方法来发泄内心愤懑。如河南新密张海超为争取应得的工伤保险赔偿而开胸验肺事件、富士康的"十三连跳"自杀事件等，这些非制度化的政治参与方式，让新生代农民工逐渐走上了一条"另类"的维权路。

（二）政治参与呈现边缘化趋势

原先的城乡二元户籍制度限制新生代农民工只能在其户籍所在地行使其相应政治权利。但新生代农民工中在城市中从事着繁重的体力劳动，除去工作时间，很少有精力重返老家，参与选举、表达政治心声。外加返乡路途遥远，政治信息流通不畅，多数新生代农民工会自然而然忽略了户籍

所在地的政治权利的行使，转而更为期待在城市中表达自己的政治意见、参与到城市的政治生活中来。虽然现已取消城乡二元户籍制度，实行城乡一体化。但就目前的情形来看，新生代农民工在一定时间内仍然无法正常的参与到城市规划中去，他们仍属于城市政治参与中的局外人的角色。

（三）组织缺乏，参政真空化

目前，新生代农民工大量涌进城市，由于他们多数工作不稳定，变动性较大，住所又不集中，所以很难将其纳入社区进行统一管理。另外，由于新生代农民工自身多数文化水平较低，想要组建合法化、合理化的维权组织具有一定的难度。没有通过正规渠道建立的维权组织，当自身权益收到侵犯时，个人的力量终究是有限的。新生代农民工在维权路上势单力薄，不能有力地表达自己的政治心声。这样缺乏组织的领导，新生代农民工政治参与呈现真空化。

二、新生代农民工政治参与存在问题的原因分析

（一）政治参与制度的缺失

在现实政治生活中，多数新生代农民工往往会因为繁重的工作、城乡往返的成本等原因，将本应行使的政治权利虚置。据调查显示，高达81%的新生代农民工在离家进城打工后，再没有参加过家乡的选举等政治活动。现行的选举等政治制度，并没有给新生代农民工以实质性的保障。另外，我国现行的信访制度，可以间接提供制度化的维权渠道。但信访制度本身是一项事后补救机制，信访部门只能在了解侵权情况后予以安抚，并不能针对问题进行实时处理，大大降低了新生代农民工对信访部门的信心和信赖，久而久之，新生代农民工在遇到相似侵权现象时，也就不会想要通过信访的途径解决问题。

（二）权益代表组织的缺失

组织是参与政治生活必不可少的载体。据相关调查显示：50%左右的新生代农民工认为他们想要表达政治意见、反映相关问题的时候并不方便。40%的新生代农民工认为基本方便，只有少数认为较为方便。43%的新生代农民工认为是因为没有一个组织代表自己讲话。新生代农民工缺乏相应的权益代表组织，间接消弱了他们政治参与的话语权。近年来，新生代农民工中萌发出大量的"老乡会"等非正式组织，但这些非正式组织自身并不具备法定功能，在表达维权等诉求方面能力有限。

（三）政治信息的匮乏

虽然新生代农民工长时间生活在城市之中，但他们自身文化素质有限，朋友圈也多数是工友、层次相当的同事，加上城市居民的排斥感，很少会有机会参与城市社区活动，这一定程度上阻碍了他们了解政治信息。另外，现代信息技术在农村的发展较为缓慢，多数基层政府仍旧主要利用本地宣传栏等传统的信息流通模式。新生代农民工远在他乡，没有固定的住所且常常因为更换工作地而改变联系方式，因此，新生代农民工户籍所在地的基层政府部门发布的政府公文、改革措施等信息，新生代农民工不能及时有效的获取，长此以往，新生代农民工则会被忽略，政治活动的参与、政治权利的行使都将成为虚设。

（四）媒体偏见和城市居民的排斥

现阶段，媒体对于新生代农民工群体的报道相对集中于素质低下、聚众闹事、扰乱社会治安等负面消息，往往导致城市居民对新生代农民工产生一种"脏乱差"的印象，这成为城市居民排斥新生代农民工融入城市的一道不可逾越的鸿沟。与此同时，这些带有歧视色彩的目光使得新生代农民工产生抵触情绪，他们会寻求一种极端、暴力的方式发泄不满情绪。城市居民与新生代农民工长期的对峙，会使得新生代农民工在融入城市的进程中困难重重，弱化了政治参与的可能性。

三、破解新生代农民工政治参与困境的对策

（一）建立健全政治参与的相关制度

我国现行的《选举法》明确要求应按城乡比例进行选举，充分保障流动人口的选举权与被选举权。但条例中并没有对新生代农民工为主体的流动人口在居住地参加选举做出具体规定。近年来，新生代农民工所占人大代表的比例有所上升，但并没有明确规定代表数量及比重。针对上述细节问题，应适当修正相关法律，让新生代农民工的政治参与有法可依，逐步提升新生代农民工的政治地位。其次，信访制度为新生代农民工表达政治心声、维护合法权益提供了渠道。但我国信访部门并不是独立部门，没有实权。在处理相关问题时只能是以安抚为主，不能及时有效解决根本问题。因此，信访制度的改革应赋予信访部门更多的实权与职能，使之不再依附于政府部门而左右为难。

（二）　规范利益代表组织的建设

新生代农民工根据地缘、兴趣爱好等自发形成的老乡会等非正式组织如雨后春笋般浮现。但这些非正式组织多数没有固定的场所、核心领导人、业务骨干等。组织内部结构松散，利益代表功能弱化。从政府层面来讲，应该对现存非正式组织进行细化、分类。量体裁衣地制定创建利益代表组织的标准、适当放宽政策，引导其朝着积极健康的方向发展。其次，用人单位也应根据自身企业文化特点，鼓励、支持新生代农民工创办合法化自治组织。在场地和资金方面给予相应帮助，对其组织的创立、活动的创办进行有效监督、合理引导。

（三）　拓宽政治参与渠道，保障政治信息的获取畅通无阻

首先，应加强城乡网络通信等基础设施建设的力度，实现电视、广播等传统媒体与微博、微信等新媒体的有效结合。目前，90%以上的新生代农民工会通过网络参政议政。利用网络媒介接收有效政治信息，间接保证新生代农民工的知情权与参与权。其次，新生代农民工的用人单位和居住地所属社区，可利用宣传栏、举办社区活动等方式，让新生代农民工获取更多的参与政治的机会。

（四）　逐步消除媒体偏见和城市居民的排斥心理

媒体部门应创新思维、转变惯性思维，重新审视当下新生代农民工的新特点，对新生代农民工进行客观公正的评价与报道。城市居民在享受着今天日新月异的城市新貌之时，应主动换位思考，尊重新生代农民工为城市建设和社会发展所付出的汗水，并以积极、平等的心态与新生代农民工和谐相处，从而逐步减少新生代农民工的心理压力和精神负担，引导他们树立正确的三观和合法、合理参与政治生活的理念，为共筑中国梦奉献自己的绵薄之力。

参考文献

[1] 新生代农民工十大最新动态[EB/OL]. http://www.banyuetan.org/jrt/110714/47540.shtml. 2011-7-14.

[2] 邓秀华. 新生代农民工的政治参与问题研究[J]. 广州：华南师范大学学报(社会科学版),2010(2).

[3] 管雷. 网络时代的新生代农民工:农民工的换代与转型. 中国青年研究,2011(1).

新生代农民工职业道德现状和对策

2010 年 1 月 31 日，2010 年中央一号文件《中共中央 国务院关于加大统筹城乡发展力度 进一步夯实农业农村发展基础的若干意见》中，首次使用了"新生代农民工"的提法，并要求采取有针对性的措施，着力解决新生代农民工问题，这也是党和国家对新生代农民工这一群体的高度重视。新生代农民工作为农民工群体中的主力军，已经在我国现代化建设中起到重要的作用。新生代农民工的职业道德水平，影响着我国城镇化进程、经济发展和社会进步，同时也是我国社会整体道德水平的重要体现。加强新生代农民工的职业道德建设具有重要意义。

一、新生代农民工的职业道德现状

职业道德是指与人们的职业活动紧密联系的符合职业特点所要求的道德准则、道德情操与道德品质的总和，它有两方面的内涵：一方面是对从业人员在职业活动中的标准和要求，另一方面又是某个职业对社会所负的道德责任和义务。也就是说，它既是职业对人的要求，也是对社会对行业的要求。目前新生代农民工的职业道德状况存在以下几方面问题。

（一）员工忠诚度低下

在企业管理中，一般用员工忠诚度来衡量员工对企业的忠诚程度。学术界一般认为，忠诚分为行为忠诚和态度忠诚两方面，而忠诚是这两方面的统一。所谓员工忠诚是指员工对企业的认同与竭尽全力的行为和态度，具体表现在思想意识与企业政策和价值观保持一致，而在行动上竭尽全力为企业做贡献，时刻维护集体利益。因此，员工忠诚度低也就主要表现为两方面：一方面，思想意识和价值观无法与企业保持一致，跳槽频繁，企业人才流失现象严重；一方面，工作中缺乏集体意识和对企业的奉献精神。

说到忠诚，这本是中国传统的君臣体系道德中重要的一环，自古便有岳飞背刺"精忠报国"四字的典故。然而到了 21 世纪，"忠诚"似乎已经成为一种在日常社会生活中罕见的现象，甚至每每提及都会成为笑谈。近年来，企业用人单位在招聘时很难在找到对工作充满热情、有着忠诚心和奉献精神的员工。在新生代农民工群体中，这种现象尤为明显。尤其是在中小企业中，新生代农民工就业群体通常抱着得过且过的择业和就业态度，根本没有真正以一个企业员工的视角对待自己的工作，也就更谈不上对企业的热爱和奉献了。据中国社会调查事务所调查的数据显示，从2001年到2006年的5年，民营企业存在着严重的人才流失现象，员工流失率达到25%，其中比例较大的是新生代农工群体。在2008年举行的中国民营经济发展分析会上，经济学家辜胜阻指出：现在民营企业劳资问题中最突出的问题就是不稳定性，员工流失率居高不下。我国民营企业的人才流失率高达30%，其中，中小民营企业近几年的人才流失率高达50%以上。一般情况下，企业保持15%的人才流动率，是比较合理、利于企业发展的，而目前中国民营企业尤其是中小民营企业的人才流失率已远远超出这一标准，人才流失现象已经到了非常严重的程度。而民营企业的就业者中，新生代农民工占了相当大的比重。也就是说，新生代农民工中，人才流失现象已经远远超出了正常范围。

（二）职业责任意识淡漠

职业责任感是职业道德的核心。如果员工缺乏职业责任感，也就不谈职业道德的水平有多好了。职业责任感对从业者参与工作的积极作用主要可以表现在三个方面：一是职业责任感可以促使从业者对本职工作充满热情，使得从业者在工作中积极、认真、负责，在行驶职业行为时自发地符合道德要求；二是在从业者面临艰难的道德选择时，高度的职业责任感可以促使从业者倾向于做出符合道德要求，有利于社会的选择；三是在某个职业行为结束之后，职业责任感能够促使从业者对其行为及其后果做出自我评价和自我检讨，让从业者对符合道德要求的行为感到欣慰和满足，对不符合道德要求的行为感到羞耻、内疚和悔恨。可以说，职业责任感是职业道德行为的内在驱动力；职业责任感是职业道德行为的良心"监督员"；职业责任感是职业道德行为自我评判的"法官"。目前，新生代农民工的职业责任感意识淡漠，整体状况令人担忧。近年来，关于食品安全问题、工程质量问题、环境污染问题的报道层出不穷，诸如毒奶粉、毒鸡爪等本应让人无法容忍的现象，似乎也已被大众渐渐习惯，以至于成为调侃的谈资。这些现象的出现，其原因是复杂的，但不可否认的是，职业责任感的缺失在其中起到重要的作用。职业责任感意识淡漠，主要可以体现在三个方面：

首先，在日常工作中，从业者缺乏热情和责任心，工作态度消极；其次，从业者在职业行为中缺乏道德认知和自我监督，以假当真，以次充好，在面临道德选择时总是倾向于做出符合经济利益的选择，而缺乏道德约束；最后，从业者对自己的职业行为及其后果缺乏自我评价和自我检讨，对不符合道德要求，损害他人利益的行为，缺乏相应的羞耻心，甚至不感到内疚和后悔。一些职业责任感淡漠的新生代农民工以在工作中以职业道德时刻要求自己，对自己的工作漠不关心，对自己从事的行业毫无兴趣和热情，其工作成果的质量的达不到标准也就可想而知了。

（三）职业道德标准偏低

职业道德直接影响着某个企业甚至是整个行业的效率，及其在社会中的形象和起到的作用。因此，职业道德本应是相对一般社会道德有着更高的标准。然而现实情况却是，职业道德的标准却和一般社会道德标准一样，甚至较之更低。

环保部部长陈吉宁在他的首次座谈会上针对中国目前的环保工作和环境问题表示，过去环保执法过松过软，环保不守法是常态。谈到自己今后的工作时他表示，自己是要把这个常态反过来，让企业和政府都依法办事，守法应是底线。针对目前企业和政府在环保工作中的诸多不守法现象，他认为，守法不是高要求，而是一个底线的要求，连环保法都无法遵守又何谈环境保护。虽然道德相比法律不具有强制性的约束力，但是在思想行为要求标准上，道德是在法律之上的，可以说，守法本应是有道德的底线标准。但是，通过陈吉宁部长的发言，我们可以发现，我国的企业和政府在环保工作中连守法都难以做到，可见其职业道德标准是低下的。其实岂止是环保工作，在我国的各行各业之中，都存在不守法的现象，可见我国目前各个行业的职业道德标准都较低。"毒奶粉""毒鸡爪""毒胶囊"等食品安全卫生问题频发，一方面是个别从业者的法律意识淡薄，或唯利是图，为了谋取利益铤而走险；另一方面更是整个行业的职业道德水平低下，使得从业者将失德无德当作常态，职业道德难以发挥"监督者"和"法官"的作用，在整个行业没有道德约束的情况下，个别从业者失德违法也就符合常理了。

二、新生代农民工职业道德欠缺的原因分析

国家统计局统计数据显示，在 2010 年我国新生代农民工总人数为 8487

万左右，占全体农民工总人数的 58.4%。由此可见，新生代农民工已经成为农民工中的主要力量。而新生代农民工主要由两类人构成：一是出生在农村，通过升学进入城市，毕业后留在城市工作的人群；一是随外出打工的父母在城市长大的农民工子女。这两类不同的人群既有着相同之处，又有着各自不同的特点。更早地接触城市，更高的文化水平，使得新生代农民工和他们的前辈相比，在就业和工作中有了更多的选择和机会，同时也面临着新的问题和风险，而这些问题和风险，正是新生代农民工职业道德出现问题的原因。

（一）就业环境严峻，人均收入偏低

与 20 世纪 80 年代进城多为小学文化甚至是文盲的农民工相比，新生代农民工在文化水平上有了明显的提升。数据显示，新生代农民工中超过80% 为初高中毕业，其中还有部分是大中专毕业生。因此，新生代农民工与老一辈农民工相比，职业期望更高。新生代农民工们不再以与基础建设相关的诸如建筑业、交通运输业等对学历要求不高的行业为主要择业选择，而更多选择需要一定人际沟通能力和知识技术水平的服务业和制造业等行业。同时，新生代农民工在工资标准、工作环境、社会福利和个人权利等方面的要求也比老一辈农民工要高。

然而奇怪的是，拥有更高学历和相关能力的新生代农民工，有着方方面面更高就业期望的新生代农民工，其人均收入却低于传统农民工。中华全国总工会 2011 年的数据显示，新生代农民工的人均月收入为 1747.87 元，比传统农民工的 1915.14 元要低 167.27 元；和城镇企业人均月收入（3046.61 元）相比，仅为其 57.4%；有 5.4% 的新生代农民工的工资水平无法到达当地最低工资标准。收入问题也体现在劳动合同及其执行中，新生代农民工劳动合同签订率为 84.5%，比城镇职工的 88.5% 低 4.1 个百分点；在签订了劳动合同的这一部分新生代农民工中，有 68.2% 的人没有在合同中约定月工资数额；有 37.9% 的合同仅限于约定底薪的数额；有 23.5% 的合同仅仅约定了月工资不低于当地最低工资标准。

人力资本的投入并没有在人均收入上获得应有的回报，要探究这种反差的原因，我们必须从新生代农民工的就业环境入手，而这又必须首先探究其自身的特点和就业竞争力。有一点我们要明确的是，更高的学历并不意味着更强的工作能力和更高的技术水平，实际上，由于上学的时间更长，接受职业教育和职业实践的时间较短，在职业技术能力上，新生代农民工普遍不如老一辈农民工；而在学历水平、人际交往能力和社会资源等方面，

新生代农民工又普遍不如同辈的城镇就业者，这就使得新生代农民工在就业时陷入一种比较尴尬的境地。一方面，老一辈农民工的职业期望更低，职业技术水平反而更高，在一般认为是"脏乱差"的行业就业时，新生代农民工难以与同样是来自农村的老一辈们竞争；另一方面，同辈的城市人普遍学历更高，家境更好，人际沟通能力更强，社会资源也更加广泛，在和他们的竞争中，新生代农民工更是普遍处于下风。可见，新生代农民工自身存在的就业条件上的缺陷，使得他们在和老一辈农民工及同辈的城市人之间竞争时都处于不利的局面。同时，由于职业期望更高，新生代农民工不再愿意从事一些"脏乱差"的基础设施建设行业，而和来自城市的就业者相比，他们难以获得更好的工作机会，这使得大量的人力涌入制造业、服务业等工作环境相对较好的行业，从而造成这些行业的就业竞争愈发激烈。经济学上认为供求关系决定商品价格，当求职者过多的时候，工资水平自然无法提升。而缺乏就业竞争力的新生代农民工们，为了获得一个难得的就业机会，只能对工资的要求一降再降。由此可见，就业环境严峻和人均收入偏低本质上其实是一个问题，这两方面是一通俱通，一堵俱堵。而这两方面的问题，也是本文将要介绍的下一问题的重要成因之一。

（二）工作稳定性差，福利保障不足

企业用人单位提供给新生代农民工的工作，在制造业，多数是缺乏技术含量，乏味枯燥，难以培养工作兴趣的岗位；在服务业，多是所谓的"临时工"，工作层次不高，工作流动性大，工作稳定性差；在建筑业，多是跟着工程队做工，短工多长工少，没有稳定的工作机会；在交通物流业，也难以获得正式的工作编制。可见，新生代农民工所主要从事的几个行业中，企业用人单位都难以提供稳定的工作机会。同时，这些行业也是社会福利保障明显不到位的行业。一方面，长期的城乡二元化结构使得政府和社会针对农民工的社会保障制度尚不健全，另一方面，严峻的就业环境对企业用人单位来说就是宽松的用人环境，再加上政府监管不力，造成企业用人单位在用人时不按法律法规办事，压低求职者工资水平和福利保障水平，逃避社会保障责任。据《关于农民工社会保障问题调研报告》显示，从全国范围看，农民工医疗保险的平均参保率仅为10%左右。

就业难、工资低、不稳定、缺保障，这些因素汇集到一起，大大降低了新生代农民工的工作满意度。俗话说，一分耕耘一分收获，当付出得不到期望的汇报时，新生代农民工的诸如跳槽现象频繁，缺乏工作热情和责任心，职业道德标准低下等现象的出现也就不难理解。

（三）缺乏职业道德教育，法律意识淡薄

除了上述新生代农民工和企业用人单位之间的问题之外，缺乏职业道德和法律常识的教育，也是造成其职业道德水平低下的重要原因。我国的中学教育被冠以"应试教育"的名号，可见其主要是以应对中高考为主要教学任务，而缺乏对学生综合素质的培养，更是缺乏对学生最基本的价值观的教育和道德的教育。高职院校为了获得更高的就业率，基本都是以专业技术知识为主要教学内容，而普遍忽视了对于学生职业道德的教育。新生代农民工绝大部分都是中学学历或高职专科学历，比较缺乏对就业和工作所必需的基本职业道德教育。

与老一辈的农民工相比，新生代农民工虽然受过更高水平的教育，但是在中学和高职院校中，他们依然缺乏法律常识教育，造成其法律意识淡薄。法律所约束的行为标准，可以说是道德所要求的行为标准的底线。法律意识淡薄也就也为这道德底线的模糊和淡化，这在职业道德中体现得尤为突出和明显。

三、提升新生代农民工职业道德水准的路径初探

（一）制度路径

这里所说的"制度"，主要是指破除城乡二元结构，建设城乡一体化社会制度。上文所阐述新生代农民工在就业和工作中所面临的种种困境，其实都是农民工市民化进程缓慢的表现，而城乡二元化结构几乎成为公认的农民工市民化的最大阻碍。党的十八大报告指出，城乡结构一体化是解决"三农"问题的根本途径。可以预见的是，一旦城乡二元结构被破除，城乡一体化制度顺利建成，那么上文所阐述的新生代农民工所面临的诸多工作和社保方面的问题都将迎刃而解。可以预见的是，工资收入的增加，社会保障的加强，可以提升新生代农民工的工作热情和责任心，也就使得职业道德水平的提升显得顺理成章。

然而，建设城乡一体化制度毕竟需要较长的时间，眼下对新生代农民工来说，政府应该在制度上充分保证新生代农民工的合法权益。在这一点上，应该从以下四个方面入手：一是健全针对新生代农民工的社会保障体系。由于其特殊身份，他们所从事的工作主要在条件较差的外部劳动力市场，因工致伤、致残、致命的事故时有发生，并因此产生了一系列的劳资纠纷，因此新生代农民工除了应该拥有以养老、医疗和失业保险为核心的常规社会保险体系以外，工伤保险应当作为最基本的社会

保障项目尽快得到确立。二是加强对新生代农民工就业、工作和社会保障的管理，提升政府的管理水平和工作效率，建立全国性的个人信息网络平台，并将新生代农民工的社会保障信息融入进去，利用网络技术实现管理一体化。三是建立健全与新生代农民工就业、工作和社会保障相关的法律法规，用法律的形式约束用人单位的不合理行为，保障新生代农民工的合法权益。四是加强与新生代农民工在就业，社会保障等方面相关的法律法规的监管和违法的惩罚力度，做到有法可依，有法必依，执法必严，违法必究。

在建立起针对企业用人单位的监管制度的同时，也要建立起针对新生代农民工自身的监管制度。一方面，政府建立健全与职业行为相关的法律法规，加强执法力度和惩罚力度，增加违法成本。要对个人职业行为进行监管，对那些违法的职业行为要严厉打击，从重处罚。同时，要建立健全全社会范围内的诚信记录制度，通过个人信息网络平台为技术手段来实现，以此来约束个人的职业道德行为。另一方面，企业用人单位也要建立起高效率、高水平、公平公正的员工管理制度、工资分配制度和福利待遇制度，想办法提升员工的工作满意度，从而提升员工的职业道德水平。

（二）经济路径

发展是第一要务，而经济发展既是其重要内容，又是其前提和保障。对新生代农民工来说，就业机会的增加，收入水平的提升，社会保障的加强，除了需要城乡一体化制度的建设之外，依然需要经济的不断发展。只有经济水平不断发展，才会有更多的就业机会出现，才会提升新生代农民工的收入水平；经济的发展带来了社会财富的增加，政府才能有实力去建设更加完善的福利保障制度，企业才能有实力去实现更多员工的参保。这些方面的改善，将大大提升新生代农民工的职业道德水平。

一方面，经济发展可以提升新生代农民工职业道德水平；另一方面，新生代农民工职业道德水平的提升也有助于经济的可持续发展。就业机会的增加，收入水平的提升，可以提升新生代农民工群体的消费能力，而如此庞大数量人群的消费能力的集体提升，将明显拉动经济内需，为经济发展提供助力。职业道德水平的提升，将增加新生代农民工在工作中的热情和责任心，显著提升工作效率和工作质量，这也会为经济发展提供好的道德环境。所以说，经济发展这条道路对新生代农民工职业道德水平的提升是一条良性循环的道路。

（三）教育路径

如果把新生代农民工的职业道德比作一个不断前行的人，那么制度保障和经济发展就是为其铺好了道路，备好了物资，但是具体要怎么走，还是要看这个人自身。那么引导这个人往正确的方向前行，就需要教育来助力了。对于新生代农民工职业道德的教育，要从三个层面来进行——学校、企业和社会。

由于新生代农民工主要出自中学和高职院校，因此这里重点阐述它们在办学过程中应该承担的职业道德教育工作。对于中学来说，主要还是以培养正确的人生观、价值观和世界观为主，让即将踏入社会的潜在新生代农民工先学会做人，再学会工作，提升孩子的个人品格和道德修养。而在高职院校中，就必须开设专门职业道德课程，针对不同的职业特点，明确职业行为规范，提升职业道德标准，重点是培养职业责任心。高职学生职业道德教育的内容包括：培养敬业精神、增强服务观念、强化规则意识、树立精业思想、倡导诚实守信、积极奉献、服务社会，而贯穿其中最主要的是职业责任感教育。

在新生代农民工离开学校踏入社会之后，企业用人单位成为他们最直接的管理部门。因此，企业也应该承担起对它的员工进行职业道德教育的责任。企业进行的职业道德教育，较之学校阶段就更加专业和具体，应该针对企业所从事行业的特点和道德需求，结合自身的运营情况和发展目标，联系本地的社会风俗，采用各种形式对员工进行职业道德教育。在进行职业道德教育的同时，企业还应进行企业文化建设，让职业道德成为企业文化不可分割的一部分，流入企业的血液，深入员工的思想。

除了学校和企业要对新生代农民工的职业道德培养负责之外，整个社会也应该成为其重要的教育阵地。在社会层面，主要是从三个层面培养新生代农民工的职业道德。一是提升整个社会的道德水平。试想，一个道德水平本就低下的社会，又如何能催生出高水平的职业道德。全社会的道德水平是新生代农民工道德水平的重要依托。二是加强职业道德的舆论宣传。要多宣传在职业道德上有正能量的人和事，营造良好的职业道德风气；对于那些有突出表现的人和单位要给予表扬和奖励，激励从业者保持高水平的职业道德素养。三是要加强社会舆论监督。一方面，公众和媒体要敢于揭露那些明显违背职业道德、唯利是图、不顾公众利益的职业行为；一方面，对于这些行为和行为人，舆论要坚决予以批评和声讨，社会要坚决给予巨大的公众压力，让这些违背职业道德的职业行为及行为人承担公关层面的巨大风险，提升失德的成本。

参考文献

[1] 张磊.新生代农民工职业道德建设浅析[J].企业技术开发,2010(5):164-165.

[2] 刘世刚.对提高农民工职业道德素质的若干思考.[J]科技信息,2009(36):368.

[3] 赵瑞关,李杜云.企业员工忠诚度下降的原因与对策分析[J].聊城大学学报社会科学版,2003(4):36-38.

[4] 李敏.新生代农民工员工忠诚度现状及对策研究——基于温州地区民营企业的调查[D].安徽大学,2012.

[5] 陈曦.浅论高职学生的职业责任感教育[J].昆明冶金高等专科学校学报,2002(9):64-66.

[6] 全国总工会新生代农民工问题课题组.关于新生代农民工问题的研究报告.[N]工人日报,2010-06-21.

新时代长三角地区新生代农民工问题聚焦和解决路径

加快农业转移人口市民化、提高保障和改善民生水平是党的十九大报告中的重要内容，这也是与新型城镇化的公平公正要求和新时代满足人民日益增长的美好生活的需要相契合的。改革开放以来，农村劳动力转移数量持续攀升，截至 2016 年，全国农民工总人数共计 2.8 亿人，其中，以"80 后""90 后"为代表的新生代农民工占比高达七成，在各行业中已经成为农民工中的新晋主力。然而，在经济新常态和供给侧结构性改革的大背景下，产业结构不断调整，经济发展方式正在转变，这些新变化新形势都给新生代农民工真正融入城市生活带来了新的挑战，产生了如就业、生存、心理等方面的一系列问题。长三角作为我国第一大经济区，常住人口有 1.5 亿人，其中 5387 万人为农民工，新生代农民工占比过半。可见，新生代农民工成为长三角经济发展的重要力量。因此，为发挥长三角这个中国综合实力最强的经济中心的带动功能，我们需要深入分析长三角新生代农民工面临的社会问题，并提出相关制度建设和对策建议。

一、新生代农民工基本特征剖析

中国现有农民工大体上分为第一代农民工和新生代农民工[1]。新生代农民工主要指的是 20 世纪 80 年代后出生的，并且在城镇生活、从事非农产业、具有农村户籍的人口。这一概念在 2010 年中央一号文件中首次提出，这一具有中国特色的社会群体正在茁壮成长，逐渐成为农民工阶层主体，成为城市经济发展的主力军[2]。与父辈农民工相比，新生代农民工呈现出如下显著特征：

首先，新生代农民工受教育程度提高，具备较高文化素养。随着国家义务教育的不断普及和对农村青年教育的越发重视，新生代农民工不像第一代农民工那样多数是文盲或小学学历，他们的"含金量"更高。他们不仅仅接受九年义务教育，在高中或中专，甚至高等学府或大专学习的人数也逐年增加。据统计，截至 2017 年，接受过高中文化教育的农民工占 17.1%，接受过大专及以上文化教育的农民工占 10.3%，与上一年的比重相比提高了 0.9 个百分点。另外，30.6% 的农民工接受过正规的非农职业技能培训。可见，新生代农民工的受教育水平总体上高于第一代农民工，更能适应城市快速发展的需求。然而，受教育水平提高是相对而言的，新生代农民工的文化程度较城市居民相比，学历水平仍旧偏低；较城市的产业发展和技能要求相比，表现出明显的不对等性。

其次，新生代农民工择业期望和现实情况有反差，就业稳定性较差。新生代农民工与第一代农民工相比，由于受教育水平的提高，他们对自我评价过高，对职业期望、环境要求较高。然而，现实情况却截然相反，由于他们职业技能掌握不到位、耐受力较低，无法适应城市快节奏、高压力的工作，由此产生不满情绪而频繁辞职更换工作。可见，新生代农民工的就业流动性强，缺乏稳定性。

再次，新生代农民工思想观念较为开放，消费观念前卫。当前，大多数新生代农民工完成学业后就进城务工，甚至一部分新生代农民工直接在城市中接受教育。因此，由于新生代农民工长期生活在城市，他们的思想观念深受城市文化的影响。与过去农民工保守的、落后的、与城市发展不相符合的思想观念相比，新生代农民工更为开放，更易于接受新鲜事物。但是，在消费观念上，新生代农民工却丢失了第一代农民工艰苦朴素的良好品质，消费水平明显提高，并追求时尚潮流、电子产品、个人娱乐等，注重品牌，带有浓厚的攀比、享受色彩。

最后，新生代农民工融入城市的意愿更强，入城动机呈现多元化。新生代农民工具有双重身份，他们脱胎于传统农民工，出生于农村、有农村户籍；但同时，他们对农业、农村土地并不熟悉，没有务农经验。与传统农民工仅仅是为了经济因素留在城市相比，新生代农民工的入城动机更加多元化，形成一种"根在农村，心在城市"的现象。他们怀揣梦想，更加注重自身的发展需求，希望能够脱离农村，扎根城市，在城市中有自己的住房、自己的职业，以求个人价值的实现，并真正融入城市，被城市人所接纳。

二、长三角地区新生代农民工问题检视

（一）新生代农民工就业形势严峻，劳动付出与收入获得呈现矛盾

面对城市经济的结构转型和快速发展，新生代农民工在求职过程中遇

到诸多问题，如工资拖欠、收入不对等、劳动合同签订率低等基本劳动权益保障问题。同时，基于新生代农民工所具备的新特征，这些问题又有其特殊性。

第一，新生代农民工受内外因素影响，就业稳定性较差。新生代农民工出去务工有很明确的目的，并且同老一代的农民工相比，他们的目的存在很大差异性。新生代农民工对就业的发展性需求更高，他们出去务工不仅仅是为了生存，更注重的是发展；影响新生代农民工顺利就业的因素也大有不同，大量新生代农民工面临就业的严峻形势，越来越难找到合适的工作。究其原因，在中国特殊的国情下，农民工与城市市民相比，在就业方面具有先天劣势，主要分为两方面：一方面，户籍制度直至今天仍有影响，其"惯性地"发挥功能，为雇主鉴别劳动者出身而"无意地"筛选雇佣对象提供便利；一些地方政府和市民存在本位主义，这种思想也会对农民工在城市就业产生负面影响，他们由于农村户籍而处于劣势地位。另一方面则是因为新生代农民工自身的问题。调查研究显示，长三角农民工就业首要选择是纺织服装业与机械制造业，其次选择服务业、建筑业和饮食行业。这种行业分布首先是受到长三角经济结构特点的影响，但更主要的原因是农民工的人力资本状况。外出就业的新生代农民工在农村是人力资本含量较高的群体，但尽管如此，当他们进入人力资本存量高的城市劳动力市场后，其在农村的"人力资本优势"就被淹没而无法凸显。新生代农民工没有技术专长，也没有工作经验，具有流动性强的特点，也就是说他们在城市寻找工作机会的过程中受到文化水平和技术水平的限制，因此，新生代农民工只能在低端劳动力市场上就业。此外，新生代农民工就业稳定性差。与父辈相比，他们吃苦耐劳的素养较差，而对劳动报酬和工作环境的要求较高，这就导致他们在外务工常常遭遇"高不成，低不就"的情况，逐渐形成"跳槽"这一常态。

第二，新生代农民工工资水平与劳动强度、生活成本不对等，工资拖欠、克扣依然存在。农民工问题中最重要的一个问题就是农民工工资问题。虽然近年来长三角地区农民工工资呈现增长态势，甚至出现了"某些技术工种的农民工工资超过了大学生"的情况，相关地区也积极颁布各项法规以保证农民工工资的发放与规范。但从总体上看，与一些同龄的城镇职工相比，新生代农民工同工不同时、同工不同酬、同工不同权问题依然相当突出，工资水平偏低、增长速度较慢。

概括起来，长三角地区新生代农民工的工资问题主要表现在：一是劳动时间过长，劳动强度较大。2010年《工人日报》的一项调查显示："在餐饮业，每周工作 5 天的新生代农民工只占 9.9%，6 天的达 71.7%，7 天的占 16.8%；只有 45.3% 的人每天工作 8 小时，33.1% 的人每天工作 9 小时，20% 的人每天工作 10 小时或 10 小时以上。"《2016 年农民工监测调查报告》中指出："日从业时间超过 8 小时的农民工占 64.4%，周从业时间超过 44 小时的农民工占 78.4%"，并且有一半农民工拿不到加班补贴。可见，新生代农民工每周工作时间超过法律规定，每周 6 天持续工作的现象已经成为业内的常态，且大部分农民工得不到企业提供的相应的工资补偿[3]。二是收入水平低，开支费用高。2010 年 6 月的数据显示："长三角农民工月均工资为 2104.06 元"，尽管高于同时期全国农民工月均收入的 1690 元，但与长三角城镇居民月收入相比，则是远远落后的。2016 年农民工监测调查报告统计："2016 年长三角农民工月收入 3454 元，比上年增加 238 元，增长 7.4%"，高于全国农民工月收入的 3275 元，但随着物价的急剧上涨，他们在城生活的成本也在不断提高。三是变相克扣工资和拖欠工资问题仍很严重。2016 年，被拖欠工资的农民工人数为 236.9 万人，其中，居民服务、修理和其他服务业被拖欠工资的农民工比重有所上升。尽管长三角各地为减少农民工工资拖欠情况的发生而出台并采取相关措施，但仍有不少企业"顶风作案"。这些企业或许的确处在困难时期，一时难以支付工人工资，但也有部分企业主观上故意拖欠。

第三，新生代农民工资源禀赋欠缺，职业技能专业性不强。改革开放后，全国经济得到迅猛发展，特别是长三角地区，如在苏州，70%~80% 的一线劳动力都是新生代农民工。调查报告显示：新生代农民工与上一辈农民工相比，拥有更高的文化素质，其中高中或高中以上学历的占 77.6%。但是，在社会经济发展迅速的大环境下，新生代农民工的职业技术还相当欠缺，这就导致他们大部分被安排到简单劳动部门和体力劳动部门，进而他们的收入也相对较低[4]。总的来说，新生代农民工在学历上不是特别高，在技能上熟练度不够，在综合素质上相对偏低。

近几年，珠三角、长三角等地都出现了一种不太乐观的现象，即所谓的"用工荒"，大多数企业面临招工难的问题，即使降低门槛也招不到足够的所需工人数。但据考察了解，"用工荒"、招工难实质上不是招不到工人，而是主要指招不到符合相关条件的技术类工种和岗位人员。例如，即使公众所认为的简单的服务行业，对受过专业技术培训、有上岗技术资质的员工也有大量的需求，因此，"用工荒"实质上是一种"技工荒"。然而，大部分新生代农民工基本上都是一离开中学校门就开始外出务工，鲜少有人接受过正规的技术培训。而这些接受培训的少数农民工，他们所学习的内容和技能与实际所需要的特别是外出务工所需要的技能有较大差异；另外，他们的学习模式和技能的掌握主要是依靠传统的"师傅带徒弟"的教学模式，技能单一、提升缓慢，远远不能满足农民工的需要。尤其值得注意的是，"长三角地区长期由劳动密集型产业为主导，经过30多年的发展，现在必然要向高新技术业、高档制造业、服务业，特别是现代服务业转变"[5]。未来的发展已经无法靠增加就业、增加劳动力来解决，市场上需求的必将是素质更高、经过专门培训的劳动力。

（二）新生代农民工政治权益保障缺位，生存面临忧患

新生代农民工希望留在城市以满足自身发展需求，他们认为城市能够带来更多发展机遇和提升空间。然而，农民工在城市中的生存环境、政治环境与理想状态相差甚远。

第一，新生代农民工在城中住房无优惠，居住环境恶劣。农民工的城市经济适应性包括多个方面，其中居住条件是一个比较重要的评估标准。调查数据显示，大多数农民工没有自己的住房，有30%居住在简陋的集体宿舍里，21%的农民工居住在没有厨卫设施的房间里，7%的农民工居住在临时搭建的工棚里，居住条件很是艰苦。因此，改善新生代农民工的居住条件应当成为未来政府抓紧做好的首要工作。

尽管新生代农民工在居住状况方面和传统农民工相比较有了一些改善，但依然由于户口和福利之间的联系而并未得到完全的改变，对于那些没有当地户口的新生代农民工而言，是不可能获得房管局或单位公房的使用权和所有权的。而作为唯一向流动人口开放的房地产，商品房的价格也远远超出了绝大多数农民工的承受能力。比如目前南京市中心的平均房价已飙升到接近两万元每平方米，那些刚刚在城市立足的新生代农民工，大多数还没有享受住房补贴或住房公积金，只能"望楼兴叹"。因此，用人单位提供集体住房和自主租房就成了农民工群体的最佳住房选择，而这些居住地仍然在城市的角落，主要分布在郊区或者城中村，生活设施并不完善，居住条件和城市居民有着天壤之别。

第二，新生代农民工申诉渠道不畅通，政治权益缺失。改革开放后，新生代农民工逐渐壮大，成为一个数量庞大的群体，对我国政治稳定和发展有着重要影响。因此，我们在考察公民政治参与时，新生代农民工是不可忽略的重要群体[6]。然而，据调查发现，长三角地区新生代农民工的政治参与状况和其生存状况一样，深受城乡二元体制的影响，带上了"从农村而来"的标签。他们的户口所在地，村民自治和村委会选举是农民参政

的主要渠道[7]，但由于他们长期在外，并不能很好地行使这一权力；而城市是他们长期生活和工作的地方，他们希望能够参与城市管理，以表达和维护自己的权益，但城市对农民工申诉渠道的缺乏不够重视，造成新生代农民工不能很好地参与城市管理的困境。在长三角地区，新生代农民工就业的企业当中，有很多没有工会，种种因素都决定了他们在城市中无法有效地进行政治参与。

（三）新生代农民工心理适应不良，交友封闭和犯罪现象频发

当前，社会的就业形势越发严峻，我们必须关注新生代农民工的心理健康问题。据了解，新生代农民工的工作压力和困惑日益加重，逐渐出现相关的心理问题，如他们在城市中不断寻找自己的定位，对身份认同的困惑进一步加深，很大程度上对其人生规划和心理调节有负面影响[8]。同时，由于年龄偏小，这些年轻的农民工没有完全形成自己的价值观体系，辨别力不强，很容易被生活环境和所接触人群影响，出现价值体系混乱和选择偏差的概率上升，给和谐社会的构建带来隐患。

第一，新生代农民工"内卷化"趋势明显，不利于自身发展。由于面临不良的生存环境，以及不当的家庭教育，不少新生代农民工都出现了自卑、封闭、孤僻、逆反等不良心理。新生代农民工是游走于城乡的"边缘人群"，他们虽然在思想上强烈希望得到城市居民的认可和接受，然而来自城里人的歧视和排斥现象却充斥于现实中的各个角落，逐渐导致他们的社会归属感缺失：歧视不仅存在于大众的言论和行为中，而且植根于社会的制度和大家的观念中，而他们对此所产生的心理感觉是十分深刻和稳定的。据调查，长三角地区的新生代农民工的人际交往圈子显现出一个很明显的特征——封闭性，具体表现为他们的交往对象大多为和自己身份相同或相近的、有着相同生活经历的农民工，而很少与真正的城市人进行接触和交往。

所谓的"内卷化"，就是说他们既不能融入城市社会，又难以回归农村社会，造成他们的孤立感和无助感，只能倾向于自己这个特殊的群体[9]。其结果是，农民工被主流社会排斥在外，逐渐形成了被边缘化的意识，这又进一步阻碍了重回主流社会的步伐，如此往复，就将导致他们不能融入城市社会，无法与城市居民进行社会交往和人际互动，阻碍他们在城市中生存和发展所需要的现代思维和意识的培养。

第二，新生代农民工的犯罪现象升级，危害社会稳定。有调查表明，新生代农民工的犯罪已经超过农民工犯罪的六成。新生代农民工目前面临

着各种就业问题和生存问题，具体有就业与受教育面临困境、经济政治待遇上遭遇不平等、社会保障和救济制度存在欠缺、文化交流出现冲突等[10]。当理想与现实产生了巨大的反差，他们的心理就极易发生扭曲。他们每天干着又脏又累的工作，却收入低下；想要过上安稳富裕的生活，却难以实现；同时，还要面对城市人的歧视。在各种矛盾心理和压抑中，当看到繁华的城市生活后，农民工就极其容易产生犯罪的冲动或倾向[11]。再加之如果生活群体中有同样困惑的老乡或者其他人进行诱惑，其犯罪的可能性就会大大增加。另外，新生代农民工已与上一代截然不同，他们在价值观、世界观、人生观和对生活的追求上存在很大差异。为了追求新的生活方式，他们会不顾后果去铤而走险。如果周围有违法犯罪的人员或犯罪组织，当他们对新生代农民工进行拉拢时，抵制不住诱惑的新生代农民工就有可能选择去犯罪；如果新生代农民工心中的困惑积压到无法排遣，到一定程度后，他们就有足够的胆量和野心选择犯罪，这严重危害了社会的稳定。

三、长三角地区新生代农民工问题解决的路径设计

基于以上对农民工所面临问题的分析，可以得出结论：新生代农民工的生存状况从整体来看并不乐观，暂时无法令人满意。面对如此困境，长三角地区各城市也已经积极解决了农民工的诸多问题，付出了较大的努力，有些也取得了良好效果。各地区在解决问题过程中积累了很多经验，在农民工的管理和服务上有很多创新做法，值得进一步地总结和推广。但本着"与时俱进"的原则，随着经济的发展、形势的变化，有些政策还需继续完善与补充。

（一）从根本上改革户籍制度，促进新生代农民工的市民化进程

现行的户籍制度是在特定的历史条件和社会背景下形成的，为实行计划经济而服务，是计划经济体制的产物。它将公民分为农业户口和非农业户口（即城镇户口），明显划分为两类不同社会身份的人，实质上是不科学、不合理的。然而，公共服务和社会福利与户籍制度紧密联系，户籍的二元化带来的是公共服务和社会福利的不均等，新生代农民工无法享受与城市居民同等的发展权利。可以说，户籍制度是农民工陷入困境、难以融入城市的制度根源。2018年，中央一号文件聚焦乡村振兴战略，再次强调："深化户籍制度改革，促进有条件、有意愿、在城镇有稳定就业和住所的农业转移人口在城镇有序落户。"改革户籍制度有利于促进新生代农民工的市

民化，从根本上解决问题，更有效地发挥新生代农民工的作用，进而为国家现代化提供人力资源保障。虽然长三角各地近年来在改革户籍制度上做了很多尝试。比如：浙江嘉兴取消农业户口、非农业户口分类管理模式，取而代之的是按居住地登记户口的新型户籍管理制度；上海申办本市户口的政策一再放宽；等等。但不得不提的是，很多地方的户籍改革大都只是形式上取消了户籍歧视，也就是说户籍登记上不再体现城乡两类不同的身份，而实质上的户籍歧视，诸如前面提到的就业面临限制、政治权利缺失、养老保险制度不合理等根据户籍身份产生的各种差别待遇却依然存在。户籍制度改革不仅仅是形式上改变户口簿类型，简单地把农村户口簿换成城镇户口簿，更重要的是要从实质上做到农民在进入城市后能够享受到附着其上的各种福利待遇。

（二）进一步完善法律制度，维护新生代农民工的各项权益

制度是维护农民工权益的基本保障，国家要全面推进科学立法、严格执法、公正司法，强化农民工权益维护机制。相关部门、相关人员可以从诸多方面去努力。第一，要加强立法，积极参与相关法律规定和政策的制定，形成无盲点的保障新生代农民工合法权益的法律体系，如《劳务派遣规定》《企业工资条例》《企业民主管理条例》等，其中大多数条文都涉及农民工切身利益，部门人员应该积极提出政策主张，满足新生代农民工诉求，以便于党和政府做出科学决策。第二，法律规定和政策制定后需要真正得到落实，避免贯彻实施虚位。因此，要进一步细化条文，责任到人，推进相关劳动法律和制度的贯彻落实，并且要督促相关部门定期或不定期进行专项检查。第三，要开展相关工作保障新生代农民工的相关权益，特别是针对非公有制企业中的农民工[12]，要有效发挥工会维权作用，不断推进农民工的职代会、工资集体协商和女职工权益保护专项集体合同工作，确保广大职工享受民主权利、合理的工资分配和对等的劳动报酬。第四，我们要关注农民工职业病的防治和职业健康的保护，对农民工进行安全生产等相关培训教育，对农民工上岗严格把关，特别是高危行业的农民工，要落实持证上岗制度，以保障他们的职业卫生和生产安全[13]。

（三）全方位开展各项培训，提高新生代农民工的综合素质

为扭转当前新生代农民工权益受损的现状，我们不能忽视务工人员技能水平和法律意识的提高。十九大报告中提出要大规模开展职业技能培训，要立足资源禀赋，抓好新生代农民工技能培训和教育工作。在全面开展农

民工职业技能培训过程中，我们整体上要坚持"以就业为导向，以培训为手段"的原则，将全国各地的职业技能培训资源进行整合。从具体操作来看，第一，在培训内容和方式上，扩充培训内容，最大限度提升培训内容的实用性；丰富培训形式，使其多样化，有效利用"互联网+"，提高新生代农民工的实际操作能力，发展新的就业形态。第二，技能培训为主，但也要辅之以引导性培训，让新生代农民工知道自身拥有的基本权益和职业道德，增加他们的法律知识，知道如何通过法律途径维护自己的正当权益，进一步提高他们的自我保护能力和职业道德水平。第三，在培训经费上多元化，继续推行"机构培训、政府买单"的模式，政府要提供扶持政策，为机构培训加大资金投入，并采用激励手段，鼓励用人单位、培训机构开展高质量的培训工作，同时也有利于调动农民工个人参加培训的积极性，推动农民工培训工作能够多渠道、多层次、多形式、多方位地开展，实现农民工综合素质的提高。

（四）充分调动各方力量，关注新生代农民工的心理问题

新生代农民工主要是"80后"和"90后"，面对问题会有很多困惑，受挫后容易绝望，他们是社会中的弱势群体。关注他们的心理问题，不仅仅是某个人或某个部门的事，而应该是整个社会的事。

从政府角度来说，应该组建一支心理咨询的专业化队伍，使得心理咨询和教育普及化，关注新生代农民工的心理健康，做好相关的预防、保健及治疗干预工作。从用人单位角度来说，要建立人性化的管理体制，为员工创造劳动过程当中能自我实现的环境，避免员工出现孤独、绝望，甚至放弃自己生命的悲剧出现。从各级工会角度来说，应着手做好会员发展工作，给予新生代农民工、劳务派遣工等弱势群体关心，营造职工是一家的良好氛围，积极为职工群众服务，赢得他们的拥护和信赖，加大对他们心理健康的投入[14]，疏导他们心中的困惑，引导他们通过正确的行为释放心中压力，让他们学会如何面对挫折，树立积极乐观、健康向上的生活态度。社会媒体也应该担负责任和社会使命，将镜头转向农民工，将他们的生活、工作和对社会的贡献制作成专题节目，让城市居民了解他们生活的不易和他们的重要性，转变思想认识。而作为个人，我们更应该给予新生代农民工足够的尊重与关怀，不戴"有色眼镜"去看他们，真正从心理上去理解他们、尊重他们、接受他们、认可他们，强化他们的社会归属感，为他们营造一种和谐温馨的生活环境。

（五）积极举办各项活动，丰富新生代农民工的精神文化生活

当前，新生代农民工大多受过较高的教育，因此，他们有较高的文化素养和较开阔的视野，他们所追求的不仅仅是优越的物质生活，更看重精神生活的丰富。新生代农民工思想观念的转变对精神文化建设提出了新要求，各地区、各有关部门要将努力丰富他们的精神文化生活当作一项重要任务来抓。

加强新生代农民工的精神文化建设，具体可以从下面几个方面做起：一是充分发挥公共文化服务体系的作用。新生代农民工是公共服务体系中的重要服务对象，因此，我们要基于体系"基本性、公益性、均等性、便利性"的特点，全方位为新生代农民工提供服务，做到无差别服务，同等对待他们和城市居民[15]。二是有针对性地展开新生代农民工文化服务工作，在把握新生代农民工的文化需求基础上，"量体裁衣"式地提供文化服务，提升工作有效性。三是借助城市社区的凝聚力量，将社区关怀普惠式地延伸和拓展。社区在管理新生代农民工的同时，也要通过举办各种文化活动，促进他们与本地居民的互动和交流，激发他们的热情和兴趣，进而从心理上逐步融入社区文化生活中。四是引导社会各方力量协同，如用工企业、文化企业、社会公益组织等，共同参与到新生代农民工文化建设中，建立有效的部门协同机制，共同关心农民工文化工作。

四、结论

新生代农民工问题虽然是农民工问题，但同时又具有群体特殊性。因此，新生代农民工问题的解决，既要纵观全局，依据历史特征和国情特点，着力完善相关制度，健全有关机制，确保已有政策、措施落实实施的效力和效率，加快推动问题的根本解决；又要考虑到新生代农民工群体的特殊性，将促进新生代农民工市民化作为目标，对新生代农民工的就业培训、社会保障、心理健康和精神文化给予重视，采取针对性措施。

长三角地区新生代农民工已成为该地区城市建设的中坚力量，他们可以说是全国新生代农民工的代表，他们的问题在一定程度上能反映出全国的状况，同时，针对长三角地区提出的一些措施对于全国其他地区也有一定的借鉴意义。

参考文献

[1]周云冉.新生代农民工城市社区融入的路径探析[J].延边党校学报,2018(1)：

71-73.

[2] 王李.人力资本视角下新生代农民工工作境遇再思考[J].金陵科技学院学报(社会科学版),2017(4):53-56.

[3] 殷凯.公共经济视角下的农民工城市融合问题研究[J].农业经济问题,2018(3):143-144.

[4] 肖云,李波.新生代农民工融入城市社区的影响因素研究[J].湖南农业大学学报(社会科学版),2017(3):56-64.

[5] 徐金燕,蒋利平.社会污名和歧视经历对新生代农民工心理健康的影响研究——兼析几类因素的中介作用[J].中国卫生政策研究,2018(6):1-22.

[6] 周柏春,娄淑华.公共政策视角下的新生代农民工城市融入问题探究[J].农村经济,2017(8):101-107.

[7] 樊茜,金晓彤,徐尉.教育培训对新生代农民工就业质量的影响研究——基于全国11个省(直辖市)4030个样本的实证分析[J].纵横经济,2018(3):39-45.

[8] 史向军,李洁.新生代农民工发展与保障问题研究[J].山东社会科学,2018(1):183-187.

[9] 王华轲.政府与企业在新生代农民工培训中的角色定位研究[J].成人教育,2016(11):9-13.

[10] 谢勇.就业稳定性与新生代农民工的城市融合研究——以江苏省为例[J].农业经济问题,2015(9):54-62.

[11] 郑爱翔,刘轩.新型城镇化进程中新生代农民工职业能力提升路径——基于江苏省的实证调查[J].农村教育,2016(28):62-67.

[12] 黄江泉,钟莎,万晓凡.农民工人力资本养成中的"公地悲剧"探析[J].农业经济,2018(3):67-69.

[13] 李练军.新生代农民工融入中小城镇的市民化能力研究——基于人力资本、社会资本与制度因素的考察[J].农业经济问题,2015(9):46-53.

[14] 李东平,卢海阳,文晓丽.劳动时间、社会交往与农民工身心健康[J].调研世界,2018(3):40-45.

[15] 张玉鹏.新生代农民工"半市民化"的困境分析[J].农业经济,2014(12):74-75.

基于流动性视角的新生代农民工异质知识扩散与提升策略研究

一、引言

2015 年，中央一号文件《中共中央 国务院关于加大改革创新力度加快农业现代化建设的若干意见》再次聚焦"三农"问题，对新常态发展态势下强化农业基础地位、促进农民持续增收等重大课题进行了科学部署。文件明确提出"拓宽农村外部增收渠道"，促进农民转移就业和创业，并对农民工的技能提升、报酬权益、社会保险等热点问题进行了关注。这是在加快社会主义新农村建设步伐的背景下，引导农村富余劳动力合理流动，实现城乡共同繁荣的双赢举措。

但长期的城乡结构二元化及发展异步化，驱动了稀缺性资源向城市倾斜，城乡发展速率差又进一步放大了城市的引力效应。因此，劳动力的大规模单向流动成为城乡关系的显著标志之一。相比于通过接受高等教育进入城市就业而言，接受简单的初等教育后加入进城劳动力大军，成为欠发达地区尤其是农村地区青年迅速实现自我价值的捷径。大量廉价的农民工劳动力红利对我国经济发展起到了不容否定的积极作用。但随着人口结构的变动，农民工队伍呈现出数量增速放缓、新生代农民工比例上升、劳动力红利逐渐减弱等新特征。虽然逐渐成为农民工生力军的"80 后""90 后"新生代农民工在文化程度和知识结构上都有大幅提升[1]，但他们也对工作环境、劳动强度、工资待遇、职业前景等提出了新的要求。新生代农民工个人利益最大化动机，增加了劳动力市场的流动性，区域间劳动力供给与转移的不确定性进一步增大[2]。

无论是优化劳动力市场资源配置，还是加速"劳动力红利"向"人力资本红利"转变，都应重视高等教育和职业教育的广度和深度的进一步升级。对农民工尤其是新生代农民工群体加强教育培训，可以帮助他们提高素质、促进就业、增加收入；提高企业劳动生产率、增加利润；优化社会结构、实现社会平等[3]，对优化劳动力资源、提升人力资本红利具有积极的意义。同时，新生代农民工作为知识的载体，其流动过程也是不同载体、不同知识碰撞的过程，有助于知识的扩散和传播，能够促进农民工群体知识的多元化。如何认识并利用新生代农民工的流动性，加强教育培训，提高农民工个人知识与技能水平，提升农民工群体内知识扩散效果，是极具研究价值的重要课题。

二、农民工知识提升的研究现状

胡平、杨羽宇[4]认为，新生代农民工在市民化过程中，主要存在教育水平较低、职业培训不足等问题，主张加强农村基础教育，提高新生代农民工的人力资本存量；发展职业技能培训，加大新生代农民工人力资本的增量。钟兵[5]则认为，新生代农民工人力资本水平的高低直接决定其在城市的就业、生存和发展，影响其市民化进程，认为应该深化农民工教育体制改革，积极推进农民工培训机制创新，大力实施职业技能提升计划，从而破解新型城镇化进程中新生代农民工人力资本困境。

另外，诸多学者从收入方面研究了农民工知识提升问题。琚向红、钱文荣[6]采用 Mincer 收益函数扩展的方法，对农民工教育收益的主要影响因素进行实证分析，发现文化程度、参加培训等因素具有显著影响。刘养卉、龚大鑫[7]运用逐步多元线性回归分析方法也得到了类似结论，认为职业技能高低、是否参加过培训等因素与收入呈显著正相关。王广慧、徐桂珍[8]应用过度教育收益率模型研究了新生代农民工教育—工作匹配的收入效应，发现新生代农民工教育与工作匹配时的教育收益率高于其实际教育收益率。虽然过度教育对新生代农民工的收入有正向影响，但不具有统计显著性。王春超、叶琴[9]利用 A-F 多维贫困测量方法研究了农民工的多维贫困问题，发现农民工的教育回报低于城市劳动者，且差距呈拉大趋势。在教育回报较低的情况下，农民工的理性选择是减少教育投入，从而导致教育维度的贫困对农民工多维贫困的贡献率较高，且呈上升趋势。

秦立建等[10]则从社会保障的角度研究了农民工的教育培训问题，认为较高的教育水平能够显著提高农民工的各类社会保障项目获取能力，接受过职业培训能够显著提高农民工各类社会保障项目的参保率，应该提高农民工的教育水平，加强农民工的职业培训，以增强农民工对于各类社会保障项目的获取能力。

不难发现，加强新生代农民工教育培训以提升其知识水平，是农民工研究领域的一大热点问题。虽然个别观点还存在分歧，但教育培训有助于加快新生代农民工市民化进程、提高收入水平、提升社会保障水平等却是共同的认识。关于新生代农民工教育培训和知识提升的文献日臻完善，但大多只从静态角度探讨教育培训的益处及措施、农民工的素质提升等，而忽视了新生代农民工具有较大流动性这一显著特征。因此，从动态角度研究新生代农民工流动特征下的知识扩散，并在此基础上针对性地提出教育培训策略，就更具现实契合性和理论创新性。

三、新生代农民工异质知识的扩散分析

（一）农民工知识的异质性

Barney[11]认为，异质性资源表现为有价值性、稀缺性、难以模仿性和难以替代性，是构成企业竞争优势的内生来源。余传鹏[12]根据企业外部知识搜寻的三种途径，从供应链知识、科技知识和竞争对手知识三个维度定义企业的异质知识。企业间知识异质性越强，企业间的互补性就越高，企业的共同收益就可能越大[13]。人力资源也存在类似的异质知识。内在异质性知识表现为知识结构的复杂性，在描述性知识、规范性知识、实践性知识和形式性知识方面各不相同。比如农民工的知识包含社会主义核心价值观等规范性知识，也包括劳动技能等实践性知识。外部异质性知识表现为不同个体所具有的知识之间存在一定的差异。比如不同农民工对社会主义核心价值观的认知度不一样，对同种劳动技能的掌握程度也不一样。因此，农民工知识的异质性具有双重性，这种双重异质性又决定了农民工知识的高度互补性，是知识扩散的关键内生要素。

（二）新生代农民工异质知识的扩散模型

农民工知识的异质性和互补性是知识扩散的内在根源，而农民工的流动又为知识的扩散提供了重要的途径。新生代农民工流动加速，使得局部互补群体圈的数量及其边界的变化进一步加快，且呈现高度的不确定性。异质知识在新生代农民工之间扩散传播的可能性和有效性也得以提升。

这种通过个体流动产生的知识扩散，与传染病的传播具有高度的相似性，国外学者[14,15]曾利用传染病模型研究了知识扩散的动力学特征和演化过程。进一步聚焦传染病的传播特点与机理，根据感染、治愈、能否再感染、是否有潜伏期等不同特性，又可细分为 SI、SIS、SIR、SIRS、SILI、

SEIS 等传染模型。本文利用 SI 模型和 SIS 模型研究新生代农民工两种典型的异质性知识的扩散机理。

1. 基于 SI 模型的实践性知识的扩散

我国沿着符合比较优势的路径在国际分工中获得了竞争优势，经济实现了高速增长。其背后是廉价劳动力的大规模投入，劳动密集型产业的不断壮大，为农民工提供了数以亿计的就业岗位。这些岗位普遍重实践、轻理论，农民工的劳动力优势得以发挥。在经过劳动技能培训后，长期的重复劳动使得其劳动技能愈发熟练，不易遗忘。农民工的流动又通过传帮带的形式，使得诸如劳动技能等实践性知识不断扩散，带动农民工整体素质的提升。

这种单向增长的实践性知识的扩散，可以用 SI 传染模型进行刻画。根据 SI 模型的假设条件，疾病传播期内总人数 N 不变，将人群分为易感染者（Susceptible）和已感染者（Infective）。每个易感染者每天有效接触的平均人数为 λ，称为日接触率。可以类似地假设实践性知识扩散期内某地区农民工总人数 N 不变，并根据对某种实践性知识的掌握情况，将农民工分为未掌握者和已掌握者。每个已掌握该知识的农民工每天有效接触的平均农民工人数为日扩散率，记为 λ。t 时刻未掌握者和已掌握者的比例分别记为 $s(t)$ 和 $i(t)$，则掌握该知识的农民工人数的运动方程可以记为 $\dfrac{\mathrm{d}i(t)}{\mathrm{d}t} = \lambda s(t)i(t)$，又 $s(t)+i(t)=1$。记初始时刻已掌握者的比例为 i_0，则该知识在农民工群体中扩散的 SI 模型可以表示为：

$$\begin{cases} \dfrac{\mathrm{d}i(t)}{\mathrm{d}t} = \lambda i(t)(1-i(t)) \\ i(0) = i_0 \end{cases}$$

可以求得农民工中掌握者比例的变化曲线为：

$$i(t) = \dfrac{1}{1 + \left(\dfrac{1}{i_0} - 1\right)e^{-\lambda t}}$$

通过对模型解的分析，可以得到以下结论：

（1）当 $i = \dfrac{1}{2}$ 时，$\dfrac{\mathrm{d}i(t)}{\mathrm{d}t}$ 达到最大值，对应的时刻为 $t_m = \dfrac{1}{\lambda}\ln\left(\dfrac{1}{i_0} - 1\right)$。

t_m 与 λ 成反比，即日接触率越低，掌握实践性知识的农民工人数增长速率的峰值将推迟到来。这意味着新生代农民工流动性越低，则实践性知识的扩散效率越低，扩散高峰越晚出现。

（2）当 $t \rightarrow \infty$ 时，$i \rightarrow 1$，且与 i_0 无关。即只要知识扩散时间足够，最终所有的新生代农民工都将掌握该实践性知识，而与掌握该知识的新生代农民工初始比例无关。

2. 基于 SIS 模型的规范性知识的扩散

虽然新生代农民工接受初中、高中教育的比例有了大幅提升，受到过系统化的思想政治教育，掌握了一定的诸如社会主义核心价值观等规范性知识，但相比于劳动技能等实践性知识而言，其规范性知识的掌握程度还有较大的差距。且由于规范性知识对其就业不具有关键的支撑作用，因而该知识的遗忘率更高。而通过后续的再教育，又能使其恢复或者加深对规范性知识的掌握程度。即不属于农民工就业知识或谋生技能范畴的规范性知识，就会在掌握与遗忘之间呈现反复交替的状态。

不难发现，规范性知识的掌握、遗忘、再掌握等过程，类似于 SIS 型传染病的扩散过程。比如感冒、痢疾等传染病，在感染之后可以治愈，治愈之后也会被再次感染。因此，我们假设规范性知识不具有免疫性。同样假设规范性知识扩散期内某地区农民工总人数 N 不变，t 时刻未掌握者和已掌握者的比例分别记为 $s(t)$ 和 $i(t)$。假设每天遗忘该知识的农民工人数占所有农民工人数的比例为常数，即日遗忘率记为 μ。日扩散率和初始时刻已掌握者的比例，仍记为 λ 与 i_0。则新生代农民工规范性知识的 SIS 扩散模型可以记为：

$$\begin{cases} \dfrac{di(t)}{dt} = \lambda i(t)s(t) - \mu i(t) \\ s(t) + i(t) = 1 \\ i(0) = i_0 \end{cases}$$

用 Maple 软件可以解得模型解为：

$$i(t) = \frac{(\lambda - \mu)s_0}{[\lambda s_o - (\lambda - \mu)]e^{-(\lambda - \mu)t} - \lambda s_o}$$

掌握该规范性知识的新生代农民工人数的运动方程又可表示为：

$$\frac{di(t)}{dt} = -\lambda i(t)\left[i(t) - (1 - \frac{\mu}{\lambda})\right]$$

可以得到以下结论：

（1）当 $\mu \geqslant \lambda$ 时，$\dfrac{di(t)}{dt} < 0$，$i(t)$ 以不断减小的速率变小，最终趋于 0。即日遗忘率不小于日接触率时，知识的扩散速度小于知识的消亡速度，最终这种规范性知识将在新生代农民工群体中消失。

（2）当 $\mu < \lambda$ 时，$i(t)$ 的增减性取决于 i_0。其中，$i_0 < 1 - \dfrac{\mu}{\lambda}$ 时，$i(t)$ 不断增长，最终趋于极限值 $i(\infty) = 1 - \dfrac{\mu}{\lambda}$；$i_0 > 1 - \dfrac{\mu}{\lambda}$ 时，$i(t)$ 不断减小，最终趋于同样的极限值 $i(\infty) = 1 - \dfrac{\mu}{\lambda}$。可以发现，当日遗忘率小于日接触率时，存在有效的知识扩散，并且新生代农民工群体中掌握该规范性知识的比例存在一个稳态值，无论群体中该规范性知识的掌握比例如何，都会趋近于该稳态值。

三、新生代农民工异质知识的扩散结论

模型结论显示，异质性知识之间的扩散机理存在显著差异，新生代农民工异质知识的扩散与其流动性关系密切。

实践性知识的扩散模型结论显示：实践性知识的扩散呈成长曲线型态势，新生代农民工流动性越大，越能促进实践性知识的扩散，实践性知识的扩散高峰越早来临。扩散时间足够长的话，实践性知识能在新生代农民工中得到很好的普及。同时，我们也应该认识到，模型隐含假设了实践性知识不断得到实践而可以忽略其遗忘性的前提。因此，为新生代农民工提供良好的实践机会，加快新生代农民工的合理流动，能够有效推动实践性知识在新生代农民工群体中的扩散，提高其整体素质。

规范性知识的扩散模型假设了新生代农民工对规范性知识的日遗忘率基本固定。流动性不足时，该规范性知识将在新生代农民工群体中不可逆地消失，而流动性足够的话，掌握该规范性知识的新生代农民工比例相对固定，且流动性越大，比例也越大。因此，必须对新生代农民工持续跟进教育，降低规范性知识的遗忘速率，并加大新生代农民工的流动性，通过后期教育培训与自发流动扩散的双通道，提升新生代农民工对规范性知识的掌握程度。

四、提升新生代农民工整体知识水平的策略

（一）鼓励农民工合理流动，拓展知识扩散渠道

当前，我国经济发展还具有依赖生产要素投入的典型特征，劳动力要素的投入贡献依然显著。农民工大规模、非理性的流动，会造成整体劳动

力市场的不稳定和局部劳动力市场的不均衡。但理性的合理流动，则能活跃劳动力市场，提升劳动力市场效率。因此，应该在保证劳动力市场稳定的前提下，充分利用新生代农民工的思维活跃、接受能力强等特点，积极鼓励并合理引导新生代农民工的正常流动，引导其在寻找更新更高的自我价值实现场所的同时，提高农民工之间的接触率，增加农民工知识的相互碰撞，构建异质知识双向扩散的渠道，推动具有不同知识背景的新生代农民工之间的融合，促进新生代农民工知识水平的自发提升。

（二）夯实农民工基础教育，探索"学—用"新模式

基础教育在整个国民教育体系中占有极其关键的核心地位，对传授基础科学技术知识和塑造正确的世界观、价值观等都具有重要的启蒙引领作用。部分农村地区传统观念认为，接受的基础教育扎实就继续接受高等教育，反之就进入劳动力市场实现自我价值。近似于在基础教育不扎实与提前就业之间画了等号，又在一定程度上形成了提前就业不需要扎实的基础教育的错误思想。而现代产业的科技含量已经大幅提高，越来越要求劳动者掌握一定的科学技术知识作为支撑。因此，无论是继续接受高等教育还是提前就业，都不能忽视基础教育阶段对知识的攫取。必须利用低龄受教育者可塑性强的优势，夯实基础教育。部分农村地区甚至应该探索将基础教育、科技知识、劳动技能纳入基础教学内容的可行性，在基础教育中加强理论与实践的联系，探索"学习应用实践、实践指导学习"的新模式，加强农村地区基础教育中的劳动技术与操作能力训练，为今后可能成为农民工的广大农村青年提供有针对性的基础教育。

（三）加强农民工职业教育，重视异质知识复合

相当比例的农村青年对基础教育缺乏兴趣和动力，甚至认为提前就业是从教育的桎梏中解脱出来，对基础教育存在比较漠然的态度。没有经过系统的技能培训就直接进入劳动力市场，用工单位简单的岗前培训后就开始"边干边学"的职业生涯，而时间匮乏和经济障碍又进一步限制了农民工参加各类职业教育培训。虽然新生代农民工通过流动可以促进知识的扩散，但没有良好的职业教育提升农民工的知识水平，这种通过流动促成知识水平的自发提升都是缺乏效率的。因此，必须加强新生代农民工的职业教育，通过长线教育与短期培训，提高农民工的文化素养和职业技能[16]。构建能够适应新生代农民工流动性的，以农业广播电视学校、农业职业院校和农业技术推广体系为主要依托的，广泛吸收高等院校、科研院所、龙

头企业和民间组织参加的教育培训体系。通过长线教育，提高新生代农民工的知识水平和城市适应能力，为新生代农民工的市民化提供知识储备。通过短期培训，提高新生代农民工的职业技能，明确市场定向，提高劳动效率，拓宽就业渠道，有助于新生代农民工"去廉价化"。通过成人学历教育、实践技能培训等措施，提高新生代农民工异质知识的复合度，提升知识水平与劳动技能，为新生代农民工的自身发展及异质知识的扩散传播打下坚实的基础。

参考文献

[1] 金丽馥,范雯.新生代农民工社会认同的障碍与对策[J].江苏行政学院学报,2014(4):76-80.

[2] 李鹏.新生代农民工的流动趋势分析——基于生活质量视角[J].财经问题研究,2012(9):110-116.

[3] 黄晓梅.我国农民工教育培训存在的问题及解决对策探析[J].湖北社会科学,2009(10):185-188.

[4] 胡平,杨羽宇.农民工市民化:制约因素与政策建议[J].四川师范大学学报(社会科学版),2014(5):60-65.

[5] 钟兵.新型城镇化中新生代农民工人力资本化研究[J].宏观经济管理,2016(8):53-57.

[6] 琚向红,钱文荣.农民工教育收益影响因素的实证分析——基于成人教育收益绩效视角[J].远程教育杂志,2015(6):85-92.

[7] 刘养卉,龚大鑫.新生代农民工收入状况及影响因素分析——基于兰州市的调查[J].西北人口,2015(3):113-117.

[8] 王广慧,徐桂珍.教育——工作匹配程度对新生代农民工收入的影响[J].中国农村经济,2014(6):66-73,96.

[9] 王春超,叶琴.中国农民工多维贫困的演进——基于收入与教育维度的考察[J].经济研究,2014(12):159-174.

[10] 秦立建,杨倩,陈波.教育人力资本、企业所有制与农民工社会保障获得[J].武汉大学学报(哲学社会科学版),2015(06):13-21.

[11] Barney,J. Firm resources and sustained competitive advantage[J].Journal of Management,1991(17):99-120.

[12] 余传鹏,张振刚.异质知识源对中小微企业管理创新采纳与实施的影响研究[J].科学学与科学技术管理,2015(2):92-100.

[13] 陆瑾.基于演化博弈论的知识联盟动态复杂性分析[J].财经科学,2006(3):54-61.

[14] Bettencourt LMA,Kaiser DI,Kaur J et al. Population modeling of the emergence and

development of scientific fields[J].Scientometrics,2008,75(3):495-518.

[15] Kiss I Z, Broom M, Craze P G et al. Can epidemic models describe the diffusion of topics across disciplines? [J].Journal of Informetrics,2010,4(1):74-82.

[16] 于伟,秦玉友.农民工教育培训状况及对策研究[J].东北师大学报(哲学社会科学版),2007(5):5-9.

新生代农民工市民化的困境分析与路径选择

——基于新型城镇化视阈

一、新生代农民工市民化相关概念阐释

在 2010 年中央一号文件《中共中央 国务院关于加大统筹城乡发展力度进一步夯实农业农村发展基础的若干意见》中，首次使用了"新生代农民工"的提法，并且要求社会各界采取针对性的措施，着力解决新生代农民工问题，实现新生代农民工市民化。"新生代农民工"这一概念是王春光首次提出的[1]。目前学者对新生代农民工的定义存在一定的争论，分为以外出务工时间与以出生时间来定义这一群体。部分学者认为"新生代农民工"这一概念具有歧视性。本文认为，"新生代农民工"主要指 1980 年之后出生的农民工，以"三高一低"为特征：职业期望值高，受教育程度高，物质和精神享受要求高，但工作耐受力低。他们并不只是为了生存而走进城市，更多的是为了个人的发展和真正融入城市。

新生代农民工市民化是我国新型城镇化背景下出现的新问题，是推进新型城镇化的必然要求。城镇化并不是简单的"造城运动"。李克强总理强调："推进城镇化，核心是人的城镇化。"指明了城镇化的主旨和方向。"人的城镇化"既是我国新型城镇化道路中的重点，也是难点。"人的城镇化"或称为市民化，不仅要实现农村人口向城市的转移，而且要真正在生产生活中融入城市，成为名副其实的市民[2]。广义上讲，新生代农民工的市民化应包括以下两个层面的含义：一是外在，即职业与社会身份。职业上，从非正规劳动力市场上次属的新生代农民工发展成正规劳动力市场上首属的非农产业工人；社会身份上，从农民转变为市民，平等享受国民待遇。二是内化，即意识形态与自身修养。具体来说，意识形态引导下生活行为方式的市民化；自身修养塑造，生存能力的市民化。

我国现有 1 亿多新生代农民工渴望融入城市，但事与愿违，他们被城市

拒绝，他们又拒绝回到农村，面临"双重拒绝的困境"的"两栖人"无奈徘徊于城市和农村之间，一定程度上不利于社会的稳定。但是与第一代农民工相比，新生代农民工实现市民化的能力更强，成本更低。综上所述，新生代农民工优先市民化具有必要性与可行性[3]。沃特斯曾说："对行动的强调意味着，个体不是社会世界的产品甚或摆布的对象，而是创造其周边世界的主体，他们在思考着、感觉着、行动着。"[4]部分新生代农民工由大城市回流到户籍所在的中小城市，在打工经验积累的基础上，转向正规就业或自主创业，最终实现城镇化，有学者称这种现象是新生代农民工"回流式"城镇化[5]。这是一种主动建构型的城市融入，是较为理想的新生代农民工城镇化的实现。

二、新生代农民工市民化困境分析

（一）户籍制度——新生代农民工"标签式"障碍难消除

中华人民共和国成立初期，国家根据地域和家庭成员关系将户籍分为农业户口和非农业户口，即城乡二元户籍制度。随着经济的发展和产业结构的调整，这种户籍制度的局限性逐渐凸显。社会学视角下，社会要有可上可下的人口流动，否则会变成僵化的社会结构。而我国的户籍制度限制了城乡人口的双向流动，一方面，不利于我国形成城乡统一的劳动力市场；另一方面，"标签式"户籍制度附加的"城市特权"，拉大了城乡收入差距，加剧了城乡割裂，容易造成社会分化。出于"夹生层"的新生代农民工形成了中国特色的"半城镇化"现象。

户籍制度改革存在较大阻力，有两个方面的原因：第一，我国户籍制度，除了标示个体的存在，还附加了一系列功能，如就业、住房、随迁子女入学、社会保障等都要同户口挂钩，户籍制度的改革必然牵一发而动全身。第二，无论是从垂直管理的城镇行政体制，还是到跨行政区城市群，相关行政部门缺乏合作协调机制，导致新生代农民工合法权益迟迟不能被保障。

（二）土地制度——新生代农民工土地权益难保障

2007年《物权法》实施之前，土地承包权一直被视为契约规定的债权性质，而不是法律赋予的物权。农村土地资源所有权的主体是村民集体，集体具有名义上的所有权，而真正拥有支配权的是国家。在实际操作中，土地往往被村委会少数干部掌握。产权模糊是土地制度最核心的缺陷，是造成新生代农民工的土地合法权益得不到保障的根源。对于离开土地的新生代农民工来说，土地是他们最后的生存保障。在无法享受与城市居民同等的社会保障条件下，新生代农民工所拥有的土地不能流转变现，或者是农地价值低廉，新生代农民工从中获取的收益有限，土地对于农民逐渐具有"福利化"，土地的社会保障功能大于其生产资料的功能[6]。总之，由于征地补偿低，降低了他们流转承包地的意愿，进而削弱新生代农民工城镇化的意愿，即征地补偿低降低了新生代农民工城镇化的能力[7]。要充分保障新生代农民工的土地权益，增强他们城镇化的能力，推进他们的城镇化进程。

（三）就业制度——新生代农民工就业权益难实现

就业问题关系到国计民生，对于新生代农民工尤为重要。新生代农民工为我国社会经济的发展、城市的建设做出了巨大的贡献，有目共睹，不容忽视。但是，当今社会对他们基本的权益和要求采取漠视态度，甚至是歧视。新生代农民工"亦工亦农"，在就业机会面前，被差别对待，择业权利不平等，企业对他们的权利保障不到位，新生代农民工参加就业培训的机会极少，很难稳定就业。劳动和社会保障部关于新生代农民工就业分布和收入的一项调查显示，农民工在较恶劣的劳动环境下工作，从事的大多是危险性很高、疲劳程度很大的工作[9]。与城镇职工相比，新生代农民工面临着"同工不同时""同工不同酬"和"同工不同权"的处境。如今，薪酬收入成为新生代农民工收入的重要组成部分，但是他们无法"劳有所值"。

（四）社会保障制度——新生代农民工公共服务难均等

现行的新生代农民工社会保障制度仍有局限性，制度设计缺乏现代化、统筹化、人性化及灵活性。制度落实不明确，刚性不强。不同身份的人，社会保障制度不一样，没有连接性，差别大，根据身份设计的保障制度，很难公平公正地保障新生代农民工的权益。中国社会保障制度存在着基于属地身份的地区分割弊端，导致社会统筹与个人账户相结合的社会保险难以在地区之间转移。2010年实施的《城镇企业职工基本养老保险关系转移接续暂行办法》中规定，劳动力跨地区流动时，除了转移个人账户资金，还要转移12%的社会统筹资金。流入地政府出于地方利益的考虑，一般不愿意接收，累积的基金转续难，流动性差，新生代农民工"杀鸡取卵"，最终没有了保障。虽有相关社会保障制度要求，但是参保与否还在于个人及用人单位，非正规就业领域得以省去这项投入[9]。

三、新生代农民工市民化路径选择

新型城镇化首先从户籍制度改革入手，但是核心是人的城镇化，而不是户口、土地等的城镇化。户籍制度放宽，还必须打破落户壁垒。新生代农民工落户后，其就业、住房、教育、社会保障等都是亟待解决的问题，均化公共服务不是"一刀切"，需要循序渐进化解矛盾。

（一）户籍制度——多元化、渐进式落户

国务院印发的《关于进一步推进户籍制度改革的意见》，部署深入贯彻落实党的十八届三中全会关于进一步推进户籍制度改革的要求，促进有能力在城镇稳定就业和生活的常住人口有序实现市民化。一是进一步调整户口迁移政策。全面放开建制镇和小城市落户限制，有序开放中等城市落户限制，合理确定大城市落户条件，严格控制大城市人口规模[10]。二是创新人口管理，建立城乡统一的户口登记制度，建立居住证制度，健全人口信息管理制度。改革要坚持以人为本，因地制宜。防止急于求成，运动式推进。

户籍制度改革不是单向度事件，不是仅换个户口本，户籍上附着的利益分配，以及所在城市的承载力，这需要配套性改革，是一个全方位、深层次、渐进式的系统工程。针对户籍制度本身，第一，要加快户籍制度功能的转变。加强其人口信息登记功能，削弱人口迁移管理功能。有效防止个体身份的固化，促进人口选择性流动，加快新生代农民工市民化进程。一定程度上防止空间等级制度的出现。第二，彻底给户籍"减负"。使附着在户籍上的"优先权"与户籍"脱钩"，逐步建立城乡一体的基本公共服务体系。只有基本公共服务均等化、一体化，户籍才有可能"去等级化""去价值化"。

（二）土地制度——自主合理规划土地

《物权法》把包括农村土地承包权、宅基地使用权及建设用地使用权等列入用益物权范围。明确保护农民土地财产权，赋予新生代农民工真正拥有用益物权的主体地位，有利于建立城乡统一的土地建设用地市场。

新生代农民工市民化需要初始资本，土地顺利变现，既有利于农地规模化经营，也有利于为外出打工积累经济基础，促进新生代农民工城镇化

进程。在此过程中，需要注意以下三点：第一，建立健全农村土地产权交易市场。这为宅基地、住房入市交易提供有利条件，进城新生代农民工在自主自愿按市场价格出租或者有偿转让农地权利并获得相应的土地收益。他们不再实际经营土地，可以将土地承包权转让出去或者将其债权化。第二，完善土地征用制度改革，避免政府滥用职权，征用土地，建立健全土地征用机制，使土地征用权法制化、规范化。第三，健全耕地流转机制。严格落实耕地保护制度，允许农村土地使用权合理流转。既有利于农村土地规模化经营，又给进城的新生代农民工吃了颗定心丸，安心在城市务工经商。

（三） 就业制度——拓展廓清就业渠道

与第一代农民工相比，新生代农民工更注重个人在城市的发展。用人单位应该从个体实际出发，帮助他们制定和实现职业生涯规划，而不是简单地把其当成工作机器或体力劳动的代名词。优秀的新生代农民工通过自己的努力，可以从事技术和管理工作。用人单位对待拟在城市落户的新生代农民工，应该认同并维护与城市居民平等的就业权利，共同构建和谐劳资关系。

在政府层面，应建立新生代农民工工资支持保障制度及新生代农民工工资合理增长机制。新生代农民工的文化水平、受教育程度虽然比第一代有了明显的提高，但是仍有一部分人缺乏相应的专业技能，除了新生代农民工自身不断提升和加强科学文化知识与专业技能的学习，政府也应该为他们提供教育培训的机会和渠道，扶持中小微企业发展，广泛开辟新生代农民工就业、创业渠道。例如，开展职业和成人继续教育。政府对新生代农民工提供的职业培训规范化、制度化。通过各种岗前技能培训和职业技能培训，提高新生代农民工的整体素质，使其稳定就业，不断提升新生代农民工从业的岗位层次。

（四） 社会保障制度——多管齐下，保驾护航

将新生代农民工完全纳入城镇社会保障体系。首先，解决工伤保险和大病医疗保障问题。依法将新生代农民工纳入工伤保险范围，尤其是加快新生代农民工较为集中、工伤风险度高的建筑行业等参加工伤保险，并按时足额缴纳工伤保险费用。采取建立大病医疗保险统筹基金办法，重点解决新生代农民工进城务工期间住院医疗保障问题。完善并落实医疗保险关系转移接续办法和异地就医结算办法，维护新生代农民工的社会保障权益

在流动就业中不受损害。新生代农民工也可自愿参加原籍的新型农村合作医疗。其次，采用低费率、广覆盖、可转移的新生代农民工养老保险办法。提高统筹层次，实现基础养老金全国统筹，提高参保率。有条件的地区可直接将稳定就业的新生代农民工纳入城镇职工基本养老保险，加快实施统一的城乡居民基本养老保险制度，落实城镇职工基本养老保险转移续接政策，促进基本养老服务均等化。再次，完善转移支付制度，加大财力均衡力度，保障地方政府提供基本公共服务的财力，建立财政转移支付同新生代农民工市民化挂钩机制。落实《劳动合同法》，完善以低保制度为核心的社会救助体系，建立新生代农民工最低生活保障制度，实现城乡社会救助统筹发展。

四、结语

农民工为我国经济社会发展做出了巨大贡献，支撑中国几十年发展的"人口红利"，很大程度上是农民工的贡献。无论过去、现在还是将来，他们始终是中国经济功勋卓著的一支重要力量。我国应适应"新四化"同步发展要求，坚持以人为本，改革创新，有序推进新生代农民工市民化，使新生代农民工工作有着落，生活有保障，精神有家园。

参考文献

[1] 王春光. 新生代青年农民工的社会认同与城乡融合的关系[J].社会学研究,2001(1).

[2] 胡宝荣. 论户籍制度与人的城镇化[J].福建论坛,2013(12):149.

[3] 张善柱. 新生代农民工优先市民化的必要性与可行性研究[J].调研世界,2013(3).

[4] [澳]马尔科姆·沃特斯. 现代社会学理论[M],杨善华,等译.北京:华夏出版社,2000.

[5] 潘华."回流式"市民化:新生代农民工市民化的新趋势——结构化理论视角[J]热点关注,2013(3):171.

[6] 尹忠东,苟江涛,李永慈. 川中丘陵紫色土区农业型小流域土地利用结构与土壤流失关系[J].农业现代化研究,2009(3).

[7] 黄琨. 农村土地制度对新生代农民工市民化的影响与制度创新[J].农业现代化研究,2011(3).

[8] 蔡定剑. 中国就业歧视现状及反歧视对策[M].北京:中国社会科学出版社,2007:233.

[9] 叶继红,李雪萍. 农民工共享城市公共资源问题研究[J].南京人口管理干部学院学报,2011(4).

[10] 丁静. 中国新生代农民工市民化问题研究[J].学术界,2013(1).

新生代农民工精神文化生活"孤岛化"问题研究

党的十七届六中全会通过了《中共中央关于深化文化体制改革推动社会主义文化大发展大繁荣若干重大问题的决定》，要求"大力发展公益性文化事业，保障人民基本文化权益"，"积极开展面向农民工的公益性文化活动，尽快把农民工纳入城市公共文化服务体系"。提出了"有条件的地方要为困难群众和农民工文化消费提供适当补贴"[1]。这些为丰富发展新生代农民工的精神文化生活提供了政策保障。

一、新生代农民工与精神文化生活的概念阐释

解决新生代农民工问题，首先要正确认识新生代农民工群体。在 2010年中央一号文件《中共中央 国务院关于加大统筹城乡发展力度 进一步夯实农业农村发展基础的若干意见》中，首次使用了"新生代农民工"的提法，并且要求社会各界采取有针对性的措施，着力解决新生代农民工问题，使其更好更快地融入城市，实现新生代农民工市民化。

"新生代农民工"这一概念是由王春光首次提出的[2]。"新生代农民工"，主要是指 20 世纪 80 年代之后出生的，并且在城镇生活、从事非农产业、具有农村户籍的人口。新生代农民工从出生到上学，接着进城打工，他们对农业、农民、农村并不是那么熟悉。与老农民工相比，新生代农民工的价值观念发生了变化，他们有明确的义务与权利意识，以及较好的科学文化基础，对职业期望、精神生活的关注度也较高，更希望全面融入城市。但是城市在很多方面没有充分做好接纳他们的准备。综上可知，新生代农民工以"三高一低"为特征：职业期望值高，受教育程度高，物质和精神享受要求高，但工作耐受力低。新生代农民工更多的是为了个人的发展和真正融入城市。

精神文化是人类在从事物质文化基础生产上产生的一种受物质生活的生产方式制约着、人类所特有的意识形态，它是文化层次理论结构要素之

一，是人类文化的核心。精神文化是物质文明的观念意识体现，在不同的领域，其具体精神文化有不同的表现和含义[3]。精神文化对应于"主观世界"，是自我的体验和意愿的世界，是对精神资料的生产、分配、交换与消费。精神文化与物质生活内在联系，在实践中不断发展、完善、积蕴，积极的精神文化推动物质生活的发展。同时，精神文化相对于物质生活具有相对独立性。

党的十五大报告指出，"提倡健康文明的生活方式，不断提高群众精神文化生活的质量"。这既给我们的生活指明了科学方向，也给精神文化的研究提出了重要的课题。人类的发展，既要追求丰富的物质生活，也要追求充实的精神文化生活。高质量、高水平、丰富多彩、健康向上的精神文化生活既能培养人高尚的品德和情操，也能提升社会文明程度。丰富新生代农民工精神文化生活，提升他们的精神文化生活水平，"放射出崇高的精神之光"，任重道远。

二、新生代农民工精神文化生活"孤岛化"表象

与第一代农民工相比，新生代农民工更加注重精神文化生活。在远离家乡又不能融入城市的情况下，双重身份的新生代农民工的精神文化生活在经济上、时间上、制度上、社会文化服务等许多方面都得不到有效的供给与满足，导致上网、看电视成为他们享受精神文化生活的最主要方式。他们的精神文化生活处于"饥饿"状态，出现严重的"孤岛化"现象，心理问题凸显。新生代农民工精神文化生活"孤岛化"，之所以称之为"化"，一是指新生代农民工群体庞大，数以亿计；二是说明这种现象存在的普遍性。

（一）新生代农民工封闭的群体性生活

新生代农民工大多居住在集体宿舍、廉价的合租房，居住在工地工棚和生产经营场所，独立租赁住房较少。他们的居住地周边及所在单位缺少图书馆、科技馆、多功能厅等公共文化设施，所以他们缺少参与城市文化活动的渠道。调查显示，即便有类似的文化设施，其利用率也仅为20%多。

新生代农民工的人际交往仍限于同乡、同事和同学[3]。新生代农民工大多与城市居民没有交流交集，相对封闭的群体性生活伴随着单调的、独立于城市主流文化的精神文化生活模式，形成了精神文化生活"孤岛化"现象。"并不宽裕的收入、不高的文化水平、拥挤的居住条件、高强度的劳动等使他

们往往处于与城市文化的某种隔膜中，形成一种文化生活的真空状态"[4]。

（二）新生代农民工匮乏的精神文化生活

新生代农民工大多都精神文化生活贫乏，主要表现在文化消费能力薄弱、方式单调、满意度低。据《在浙新生代农民工精神文化生活调查报告》显示：在被调查的新生代农民工当中，33.6%没参与过企业文化活动，47.9%没参与过社区文化活动，而每年参与企业文化活动和社区文化活动两次以上的不足15%。新生代农民工平时简单的娱乐方式是吃饭、打牌、看电视，40.1%没有文化生活消费，作为新生代农民工精神文化生活最主要开支项目——上网，89%的人每月消费在100元以下，67.8%的人不足50元[5]。其他调查显示：70%多的新生代农民工认为业余生活内容"不太丰富"，其中79.12%的人在业余时间看电视或睡大觉，而"业余时间学习或参加培训"的只有17%，去图书馆、博物馆或纪念馆的不到5%，主动参与学习型活动的较少[6]。从上述调查可知，除了"闲聊"和"睡觉"，上网、看电视依然是新生代农民工的主流精神文化生活。

（三）新生代农民工的"孤岛心理"

新生代农民工精神文化生活最突出的问题是心理问题。压抑受挫、紧张焦虑、孤独寂寞、有被歧视被剥夺感成为新生代农民工的四大主要心理问题[7]。新生代农民工觉得自己美化了城市，却在城市里却没有立足之地。他们付出了辛勤的汗水和心血，但没有幸福感、成就感和归属感。在城市中他们的边缘身份导致其缺乏归属感，新生代农民工游离在城市与农村间，不安和迷茫笼罩着他们，先天的失衡感、巨大的心理落差致使自杀现象时有发生。

城乡二元体制下，新生代农民工自我认同度低，作为城市与农村的"夹生层"或者说是"城市边缘人"，没有办法按照存在了多年的标准对其自身的社会身份进行定位，无法找到对自己的完整感觉。也就是说，这是一群漂泊的心灵，在新生代农民工的身上，自我认同的危机将会表现得更为明显[8]。

三、新生代农民工精神文化生活"孤岛化"的成因检视

新生代农民工的精神文化孤岛化问题涉及了心理学、社会学、政治学等理论。本文着重立足思想政治教育这一视角分析现状、提出对策。

（一）城乡二元体制的障碍

新生代农民工精神文化生活"孤岛化"的制度性根源是以户籍制度为基础的城乡二元制度体系。一般来说，为寻求社会地位的提升，人们改变地位的渠道主要有这样几种：婚姻、职业、经济、政治和教育。但是，在以上社会流动的渠道中，新生代农民工的文化保障、地位变迁受到了户籍制度的阻碍[9]。新生代农民工"亦工亦农，非工非农"的特殊身份影响着他们的交往范围及融入城市的信心。加之城市现有的制度和运行机制仍存在局限性，全国不平衡管理没有把新生代农民工流动性强这一显著特征考虑在内，没有真正将新生代农民工包容在内。而从根本上说，新生代农民工缺乏基本生活保障，经济基础决定上层建筑，先生存才可安然考虑生活。新生代农民工的文化消费会受到生存消费的强烈制约，他们很难摆脱生活压力。政府以非法定职能方式对新生代农民工精神文化生活的政策支持与物质帮助，是随机性和个别自觉性的，加重了新生代农民工精神文化生活"孤岛化"现象。

（二）文化需求保障机制建设的滞后

首先，政府投入经费不足会制约新生代农民工精神文化需求的满足。虽然近年来文化事业的投入有所增加，但是文化事业经费基数小、底子薄，财政投入的增长仍然跟不上文化事业发展需求的增长，文化事业的发展受到很大程度的制约。其次，各级政府对新生代农民工的文化服务措施有待进一步深化。关于新生代农民工的文化举措更多地见诸文件和新闻报道中，但是现实中的相关利益群体对具体服务并不了解，对服务活动的内容和意义缺乏足够的了解，只是被动地观望或接受，因此服务效果大打折扣。由于新生代农民工群体庞大，尽管关于新生代农民工的文化服务工作有声有色，服务点数量不断增加，但是覆盖范围仍是很有限的。因此，如何连点成线，连线成面，拓宽面向新生代农民工的文化服务范围及服务群体依然是今后的研究重点[10]。

（三）新生代农民工所在企业及社会的漠视态度

大多数的企业认为业余生活是新生代农民工个人的事，企业无须过问，因此对他们的业余活动没有考虑过，况且从企业的利益出发也不会考虑，企业完全将他们视为"打工机器"。有些企业甚至认为新生代农民工不需要业余休闲生活，对于他们想成立自娱自乐式的演出团体的要求断然否决。

企业既不组织新生代农民工的业余休闲生活，也不拨经费购建文化休闲设施，这是相当普遍的现象。除此之外，其他社会组织对新生代农民工文化保障的关注度不高，更别提投资兴建相应的文化设施，城市人对待他们也通常持有一种漠视态度。

（四）新生代农民工自身的现实状况

在现在物质消费主义的环境下，与城市居民相比，新生代农民工没有地位的累积，没有社会地位的提升，难以产生精神文化消费动力。具有社会身份标识性的工作和消费未能满足新生代农民工的内心追求，他们身份边缘化，社会归属感弱。在时间上，新生代农民工的大部分时间都在上班或者加班，相比较城市居民，他们大多从事城镇职工不屑一顾且报酬较低的工作，如建筑业、工矿业和服务业，繁重、高强度的体力劳动已消耗了新生代农民工大量的精力。与第一代农民工相比，他们希望有更多自由支配的时间，而不是为增加收入去加班，可现实是他们没有多余的时间消除疲劳、释放压力、享受生活。在经济上，消费水平决定于经济水平，支付能力一定程度上是以收入水平为先决条件，而且文化消费属于高层次的需求。经济收入较低的新生代农民工，其精神文化消费能力受到极大限制，除去每月用于吃住等基本的生活开支，所剩不多。总之，新生代农民工"无闲""无钱"的处境制约自身的文化消费能力[11]。

（五）新生代农民工的角色污名化

著名社会学家埃利亚斯（Norbert Elias）发现了一个值得注意的现象——污名化（Stigmatization）过程，即一个群体将人性的低劣强加在另一个群体之上并加以维持的过程。当今中国城市对新生代农民工的这种污名化过程相当普遍。肮脏、犯罪、不文明等，似乎天然正当地加在他们身上。某地一旦发生恶性事件，新生代农民工总是被质疑和怀疑[8]。心理学家认为，除有社交能力障碍的人群外，人们都需要他人承认自己存在的价值，社会认同是达到此目标的重要途径之一。社会的身份认同是一种心理需要，可以帮助我们与他人交往时增加亲和力，以和谐的方式更好地融入社会[12]。

然而，新生代农民工在城市生活中受到不公正待遇，他们经常受人"白眼"，加上生活方式、价值观念的反差，因此只有极小部分的新生代农民工明确自信地把自己定位为"城里人"，其余多数人仍认为自己是农村人，相当部分的人是模棱两可的。而城市居民对新生代农民工的态度依然是"经济上吸纳承认、社会上怀疑排斥"，觉得他们脏、土气，埋怨他们的大量涌入导致交通拥挤和治安混乱。城市居民的优越感使其不屑于与新生代农民工来往，更不用说交朋友了[13]。综上可知，外界及自身的因素使新生代农民工缺乏大胆融入城市生活的信心。对"城里人"司空见惯的休闲场所和文化设施，新生代农民工望而却步，这种消极的心理障碍极大限制了他们文化活动参与的积极性。

四、解决新生代农民工精神文化生活"孤岛化"的途径选择

（一）政府高效有所为

第一，加大财政投入。将新生代农民工的精神文化生活纳入公共文化管理范围，并引导各界力量营造适合新生代农民工文化发展的环境。具体来说，政府文化部门通过资金、项目扶持等多种方式，动员社会广泛参与，创新机制，给予适当政策支持来鼓励有实力的企业对新生代农民工的业余休闲项目投资（例如收购城市居民换代不用的电视机、VCD，开设二手家用电器超市），从而大幅度添置完善他们的文化休闲设备。

第二，增加新生代农民工收入。政府应增加新生代农民工收入，并将他们纳入城市社会保障体系中，保障新生代农民工文化需求的物质基础。新生代农民工通过在一个较稳定的岗位创造业绩，首先具有固定收入，进而增加收入，增强购买力，有信心有保障地消费。具体来说，政府应逐步取消制度性约束，近期出台的户籍制度改革顺应了时代发展，加强了户口登记功能，有利于新生代农民工获得合法的市民身份，享有同等的公共服务资源，真正享受"改革红利"。

第三，加强新生代农民工职业技能培训，提高其综合素质。一是逐步扩大新生代农民工职业教育规模，制订完整的培训计划，对目前失业的新生代农民工进行再就业培训，确保他们能较快的获得劳动岗位。二是营造良好的社会氛围和政策环境，逐步形成政府引导的多元化投资主体的新生代农民工职业教育投入机制。三是加强职业教育的师资队伍建设和统一教材的编写，提高职业教育培训的质量[14]。主张低收费形式多样化、专业化的培训，提倡"边工作，边学习""以工养读，以工促读"的培训方式。使新生代农民工既学好技术，又提升素质，获得物质和精神的"双丰收"。

第四，拓宽文化服务的覆盖范围。一是通过各种媒体加强政府、城市居民与新生代农民工之间的相互了解与沟通。新闻媒体对新生代农民工问题的正确引导有着非常重要的作用[15]。具体来说，在电视、报刊和广播等大众媒体中设立专栏，或者运用网络平台建立专门的网站、博客群或者QQ

群。这样既可以将与新生代农民工切身利益相关的当地用工、培训等信息及时发布，又可以发挥他们的主动性，积极表达他们的需求和想法。在此过程中，相关部门要及时、准确、正面地提供他们所需的文化信息，从而实现新生代农民工与政府、城市居民和媒体间的良性互动。二是遵循便捷性与开放性原则，建立城市文化休闲广场、社区图书馆、街区自助图书馆与流动图书室四者结合的文化设施系统。政府组织、协调、整合各级公共图书馆、高校图书馆和民间文化资源，定期送图书到新生代农民工的居住地，为他们提供文献信息服务。除此之外，政府可主办免费文化知识讲座，开展"万本书籍进企业"活动。三是号召高校学生和志愿者深入新生代农民工群体举办专业知识、科学文化修养等方面的培训活动，既提高了他们的文化素质、休闲品位，又增强了他们对于所在城市的心理认同、归属感。

第五，深化户籍制度改革。在我国城乡二元社会体制中，户籍是人的身份标志。城乡二元的户籍制度长期以来对新生代农民工的农村退出和城市进入造成很大困扰，特别是依附于其上的各种利益分配功能获得难度之大，让新生代农民工切身体验到市民化的不易。从本质上看，中国严格的户籍制度建立的前提是阶级体系和所有权体制被打碎了，户籍制度成为取代阶级和所有权体制而维持社会秩序、资源分配秩序的基本制度[9]。新时期，我国户籍制度的改革不应只是名义上的，仅限于户口簿的转变，而是必须触动与户籍制度相关的利益体系，注重加强利益分配机制的转变，其中社会保障制度和就业制度是较为重要的两个方面。在社会保障制度上，针对新生代农民工的特点创新机制、灵活管理、试点先行，保障基本生活。在就业制度方面，取消歧视性政策，监督农村劳动力市场中介机构及信息网络，完善宏观调控，建立开放、竞争、有序的城乡一体化市场，促进新生代农民工正规就业率和身份认同度的提高，保证新生代农民工享有与城镇职工同等待遇，使他们又好又快地融入城市。

（二）企业自觉承担社会责任

新生代农民工是我国企业重要的劳动力资源，企业应该定期为他们开展具有针对性的专业技能培训。企业在新生代农民工文化生活方面的工作，要与政府构建稳定长效的配合机制，遵循新生代农民工的文化需求与企业核心文化建设相结合的原则，主动开展形式多样的文化活动，保障他们的文化权益，丰富其精神文化生活，满足其精神文化需求，同时也塑造企业文化。一方面，鼓励他们主动组织文化活动，自建文艺团队，增强他们在企业中的凝聚力，提高工作效率，形成"共赢"局面。另一方面，根据国家规定，企业应选择性地建设基础文化设施，例如为他们订阅报刊、配备电视、创建图书阅览室、小型健身房等。具备条件的，也可以建立新生代农民工夜校，没有条件的也通过行业性组织来发挥集体力量建立夜校或俱乐部。

（三）发挥社区家园平台作用

定期举办针对新生代农民工的各种文化活动，更好地引导新生代农民工融入城市文化。在开展新生代农民工文化工作过程中，社区治理成为一种重要的政策工具。一是要借鉴农村文化建设"三下乡"的经验，尽可能扶持新生代农民工文艺表演团体。积极组织开展"送书、送戏、送电影"到他们身边，方便新生代农民工的学习和生活。二是针对性地开展新生代农民工文化活动，开办文化培训教育，进行科技、舞蹈、棋类、健身、体育等专题培训。三是开展新生代农民工与城市居民的文化联谊活动，定期举办"人民广场大家乐"社区文化活动，增进新生代农民工与城市居民的友谊，营造和谐社区人文环境[14]。在日常文娱活动中，注意寓教于娱，避免灌输式教育，从而引导新生代农民工自觉远离不健康的消遣方式，更多地追求高尚、积极的休闲精神文化活动，陶冶身心。

（四）集聚社会力量形成社会合力

集聚社会力量形成社会合力，积极投入财力物力参与新生代农民工精神文化建设。一是宣传推广新生代农民工对城市建设的贡献及重要性，消除城市居民对新生代农民工的偏见与隔阂。二是文艺工作者发掘新生代农民工文化，创作生产他们所需的文化产品，特别是体现新生代农民工的吃苦耐劳精神。三是建立福利性的且适合新生代农民工消费水平的文化休闲设施，并开展一些有益身心的户外活动（如骑车、登山等）。非政府组织加强志愿者服务力度，既能减少政府的财政负担，又能实现其自身目标。总之，丰富新生代农民工的休闲生活，不是某个具体单位的责任，而是全社会的责任，需要政府部门、企业、社区、社会团体，即全体社会成员的共同努力。

（五）新生代农民工要不断提升自身素质

人民群众是历史的创造者，是社会物质财富和精神财富的创造者。新生代农民工是自身精神文化建设的主体。建设具有新生代农民工特色的精神文化，需要他们主动认识、掌握、利用公共文化，从心理层面自觉融入城市文化。新生代农民工应提高专业素质、科学文化素质和思想道德素质，发挥自身积极能动性，力争在丰富精神文化生活中处于主体地位。心理学家认为，自我认同在个体认同中十分重要，个人要端正态度，调试情绪，认同并接纳自己。具体来说，新生代农民工应做到以下几点：一是主动学习科学文化知识，端正态度，坚持马克思主义唯物论，拒绝迷信、淫秽思想的侵扰。二是有效学习专业知识，阅读专业书籍，积极参加专业技术培训，从而提高技能水平。三是努力提高思想道德素质。紧跟时代潮流，学习并践行科学精神，树立社会主义核心价值观。热爱生活、热爱集体、热爱工作，帮助新来务工人员，建立良好的人际关系。四是成立文艺社团和自助组织，创作贴近生活的作品，丰富精神文化生活，构建维权合力，重塑归属感。

总之，当下新生代农民工还是精神的漂泊者和文化的贫困者。我们应该深刻认识解决新生代农民工精神文化生活"孤岛化"问题的重要性和紧迫性，逐步形成完善的"政府主导、企业共建、社区参与、自身主动"的精神文化工作机制，切实做到文化成果共享，"同一个中国，同一个梦想"。

参考文献

[1] 中共中央. 中共中央关于深化文化体制改革推动社会主义文化大发展大繁荣若干重大问题的决定[EB/OL]. [2011-10-26]. http://www.sina.com.cn.

[2] 王春光. 新生代青年农民工的社会认同与城乡融合的关系[J]. 社会学研究, 2001(1).

[3] 精神文化[EB/OL]. http://baike.baidu.com/view/1607912.htm.

[4] 黄碧水. 新生代农民工精神文化生活孤岛化[N]. 中国青年报, 2012-01-18.

[5] 周咏南, 翁浩浩, 方力. 浙江代表共话农民工精神关怀——体面劳动 快乐生活[N]. 浙江日报, 2012-03-12.

[6] 郭嘉, 蔡长春. 新生代农民工隐痛："睡觉"和"闲聊"[N]. 人民日报, 2011-12-21.

[7] 张惠新, 胡海燕. 安徽省政协委员呼吁关注新生代农民工精神生活[N]. 人民政协报, 2012-02-23.

[8] 李培林. 农民工：中国进城农民工的经济社会分析[M]. 北京：社会科学文献出版社, 2003：155.

[9] 李强. 农民工与中国社会分层[M]. 北京：社会科学文献出版社, 2012：23-26.

[10] 何爱云. 新生代农民工的文化需求现状分与对策[J]. 思想政治工作研究, 2010(3)：23-24.

[11] 崔玉娟. 构建新生代农民工"文化福利"体系[N]. 中国青年报, 2011-12-29.

[12] 王有智, 欧阳仑. 心理学基础：原理与应用（高等院校素质教育系列教材）[M]. 北京：首都经济贸易大学出版社, 2003.

[13] 庞文. 武汉市农民工权益现状的调查报告[R].城市问题,2003(3):54-57.

[14] 杨聪敏. 农民工权利平等与社会融合[M].杭州:浙江工商大学出版社,2010:134,188.

[15] 钱文荣,黄祖辉. 转型时期的中国农民工:长江三角洲16城市农民工市民化问题调查[M].北京:中国社会科学出版社,2007:318.

新生代农民工社会认同的障碍与对策

在我国目前外出打工的 1.66 亿农民工中，16 至 30 岁的新生代农民工的比例已经超过了 60%，成为农民工队伍乃至当代产业工人队伍的主体，其社会地位及影响正在逐渐显现。与第一代农民工相比，新生代农民工在外出动因、发展取向、职业选择等方面都发生了根本性变化。但由于制度、经济、社会关系等客观因素，以及其自身心理承受能力和社会交往中的行为取向等主观因素的制约，阻碍了新生代农民工的社会认同，使他们很难融入主流社会。本文旨在弄清新生代农民工社会认同之障碍，并找到破除障碍之对策，以促进新生代农民工的社会认同及其自身发展。

一、新生代农民工社会认同的概念界定和研究意义

（一）新生代农民工

中国社科院研究员王春光（2001）首次提出"新生代流动人口"的概念，他们年龄一般在 25 岁以下，20 世纪 90 年代外出务工或经商，与第一代农村流动人口在社会阅历上有着明显的差别[1]。韩长赋（2010）把农民工分为三代：第一代是 20 世纪 80 年代农村政策放开以后出来打工的农民，以男性为主，文化程度一般比较低，基本没有什么职业选择，进城的目的就是打工挣钱，给活就干，然后把钱带回家乡，最终归宿是在农村养老。第二代大多是 20 世纪 80 年代成长起来的农民，其中一部分人有一定技能和管理能力，成为企业生产骨干，留在了城里；另一部分人随着年龄增长，挣了一些钱而选择回乡。第三代农民工大部分出生于 20 世纪 90 年代以后，男女性别趋于均衡，文化程度大大提高，基本都是高中以上学历，他们的目的是在城里安家，成为城市市民，把自己的人生、职业与未来的城市发展结合在了一起[2]。2011 年 10 月，国家人口和计划生育委员会发布的《中国流动人口报告》中明确界定，"新生代农民工"是指出生于 1980 年至1994 年的"80 后"和"90 后"农民工[3]。

（二）社会认同

"认同"一词最早是由美国学者威廉·詹姆斯和奥地利学者弗洛伊德·西格蒙德提出的，它的基本含义包含三个方面：一是认为相同和一致；二是表示赞同；三是认为彼此同属于一类，具有可归属或亲近的愿望[4]。自20世纪70年代以来，英国学者泰弗尔和特纳等人从社会身份的角度提出了社会认同理论，认为社会认同包括内在方面的群体认同和外在方面的社会分类；内在群体认同即群体成员在主观上所具有的群体归属感；外在社会分类即社会对某一群体的归类和划分[5]。社会认同必然伴随着相应身份的获得，所以，社会认同过程亦即社会身份的认同过程。本文所说的新生代农民工的社会认同，其实质就是农民工融入城市后的市民身份得到社会的承认。

（三）研究新生代农民工社会认同的意义

目前新生代农民工的社会认同存在"内卷化"趋势①，即认同于自己这个特殊的社会群体，不认同于城市社区和农村社区。他们的户籍在农村，但已难以返回农村；人在城市工作，却不能获得市民身份，这就使得他们处于两种不同的文化之间，既不被乡村文化所认可，又不被城市文化所认可，陷入进退两难的境地。随着他们的不断成长和数量增多，将会有更多的新生代农民工游离出农村社会体系，却又无法融入城市社会体系。这种状况，造成了新生代农民工与城市之间的隔阂。当新生代农民工长期不能融入城市，并且社会认同趋向于"内卷化"建构或封闭式运作时，将在他们中间形成游离于主流文化之外的游民文化，还造成了城市社会中主流和边缘的两种形态。随着边缘社会形态的不断扩大，将会出现一些失范行为。目前该群体所具有的不同于传统农民工的新诉求，以及诉求不能满足而产生的新问题，已经开始显露出对我国社会稳定、经济发展、人民幸福及个人发展的负面影响。若再不及时解决新生代农民工的社会认同问题，势必会对整个社会产生强大冲击，最终危害到整个国家经济社会的稳定与和谐。

近年来，我国党和政府高度重视新生代农民工问题。中共中央、国务院2010年一号文件已经明确提出，要"采取有针对性的措施，着力解决新生代农民工问题"。党的十八届三中全会更是直截了当地要求：推进农业转

---

① "内卷化"一词源于美国人类学家吉尔茨（Chifford Geertz）的《农业内卷化》（Agricultural Involution）。根据吉尔茨的定义，"内卷化"是指一种社会或文化模式在某一发展阶段达到一种确定的形式后，便停滞不前或无法转化为另一种高级模式的现象。

移人口市民化，逐步把符合条件的农业转移人口转为城镇居民，稳步推进城镇基本公共服务常住人口全覆盖，把进城落户农民完全纳入城镇住房和社会保障体系。新生代农民工的社会认同已不再是抽象的理论问题，而是迫在眉睫、急需解决的实际问题。深入研究新生代农民工社会认同的障碍及其对策，将有助于他们更好地融入城市，加快农业转移人口市民化的进程，减少这一过程所带来的社会震荡，促进我国经济社会全面协调和谐发展。

二、新生代农民工社会认同的障碍考察

既然新生代农民工社会认同的实质是其市民身份得到社会的认同，那么其障碍主要应该来自于社会和新生代农民工自身两个方面。社会方面的障碍包括对新生代农民工向市民转化的一系列制度安排，反映人的实际身份的经济收入，以及与接纳相关的文化观念等。新生代农民工自身方面的障碍则有对融入城市的心理准备、对外交往中的行为取向等。

（一）帮助新生代农民工向市民转化的制度安排不足

首先，我国长期实行城乡对立的二元户籍制度，在城乡之间人为地筑起了一道身份上的"篱笆墙"，为新生代农民工向市民转化设置了障碍。新生代农民工与上一代农民工一样，虽然长时间离开农村在城市生活，有的甚至出生于城市，在城市长大，现在又加入了产业工人队伍，但并未摆脱农村户籍。一部分新生代农民工虽然进入城市成为城市实际居民，但仍保留户籍制度限定的农民身份，而不被城市社会所认同，从而不能市民化，在就业、居住、就医、子女上学等许多方面受到不公平的对待。一些中小城市虽然也曾推行过户籍制度改革，给一些打工者上所谓"蓝印户口"，但并没有完全剔除附着在户籍上的身份歧视，还是有区分地对待不同人口，并且给想上"蓝印户口"的农民工设置了一些几乎难以逾越的门槛和障碍。

其次，包括土地所有、经营、使用、流转、征用、补偿等在内的农村土地制度的不完善，使得新生代农民工难以割断与农村的联系，无法顺利实现向城市居民的转化。新生代农民工虽然早就不从事农业经营，有的甚至从来没有种过田，但是因为户口在农村，一直保留着农民的身份，仍然是农村土地集体所有制的成员，具有土地的所有权和经营使用权，家里的责任田还在。当土地缺乏流动性和经营权转让市场时，进城农民工无法退出土地，更无法流转，只能将农地抛荒，使农地无法实现规模经营和有效

利用。现在虽然允许土地流转了，但流转市场尚未健全完善，新生代农民工家中的老人仍要依靠土地生存，所以无法彻底舍弃土地。这是新生代农民工无法向城市转移的主要因素之一。

再次，我国城乡二元分割的劳动就业制度，使新生代农民工很难进入城市正规体制之内加盟城市居民队伍。新生代农民工与他们的前辈一样，一般都是通过非正规的就业渠道，寻找那些城市市民不愿意干的建筑、搬运等苦脏累的职业和岗位。而提供岗位的单位大多又是来自于农村，性质上属于乡镇企业。这就加深了新生代农民工与农村的天然联系，从而增添了向城市居民转化的阻力。

建筑民工作为高危弱势职业群体，往往以合法或非法的劳动派遣方式被雇佣，不签订劳动合同，没有社会保险；70%以上的工人并没有接受过定期体检；劳动时间长，劳动强度大，劳动条件差；近半数建筑民工按年度发放工钱，且欠薪情况非常普遍。

最后，我国城镇社会保障制度的封闭性，使新生代农民工难以进入，从而不能从根本上摆脱农民身份，进入城市居民行列。中华全国总工会2011年2月20日发布的新生代农民工调查报告数据显示，在新生代农民工中，参加失业保险、医疗保险、工伤保险的比例分别只有4.14%、12.10%、18.21%。而他们所从事的工作大多具有不稳定性、临时性和收入低的特点。流动性较强的新生代农民工，享受不到城镇居民的社会保障，同时也享受不到农村居民的社会保障。所以，在农村的土地就成为他们的最后一道"保护屏障"。社会保障替代土地保障，是农业转移人口市民化不可或缺的基本条件。这个条件的缺失，是他们难以得到社会认同的最大障碍。

（二）经济收入较低，阻碍着新生代农民工实际身份的转变

农民工身份同市民身份的差别，说到底是经济收入的差别。新生代农民工要在城里落下脚来，成为真正的市民，经济收入的提高是其中决定性的因素。改革开放以来，我国城镇职工年平均名义工资收入由1980年的762元增加到2008年的29229元，增长了37.4倍，但新生代农民工的收入并没有大幅度提升。据中华全国总工会调查，新生代农民工的整体收入偏低，平均月收入为1747.87元，为同期城镇企业职工平均月收入（3046.61元）的57.4%，比传统农民工低167.27元。新生代农民工在农村生活的经历少，大多数是从学校毕业之后直接进城打工，或者从小跟随父母在城市长大，没有吃苦耐劳的精神和勤俭节约的品格，受城市文化观念和生活方式的影响，消费观念比较开放。与父辈的省吃俭用相比，他们的消费趋向

于符号化，不再局限于简单的衣食住行，会更多地把钱花在手机、电脑、服饰、休闲娱乐等方面。他们模仿城市青年，购买品牌服装，打扮时尚，喜欢上网并通过网络购物，使用数码产品等。新生代农民工受到城市青年群体示范而模仿趋同，期望通过消费品牌商品来改善外表形象，以增加其社会认同，仅仅从外表已没有办法把他们与城市青年区别开来。然而，他们的收入水平是难以维持这种消费水平的，一个月工资除去在城市生活的各种开销后，基本所剩无几甚至成为"月光族"，根本谈不上实现在城市买房安家的愿望。这必然从根本上影响着他们的社会认同。

（三）市民的保守观念影响着城市对新生代农民工的接纳

由于长期存在着城乡差别，这种历史原因形成的农民封闭落后的特点根深蒂固。特别是我国计划经济时代城乡二元户籍制度确定的身份区别，城市居民天然有一种高人一等的优越感。改革开放后，农民工大量涌入城市，形成了与城市居民的就业竞争，城市在接纳一波又一波"民工潮"方面的硬件和软件的准备都不足，再加上农民工自身素质的局限性，造成了部分市民对农民工包括其新生代的不全面、不公正的看法，有的甚至变成一种狭隘的偏见和严重的歧视。有的市民认为农民工抢了他们的"饭碗"，而对农民工充满不满情绪；有的市民因农民工素质不高而看不起他们，甚至认为农民工是各种城市问题如较高失业率、犯罪率和环境脏乱差产生的根源，因而不欢迎农民进城，对农民工反感、歧视、排斥。某地一份问卷调查显示，有44.6%的市民不太能接受和新生代农民工成为同事或者朋友，52.9%的市民不太能接受自己的子女与农民工子女在同一学校和班级读书。尽管新生代农民工在行为习惯、文化素质等方面都已经有了很大程度的提高并积极向城市居民靠拢，但是他们在城市中依然没有归属感，依然遭受着各种各样的排斥。

（四）较差的心理承受能力减弱了新生代农民工对城市的归属感

第一代农民工对于城市社会的不公平和歧视，往往能够逆来顺受。因为他们通常喜欢做自身状况的纵向比较，而不去做社会的横向比较。他们容易满足现状，随遇而安，并不预期取得与城市居民完全相同的权利地位，只要能挣到钱养家糊口就行。因此，对社会通常有比较平和的态度和行为。新生代农民工则不然，他们缺乏农村艰苦生活的体验，对生活满意度的参照对象是城市居民，有向外、向上拓展的迫切愿望。但城市主流社会的排斥，使他们非自愿地被沦为"城市边缘人"[5]，不平等、被侵害、被剥夺感比较强烈。他们本能地形成一种意识——城市是一个充满势利、没有人情、斤斤计较、缺乏信任的社会。他们以自己独特的方式对城市的社会歧视和冷漠做出回应，转向内部群体寻求认同，陷入角色认同的困境。如果任凭这种社会认同"内卷化"趋势长期发展下去，会累积很多矛盾，导致新生代农民工对城市社会缺乏归属感而产生一种疏离感和责任匮乏心态，更增加了他们社会认同的阻力。

（五）"抱团化"的行为取向使新生代农民工难以融入城市社会

新生代农民工在城市中无法找到归属感和认同感，他们在城市中缺乏社会资本，即"个体从社会网络和其身处的社会制度中所可能获得的资源"[6]。当他们无法融入城市社会的时候，只能转而投向同类群体，即同为新生代农民工的"老乡"。这批老乡又被称为"无根的一代"，没有多少农村经历和"乡土情结"，对农村社会同样缺少认同感和归属感。城市的排斥，没能培育出他们的归属感和亲近感，对农村的生疏，使他们有家不能回也不愿回。高不成低不就，于是便自我构建一个"共同体"，通过自己所认同也被认同的群体来维护自尊和实现自我价值，这就是所谓的"抱团"行为。他们一般采取群聚的生活方式，重视群体内交往而缺少群际交往。据调查，他们中只有36.8%的人参加了单位的工会组织，更多的人没有参加或者根本不想参加；只有8.2%的人经常参加社区居委会组织的活动，10.6%的人有时参加[3]。他们对外群体的排斥态度，不但影响他们自身的未来发展，更影响着他们的社会认同，难以融入城市社会。

三、促进新生代农民工社会认同的对策建议

社会认同状况不仅是社会群体心理活动的外在表现，而且直接影响着不同群体及其个人的日常生活行为，关系着当前和未来的社会稳定与发展。新生代农民工的社会认同，则直接关系着我国城市化的速度和质量。为了加速我国新型城市化的进程，推进以人为核心的城市化，提高城市化的质量，我们必须针对上述障碍和困难，采取不同对策，从政府、企业、社会等方面多管齐下，促进新生代农民工的社会认同。政府、企业和新生代农民工之间形成合力，是最终解决问题的关键。

（一）强化政府的主体作用，加速城乡一体化制度创新

在加快和促进新生代农民工社会认同过程中，政府起着关键性作用。政府首先要转变城市管理中的本位观念，变"管理为主，服务为辅"为

"服务为主，管理为辅"，努力推动原有防御管理模式向体现"以人为本"的社会治理模式转变，在社会主义市场经济条件下，加强和完善现有促进城乡一体化的社会制度，保障社会利益分配公平、城乡发展协调，形成与新生代农民工流动机制相适应的新型管理体制。

第一，贯彻落实党的十八届三中全会"决定"精神，加快改革户籍制度。逐步取消"农业户口"和"非农业户口"的划分，建立城乡统一的户口登记制度。合理设置城市准入门槛，放宽人口迁移限制。只对特大城市人口规模实行严格控制，合理确定大城市落户条件，有序放开中等城市落户限制，全面放开建制镇和小城市落户限制，推进农业转移人口市民化，逐步把符合条件的新生代农民工转为城镇居民。

第二，建立城乡统一平等的就业制度。取消各种对农村剩余劳动力进城就业的行业和工种限制，以及各种歧视性政策、规定。建立和完善规范有序、城乡一体、同工同酬的劳动力就业市场。

第三，建立健全新生代农民工的社会保障体系。尽快把进城落户的新生代农民工完全纳入城镇住房和社会保障体系，把他们在农村参加的养老保险和医疗保险规范接入城镇社保体系，推进工伤保险和大病医疗保险，解除他们融入城市的后顾之忧。

第四，进一步完善教育管理体制，确保所有农民工子女平等享受教育资源。充分利用新闻媒体，宣传新生代农民工群体中的健康、积极因素，引导城市居民正确认识和对待新生代农民工，引导新生代农民工转变思想观念，培养现代文明意识。通过政府、社会团体和城市居民的共同努力，为新生代农民工的工作和生活提供良好的社会环境和发展空间，为其社会认同提供良好的环境氛围。

（二）落实企业社会责任，为新生代农民工提供发展平台

企业是吸纳新生代农民工就业的载体，也是改善他们收入和工作条件的责任主体。各类企业都应根据劳动力资源状况，给予新生代农民工相应的工资报酬，保证与其他劳动者同工同酬，企业要坚持以人为本，切实维护新生代农民工的劳动保障权益。考虑到新生代农民工与第一代农民工相比在学历层次上有了较大提高，他们的职业诉求已不仅仅是谋生，而是渴望有一个发展的空间，为自己留在城市打下基础。企业应当为新生代农民工提供可以上升的平台，在企业里成功"转型"，从体力型向智力型、技能型人才转变。企业应当创造机会，让新生代农民工与城市员工多交流，在接触中加深了解，既能消除彼此的偏见，又能使新生代农民工在思想观念、

行为方式、文明素养等方面受到潜移默化的影响。

（三）加强学习培训，引导帮助新生代农民工提高自身素质

随着我国经济结构的战略性调整和产业转型升级，农村向城市的劳动力输送将由过去的简单体力劳动者向高素质、复合型劳动者转变。对新生代农民工而言，自身素质的高低直接关系着获取资源能力的高低，进而影响着他们的社会融入能力和社会认同状况。社会各界要关心爱护新生代农民工，通过各种方式和渠道，帮助他们加强学习修养，改变就业观念，提升职业素质，注重良好心理素质的培养，缩小与城市居民在思想、文化、价值观念、生活态度、行为方式等方面的鸿沟与差异，使新生代农民工认识到，要想真正融入城市获得社会认同，既要继承老一代农民工脚踏实地、吃苦耐劳的精神，又要面对当前严峻的就业形势，努力把自己从普通打工者提升成为企业需要的人才。在选择岗位之前先要给自己定好位，从基层做起，积累实践经验，掌握实际可用的技能。国家统计局《2009 年农民工监测调查报告》显示，我国外出就业的农民工当中 51.1% 的人没有接受过任何形式的技能培训。文化程度越低，接受过技能培训的比例也越低。在文盲半文盲农民工中，接受过技能培训的只占 26.3%，小学文化程度的占 35.5%，初中文化程度的占 48%，高中和中专以上文化程度的分别为 54.8% 和 62.5%[7]。因此，政府、企业、学校和其他相关部门要通力合作，通过建立和完善多层次的教育培训体系，帮助新生代农民工加强学习，并将理论与实践紧密结合，做到学有所用、学用结合。特别要重视新生代农民工的创业培训，完善扶持他们创业的优惠政策，激励支持新生代农民工成为勇于创业的新型劳动者。

参考文献

［1］王春光 . 新生代农民工城市融入进程及社会融入的社会分析[J].青年探索,2010(3).

［2］全国总工会新生代农民工问题课题组 . 关于新生代农民工问题的研究报告[R].2011:2.

［3］刘玉侠 . 新生代农民工城市融入中的社会认同考量[J].浙江社会科学,2012(6).

［4］Turnger J C,Hogg M A,Oakes P J,Reicher S D & Whethere S M. Rediscoveringthe group:A self-categorization theory. Oxford:Blackwell Publishers.1987.

［5］许传新 . 新生代农民工的身份认同及影响因素分析[J].学术探索,2007(6).

［6］刘传江 . 中国农民工市民化进程研究[M].北京:人民出版社,2008:187.

［7］林娣 . 供求总量与结构视角下"民工荒"问题透析[J].东北师大学报,2011(4).

社会变迁时期农村女性素质提升

一、引言

改革开放以来，社会快速进步，变化日新月异。当前我国正处于社会变迁的特殊时期，计划经济转变为社会主义市场经济，形成国家主导型市场经济模式；农业社会向工业社会、后工业社会转型，城市和农村现代化进程不断推进；传统文化与现代文化及中西方文化相互冲突和碰撞，造成了一种混合型文化模式。由此带来的是社会分工和人口结构上的变化，使我国处于社会急速转型的关键时期。

社会成员结构地位、人们生活方式和行为方式都相应地发生了变化。具体到农村，从前农业生产以男性为主，现在男性青年大多外出打工，留守家中的以老人、妇女、孩子为主，农村人口结构显现出"老妇幼"的"空巢现象"，生产生活重担没有悬念地转移到农村成年女性肩上。农村女性一方面要上承照顾双方父母老人的重任、下担抚育家中孩子的任务，另一方面要参与农村社会政治，实施国家各项方针政策。妇女角色发生多重转变，对她们的素质要求与日俱增，也让她们的压力空前提升。

然而，现阶段农村女性素质相对不高，不足以承担现代社会所赋予她们的重任，农村女性传统的素质已不能与新时期农村女性所需新素质相适应，农村女性素质需要提升。事实上，农村女性素质提升的问题早在1999年就已有所涉及。1999年全国妇联联合教育部、科学技术部等多个部门实施"女性素质工程"，"女性素质工程"以培养女性"四有""四自"精神，全面提高妇女整体素质为目标。2001年，国务院颁布实施《中国妇女发展纲要（2001—2010）》，确定了2001—2010年妇女发展的总体目标、优先领域、主要目标及策略措施。2004年，全国妇联联合政府有关部门开始全面推进"女性素质工程"，并将重点放在提高女性干部参与政治的能力、高素质女性的科技创新能力、农村妇女的科技致富能力、女职工的岗位创新能力、下岗失业妇女和农村妇女富余劳动力的创业再就业能力上。2007 年，全国省区市妇联主席工作会议提出，要深刻认识提高妇女整体素质、促进妇女全面发展、开发妇女人力资源对于贯彻落实男女平等基本国策、引领妇女共建共享和谐社会的重要意义。全国妇联还提出深化"女性素质工程"，促进妇女平等享有教育机会和资源，建设和完善以国民教育为主体、以社会教育和妇联教育培训为依托的"一体两翼"全国妇女教育培训体系。可见，农村女性素质提升问题由来已久，并在社会变迁的大背景下显得更加迫切。

二、社会变迁下农村女性角色的转变

（一）介入政治领域，参与政治决策

亨廷顿在《变革社会中的政治秩序》中揭示出这样一种规律："在现代化国家，政治参与扩大的一个转折点是农村民众开始介入国家政治。"[1] 新民主主义时期开始，我国农村民众就在政治的舞台上发挥了重要的作用。那时由于男女在体力与学识等方面的差异，男性为主要政治参与主体，女性主要退居家庭，承担照顾父母、养育孩子的任务。新中国成立后，中国农民的参政普及率更为广泛，更加重要的是，相当一部分农村女性走出家庭，参与农村政治，试图以她们的智慧影响各级各部门决策，同男性一样作为国家的主人共同行使管理国家政治、经济、文化和社会生活的权利，并通过妇女团体组织的政治、社会活动，反映妇女的呼声，维护妇女的权益，实现妇女的利益。农村女性已然成为政治参与的重要主体。

农村女性参与政治的原因，主要包括以下几点：一是农村市场经济的发展。农村实行家庭联产承包责任制后，经济政策有所调整，拥有自己生产资料的农民可以自主安排生产、销售，农村女性也有了日趋清晰的独立经济利益，经济地位的独立为农村女性参与政治提供了强有力的保障。二是社会主义民主政治的建立和发展。我国的民主政治本质和核心是人民当家做主，是最大多数人享有的最广泛的民主。拓宽广大人民参与政治的途径和渠道，扩大参政群体的范围是民主政治的必然要求。农村女性作为我国这样一个农业大国中农民队伍的成员，承担着实现农业现代化、促进农村发展的重任，她们的政治态度、政治参与的状况如何，小范围会影响农村的政治发展，大范围则影响整个国家的政治现代化，因此，让更多农村女性参与到政治中来，已成为现代化建设的一项重要内容。三是村落结构的调整。随着城市化进程的加快，大部分处于参政年龄范围内的男性进城

务工，农村政治平台主角空缺，农村的老人孩子不具备参政的条件，农村女性成为参与政事的主要人选[2]。四是《村民自治组织法》的颁布。《村民自治组织法》为农村女性的政治参与提供了专门的法律法规保障，是农村女性参政强有力的后援力量。

然而，农村女性传统角色沿袭下的素质现状是：一是缺乏主体需要的意识。长期生活范围的狭隘封闭，使她们习惯于以丈夫、子女为天，思想上随遇而安，对生活没有高追求。二是缺少国家和民族命运的"使命感""神圣感"。多数女性对政治理论知识和形势政策学习缺乏积极性和主动性，对国家大事了解不多。三是缺少政治敏锐性和判断力。面对复杂的社会现象时，农村女性传统的角色思维难以适应新形势、新问题[3]。农村女性政治素质状况与社会变迁下对其角色转变所需的素质新要求产生冲突，所以农村女性的政治素养有待提升。

（二）参与农业建设，推广农业技术

封建社会在农业建设的主力是农村男性，这是由男性性别所获取的学习机会及体力上的优势所决定的，男性地位在中国历史上保持了相当长的"至尊"状态。然而随着当代科技的发展，中国传统"日出而作，日落而息"的劳动密集型农业模式已逐渐退出历史舞台，取而代之的是农业自动化，知识化，男女体力差异在农业生产上的影响作用逐渐减少；伴随现代化、城镇化进程的加快，大多数男性由农村向城市流动，农业建设的重任转移到农村女性身上，农村女性成了农村劳作的新群体，承担着推广农业技术的新责任。

而农村女性科技素质的现状是：长辈们的言传身教是获得技术的主要方式；缺少系统、正规的农业教育和培训；领会、掌握现代农业科技的能力相对欠缺。这在一定程度上阻碍了农业新技术的推广与应用[4]。农村女性农业生产素质状况与社会变迁下对其角色转变所需的素质新要求产生矛盾，农村女性的科技素养有待提高。

（三）承担教育重任，普及文化知识

我国的"文化强国"发展战略对广大人民的文化知识水平提出了新的要求，日益强调文化的普及。封建社会教育的传统观念使得我国呈现出男性知识文化水平普遍高于女性，这种差异在农村尤为显现。而现如今，农村女性是新农村结构中的主心骨，在生产、家庭中的地位稳步攀升，社会对其自身的文化水平要求显著增强。更为重要的是，农村女性在家中独撑一片天，子女的教育重任无疑落在她们的肩上，农村女性自身的文化水平

高低，已不再是农村女性群体这单一的问题，而是与整个村落文化氛围、子女教育问题、文化强国战略息息相关，成为影响农村乃至国家文明程度高低的重要因素之一。

据国家统计局的抽样调查报告，"尽管女性总体受教育水平有较大提高，但农村妇女的受教育水平仍然偏低，与男性相比差距较大。农村女性文化程度为初中以上的比例是 41.2%，比男性低 21.9 个百分点；而女性文盲率为 13.6%，比男性高 9.6 个百分点。"究其原因，报告指出："未能继续升学的女性中，父母不让上学的占 36.8%，比男性高 8.9 个百分点。虽然'家境困难'同样都是父母不让子女继续上学的主要原因（男性占 69.8%，女性占 68.1%），但父母认为女孩上学没有用的达 9.1%，比男性的同一比例高 5.6 个百分点。"[5]农村女性文化水平急需提升。

（四）抚养青少年和儿童，依法维护自身权益

青少年和儿童是我们未来的希望，他们的身心是否健康关系到我国社会主义建设的好坏、国力的强弱和国际地位的高低。据调查研究，三岁前的家庭氛围对幼儿整个人生的成长有着重要的作用。三岁前父母的疼爱，在孩子的意志力、责任感和容忍度形成上都起着至关重要的作用。

现如今，农村的患病率较高，不少女性有病不去看，看病相信偏方；部分女性仍然有自卑、自弱的心理，依赖、狭隘等病态人格也有存在，这也会影响她们承担抚育少年儿童的责任。农村女性的生理健康意识、心理健康知识必须加强[6]。

在法律上，农村女性享有与男子平等的政治权利、经济权利、文化教育权利、人身权利、婚姻家庭权利。但在现实中，妇女权益时常被损害，拐卖妇女儿童、侵害妇女的犯罪活动时有出现；包办、买卖婚姻时有发生；童养媳、纳妾、娼妓活动也并未绝迹。农村女性法制观念相对落后，有必要加强培训，进一步普及基本法律常识，帮助她们维护好自身利益[4]。

三、社会变迁视角下提升农村女性素质的对策建议

（一）强化相关政策支持

一是加大政策倾斜力度。把农村女性教育纳入发展战略的高度，建立一整套完善的法律制度，严格普及九年义务教育，保护适龄儿童接受教育的权利，减少失学、辍学现象的发生，从源头上减少文盲现象产生的可能性，为农村营造一个良好的学习氛围和村舍环境。此外，政府还应注重对

女童发展的研究工作，广泛收集并整理有关农村儿童发展的性别数据，并建立具有社会性别视角的监测指标，引导教育机构编制培训方案和教材，以便使教师和教育工作者能够进行具有无性别敏感问题的教学，并建立起性别平等的课堂[7]。

二是加大财政投入力度。目前，农村义务教育"以乡为主"，但乡一级财政力量普遍欠缺，难以支撑当地经济社会的发展。相当一批以农业为主的县也缺少足够的财政收入来源，地处偏远的贫困县更是困难。中央和省级政府财政能力较强，然而由于缺乏规范化的转移支付制度，对义务教育的财政投入所占比例一直不高。在一部分农村地区，由于资金投入少，教学设施简陋，图书、器材、实验室、运动场地严重不足，教育质量也难以保证。因此，我们要在公共财政的框架下，重新划分各级财政负担，建立规范的转移支付制度，形成以政府财政为主体的义务教育投资新体制，同时扩大社会投资的范围，将政府与用人单位、社会团体、农村社区，以及其他非政府组织对农村人力资本的社会投资相结合，形成全方位的资金投入机制[8]。社会投资具体包括设立女童教育专项基金，投资医疗保障，促进农村劳动力的转移，企事业单位、社会团体、热心人士和非政府组织等的捐赠捐助及赞助等多种形式的活动[9]。此外，加大对农村经济发展落后地区的投资扶持力度，同时将农村基层政府与城市政府二者纳入合作体系紧密联系，并引导用人单位和农村家庭多元参与，共同合作，形成提升农村女性素质的合作机制[9]。在这样的合作机制内，农村政府和城市政府都要设立具体的机构并指定责任人，为农村女性素质提升工作保驾护航。

（二）更加注重农村教育

一是加强农村师资建设。依靠政策和制度，统筹城乡教师资源，推进城镇教师支援农村教育的工作；创造良好的条件，鼓励当代优秀高校学生到农村支教；较大幅度地提高农村教师的物质待遇和社会地位，在经济待遇、职称评定、培养进修等方面给予倾斜；严格把控教师准入制度，调整农村教师队伍格局，加强对现有教师的技能素质提升；结合农村的实际地域、实际需要等条件，进行适当的教育改革[8]。

二是形成多种教育。将成人教育、继续教育与终身教育相结合，与基础教育一起，构成一整套连续的教育体系，同时着重加强职业培训，全方位提升农村女性素质。根据农村女性群体的特点及农业种植的实际情况，有意识地开展适合本地区的女性农业技能培训课程，增强课程的实用性，坚持学有所成、学以致用、全面提高受教育者的素质[10]。根据不同层次的农村女性，有侧重地进行职业技能培训。对于文化水平较低的女性群体，进行初级的实用技术培训，使她们具备基本的文化知识，同时掌握简单的一两项实用技术，提升农业生产效率，保障基本生活水平；以市场为导向，以提升经济效益和实现小康生活为目标，进行产业化技术培训，鼓励部分农村女性发挥先锋带头作用；对于总体素质较高的农村女性，根据农村女性所擅长的领域，侧重新工艺、新潮流、新方法的传授，以求进一步提高农村妇女的行业素质，促使她们尽快向第二、第三产业转移[7]。

三是建立和完善各地的农村妇女文化活动场所。乡镇文化站是村民进行文化活动的重要场所。然而事实上，承担着进行农村文化传播重要任务的乡镇文化站现状却是徒有其名。多数文化站仅有活动设施，且大多为空设，器材年久积灰；有的备有图书报刊等文化设施，但内容陈旧，无人问津；有的甚至将文化站改为放电影的娱乐之处，文化站已失去了其本身的地位和功能。失去了文化站的文化传播媒介，农村女性素质提升不可避免地受到影响，因此要加强乡镇文化站建设，提供适合农民阅读又切实有用的图书、报纸、杂志、光盘及其他音像资料，让农村居民可以在农忙之余通过娱乐的形式获取有益的文化知识。

（三）发挥妇联的积极作用

充分发挥农村妇联作为女性代表社团基层组织的作用，为农村留守妇女提供思想、技术、法律等方面的援助，保护她们的合法权益，提升女性素质。具体来说，妇联的积极作用主要体现在宣传、纽带、实施、保障之上。

一是宣传作用。通过"巾帼素质学校""村女性素质学校""学文化、学科技、比发展、比贡献"等活动形式加大对农村女性的宣传，引导农村女性树立"自尊、自信、自立、自强"信念；加强男女平等思想的宣传力度，消除传统社会中的性别歧视和性别偏见，激发农村女性更好地融入社会；加大国家各项法律法规、方针政策的宣传，介绍农村女性参与政治的流程，并加强对女性自身所拥有权利的了解；宣传女性参与村务管理的意义，使其认识到女性参政、议政不仅仅是提高女性地位，还能更好地代表和反映广大群众利益，进而消除村民的心理顾虑，夯实女性参选的群众基础[11]。

二是纽带作用。自上而下地将国家政策有效地传达给农村女性，使她们了解政策、读懂政策，更为重要的是知晓这一政策的背景、深层次的意义及出台的必要性。同时将基层农村女性的各项困难与实际情况反馈给国家，做国家与农村女性的纽带。

三是实施作用。各地妇联要结合各地的实际特点，将国家政策落实到具体上，做实施者。与有关部门积极配合，为农村女性提供政策信息和技术服务，做好组织培训工作，提高农村女性的农业生产素质。广泛开展"拜师学技"活动，使农村留守妇女与农业科技人员以"一对一"的形式结对，学习各种技术，同时确立以家庭创业为重点的帮扶工程，充分发掘农村留守妇女群体的创业潜能，提升农村妇女的创业素质。

四是保障作用。各地妇联要做好保障工作，作为农村留守妇女的"娘家"，应主动介入农村妇女中发生的矛盾和纠纷，必要时寻求有关部门共同解决，避免矛盾进一步扩大和激化，保障农村留守妇女的合法权益。

（四）提升农村女性自身素质

农村女性自身要加强个人的素养，将国家媒体等外在的各项方针政策宣传转化为自身的学习，从而内外结合，提升自身素质。

一是思想修养方面。首先，农村女性要坚持马克思主义，做到思想指导行动，转型为社会主义新时代女性。农村女性要积极用马克思主义思想武装自己的头脑，提升思想素质，了解国家方针政策，了解社会新动态、新思想。其次，树立中国特色社会主义共同理想，树立正确的世界观、人生观和价值观，发扬集体主义精神，发扬互助友爱和艰苦创业的精神。最后，改变"重农轻商""重产轻销"的思想观念，改变自给自足、因循守旧的传统小农观念，确立市场导向观念，树立竞争意识、发展意识、创业意识、市场意识和生态意识，加强市场经济中的诚信教育。自觉遵守公民道德规范，关心支持社会公益事业[4]。

二是文化技能方面。农村女性的知识学习，未必要精深，但是要宽泛，各项基本内容都要懂一点，着重了解和农村相关的知识和技能。传统的农村女性接受教育的机会少于男性，造成了她们在文化技能总体水平上的劣势，农村成年女性要有针对性地弥补自己所缺失的方面。目前，不少女性因为旧思想中性别上的歧视，对自己抱着可学可不学的态度，随遇而安，思想上不重视。要从根源上解放思想，克服自身限制和束缚，以主人翁的态度融入新农村中，学习最基本的科学文化知识，学习相应的职业技能，尤其是农业方面的，增强务农水平。

三是教育能力方面。农村女性肩负着教育自家子女和福利院孩子的双重责任，科学的教育方法，是教育成功的重要因素之一。儿童心理不健全，看待事物不如成年人理性，因此教育者需要切合儿童的心理角度去引导他们，改变以往一味放纵或是打骂教育的偏激方法，改之以适当的心理引导，增强教育效果。农村女性需要学习教育心理学等相关知识，提高教育能力。

（五） 加强媒体的宣传作用

当今社会，大众传媒的影响力与日俱进。舆论的最大特点在于能够不断通过自觉的心理认同和强迫的社会压力改变人的心智模式。首先，充分利用电视的宣传作用。电视凭借着其通俗易懂的独特优势成为农村女性了解信息、打发闲暇时间的主要工具，电视媒体要充分利用好农村女性群体对电视的偏爱，宣传先进文化，倡导女性人权、人格独立，让平等和谐的性别文化观念深入人心，促进农村女性的新思想的确立。其次，利用广播、报刊的宣传引导，提升农村女性素质[12]。

目前，国家财力和筹措教育经费的渠道有限，短时间内难以建立满足需要的正规教育和成人教育，面对农村教育资源缺少的现实问题，解决的有效途径是利用现代高科技教育手段，发展远程低成本教育计划。远程低成本教育是媒体的新兴产物，其特点是可以打破时间、地点、经济等方面的制约，用最少的经济投入，在方便的时间和地点进行教育。农村女性可以利用远程教育的方式，在农忙和家务之余学习文化技能，这极大地增加了农村女性学习文化知识的机会[13]。

女性是人类社会的华美乐章，农村女性更是乡村生活的一抹亮色。我们要力求在政府、社会及农村女性自身努力的多股力量交融助推下，提升农村女性素质，让她们以更加柔美的肩膀，撑起一片天空。

参考文献

[1] [美]亨廷顿.变化社会中的政治秩序.王冠华,等译.上海:上海人民出版社,2008.

[2] 梁飞琴.村民自治中农村女性的政治参与[D].福建:福建师范大学,2005:1-53.

[3] 周柳亚.新农村建设的题中之义:农村女性素质从传统向现代的转化[J].产业与科技论坛,2008(7).

[4] 王秀梅.中国农村女性人力资源现状及开发对策[J].河南师范大学学报,2005(1).

[5] 国家统计局.第二期中国妇女社会地位抽样调查主要数据报告[R].2001.

[6] 陈慧.社会主义新农村建设中的妇女素质教育研究[J].教育与职业,2006(7).

[7] 郭晋陶.我国农村女性知识贫困研究[D].河北:燕山大学,2008:1-58.

[8] 陈慧平.发展农村女性教育应注重系统性[J].当代教育科学,2006(19).

[9] 刘鸣棋.基于社会性别的福建农村劳动力资源开发利用研究[D].福建:福建农林大学,2011:1-73.

[10] 霍夏梅. 甘肃农村女性文化素质的现状与对策分析[J]. 漯河职业技术学院学报,2007(7).

[11] 祁玥. 社会性别视觉下农村女性政治参与问题的研究[D]. 长春:长春师范学院, 2011:1-37.

[12] 袁玲儿. 构建社会主义先进性别文化刍议——兼谈新农村建设中的妇女问题[J]. 社会主义研究,2007(1).

[13] 贾巧云,姬睿铭. 关注成年女性教育:提高国民素质之关键[J]. 成人教育,2007(10).

新生代农民工子女的家庭教育问题探要

　　新生代农民工是指 20 世纪 80 年代以后出生的、在城镇以非农就业为主的农业户籍人口。随着第一代农民工年龄的增长和逐步返乡，新生代农民工已经陆续进入城市并成为城市建设的主体。新一轮的"城市移民"日渐以家庭化的形式出现，越来越多的新生代农民工子女随父母进入城市学习和生活，他们是城市里的农村孩子，家庭是新生代农民工子女融入城市的基本依托，而家庭教育是他们所接受的最基础的教育。英国著名的"曼彻斯特调查报告"指出："教育成功的主要因素在于教育环境内，家庭因素的重要性几乎两倍于社区与学校两项因素的总和。"[1] 可见，家庭教育在子女成长成才过程中具有关键的作用。但由于种种原因，新生代农民工子女的家庭教育相对缺失，学校教育和社会教育问题也随之凸显，这势必对其子女的健康成长和身心发展产生不利影响，并可能引发诸多社会问题。解决好新生代农民工子女的家庭教育问题是培养社会主义事业接班人的现实需要，是促进城市化发展与构建和谐社会的迫切需要，是关系到教育水平与全民素质整体提高的关键，具有重要的研究和实践意义。

一、新生代农民工子女家庭教育中存在的主要问题

（一）家庭教育意识薄弱，教育观念存在误区

　　新生代农民工对自己的发展需求与前辈有所区别，上一代进城务工的农民工主要目的就是挣钱养家，回老家盖房子。而新生代农民工在追求个人发展创业、融入城市的同时，也更看重子女在城市的教育和发展。中国青少年研究中心发布的"中国新生代农民工发展状况及代际对比"研究报告表明：新生代农民工对子女教育的期望都非常高，竭尽全力让子女接受最好的教育，对子女的教育培养投入毫不犹豫。尽管他们比父辈农民工更能理解教育的重要性，但潜意识中还是认为教育的主要职责在于学校和老师，大部分家长对家庭教育的概念还很模糊，家庭教育意识薄弱。一方面，

新生代农民工由于工作时间长、劳动强度大、作业范围广等工作性质的制约，没有足够的时间和精力来关心和指导子女。部分新生代农民工家长依然受"树大自然直"传统观念的影响，养而不教，使子女处于放任自流的学习状态，能否成才就看老师的教导和孩子自己的造化。另一方面，新生代农民工的学历水平以初高中为主，部分家长认识到自身文化水平有限，教育能力不足，不敢对子女加以教育，重教而不敢教，对子女的学业辅导也显得力不从心。迫于工作和生存的压力，其中大部分家长将教育子女的责任全权推给了学校，认为孩子在学校里接受教育就万事大吉了，这种观念弱化了他们自身对孩子的教育与培养。除了必要的家长会，他们很少主动去学校了解子女情况，停留在"老师—学生—家长"单向的信息接收模式。家长与老师之间缺乏基本的信息交流与反馈，致使家庭教育相对缺失和封闭。

（二）家庭教育内容片面，父母与子女缺少情感沟通

关于家庭教育包含的内容，在当今社会众说纷纭。我们认为，家庭教育内容包括德育、智育、体育、习惯养成和劳动教育五个方面。它是以德育为导向，以智育为支撑，同时结合"体美劳"全面发展的综合教育。然而，绝大多数新生代农民工家长都将智育理解为教育内容的全部，单纯注重智力开发，一心只求子女成才的心理使得他们过分关注孩子的考试成绩，将分数的高低视为孩子成长的"晴雨表"，忽视了其他非智力因素如意志品质、心理素养、生活自理能力、独立思考能力等思维与能力方面的培养。在这样的家庭教育中，子女的兴趣爱好、能力倾向容易被"蚕食"，自身潜力难以被挖掘。家长没有给孩子灌输"先学做人做事，后学文化知识"的正确意识，把"高学历高文化"定为孩子接受教育的唯一奋斗目标。还有一些家长对子女有着不切实际的教育期望，望子成龙愿望过于强烈，只会给孩子心中造成无形的思想压力，欲速则不达，不利于子女良好性格的发展和健全人格的形成。此外，许多家长不善于与子女进行思想交流和情感沟通。良好的亲子沟通是建立信任、实现家庭教育的前提。出于工作特点和环境的缘故，农民工回到家中多已较晚且疲惫不堪，无暇也没有这个心思再顾及子女，或只能偶尔询问下学习情况，诸如"今天作业完成了没有""在学校有没有惹是生非"等比较肤浅的关怀。对孩子在学校中遇到的困扰压力、精神需求、同学交往等方面往往关心不够，很少触及孩子的心灵世界去呵护子女的成长，导致子女缺少父母情感上的关爱与支持，亲子关系逐渐疏远，家长不能及时发现孩子存在的心理问题并做出应有的帮助与引

导，造成子女的认识观和价值观产生偏差，日常行为失范，出现情感冷漠、性格孤僻、任性偏激、嫉妒心强、人际关系不和谐、逆反心理严重等性格缺陷和心理障碍问题，甚至有畸形心态和暴力化倾向。需要注意的是，长期缺乏有效的情感沟通，也容易产生新的代沟问题，这无疑是给本就困难重重的新生代农民工家庭教育又增设了一道屏障。

（三）家庭教育方式方法欠妥，重言教而轻身教

父母作为孩子最早的启蒙老师，其教育方式对孩子的影响不可小觑。社会学和教育学的研究早已证明，父母文化水平高低与家庭教育水平紧密相关。一般来讲，文化水平高的父母往往在教育方式上更为科学、合理、有效和民主，也更有助于家庭教育的顺利进行。值得欣慰的是，近几年民主型的家庭教育方式逐渐引起新生代农民工家长的重视，他们认可这种方式，但对民主教育方法知之甚少，不知从何入手实施，在对教育途径的选择上存在明显的盲目性和随意性。与父辈农民工相比，新生代农民工有知识有文化，但思想文化水平比起城里的同龄家长还有较大差距，惯用专制型和放纵型教育方式的新生代农民工家长不在少数。部分家长强制子女服从自己的意志，过分干涉子女的自由，不懂得换位思考子女的内心感受。在处理孩子的问题上，多以野蛮粗暴的打骂代替耐心细致的教育，容易挫伤孩子的自尊心，个性受到严重压抑。相关报告显示，当孩子学习成绩下降或犯错误时，66.8%的父母只是简单地给予惩罚，只有33.2%的父母会给孩子讲道理、分析做错的原因，找出解决的办法[2]。还有一些家长对孩子的日常行为和学习没有明确要求，在孩子遭受挫折或获得成功时也很少给以精神上的沟通或赞赏，只知道提供必要的物质生活保障，其他方面全由子女自行发展，殊不知子女还需更多的精神食粮。这些教养方式都有失理性和科学性，最有效的教育方法应是言教与身教并用，且身教重于言教。苏联教育家马卡连柯说过："不要以为只有在你们同儿童谈话，教育他，命令他的时候，才是进行教育。你们在生活的每时每刻，甚至你们不在场的时候，也在教育儿童。你们怎样穿戴，怎样同别人讲话，怎样谈论别人，怎样欢乐或发愁，怎样对待朋友和敌人，怎样笑，怎样读报，这一切对儿童都有着重要的意义。"多数新生代农民工家长都意识不到自己的一言一行会对孩子产生潜移默化的影响。对待子女更多的只是言教，经常斥责或打骂子女，自己在日常生活中的言谈举止不够严谨，在子女面前没有树立正确的榜样。50%的新生代农民工父亲经常在孩子面前抽烟、喝酒，超过20%的新生代农民工父亲在孩子面前打牌、赌博、夫妻吵架[3]。子女在长期的

耳濡目染中，思想和行为难免受父母影响，感染上某些不良习气，造成言教与身教相悖。

值得一提的是，新生代农民工家庭的居住环境和生活条件比起以前的农民工家庭有所改善，大部分家庭都是租赁的独立住房，相比于以前的工棚或集体宿舍，能提供给子女一个相对安静、舒适的学习环境。家长一般能满足子女所必需的学习用具和设备，但很少购买额外的书籍、报纸、杂志等供子女课外学习、休闲之用，更谈不上会带孩子去文化宫、科技馆和博物馆等场所来丰富孩子业余的学习生活，让他们增长见识，拓宽视野。此外，新生代农民工在融入城市的过程中，功利化、物欲化倾向较为明显，容易将一些错误的人生观、世界观和价值观灌输给子女，给学校教育的开展带来了极大冲击。

二、新生代农民工子女家庭教育存在问题的成因检视

（一）家庭内部因素

首先，家庭教育离不开经济基础。一般来讲，家庭经济的收入与家庭教育的投入成正比。尽管新生代农民工的月收入普遍高于一千元，与第一代农民工相比有所增加，但随着物价的不断上涨，在城市衣食住行的生活成本也越来越高，各项支出捉襟见肘。他们大多从事着较低层次的职业，没有足够的经济能力为子女提供优越的学习条件，低收入高消费的处境，大大制约了他们对子女教育资金的投入。其次，新生代农民工大部分在服务、制造、建筑领域就业，过长的劳动时间和过高的劳动强度，直接影响了农民工在家庭教育上时间和精力的支配。据统计，2009 年农民工平均每个月工作 26 天，每周工作 58.4 小时。其中，每周工作时间多于《劳动法》规定的 44 小时的占 89.8%。14.5%的农民工每星期检查、督促一次子女学习，9.1%的农民工每半个月一次检查、督促子女学习，而 23.6%的农民工一个月一次或从来不检查、督促子女学习[4]。由上述情况不难看出，新生代农民工父母与子女的交流时间很少，再加上由于工作变动带来的家庭流动相对频繁，久而久之容易造成父母与子女之间的隔阂，子女对父母的认同感、家庭归属感逐渐丧失，导致子女学习习惯差、学习态度不端正等问题，从而影响了家庭教育的进行。再者，新生代农民工家长文化素质偏低，个人修养较差。一方面，新生代农民工受到自身文化水平的限制，又很少有条件参加家庭教育知识的学习，缺乏科学的家教方法和正确的家教观念，对子女的家庭教育是心有余而力不足，很难给子女提供学业上的辅导与思

想上的疏通，因此对子女的家庭教育基本处于真空状态。另一方面，大部分新生代农民工家长不懂得注意个人形象，言行较为随意，甚至会将生活上的不如意宣泄在子女身上，脾气暴躁、动辄打骂，损害了父母在子女心目中的权威性和亲切感，严重破坏了家庭教育氛围。

（二）外部环境因素

首先，学校在家长联系方面缺乏合作和沟通。一方面，一直以来，农民工都被视为城市的边缘人，他们无法享受与城市居民同等的福利待遇，尤其是城市教育壁垒对农民工子女的排斥令他们伤透了脑筋。由于经济条件和制度条件的制约，农民工子女很少能进入公办学校就读，多数只能选择收费低廉的民工子弟学校，而民工子弟学校受到办学资源限制，硬、软件教学设施均存有较大的不足，无法像一些公办学校一样成立家长委员会、家长联系制、家校短信互通等常规联系制度[5]。同时农民工家长也只是偶尔主动联系老师了解子女情况或在孩子惹事的情况下被通知来校处理，才会有家长和老师之间的交流。因此，学校和家庭双方的信息都相互闭塞，家长和教师不能搭建起相互沟通的桥梁，致使家庭教育质量低、效率差。另一方面，在公办学校就读的那部分农民工子女，由于他们的学习基础较差、学习态度不端正等，很容易引起老师的反感；有的学生不配合老师的教学，故意调皮捣蛋，影响老师个人的业绩考核和整个班级的声誉，使得很多老师不愿意接纳农民工子女，勉强接纳后也会时不时地流露出厌烦的神情，在教学过程中难免会有不平等对待，或对其视而不见、或对其直接放弃，更不用说花心思找家长谈话等举措了。此外，学校同学对农民工子女的排斥和歧视也随处可见，间接地给农民工子女的心理蒙上了阴影，无疑增加了家庭教育实施的难度。

其次，社会对新生代农民工子女家庭教育的关注偏少。一是社会大众传媒关于农民工子女家庭教育的节目和报道并不多见，出版行业的各类学习资料和书籍琳琅满目，但几乎看不见有关宣传农民工家庭教育知识的书籍，使得想要了解家庭教育的农民工家长缺乏学习的渠道和方法。二是从学界来看，目前关于新生代农民工子女的家庭教育问题，研究成果不多，专著未见。虽然我国在农民工子女教育方面已经有了初步的研究，但大多集中在义务教育、教育政策等方面，关于农民工子女家庭教育的文献资料却是凤毛麟角，更谈不上具有系统的理论研究了[6]。三是各社区组织、街道办事处、妇联部门等未充分发挥其教育、指导、帮扶的功能。在开展各色各类的社区活动中，很少看见以农民工子女家庭教育为主题的宣传讲座或帮扶农民工家庭的公益活动。

最后，政府对新生代农民工子女家庭教育的工作投入不足。尽管上述种种因素都对农民工子女家庭教育产生了重要影响，但最根本原因还是在于城乡二元制度的存在。目前农民工子女教育问题已经引起了全社会的广泛关注，国家及地方政府也相继出台了一些扶持政策，但是户籍、学籍的限制，以及高考设限问题还没有彻底解决，使农民工子女受义务教育的权利没有得到根本保障。学校教育工作难见成效，势必影响到家庭教育工作的进展。同时，政府对农民工子女的家庭教育关注和指导过少，支持力度不够大，有关农民工子女家庭教育的资源相对匮乏，专项帮扶项目尚未落实，农民工家长学校基本处于空白状态，忽视了家庭教育与学校教育的协调性，政府还需进一步采取推动农民工子女家庭教育的相关措施。

三、解决新生代农民工子女家庭教育问题的对策及建议

（一）强化各级政府职能，为农民工家庭教育提供有力保障

各级政府和有关部门应该在温家宝总理提出"同在蓝天下，共同成长进步"的号召下，高度重视农民工子女的家庭教育问题并纳入国家教育事业的总体规划，作为一项重要的战略性工作开展并落实。首先，中央政府应进一步加快户籍制度改革，彻底打破城乡二元结构壁垒，从根本上拆除制约农民工子女家庭教育发展的制度障碍。同时，加强新生代农民工在城市中的就业、医疗、养老、住房等方面的政策保障力度，重视广大农民工的民生工作，为农民工家庭教育创造有利的外部条件。其次，完善《未成年人保护法》，建议在《未成年人保护法》中增加家庭教育目标的有关条文，强调家庭教育对于塑造子女健全人格、学习做人的重要性。可以考虑将家庭教育纳入法制轨道，进行专项立法，制定一部《家庭教育法》，与《义务教育法》和《未成年人保护法》等一起规范我国的基础教育[7]。通过立法形式，使全社会形成关心家教、重视家教、支持家教的良好氛围。而地方政府应当依据各地条件，组织各方面力量开办多类型的针对农民工的家长学校，组织家庭教育方面的专家，以及志愿者构成家庭教育讲师团，定期开展讲座，向家长宣传国家教育方针及各级政府、教育行政部门颁布的有关教育和家庭教育的政策、法规、条例、文件，引导家长确立正确的家庭教育思想、观念，学习、掌握科学的家庭教育规律、原则和方法；引导家长了解和掌握不同年龄阶段孩子的生理、心理、思想、品德特点，指导家长有针对性、注重实效地进行家庭教育；引导家长民主、平等地处理

与孩子之间的关系，在对孩子进行教育培养的同时，注意向孩子学习。另外，应当逐步建立和健全对"农民工家长学校"的质量评估制度、考核评价制度及相关负责人问责制度等，保障家长学校的办学质量与实效[8]。再次，由地方教育部门拨款，投入经费支持组建"农民工家庭教育"的专项课题研究组。几年前，北京红枫咨询中心针对农民工家庭教育设计了"每日家教三个10分钟"模型并配套编写了《农民工家教手册》，通过家长课堂、入户辅导等形式，具体帮助家长转变家教观念，掌握科学民主的家教方法。在北京多个农民工子弟学校试行后，收到了不错的效果。各地研究小组的专家学者可以就此模型展开深度调研，加以区域推广，将调研成果运用于实践指导。

（二）提高家长自身素质，更新家教观念与方法，营造民主和谐的家教环境

家长自身素质的提高，是家庭教育成功的基础。农民工家长对提高自身素质的重视程度却远远低于对孩子的关注，尤其是缺少在思想、文化方面的"充电"。这就使得体现家庭教育特点的"潜移默化""言传身教"的积极作用大打折扣，也不可避免地在家庭教育观念和方式上产生偏颇，成为孩子成长中的障碍[9]。因此，农民工家长应该努力提高自己的思想文化素质，给予子女正确的教育与指导。

首先，家长可以通过读书看报、听广播、看新闻等方式的自主学习，扩充知识储备，尤其要注意学习一些生理学、心理学、教育学、人才学等方面的知识，增强对孩子不同成长阶段的生理、心理需求方面的了解，提前做好家长的本职工作；注意学习文明的言谈举止，加强自我约束，以身作则；培养自己良好的心理素养和行为习惯，遇事"少打骂，多引导；少训斥，多鼓励"，提高理性分析和处理问题的能力。

其次，尽可能抽出时间积极参加各种形式的家庭教育培训与辅导，通过各种支持平台学习家庭教育知识、树立正确的家教观念、掌握科学的家教方法，通过家长整体素养的提升来优化家庭教育环境，提高家庭教育质量。

再次，注重与子女间的情感沟通，学会营造一个温馨和谐的家庭教育氛围。家长应尽可能多地与子女交流谈心，不要局限在学习成绩的关心上，应注重孩子的全面发展；要多留心他们在生理、心理、情绪、情感上的变化，对子女遇到的困扰能及时给予引导；多站在子女的立场考虑问题，尊重子女的想法，用平等友善的态度与他们交流沟通，这样子女才能敞开心

扉，家长也能真正了解子女内心的所需所想，进而寻求合适的解决之道。事实证明，专制型的家教方式只会让孩子望而生畏，不利于建立融洽的亲子关系，家庭教育效果也难如人意。因此，家长要善于运用科学民主的教育方式，对子女循循善诱，晓之以理、动之以情，亲身示范，带动孩子共同成长进步。

（三）发挥学校教育优势，密切家校合作，形成教育合力

学校作为专门的教育机构，在教学理论和实践上都有较大的优势。因此，学校完全有必要利用这个优势，建立家校合作制度，多渠道搭建家校互动平台，帮助农民工家长提高家庭教育能力。一方面，学校要定期召开家长会，向家长汇报学校情况、子女学习情况，以便家长能充分了解学校的教学计划，配合做好家庭教育工作；通过成立家长委员会、开设家长接待日、开通家教咨询热线、建立"家校通"网络等形式，提供家长与老师之间信息交流的平台；通过开展各色各类的家教指导活动如开办家教培训班、举办家教经验交流会、发放家教读物等，吸引家长积极参与；学校还可根据条件开设时事政策、法律常识、职业道德等方面的讲座，帮助家长提升自我意识、自我价值，营造积极的家教氛围；老师在对农民工子女的家访过程中，要充分发挥教师潜能，帮助家长明确家庭教育责任、端正家庭教育方向，向家长传授家庭教育的知识和方法。另一方面，家长也要积极配合学校的教学，主动与老师沟通，向老师了解子女在校情况的同时，注意把孩子在家学习、生活和心理上出现的问题反映给老师，使得老师能更全面地了解学生情况，进而有针对性、有计划性地实施教育；家长在教育子女过程中遇到的困惑、难题要主动向老师寻求帮助、解答，结合孩子自身特点，与老师共同商讨教育策略。总之，家长与学校双方都要积极互动、密切合作，形成长效的家校沟通与反馈机制，促进家庭教育和学校教育协调发展。

（四）汇聚社会各方力量，共筑农民工家庭教育的援助网络

社会（社区）教育是家庭教育与学校教育的延续和补充，应充分发挥其教育、指导、帮扶的功能。首先，以社区为媒介，建立和完善社区帮扶农民工家庭机制。社区应与学校、各类民间帮扶救助组织、教育咨询机构之间建立经常性的联系，充分利用这些社会资源，为农民工家庭提供实质性的帮助和有关咨询。其次，在农民工家庭较为集中的区域，创建家教工作室、家教服务中心、亲子学苑等社区家庭教育指导载体，广泛开展灵活

多样的农民工家庭教育活动。比如开展公益性质的家庭教育知识讲座、心理健康讲座，让农民工家长协同子女学习；组织家庭才艺比赛、文明先进家庭评比，激发他们的进取心，帮助他们形成正确的生活态度，提高他们的综合素质；动员一些城市家庭自发自愿地帮助农民工家庭，社区还可以组织召开家庭教育经验研讨会，以城乡家庭结对的形式，互相交流教育心得，取长补短；开展"志愿者进农民工家庭"的关爱家庭教育行动，组织家庭教育专家、学校教师、心理咨询师、大学生等共同参与，可根据需要分为改善亲子关系小组、纠正教育观念小组、更新教育方法小组、学业辅导小组、心理咨询小组等为农民工家庭进行专门具体的指导与帮助。

此外，利用广播、电视、网络等大众媒体资源，深入宣传正确的家庭教育观念，传播成功的教育方法和经验，普及儿童身心健康发展的科学知识。许多新的教育方式、教育理念和教育手段，特别是许多成功的家庭教育案例和生动的教育素材可以通过媒体迅速地传播，推动产生良好的效应。比如，电视台可以开辟"名人教子""家教论坛"等专题栏目，邀请教育界专家与农民工家长进行面对面交流，在提出问题、探讨问题、解决问题的过程中，提高广大家长的认同感和参与度，引导他们正确的教育子女。

参考文献

[1] 张翠娥.武汉市流动儿童家庭教育调查报告[J].当代青年研究,2004(5).

[2] 刘成斌,吴新惠.留守与流动——农民工子女的教育选择[M].上海:上海交通大学出版社,2008.

[3] 中国民主促进会重庆市渝中区委课题组.农民工子女家庭教育问题及对策[J].决策咨询,2008(1).

[4] 关颖.天津市青年流动人口子女家庭教育状况调查[J].青年研究,2002(5).

[5] 沈茹.城市农民工子女家庭教育问题及对策[J].中国农业大学学报(社会科学版),2006(3).

[6] 马卡连柯.父母必读[M],耿济安译.北京:人民教育出版社,1980.

[7] 刘建斌.论农民工子女的家庭教育[J].农业考古,2006(6).

[8] 缪建东.家庭教育社会学[M].南京:南京师范大学出版社,2006.

[9] 史秋琴.城市变迁与家庭教育[M].上海:上海文化出版社,2006.

准市民工素质教育的转型研究

目前，城市中的农村转移劳动力陷入了一种"圈殖海鱼"生存模式，即他们就像被圈在海边养殖的鱼，对其所做的一切投入仅限于保证生存的初级阶段，虽然他们名义上是身处大海也无限地接近大海，但总有层层网障相隔，终究不能游入大海，享受大海的资源与福利，只得流动生存，难得稳定发展，使农村转移劳动力的流动性有增无减，严重影响整体社会的稳定。同时，无法实现其市民化的质的转变，终将阻碍我国的工业化、城市化的发展，影响我国构建和谐社会的总体进程。

一、准市民工素质教育转型的相关概念阐释

（一）准市民工素质教育转型的内涵界定

1. 准市民工的概念、内涵与特征

准市民工是一个全新的、与时俱进的概念，它与目前很多人将城市中的务工农民笼统称作的"外来务工人员""农民工""农村转移劳动力"等概念有很大不同。本研究认为，"准市民工"是指适应未来工业化、城市化发展，完全实现了产业与地域的转移，谋求在城市永久发展的农民群体。我国的工业化、城市化发展，必然要实现部分农民的市民化，而准市民工正是这部分市民化的主体。因此，"准市民工"的含义就在于：他们不再是农业劳动者，而是新时期"工农融合"大潮中的新城市产业工人；他们不再是生活于农村的农民，而是长年扎根在城市的农民工；他们具备一定的从事非农产业生产的科技素质，拥有较为稳定的城市工作；他们不再是为获得高于农业劳动力的平均收入而务工，而是为了真正拥有市民身份，享受全额市民待遇，谋求今后世代市民化而奋斗。准市民工无疑将成为城市产业队伍中的一道亮丽风景线，更是展现我国工业化、城市化建设的新希望。同时，准市民工有区别于农民工的特征，主要体现在以下几方面：第一，地域、职业转变的纯粹性。准市民工的地域转移属于异地单向转移，

即实现生活、工作地点由农村到城市的转移，并且这种单向转移的可逆性很差。他们会在城市长期的生活、工作，逐步扎根于城市，成为纯粹的城市居民。同时，准市民工实现了由从事农业生产活动到从事非农产业活动的彻底转变。他们与土地完全断绝了关系，不存在兼业情况，是纯粹的城市劳动者。第二，科技素质的层次性。准市民工已经接受了一定程度的科技素质教育，能够胜任城市工作，解决了在城市中生存的基本问题。第三，思想市民化趋势。由于长期在城市中生活和工作，准市民工逐步被市民同化，他们的思想观念也随之呈现市民化趋势。他们开始适应城市的生活、工作节奏，懂得遵守和维护城市的各项规章制度，试着学习和运用城市的文明礼仪及与维权相关的法律知识。同时，他们开始积极地参与市场竞争，甚至敢于自主创业。准市民工的思想呈现与时俱进的开放特征。第四，目标定位的明确性。准市民工是处于农村劳动力的变化由转移阶段向稳定阶段发展的过渡时期的特殊群体。他们是农民工群体中实践农民市民化的主体。这一主体实践目标的定位十分明确，即转变固有的农民身份，成为拥有城市户口，享受全额城市资源与福利，要求未来世代都拥有市民身份的新市民。遗憾的是，由于我国目前生产力发展水平所能带动的工业化、城市化建设水平不高，基于此尚未打破的城乡二元社会结构产生的诸多不平等的社会制度及这一群体内劳动力的个体人力资本水平较低等错综复杂的内外制约因素，使得这部分农民工群体难以实现从农民到市民质的飞跃。但是，上述矛盾的妥善解决是一种可预见的必然趋势，而这些农民工成为新市民又是一种符合客观发展规律的必然结果。所以，现在的准市民是未来新市民的预备人员，而突显以城市工人这一职业身份代替社会身份的准市民工则成为身处预备阶段的农民群体的代身份。

2. 准市民工素质教育转型的内涵

准市民工素质的全面、均衡提升，离不开教育的转型。所谓准市民工素质教育转型，是指从目前重视准市民工职业技能培训仅满足准市民工在城市中基本实现就业，转向以职业技能培训为基础，重视和强化准市民工科技素质以外的文化素质、政治素质、思想道德素质和健康素质的教育，谋求准市民工思想市民化，为最终达成准市民工完整市民化创造必要的内在条件。从本质上来看，准市民工素质教育的转型就是实现以科技素质教育为主导的生存型向以科技素质教育为基础，以准市民工思想市民化教育为主导的发展型的跨越。从目的来看，生存型向发展型教育的转变就是为了实现由农民向市民的跨越。同时，准市民工素质教育转型具有以下特点：第一，前瞻性。准市民工是未来新市民的预备人员，他们应该努力具备和市民同样的素质。素质教育转型正是看到了这一点，以市民素质为蓝本对准市民工进行塑造，为其长远发展做了规划。第二，全面性、协调性。准市民工的发展诉求绝非局限于科技素质的不断提升以求能在城市找一份技术含量更高的稳定工作，而是希望自身的综合素质能得到提升，在与市民参与市场竞争时，自身的文化素质、政治素质、思想道德素质和健康素质不至于和市民差距太大。同时，自身综合素质这个"木桶"也不至于只有科技素质这块"木板"达到一般长度，其他素质"木板"则参差不齐且远短于科技素质"木板"。针对这一问题，素质教育的转型强调以巩固科技素质为基础，强化科技素质以外的文化素质、政治素质、思想道德素质、健康素质的全面、协调发展，力求全方位提高准市民工素质。第三，可持续性。对准市民工的素质教育是一个长期的、系统的战略性工程，随着我国工业化、城市化建设高潮的来临及准市民工发展诉求的日益强烈，目前的生存型素质教育显然已经力不从心、不合时宜了，所转向的发展型素质教育则如新生势力，前景远大、后劲十足，具有极为广阔的战略性发展空间。

二、准市民工素质教育转型研究的理论依据

（一）马克思的"人的全面发展"理论

马克思在《资本论》中指出："要改变一般人的本性，使他获得一定劳动部门的技能和技巧，成为发达的和专门的劳动力，就要有一定的教育和训练，而这就得花费或多或少的商品等价物。劳动力的教育费随着劳动性质的复杂程度而不同。因此，这种教育费——对于普通劳动力来说是微乎其微的——包括在生产劳动力所耗费的价值总和中。"同时，马克思在《资本论》中还指出："未来教育对所有已满一定年龄的儿童来说，就是生产劳动同智育和体育相结合，它不仅是提高社会生产的一种方法，而且是造就全面发展的人的唯一方法。"也就是说，作为坚定的马克思主义推崇者必须坚信人民群众只有掌握了科学文化知识，才能掌握自己的命运，最终摆脱愚昧和贫困。

（二）终身教育理论

早在 20 世纪五六十年代，法国教育家保罗·郎格朗就提出，教育应当是每个人从生到死的连续不断的过程。在每个人需要的时刻，就应以最好的方式提供必要的知识。最初，终身教育只是作为成人教育和继续教育的新说法，后来这种教育思想被应用于职业教育乃至整个教育活动范围。近

年来，终身教育的理论研究与实践在我国逐步得以重视和开展。江泽民同志曾经指出："终身学习是当今社会发展的必然趋势。要逐步建立和完善有利于终身学习的教育制度。"

（三）科学发展观理论

胡锦涛同志在中国共产党第十七次全国代表大会所做的报告中明确指出：要深入贯彻落实科学发展观。其中，核心是必须坚持以人为本。促进人的全面发展，做到发展为了人民、发展依靠人民、发展成果由人民共享。同时，基本要求是必须坚持全面协调可持续。要按照中国特色社会主义事业总体布局，全面推进经济建设、政治建设、文化建设、社会建设。再者，根本方法是必须坚持统筹兼顾。要统筹城乡发展、区域发展、经济社会发展，统筹局部利益和整体利益、当前利益和长远利益，充分调动各方面的积极性。可以说，科学发展观理论为准市民工素质教育转型提供了更为全面、先进和强大的理论依据与政策支持。

三、准市民工素质教育发展现状

（一）现阶段准市民工素质教育目标定位存在问题

目前，从一系列政策目标中我们不难发现，针对农村转移劳动力总体的教育和培训目标可归纳提炼为：帮助顺利转移，实现稳定就业。从本质上来看，通俗地说这一目标所向是实现农民向农民工的转变。而准市民工作为农民工群体中特殊的先进群体，针对其教育和培训的目标所向应该是：实现农民向市民的跨越。那么，帮助顺利转移，实现稳定就业的目标定位显然对于准市民工群体来说层次偏低了。落实到具体目标上，则是培育内在市民化的准市民工，即实现准市民工思想市民化。

（二）现阶段准市民工素质教育内容构架存在问题

从现有教育与培训内容来看，目前针对农民工开展的素质教育的内容构架存在着侧重于职业技能教育与培训的问题，即科技素质教育"一技独尊"，主要是为打造技能型劳动力而设定的。深入地看，它是一种开始确保农民工在城市能够生存，基于缓和这一阶层的社会矛盾，并且极力避免矛盾进一步激化乃至升级的政治安排。可以说，它是符合当前部分农民工急迫的生存诉求的。然而，准市民工群体发展诉求的特殊性与迫切性同样值得我们关注与重视。基于他们能如同市民一样得以全面发展，针对其的素质教育内容安排相应要求全方位化，绝非靠职业技能教育与培训单枪匹马所能满足。总之，准市民工所要求的素质教育内容构架不能是当前科技素质教育的"一枝独秀"，而应该是文化素质、科技素质、政治素质、思想道德素质、健康素质教育的"百花齐放"。具体地说，就近期目标而言，要建立的是以科技素质教育为基础，文化素质、政治素质、思想道德素质、健康素质五项教育内容总体推进的素质教育内容构架。

（三）现阶段准市民工素质教育实施体系存在问题

目前，我国为农村转移劳动力的素质教育制定了较为明确的实施规划，也正在逐步落实具体措施。但是，针对准市民工的素质教育要实现成功转型就要求教育实施必须实现体系化及体系的科学化。在纵向体系中，政府不能只谈指导不谈职责，在横向体系中，教育机构不能是未经整合规范的。换个视角来看，在目标体系中，素质教育的发展方向不能忽视与违背社会建设的主流方向。在组织管理体系中，投资机制不能单一化，监管机制不能弱化，准入与激励机制不能缺失，劳动者权益的法律保障机制不能轻视。只有通过优化和整合，使体系中的各种分散力量形成一股整体的合力，才能发挥出他们推动准市民工素质教育转型的最大功能。

四、实现准市民工素质教育转型的措施建议

准市民工素质教育的目标为其转型明确、坚定了前进的方向，内容构架为其打造了完备、坚实的载体，而实施体系则提供了现实的、持续强大的动力源泉。

（一）建立以思想市民化为主导的发展型教育目标

我们对任何事物付诸努力时，就其发展目标与实际成效的关系而言，一向是求其上而得其中，求其中而得其下。同样，针对准市民工的素质教育，其目标设定就应该"更上一层楼"，它是由这一群体的特殊性所决定的。准市民工是农民工群体中走出来的"进化"了的农民群体，他们不仅在主观上有意识地向市民阶层"靠拢"，同时在客观上也具备了能够实现向市民阶层"靠拢"的必要条件。这些客观条件包括在城市中拥有相对固定的住所，一份较为稳定的工作，甚至在一些户籍管理政策开放的城市已经获得了"城市住家户"的户籍。对于这一人群来说，素质教育目标设定为实现他们的市民化也就不再是指向多么遥远的未来的发展和理想性的目标，而是就在眼前的现实性的步骤和任务。准市民工作为农民市民化的最佳对

象，在由农民到农民工，到准市民工，再到市民的整个农民"变身"的过程中，起到了关键性、实质性转变的连接点的作用。在农民"变身"过程中，除了遇到像制度方面等的"外援性"障碍，还遇到了起决定性作用的思想方面的"内质性"障碍。本研究正是从"内质性"障碍着眼，认为准市民工要真正实现市民化就必须首先实现思想市民化。因为思想市民化是准市民工真正实现市民化的内因，而制度性的障碍是其变化的外因，外因要通过内因才能起作用。也就说，即使制度性的障碍现在消除，如果准市民工的思想还没来得及转变，仍牢固地守着农民的属性，那么，这种农民市民化是不彻底的，也是失败的。因为农民在拥有城市户口以后，仍然无法像真正市民那样充分享受城市的资源与福利，不是他们没有资格，而是他们不懂怎样去行使他们的权利与履行他们的义务。这就是我们常说的主观建设跟不上客观的变化发展，思想跟不上时代。所以，很显然这种只实现"外援性"障碍消除的所谓农民市民化并不是本研究所认为的真正的农民市民化。真正的农民市民化要求"外援性"障碍与"内质性"障碍共同消除，实现一种外部与内部的和谐统一。在实践过程中，"内质性"障碍与"外援性"障碍的攻克应该放在同一战略高度并且同时进行。其中"内质性"障碍的解决就得依赖于实施思想市民化为主导的发展型素质教育。思想市民化为主导的素质教育正是以"内质性"障碍为突破口，从文化素质、科技素质、政治素质、思想道德素质、健康素质五方面来全方位打造未来"新市民"。同时，本研究认为农民市民化的内涵中就应该包含实现农民现代化的更高层次的内容。因为现代化已经成为市民素质发展的本质要求，已经内化为现代市民的一种根本素质属性。谈到现代市民，就应该认为其具备现代化的素质条件，否则会使人对其市民身份和资格产生怀疑。所以，本研究所说的准市民工实现思想市民化的目标中，已经包含了对思想市民化与进一步实现现代化的双重要求。

（二）建立科学、合理的准市民工素质教育内容构架

在继续夯实与提升生存型素质教育基础的同时，针对准市民工要逐步加强其在政治素质、思想道德素质、健康素质方面的教育。从政治素质教育方面来说，人们所认同的政治素质主要包含政治方向、政治立场、政治纪律、政治鉴别力、政治理想、政策水平、法治观念、工作责任感、团结精神和诚实正直的个人品质等核心要素。

从狭义上说，要开展法律法规及国家政策的宣传和教育活动，建立准市民工维护法律尊严的自觉性，明确宪法和法律所赋予自身的权利和所要

履行的义务，并且增强对国家和公共事务的参与意识。在人与人之间的利益矛盾和冲突的协调、处理问题上能做出理性选择，能采用合理、合法的方式表达自己的政治诉求，实现从公共事务"局外人"到政治活动的主动"参与者"的转变。从广义上说，准市民工的政治素质也可以理解为：非临时性组织要求其成员在处理与组织之间关系时所特定持有的基本立场、观点、态度和行为等综合性的素质。这种企业性的政治素质具有很强的价值导向与凝聚作用，它要求针对准市民工进行企业精神、经营理念、管理制度等方面的教育，强调员工对所在企业要忠诚，工作要踏实、细致，要富有团队协作精神及具备较强的团队协作能力等。这种素质在一定条件下可以转化为有利于企业发展的员工具体行为，这些具体行为可以为企业创造大量的经济价值。也就是说，通过对政治素质内容的开发及采取相应的强化、激励措施，可以有效引导员工严格按照企业规划要求高效地工作。

从思想道德素质教育方面来说，就是要加强针对准市民工的精神文明建设，使他们继承和发扬中华民族传统美德，摒弃传统文化中腐朽落后的思想糟粕，树立"爱祖国、爱人民、爱劳动、爱科学、爱社会主义"的道德目标。通过灌输科学理念和唯物主义世界观，提高准市民工克服保守、封闭、迷信等封建思想的能力，催生他们崇尚现代城市文明的意识。再者就是通过开展社会公德、职业道德和家庭美德教育，组织社区公益活动来培养准市民工的团队合作精神、伦理道德和集体主义思想，促使其成为有理想、讲道德、守纪律的现代市民。

从健康素质教育方面来说，健康的身体是准市民工进行其他素质提升的根本载体，但是很少有研究能将这个素质发展的基本元素提升到与科技、文化等元素同等的高度来重视。

本研究认为，准市民工的健康素质状况应该从他们的身体素质和心理素质两方面进行总体衡量。也就是说，对准市民工的健康素质教育应该是身体健康教育与心理健康教育并行、并重。在身体健康教育方面又可分为生活与工作两个层面。在生活层面，加强重大疾病防控及突发公共卫生事件的健康教育。宣传和指导准市民工了解掌握防控的基本知识和行为规范，特别是目前问题比较突出的传染病的相关知识与防治措施的教育。除此之外，也要做好慢性疾病和其他重大疾病防治知识的普及工作。还要开展针对城市安全生活的知识普及和教育，如提升准市民工购买与使用商品时的鉴别力及食品安全意识，避免毒烟、毒酒、毒米等假冒伪劣产品对健康造成严重伤害。在工作层面，大力开展职业安全教育，提高准市民工安全施工和预防职业病的意识，提升他们对职业病防治及依《职业病防治法》《劳动法》等相关法律法规坚决维护自身职业健康权益的自觉性和行为能力。

在心理健康教育方面，深切关注准市民工的心理状况，开展针对准市民工眷念农村，眷恋亲友，对陌生环境恐惧和对新工作不适应心理的全面调适工作。同时，高度重视准市民工性心理健康的引导教育，坚决维护准市民工的"性权利"。用工单位可以开展形式多样、健康有益的文化娱乐活动，丰富准市民工的业余文化生活。严格遵照法定休息、休假制度的规定，能够主动地为准市民工夫妻团聚创造条件。再者就是关注准市民工婚姻心理健康的教育。针对准市民工开展婚姻维系、家庭矛盾处理的心理指导，注重家庭美德，伦理道德的宣传和教育。

（三）构建科学的准市民工素质教育实施体系

目前，我国各地、各级政府及相关部门根据各自的业务优势，组织实施了如新型农民科技培训工程、农村劳动力转移培训阳光工程、星火培训计划等大型素质教育项目工程。但是，同时也面临素质教育缺乏科学地组织管理的问题，突出表现为缺乏统筹协调、深入沟通。各地、各级政府及其相关部门存在各自为战的倾向，致使各项目、各工程之间存在重复建设、资源浪费、目标责任落实不到位等诸多弊端。这就要求我们必须加强组织领导与管理，强化准市民工素质教育工作的政府行为，建立完善的准市民工素质教育组织管理体系。其一，成立准市民工素质教育领导小组。该领导小组由省市主管副书记为组长，以同级农业部门、劳动保障部门、教育部门、财政部门等有关职能部门的领导为成员，可挂靠或分设在省市农村劳动力转移就业组织领导小组下面，安排部署准市民工素质教育的各项工作，制定相关政策，协调解决重大问题。各区县也要成立相应机构，配备专职人员。各级领导小组之间要实行上下垂直管理，实现工作程序、建档工作等一系列工作的一致性和协调配合性。区县、乡镇农村劳动力教育培训领导小组要在深入调查的基础上，建立农村劳动力教育培训资源信息库，对当地劳动力的教育程度、培训经历、职业能力、培训需求等进行登记并实施动态管理，及时更新。省市级准市民工素质教育领导小组要同劳动就业专家组积极分析当地和全国劳动市场的情况和变化发展趋势，负责开展市场、企业的用工需求调查，把握和预测劳动市场的需求情况和走势。其二，明确各相关部门职责。以农业部门为牵头单位，负责培训基地确定、培训工作的考核和监督、小组成员之间的协调。劳动保障部门负责业务指导，教育部门联合其他部门开展培训工作，财政部门负责资金保障。其他职能部门按职责分工，全力支持配合。各城市是本地准市民工素质教育的实施主体。其三，加强对各级政府、素质教育领导小组的考核监督。实行严格的目标责任制管理，将准市民工素质教育工作作为对各级党委、政府、素质教育领导小组等考核的重要内容。各级政府及相关部门要制定相关的考核指标，以是否有明确的教育计划、目标完成情况、支持资金落实情况、宣传力度和教育实效等各方面来考核、监督准市民工素质教育工作的实施情况，对未能按期保质保量完成任务的各级政府、部门及领导小组要进行通报批评，并作为其业绩的一项考核内容。其四，加大素质教育的宣传引导力度。通过大力宣传，形成社会舆论引导，积极培育典型。可以通过分发手册、张贴宣传画、开辟宣传栏等多种活动，引导准市民工积极主动地参与素质教育发展转型，并积极培育和树立发展型素质教育的典型，激发准市民工的教育热情，增强教育信心，促使其积极踊跃地参加教育，提升教育成效。其五，定期对准市民工素质教育机构进行教育评价。可从素质教育机构开设课程、师资队伍、招生情况、学员一次结业率、就业稳定程度和收入情况等方面展开评价并及时公布动态。而对教育机构的办学特色、优势项目等向准市民工进行发布，以便准市民工从自身条件出发，更有针对性地选择教育机构。其六，规范准市民工素质教育内容及层次，建立准入与激励机制。本着实用性、通俗性、易于操作性、学习方式灵活性等原则，进行以科技、文化素质教育为基础，政治素质、思想道德素质、健康素质教育为延伸内容的教学。还要针对准市民工教育程度、学习能力、年龄层次等不同的实际情况，将同样的教学内容划分为初等、中等和高等三个不同的级别，真正做到因材施教。而要想由低级上升到更高级别的教学活动，就必须通过低级别教育结业的考核，成绩合格者才可顺利升级，成绩优异者还可申请跳级。同时，采用"教考分离"保证教育质量。对于参加教育的准市民工来说，必须通过由非教育培训专门机构进行的统一考试，考试通过者才能获得相应的教育证书，并且能否获得教育证书与准市民工能否享受一定的财政教育补贴和奖励相挂钩，甚至和准市民工能否尽早获得城市户口，享受全额市民待遇和福利相挂钩。同样，教育机构能否得到财政补贴也和教育培训考试合格率及职业技能鉴定通过率相挂钩。其七，全面调动社会力量参与准市民工素质教育，同时加强市场监管。政府需要调动社会各方面力量，鼓励其参与准市民工素质教育，对社会办教育培训机构给予公办机构同样的待遇，而且在申请审批、教学场所、贷款等方面给予政策的优惠与扶持。同时，政府要制定相关规定、办法来指导监管工作，严格审定各机构的办学资格，规范各机构的教学环节，不定期检查教育培训工作，制定和颁布教育培训收费的指导性标准，严厉惩处违章违规操作的教育培训机构。其八，大力支持成人教育、继续教育等终身教育性质的教学事业，提倡更能符合准市民工实际情况、操作更灵活、方式更多样的隐性素质教育。成人教育或继续教育机构要面向准市民工开展以提升性的文化素质及政治素质、思想道德素质、健康素质为主要教学内容的活动。考虑准市民工实际工作日程安排，不能脱产的主要以夜校形式进行教育。对于拓展后的政治素质、思想道德素质和健康素质内容的教学，要避免采用传统的以灌输形式进行的显性教育方式，而应该更多地倾向于采用寓教于实践的隐性教育方式。这就需要教育机构能够充分利用城市有利资源，特别是网络资源。如大力开发与推广运用网络远程教育技术，针对受地理或工作限制的准市民工群体开展此项教育。同时，全面发展多媒体教学，通过制作与思想市民化教育相关的视频短片作为活的课本，通过实地参观讲解作为活的课堂，尽量避免单一化口传书授的教育模式。另外，负责教学的老师还应该肩负起引导准市民工主动感悟城市，并在他们遇到各种生活或者工作方面的困难需要帮助时，能及时提供指导性意见与建议的责任。

参考文献

［1］焦守田．培养现代农民［M］.北京:中国农业出版社,2004:22-26,45-46.

［2］蒋寿建,等．培育江苏新型农民研究［M］.北京:中国农业出版社,2008:89.

［3］蔡建文．中国农民工生存纪实［M］.北京:当代中国出版社,2006:97-113,231-240.

［4］刘义文．进城农民工职业技能培训的现状及对策研究［D］.湖南农业大学,2008:25.

［5］李瑞芬,何美丽,郭爱云．农村劳动力转移:形势与对策［M］.北京:中国农业出版社,2006:169-173,185.

［6］王一涛．农村教育与农民的社会流动——基于英县的个案分析［M］.北京:社会科学文献出版社,2008.

［7］雷武科．中国农村剩余劳动力转移研究［M］.北京:中国农业出版社,2008.

［8］彭黄磊．当前制约农村劳动力培训和转移的突出问题［J］.经济要参,2009(62):39-40.

［9］张琳琳．我国农村转移劳动力教育与培训目标的定位及达成研究［D］.辽宁师范大学,2008.

构建失地农民充分就业的长效机制

在我国不断推进城市化、工业化的进程中，大量失地农民应运而生。由于体制、机制、管理及其自身能力欠缺等方面的原因，失地农民并没有成为现代文明成果的享受者，而是沦为社会的又一弱势群体，相当一部分农民既失地又失业，生存与发展面临严峻的挑战。土地对于农民来讲，不仅仅是衣食来源，更是生存、就业的重要依靠。在完善征地制度、提高征地补偿费、给予失地农民合理经济补偿；做好失地农民社会保障工作，解决其基本生活、养老与医疗等基本保障问题的同时，还必须把失地农民的就业安置纳入统筹发展的大环境中，建立促进失地农民就业的长效机制，帮助其从根本上解决生计问题。

一、构建失地农民就业的支撑机制

就业岗位的增多是解决失地农民就业问题的关键。纵观世界各发达国家与地区的发展历程，无不充分说明经济的快速发展与失地农民的充分就业存在一种和谐的因果关系：一方面，城市化与工业化建设会造成大批农民失地失业；另一方面，城市化与工业化建设又为失地农民创造更多的非农就业机会与就业岗位。

（一）中小企业是实现失地农民就业的主要载体

中小企业是实现失地农民就业的主要载体。由于中小企业投资容纳的劳动力（就业容量）和单位产值所使用的劳动力（就业弹性）都明显高于大型企业。而且与创办大企业相比，中小企业对经济资源的要求更少，对环境的适应性更强，且中小企业数量较多，因此，从整体上讲，中小企业提供的就业机会较多，吸纳的就业人数巨大。

首先，从就业总量上看，中小企业是提供就业机会的主力军。以国外为例，根据经济合作与发展组织提供的资料，美国中小企业占企业总数的

98.3%，从业人员占企业职员总数的 70% 左右。我国中小企业吸纳就业人员的功能也十分明显。据全国第三次工业普查资料显示，同样的投资额，创办工业小企业提供的就业岗位为工业大企业的 5 倍多；以同样产值计算，小型工业企业使用的劳动力为大型工业企业的 1.9 倍。

其次，从增量上看，中小企业是新增就业机会的源泉。就国外来说，根据美国商务部的资料，1980—1990 年，美国所有产业提供的就业机会共 1864 万个，其中 1628 万个由中小企业提供，占 87.3%。就国内来说，1995—1999 年，在国有企业、城镇集体企业及乡镇企业的从业人员年均减少 672 万、359 万和 40 万个就业岗位的情况下，同期的个体企业、私营企业、股份和外资企业等的从业人员却迅速增加，年均增加 407 万、267 万、1156 万个就业机会。其中，它们大多属于中小企业。

目前，我国大部分中小企业的发展处于不利状态。尽管政府近年来不断增加政策扶持力度，但存在着阻碍中小企业发展的不利因素：一是资金短缺。融资难成为小企业反映最强烈的问题；二是开业困难。表现为中小企业主开业时得不到指导和服务，存在领取营业执照困难、租赁营业场所困难等问题；三是经营管理不规范。社会有关部门提供给中小企业的社会服务很少，"三乱"现象严重。因此，应该尽快改善中小企业的生存与发展环境，使其充分发挥就业载体功能。一是要构建中小企业融资支持体系，帮助其解决发展中出现的资金短缺现象。如国有商业银行、政策性银行、城市信用社等机构可设立主要面向中小企业的金融部门，把中小企业作为自己主要的支持对象；创建二级市场，使部分效益好的中小企业、高科技企业能通过证券市场募集发展资金；设立风险投资基金，扶持高科技中小企业的创业和发展等。二是建立中小企业发展服务体系。建议国家拿出一定的资金支持中小企业发展，为其设立中介机构，通过这些中介机构为中小企业提供各种培训、咨询、信息、技术、法律等全方位的社会化服务；鼓励中小企业间建立各种自治性组织，使他们联合起来共同抗御市场风险，避免过度竞争，维护中小企业自身权利。三是设立统一的专职管理机构，把扶持中小企业作为一项长期的工作来抓。一方面，成立统一、专门的中小企业管理机构，把各种所有制性质的中小企业都纳入进来，一视同仁；另一方面，要端正自己的行为，制止各级政府权力部门的乱收费、乱罚款、乱摊派等不法行为。四是健全促进中小企业发展的法律保障体系，对现有的法律法规进行系统清理，减少审批环节，真正为中小企业创造良好的发展环境。

（二） 第三产业是实现失地农民就业的主要渠道

第三产业是带动就业的龙头，第三产业的发展能为失地农民提供大量的就业机会，但是我国的第三产业发展较滞后，服务业所占比重远远低于同等收入国家的水平。第三产业最大特点是劳动密集，其中一些工种对劳动者技能要求不高，城市扩张可以促进第三产业的发展，为失地农民提供更多更适合的就业机会和岗位。因此，扶持第三产业的发展将是解决我国失地农民就业问题的一个重要举措。

当下，在推进城市化与工业化的进程中，应该注意把发展城市第三产业作为调整就业结构的重点，加快发展劳动密集型的第三产业，如商品零售、交通运输、商贸流通、信息咨询、社区服务、物业管理、家庭服务等投资少、见效快、就业潜力大的行业；充分发挥旅游资源优势，发展旅游经济；充分利用丰富的农副产品资源，发展农村地区经济；发展社区服务业，为失地农民开拓更多的就业空间。

（三） 农村经济的发展是实现失地农民就业的重要条件

发展农村集体经济是解决失地农民就业问题的有效途径。然而，我国农村集体经济的现状是内部产权模糊、分配和激励措施欠科学，急需进行制度改革。首先，要核实资产，将净资产全部或部分量化折股到有持股资格的集体成员，按股分红。同时，组成股东大会或代表会，组建董事会、监事会，政企分开，实行企业化经营，实行股份制或股份合作制。整个过程要做到合法、透明、公平。其次，让多种形式的农村集体经济进入城市经营，让农民享有产权，指导和帮助他们提高技术，扩大规模，向现代企业转变。让农民通过这些经营获益，并从中提高经营能力，实现由农民到市民的转变。

二、构建促进失地农民就业的培训机制

失地农民个人人力资本存量是实现就业转移的内在驱动力。所谓人力资本，是对人力进行投资，包括进修学习及在职培训等所形成的资本。人力资本与人力资源的区别在于：在一个时期内，人力资本可以大幅度提升，而人力资源是相对不变的。现代市场经济需要的不是一般意义的人力资源，而是浓缩了人力资本的人力资源。根据人力资本理论，就业能力的高低与求职者的受教育程度有密切的关系。可见，发展教育是提高劳动者就业能力的根本性措施，也是提高人力资本对经济发展贡献率的根本途径。长期

以来，我国农民由于缺少接受教育和培训的机会，文化素质和技术技能相对较低，当其失去土地这一基本依靠而不得不进入劳动力市场时，就处于明显的就业劣势，而且依靠其自身力量无法逆转这一现实性缺陷。此时，为了使失地农民摆脱这一失地又失业的境地，政府和社会各部门应该在失地农民就业机制的建设中充分发挥各自力量，让失地农民从根本上走出就业困境，实现就业。

（一）明确各个主体的职责，构建失地农民就业培训机制

失地农民就业培训机制的构建是一项长期的、浩大的工程，需要政府、社会各界及失地农民自身的共同努力。第一，政府作为征地的主体和宏观调控者，应履行其在失地农民就业安置中的主体责任，在失地农民就业培训机制的建设中发挥其主导性：首先，把开展失地农民的就业培训机制列入议事日程，从战略高度认识其极端重要性；其次，成立失地农民就业培训机制的专项基金，从财力上进行实质性的扶持。第二，社会各界、各部门，包括农村社区、基层组织等应该在失地农民就业培训机制的建设中发挥市场中介组织的作用，为企业和培训机构搭建沟通的桥梁与平台，使得失地农民的就业培训面向市场，更好地实现培训就业对口化，促进失地农民的充分就业。第三，失地农民作为就业培训的主要对象，应该摒弃原有的陈腐就业观，根据自己的就业意向和从业潜力，积极参与就业培训，努力增强自身的人力资本存量，提高就业、创业能力与信心。

（二）建立多元化、多层次、全方位的培训机制

绝大多数失地农民是城市化与工业化过程中的被动产物，面对城市的工业文明、现代化的生产生活方式，相当一部分失地农民无所适从，小农观念、低质文化和单一劳动技能等农耕文明特有表现无法通过失地农民自身实现逆转。此时，政府及社会各部门要在充分尊重失地农民个人意愿的基础上，采取"面向市场、突出重点、因人而异、全面提高"的方针，为失地农民开展以就业为主要目标的培训，同时，要兼顾其心理培训与疏导，主要包括对城市文明的认同与融合等内容，构建多元化、多层次、全方位的失地农民培训就业机制，为劳动力市场输送合格的人力资源。

1. 培训对象层次化

城市发展需要各种劳动人员，就业培训应根据不同的培训对象而区别对待。一般情况下，年龄越小的失地农民接受教育的程度就越高，而年龄

越大的则多表现为低素质、低文化。因此，在进行就业培训的过程中，要针对失地农民的年龄、文化、技能等差异和市场对劳动力的需求层次来进行有的放矢的培训，形成初、中、高等多层次的培训。第一，针对年龄较小且有一定文化基础的初、高中毕业生，重点开展技术含量高、就业前景好、市场需求大的实用技术技能培训，为生产一线输送紧缺的技术工人。第二，针对年龄相对大且技能相对欠缺的失地农民，开展短期职业技能培训、推行适应区域经济发展需要的岗位技能培训、实行公共就业工程计划，如保洁、家政服务、环卫等。第三，针对年龄适中且文化素质较好，具有创业愿望且具备相应条件的人员，组织开展一些切实可行的创业技能培训，鼓励其自主创业。

2. 培训方式多元化

失地农民作为就业培训机制建设的对象，具有明显的年龄、文化与素质上的差异，这种不平衡性决定了在培训过程中要采取长期与短期并举、单一式和复合式结合、函授式和面授式结合等多样化、多元化的培训方式，以实现文化与技能共进，最终取得较好的培训效果。在具体操作中，通过政府组织、适当补助的办法，在失地农民自愿参加的基础上，鼓励用人单位、具有资质的社会办学力量开设职业技能和职业教育培训班，开展和企业联姻、订单培训、定向培训，以及成人学校、职业学校等采取全日制集中授课方式，增强失地农民就业适应能力和竞争力。

3. 培训内容全面化

针对失地农民开展的就业培训的首要目标，就是通过提高失地农民的素质与技能，增强其市场竞争力。因此，在培训内容的设置中应该把素质与技能的培训放在首位，强调课程的实用性、有效性和针对性。同时，由于行业的多样性，在培训中也应该开展一系列就业技能的培训，如文化知识培训、农科知识培训、经营知识培训、专业技能培训、创业培训等。同时，要兼顾失地农民其他方面的培训，如失地农民的就业观念、就业心理、城市认同等，把城市生活及与工作相关的内容都包括进来，帮助失地农民尽快适应城市生活。通过培训转变失地农民的思想意识，即由原来散漫的小农意识转变为适应社会化大生产的纪律性、组织性强的现代企业管理意识；通过形势政策教育，使农民理解和支持国家征地，树立不等、不靠、不要和有紧迫感、有进取心、有创造力的全新就业观，构建全方位的失地农民就业机制。

三、构建促进失地农民就业的市场服务机制

由于城乡劳动力市场的二元分割，致使城市拒绝与排斥失地农民在城市就业。我国的就业服务对象定位是城镇劳动力，由政府建造的有形劳动力市场基本上是为城镇劳动者提供就业指导，失地农民则通常被排斥在政府的就业服务体系之外。因此，国家与社会各相关部门，包括市、县（区）、乡镇、社区（基层组织）四级劳动力服务网络要采取措施，增加投入，加强城乡沟通的劳动力市场硬件、软件建设，加强其在就业信息收集、传送、接收及反馈等环节中的职责和权力，规范管理，打破人为割裂的劳动力服务市场，积极推进一体化劳动力市场的建立，为失地农民进城从事第二、第三产业创造有利的就业环境、搭建平等的就业平台。

（一）建立劳动力就业网络，实现用工信息共享

目前，我国劳动力市场的供需矛盾加剧，为处于就业劣势的失地农民建立劳动力市场就显得尤为重要。各市、县（区）、乡镇、社区（基层组织）四级劳动力服务网络应该在充分发挥各自服务职责的基础上，与各级公共职业介绍机构、培训机构及经过认定的社会职业介绍、培训机构结合，拓宽分流安置渠道，构建促进失地农民就业的服务网络。各级政府行政部门要积极免费为失地农民提供求职登记、职业指导、职业介绍、劳动事务代理等服务，并通过相关服务和法律援助为他们排忧解难，维护他们的基本权益。在失地农民较多的地方，基层政府和村级组织要充分发挥职能，定期组织失地农民到劳务市场进行交流，积极向企业推荐所需劳动力；及时掌握用工需求，为失地农民提供信息咨询、职业介绍、推荐安置等多方面的综合服务和相应的择业指导；组织失地农民招聘会，让招、应聘双方在市场上面对面交流、选择，积极为失地农民创造更多的就业机会。

（二）完善劳动力市场管理体系，实现市场有序运行

劳动力市场的规范与完善是保证其功能充分发挥的关键。相关政府部门对劳动力市场进行有效管理可以避免职能交叉或政出多门，造成市场秩序混乱，其管理主要包括对各类职业中介行为的监管、对劳动力市场秩序的整顿规范、对用人单位录用失地农民进行督促，维护失地农民的合法权益。

四、构建促进失地农民就业的配套机制

由于失地农民的自身素质较低，在技能与文化方面有所不足，在市场竞争中处于严重的劣势地位，尽管政府与各相关部门已经开始着手解决其就业问题，但是通过就业培训上岗，获得经济来源需要很长一段时间，而且失地农民对城市文明、现代生产生活方式的认同也需要相当长的过渡期。因此，需要其他的相关配套机制作为解决失地农民就业问题的坚强后盾。

（一）为失地农民建立社会保障机制

完备的失地农民社会保障体系是失地农民就业机制顺利构建的重要基础。建立失地农民社会保障体系，可以为其解决后顾之忧，有利于其对就业培训投入更多的精力和时间。同时，建立失地农民社会保障是其平等地享有城市的教育、公共卫生、市民待遇的重要体现，有利于促进失地农民更好地融入市民社会之中。

（二）失业保险

失业保险制度是就业服务的一项主要内容，其目的是为了保障失业者的基本生活和促进他们的再就业，它是市场化就业的安全网。近些年，不少西方国家的劳动保障政策发生了根本的变化，目标开始由以往的以救济失业为主转向以促进再就业为主。比如，丹麦政府出台了新的劳动就业福利政策，改变了单纯发放津贴的做法，积极主动地向失业者提供就业机会并提供再就业培训；德国政府颁布实施《就业促进法》，将失业保险与职业介绍、职业培训结合起来，形成"一条龙"的服务体系。

五、建立促进失地农民就业的扶持机制

作为政府，在社会保障体系尚未完善、土地产权尚未明晰的情况下，有责任、有义务通过明确的政策导向，制定并出台相应的优惠政策，调整资金投向，刺激相关产业的发展，为失地农民的就业提供更多的就业机会，为失地农民的创业提供良好的平台。

（一）实施保护性就业措施，营造良好的就业环境

从目前来看，强制性地要求征地单位招用一定数量的失地农民的安置

方式已难以通行，地方政府必须采取有效的保护失地农民的就业政策，以增加失地农民的就业机会。第一，就业岗位的扶持。在推进城市化进程中创造的就业岗位，要作为回报与补偿，优先录用、安排在城市建设扩张过程中产生的失地农民。新城区主干道两侧生态绿化任务繁重，可组建由失地农民参加的绿化、管护公司；在旧村集中拆迁、新村形成后，社区管理需要大量的保洁工、保安员等，可适当向失地农民倾斜。第二，就业政策的放宽。改革和撤销对失地农民就业不利的行政管制体制，允许和鼓励备案型的个体、微型企业的存在和发展，轻税薄赋，对个体、微型和中小企业实行低税收制度，适当降低增值税和所得税税率，对特殊困难群体经营可实行免税；鼓励用工单位在同等条件下优先招收失地农民，对这些单位，政府可免除部分税收，凡订立长期劳动合同并承担基本社会保障费用的，相应的安置补助费归用人单位，今后若解除合同，用人单位须一次性缴足15年以上的基本养老保障费。

（二）实施鼓励性政策，全面支持灵活就业

灵活就业是指在劳动时间、收入报酬、工作场地、保险福利、劳动关系等几方面（至少是一方面）不同于建立在工业化和现代工厂制度基础上的传统的主流就业方式的各种就业形式的总称。灵活就业的行业涵盖内容十分广泛，不仅涉及在城市社区服务业、城市公益性部门、企事业单位的后勤及其他服务项目、社会中介服务领域、高科技领域中的就业，也包括临时工、小时工、季节工、轮岗工等就业方式。事实表明，倡导灵活就业是解决我国失地农民就业问题的不可忽视的重要途径。第一，鼓励土地入股和租赁。对于农民来说，土地的一次性买断无疑是"杀鸡取卵"，而租用土地是"养鸡生蛋"。用于城市建设和其他经营性项目而被征用的土地，采用土地折价全部或部分入股、租赁的方式，定额收取红利或租金，使失地农民可以定期分得红利或租费。第二，积极拓展劳务输出。在有限区域中充分利用市场空间，实施"走出去"战略，以产业、产品、资本的输出带动劳动力的向外转移。第三，允许村级组织利用部分征地补偿费作为发展基金，大力发展服务行业，实现土地补偿费的保值增值，逐步壮大集体经济，从而吸纳失地劳动力就近就业。

综上所述，解决失地农民再就业的关键在于以城市化与工业化为基础，中小企业及第三产业为龙头，通过就业培训改变失地农民就业观念、提高职业技能等综合素质，增强自身的就业竞争力。此外，政府的优惠政策和社会保障体系的建立都将促进失地农民的就业及生活的稳定。在构建失地

农民就业机制的过程中必须厘清：失地农民就业与失地农民就业机制的建立是当前和长远的关系。解决失地农民的就业问题，近期内离不开政府的政策引导、扶持，但这不等于人人就业，也不是要统包统配；从长远看，失地农民最终要走向市场，靠市场机制实现充分就业。

参考文献

[1] 楼培敏．中国城市化：农民、土地与城市发展[M].北京：中国经济出版社，2004:235.

[2] 王海明．农民能否分享级差地租？[J].经济管理文摘，2003(5):11-13.

[3] 中经网:http//:www.lib.zjut.edu.cn(2009-03-15).

[4] 方国平．论发展中小企业与国企改革的关系[J].经济问题，1999(3):15-17.

[5] 劳动和社会保障部劳动科学研究所课题组．灵活就业:解决在就业问题的重要途径[N].人民日报，2002-05-23(3).

[6] 萝岗区政协专题调研组．健全机制 完善措施 促进农民自主创业,http://www.gzzx.gov.cn(2008-02-20).

土地流转、要素流动
与城乡融合发展
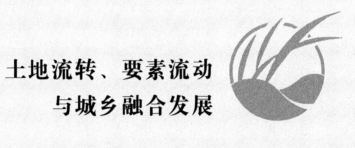

城乡融合视角下城郊宅基地流转问题与模式构想

我国农业、农村城乡融合发展作为乡村振兴战略的重要组成部分，为处于城乡接合部的城郊农村明确了发展方向及路径。土地是农业生产最重要的物质基础与生产资料，解决"三农"问题的首要任务就是解决好农民土地问题，农村土地的稳定性对社会发展和经济平稳运行起着直接的作用。农村宅基地作为农村"三块地"的最后也是最重要的一块，其流转效能直接影响着农民的切身利益和农民市民化的实际进程，也对乡村振兴战略的有效推进及城乡融合发展的质量和效率产生间接影响。城郊农村作为农村经济最为发达的地带，必将成为宅基地改革实践的前沿阵地。加快城郊农村宅基地改革试点工作，将对城市建设水平的提升和城郊农村的高质量发展起着不可替代的战略支撑作用，而且将为全国农村宅基地改革提供可实施方案，具有重要的示范作用。

一、城乡融合进程中城郊宅基地流转的必要性

城乡融合发展为处在城乡接合部的城郊农村农民的生活带来了根本性的变化，当农民生活水平得到改善，尝到城乡融合带来的"甜头"后，农民就会迫切地想要加入城乡融合的发展浪潮，企盼能从中获取更大的收益[1]。宅基地是与农民相关度最高的一块地，其改革是农村土地改革的核心，与农民利益紧密相关，宅基地使用权及其地上农房为农民进城落户提供重要的物质支持。确保宅基地使用权的完整性，以及地上农房的合法流转收益，将在很大程度上推动农民的市民化进程。因此，创新城郊农村宅基地流转模式，以消除农民进城落户后顾之忧，激发农民市民化的动机与活力，是推进城乡融合发展的重要战略举措。

（一）城郊宅基地流转是城郊农民权益实现的根本要求

"耕者有其田，居者有其屋"是农村最基本的制度安排和农民最基本的

生活保障，宅基地制度改革也是以这一要求为大前提。虽然，禁止宅基地流转能够保证"居者有其屋"这一基本要求的实现，但与参与城乡融合中农民所需具备的财产权利相比，城郊宅基地的保障功能已经远小于财产功能，因此，限制城郊宅基地流转在一定程度上扼制了农民权益的实现，限制了农民财产的保值增值。相较于普通农村，处于城乡接壤过渡区的城郊农村有着独特的地缘条件优势和资源禀赋优势，凭借着优越的地理条件和政策支持，城郊农村发展日益迅猛，城郊宅基地急速升值，成为新城市居民和农村村民都想要争取的宝地。作为拥有城郊宅基地使用权的城郊农民，在城郊农村宅基地升值所带来的增值收益中，理应得到应有的收益分配。在此种情况下，限制宅基地使用权流转已然落后于城乡发展的客观需求，也是对城郊农民财产权利的"变相绑架"。城乡融合发展之路走的是一条城市、农村经济同发展的新型道路。遵循城郊农村现实发展规律，尊重城郊农民现实利益诉求，软化僵硬的宅基地流转规定，充分利用乡村振兴战略支持，通过放开城郊宅基地流转限制，帮助城郊农民依法享有其土地收益。

（二）城郊宅基地流转是城乡融合健康发展的必然选择

"促进城乡要素自由流动、平等交换和公共资源合理配置""加快形成工农互促、城乡互补、全面融合、共同繁荣的新型工农城乡关系"，这是中央关于建立健全城乡融合发展体制机制和政策体系的意见。城郊农村是城市和农村的交汇区，正确处理好城郊宅基地流转问题，对于人口和劳动力的转移及农业农村集约化水平的提高有着不可估量的战略意义。城郊宅基地的顺利流转，能够帮助城郊农民更好地加入城乡融合发展建设中去。对于城郊农民来说，承包地也已低价转租或被集体收回，依靠土地种植所得收入难以负荷家庭正常生活开支，利用城郊宅基地的天然优势来进行利益减损，通过城郊宅基地及其地上农房的出租、转让、抵押等多种流转方式来实现财产性收入增加，是城郊农民最为理性的选择，也是对其最为公平的制度改革导向。再者，城郊宅基地流转囿于集体经济组织框架，作为对于城郊宅基地有着巨大刚性需求的外来农业转移人口，他们被隔离于可流转主体之外。限制可交易人群的范围，既不利于此类人群对于城乡融合发展做出应有贡献，更不利于城郊农民获得合理土地收入，城乡建设将缺乏有力的人力支持。因此，适度放活宅基地使用权，借助其高效入市流转，有利于实现农民权益合理分配、城乡资源有效互补、城乡土地节约利用的城乡融合稳定发展局面。

（三） 城郊宅基地流转是新市民生存发展的现实需求

随着城乡融合不断发展，大量农民进城务工，农村人口向城镇不断迁移，且当前已经不是单个劳动力的市民化，举家搬迁现象已成为常态。经济较为宽裕的农民可选择进城购房成为城市新市民，而经济条件较为落后的农民进城后则面临着居无定所的生活状态。这时，城郊宅基地就扮演起能够提供基本住房需求的角色，城郊宅基地的出租价格远低于城市商品房价格，但居住环境、生活条件等却并不差于城市，购买或租赁城郊宅基地及其地上房屋将成为广大新市民为满足在城市生存发展的优先且性价比更高的选择。另外，城郊农民也亟待进入城市购置房产，但由于宅基地使用权及其农房的变现不畅，难以获得原始购房资金，也使得他们对进城购房望而却步。城郊农民放弃进入城市购房，选择白天在城市打工、子女在城市上学，晚上退回城郊住房生活，导致城郊宅基地不流转，其他新市民便无房可买，生存发展的现实需求得不到满足，便又产生了无处可居的后顾之忧。因此，城郊宅基地流转既是城郊农民的生活需要，也是其他新市民的生存需求。

二、当前城郊宅基地流转中存在的问题

随着城乡融合快速发展，城市外来人口规模显著扩增，新生代进城务工人员市民化和年轻农村大学毕业生进入城市就业发展是社会发展的必然趋势。城市新市民的大量增加引起住房需求的持续扩张，这就需要城郊宅基地发挥起保障新市民居住需求的作用，破除城市住房资源瓶颈，同时，城郊宅基地的经营收益也可成为城郊农民财产性收入的重要来源。社会经济的快速发展对人力资源也有着巨大的需求，怎样使新的劳动力资源能够高效地投入城市建设中，缓解此项难题同样需要借助城郊宅基地的有效流转。城郊宅基地的流转对城乡融合发展做出了不可估量的贡献，但流转中存在的各种问题也亟须点明。

（一） 流转无法可依，权益纠纷难解决

在城郊农村地区，宅基地及其农房流转现象已极其普遍，大都是在非显性市场进行流转，通过中介介绍和搭桥，以转让、租赁及入股为主要流转形式。不管是以何种形式进行流转，买方及卖方的利益都是得不到法律保障的，宅基地流转纠纷也一直处于层出不穷且争议不断的境地[2]。宅基地流转从一开始就受到《土地管理法》及《物权法》等法律的严格限制，

但在经济利益及生存需求的驱动下，城郊宅基地自发形成了隐形流转市场。隐形流转市场普遍混乱，交易双方大多停留在口头约定，签订书面合同的也存在单方面毁约或者是恶意修改协议的情况，一纸合同并不能使买卖双方的利益得到公正且有效的保障。在法律法规并不明确的情况下，宅基地流转中任何可能出现的问题都得不到有效规避，并且当买卖双方出现权益矛盾时，出让者和受让者都无法向法律寻求帮助，而相关部门也找不到明确可用的法律参考依据。不管是处于流转优势地位的出让者，还是处于劣势地位的受让者，自发且混乱的流转并不能完全满足他们的用房需求和经济利益最大化，这影响了城乡融合的稳定性并给城郊宅基地流转的未来前景埋下众多隐患。

（二）流转渠道不畅，宅基地价值难显化

由于得不到法律支持，城郊宅基地流转渠道不畅通，流转方式过于局限，宅基地及其地上房屋的内生价值难以完全显化。城郊宅基地的流转大多依靠地下土地交易市场，通过熟人接线、印刷小广告等方式散布买卖信息。由于传播条件的限制，相关宅基地出让及租赁信息无法公开于明面市场之上，只能进行私下传播与联系。因此，供求双方的实质需求没有明确的双向交流，城郊农民的流转需求与新市民的生存需要无法高质量匹配，这就降低了城郊宅基地流转的效率和质量。现行宅基地流转制度已经明显滞后于城乡一体化的发展需求，宅基地使用权的流转被严格限制在本集体经济组织成员之间，有限的受让群体无法满足城郊农村发展的现实情况。相比于城市商品房交易市场，城郊宅基地使用权的流转在价值显化、权益保障、受众范围的各个方面都不占优势，城乡协同发展在农民和市民房产权利上就已经产生了差距。在不受制度支持的宅基地流转渠道之下，城郊宅基地蕴含的财产价值得不到充分发挥，城郊宅基地的出让及租赁价格都被限制在较低的价格标准之下。

（三）隐形流转屡禁不止，土地市场稳定难保证

在实践中，宅基地"隐形流转"十分盛行，依照我国现行法律法规，宅基地私下买卖属无效行为。"隐形流转"虽不被允许，却依然以多样的形式发生，在城郊农村等经济较为发达的农村地区表现得尤为明显，经济条件愈好的大城市周边农村，宅基地使用权"隐形流转"现象愈多。随着城乡融合的急速推进，农村人口及农村家庭日益城镇化，城市住房需求急剧增加，导致城市周边地区房价迅速上涨，城郊宅基地的价值地位日趋提升。

在利益驱使之下，大量新市民更加偏向于具有天然价格优势的城郊宅基地，忽视了存在的巨大购买风险，这也使得宅基地"隐形流转"情形在城郊农村随处可见。由于城郊宅基地"隐形流转"的极不合法，司法部门在处理民事纠纷案件时很难做到件件统一，同时也加大了有关部门对于城郊宅基地统一管理的难度。即使有许多法律条例禁止宅基地的私下流转，但是"隐形流转"情况依然得不到控制，严重影响了正常的宅基地交易，对于土地市场的稳定也势必会产生长久深远的不良影响。

三、城郊宅基地有效流转的模式构想

城郊宅基地有效流转是城乡资源有效互补的体现，既能增加城郊农民财产性收入，又能为进城务工的农民提供有力的经济支持和住房保障。与此同时，在城乡融合进程中，城郊宅基地的有效流转能够突破城乡建设发展中土地与资金制约，破解城市土地资源瓶颈，在集约节约城市土地资源的同时，为城市经济建设搭建空间载体，让进城务工人员既住得起又住得好，生活质量进一步提高，激发他们投身城市建设的热情。然而，当前城郊宅基地流转却面临着众多亟待解决的问题，对社会稳定和城乡融合的大环境都产生着不良影响。探寻可实施的城郊宅基地有效流转模式，针对问题制订解决方案，把完善城郊宅基地流转制度纳入城乡融合建设的工作中。

（一）因地制宜制定城郊宅基地流转条例

法律制度是上层建筑，在不同的时代和不同的条件之下，要因时因地做出改变及调整。城郊宅基地相关的流转条例，也必须要根据各地的实际情况和现实需要进行改革与完善。关于宅基地使用权流转的法律法规，仅仅改变其中一条也会引起整个国家宅基地市场动荡，因此法律应该由国家来逐步完善，但是各地方政府必须要因地制宜，根据自身情况来制定适用于本地区且与本地区大多数农民及外来人口流转意愿高度匹配的城郊宅基地流转条例。把城郊宅基地条例从普通宅基地法律中分割出来，既要保证该条例是在国家法律的保障体系内，又要保证是能够经受得起实践检验的切实可行的流转条例。要实现城郊宅基地的有效流转，就必须要给予其一定的法律支持，在宅基地流转出现利益纠纷时，处理问题也能够做到有法可依。利用各地方政府为本地量身定做的城郊宅基地流转条例，来治理当地城郊宅基地流转，是最具普适性且最能达到高回报率的流转方案。城郊宅基地相关流转条例的成功实施，是在实践中得到检验的理论，必然会为国家关于宅基地的法律丰富和完善产生重要的借鉴意义。

（二）政府主导搭建宅基地交易平台

城郊宅基地是城郊农民最后的保障，盘活流转市场将激发宅基地的隐形价值，为城郊农民带来直接的财产性收入。同时，城郊宅基地也是新市民生活最重要的支柱，放开宅基地使用权流转，能够极大减轻进城务工人员的生存压力。为了保证在城郊宅基地流转过程中平衡好出让者和受让者之间的利益关系，既保障城郊农民的合理权利，又能避免参与流转新市民权益受损，必须构建以政府为主导的宅基地交易平台[3]。在这个过程中，政府应该起到信用担保作用。充分发挥引导功能和强制执行力。在宅基地交易过程中，面对大量的求房新市民，政府就要优先分配给需求更大的一方，先保证确实有紧急需求的受让方。对于交易中双方可能出现的摩擦，政府应该起到积极的引导作用。农民受教育程度普遍较低，参与流转的双方都会更以实现自身的目的为主，而忽视从整个城乡建设大方面考虑，这时，政府就要在思想层面对参与主体进行引导，鼓励其在尽量不损害自身利益的情况下，从城乡土地建设大局出发，顺利完成宅基地使用权流转。

（三）建立宅基地流转群众监督机制

最了解农民的是农民，最贴近农民的也是农民自身。宅基地流转中所出现的问题，最先感知到的是农民，因此在城郊宅基地流转过程中，最有切身体会的也是城郊农民和城市新市民。想要有效地规避城郊宅基地流转中将发生的问题，就必须要依靠农民自身监督。不只是在流转前期，对于流转过程中正在发生的问题，参与流转的主体也可以及时反应并时刻监督，流转结束后的使用期间，参与交易的双方也可以通过群众监督平台进行反映。这一方面可以起到对城郊宅基地管理人员工作的监督，另一方面也是参与双方对自身和对方的监督，不仅能够避免工作人员徇私的情况，也能有效限制双方因自身利益不遵守转让规则的问题。对于城郊宅基地现存的违规非法及隐形流转等问题，依靠参与流转的农民进行监督，能够及时发现并留存证据，既是对不法行为的打压，也能使农民通过真实体验得到实际示范教育。

参考文献

［1］杨青贵.进城落户农民宅基地权益保护的现实表达与法治回应［J］.重庆大学学

报(社会科学版),2019,25(3):147-157.

[2]刘歆立,袁哲.新型城镇化背景下城郊农村宅基地流转问题与出路——以 H 省 Z 市为例[J].江苏农业科学,2019,47(19):45-48.

[3]张红星.城郊土地交易中的政府功能与农民利益保护——对天津"宅基地换房"模式的思考[J].城市,2009(04):50-53.

保障我国农村土地流转收入问题研究

　　随着生产力的巨大发展，改革开放的不断深化，市场经济发展不断出现新的局势和要求，为了更好地实现农村同步全面建成小康社会，发展现代农业经济成为振兴和巩固农业为国之根本的重要方式。国际竞争和国内社会统筹发展形势必然要求农村土地依法、合理、有序地流转并向深入发展，从而实现农民收入的增加和农村经济的飞跃。明确农民财产的法律地位，首要的是明确农民土地的法律地位，迫切需要解决的是创造条件让农民从土地的保值增值中获得更多的财产性收入。这要求政府积极利用各种渠道拓宽农民土地流转的方式，增加农民土地流转财产性收入。

一、农村土地流转相关概念阐释

　　我国公民的财产包括个人的合法私有财产，还包括个人合法取得的公共财产，农民拥有的土地使用权也属于其重要财产之一。财产权是公民的基本权利之一，是公民获得生存保障和发展机遇的重要条件。农民获得土地财产性收入是繁荣农村经济、缩小城乡差距的根基之一，是促进农村物质文明、精神文明和生态文明建设的重要基石。

　　我国农村土地是指农民集体所有和国家所有，依法由农民集体使用的耕地、林地、草地，以及其他依法用于农业的土地。我国《土地管理法》明确说明农村和城市郊区的土地，除由法律规定属于国家所有的以外，属于农民集体所有；宅基地和自留地、自留山，属于农民集体所有。农民集体所有的土地，由县级人民政府登记造册，核发证书，确认所有权。在确权基础上土地使用权可以依法转让，国有土地和农民集体所有的土地，可以依法确定给单位或者个人使用，农民集体所有的土地依法属于农民集体所有的，由农村集体经济组织或者村民委员会经营、管理；已经分别属于村内两个以上农村集体经济组织的农民集体所有的，由村内各该农村经济组织或者村民小组经营、管理；已经属于乡（镇）农民集体所有的，由乡

（镇）农村集体经济组织经营、管理。

我国的土地流转以转让土地使用权和承包经营权为主。国家实行土地承包经营制度，农村土地承包采取农村集体经济组织内部的家庭承包方式，不宜采取家庭承包方式的荒山、荒沟、荒丘、荒滩等农村土地，可以采取招标、拍卖、公开协商等方式承包。土地承包后，土地的所有权性质不变。并且，国家保护承包方依法、自愿、有偿地进行土地承包经营权流转。通过家庭承包取得的土地承包经营权可以依法采取转包、出租、互换、转让或者其他方式流转。

房屋、土地补偿收入是城市化过程中农民新增的一种收入来源。房屋、土地补偿收入是指：因国家或特定国家机关对农民所有的房屋及土地进行征用或拆迁而对被拆除房屋或征用土地的所有人，依照《国有土地房屋征收与补偿条例》的规定给予的补偿。拆迁补偿的方式，可以实行货币补偿，也可以实行房屋产权调换，还可以选择货币补偿和产权置换相结合的补偿方式。居住在城市周边的农民因城市不断扩大，城市发展用地增多，而征用其房屋用地或者是农业用地而获得货币补偿，或者获得其他房屋、土地产权补偿；而居住在距城较远的农民可能因国家道路建设或者基础性设施建设等，而征用部分土地获得货币补偿，或获得其他房屋、土地产权补偿。

二、农村土地流转现状及原因分析

（一）农村土地流转现状

土地作为农民收入的来源之一，在新时期的农村经济社会发展中正在获得日益突出的地位。建立在完整财产权基础上的土地流转，是提高农民收入、统筹城乡发展的关键之一，而合法转让权则是财产权的核心。我国目前能够拥有财产性收入的农民比例并不高，大多数农民要想获得更多的财产性收入，还有一些问题亟待解决。

一是土地流转积极性不高。首先，土地从古至今是农民的生存之本，是农民最有价值的财产，因此大多数的农民是不情愿将土地流转出去的。农民对土地流转认识不足，认为土地流转后土地的所有权也随之转让，认为一旦将土地的使用权或者经营权转让，土地就等于出售了的物品，不再属于自己。还有一种本位思想，认为土地是祖辈留下给后代用以生存和发展的最基本的物质基础，转让土地属大逆不道等。其次，农民对土地流转的相关手续、过程和制度了解甚少，一提到手续就会觉得自己是门外汉，不知道要经历什么过程，传统思想和旧时社会制度的后遗症，使得广大农民对办手续一提就怕。再者，农民不了解土地转让的行情。农民对土地的价值和市场土地供求信息了解不多，对土地流转的交易方式和途径也不清楚。

二是土地流转确权不清晰。由于财产性收入源自对财产的所有权、收益权和处置权，其中土地承包权本身被认为是一种财产权，因此农民土地的承包经营权则成了唯一的资源。农村的集体土地是一块非常有价值的资产，但是产权并不明确，所以说这块资产农民不能到银行里去抵押。由于没有产权证，所以也没有办法流转，财产性收入也就受到了约束。由于种种利益关系的原因，有些地方在农村集体土地的确权工作中并不积极。完成农村集体土地的确权工作，必将成为增加农民财产性收入的一个契机。

三是土地流转渠道较单一。目前农民获得土地财产性收入的途径较为单一，大多为转包、出租或者转让，农民对其他多种土地流转方式认识不足，政府或者集体也开拓不出新的土地流转方式。在有限的流转方式下，农民土地财产性收入也受到了限制。我国农民财产性收入来源主要是储蓄利息收入、房屋租金收入和土地补偿收入，而且不同地区之间也存在差别。在经济较发达地区，农民财产性收入以房屋租金为主，其次是利息收入和其他财产性收入。而在贫困地区和欠发达地区，农民财产性收入的主要来源只有存款利息。

四是土地流转制度不健全。土地流转的实质是土地经营权的交易，这种土地交易行为实际上是一种土地市场行为，任何市场经济活动都必须有必要的机制作保障。当前，土地流转的保障措施寥寥无几，土地流转后没有相关的法律、制度保障，部分土地流转后的经营者缺乏对耕地的保护意识，为提高近期收益完全忽视对土地实行必要的保护措施，导致土地生产力急剧下降。更有部分承包者，假借土地流转之名对土地进行非法使用。现在农村土地供需信息尚未形成区域统一协调，供需双方的信息不能及时沟通，存在供需混乱的情况，难以实现有效乃至高效地流转，处于土地流转前信息无人收集，流转过程中无人提供服务，流转后无机构监管与保障的状态。

（二）农村土地流转现存问题的原因分析

土地流转未能在市场经济模式下活跃，原因是多方面的，使得土地流转依旧处于探索阶段。只有抓住阻碍土地流转的原因，寻求和创新土地流转制度和途径，才能从根本上促进农村土地流转。

一是思想观念的滞后。首先，我国2000多年的封建社会都是以农业经济为基础，农民的奋斗目标都是获得属于自己的土地。新中国成立后，广大农民群众翻身做了国家的主人，拥有了自己的土地。对于来之不易的土地，农民群众倍加珍惜，不愿意也舍不得将土地流转。其次，农民群体由于社会、经济、地域等原因的影响，大多缺乏现代职业的业务技能，土地是他们获得生存来源的根本，在心理上对失去土地后的生活存在恐惧感和危机感，加之农村基层行政工作宣传不到位，基层法制建设薄弱，农民进行土地流转后权益很难获得实质性的保障，打心底里排斥土地的流转。最后，农民对于国家土地流转的制度几乎都不太了解，如云南省文山壮族苗族自治州平坝新街镇草果山只有 1.2% 的农民群众知道有土地流转一说，0.8% 的人对土地流转制度略知一二，98% 的农民由于各种原因根本不知道什么是土地流转，也不知道土地确权的相关规定。

二是法律认定的不足。家庭联产承包制是农村土地所有权和使用权的"两权分离"。虽然《土地管理法》明确规定农村土地归集体所有，但集体是指哪一级，是集体经济组织还是乡、村、组，现在一直存有争议，所以土地的产权主体是不完整和不清晰的。按照完整的产权理论，应将土地的所有权、使用权、收益权、处置权、转包流转权等一一予以明确，如果做不到这一点，目前农村的土地承包制则无法形成完整的产权体系。目前土地承包制仅是一种农民承包土地的耕作权。其他有关土地的转包、租赁、抵押、转让等流转权国家既无法律的设定，农民自身也无真正意义上的处置权（陈永昌，2001）。

三是指导策略的偏差。在进行土地流转行政指导的过程中，部分乡镇和领导干部缺乏科学的指导，有的甚至为了私利背离了科学的发展策略，用行政命令过多干涉土地自由流转，或者直接用行政手段阻碍土地进行合理流转。我国法律明确规定农村土地流转采用民主议定原则，但大部分农民根本不知道什么是民主议定原则，更不用说在土地流转过程中去遵循。部分地方政府和基层干部为了获得短期经济效益和政绩成果，为了解决土地收费难、农业发展难等问题，瞎指挥，不但导致环境受到污染，资源未能合理配置，更严重损害了农民的合法权益和土地的延伸利益。

四是制度本身的缺陷。制度是指由人类设定的，制约人们经济行为成文的规范。人们往往说我国地大物博，但实际上我国土地资源紧缺，人均耕地面积只有 1.4 亩，不及世界人均耕地面积的一半。土地流转属于社会经济活动，那么在其中各方必然存在共同利益或利益冲突，制度缺陷导致农民在进行土地流转中的权益受损。没有健全的法律制度作后盾，当农民的利益受损时就没有强制的惩处，不但使得农民的利益无保护之伞，更为严重的是导致这种侵害行为会反复发生。

三、保障农村土地流转收入的建议

（一）明确土地产权，界定土地权责

"物权平等保护"是我国《物权法》的一个基本理念。国家土地所有权和集体土地所有权平等，就是要求国家所有者和集体所有者都平等地对其土地享有占有、使用、收益和处分的权利，因此，明确集体所有权主体地位是确保农民土地权益的首要前提。要将目前主体仍不明晰的共同共有制（或总有制）改为按份共有制，即可实行集体土地股份制。集体土地所有权行使应通过农民集体成员股东大会的决策机制，其收益归属于全体股东并按股分配，其最终处分权属于全体股东（王权典，2011）。国家应该明文规定农村土地的所有权主体，明文规定农民土地所有权的份额，以法律的形式和国家颁证的形式确定农民对土地的拥有权，从制度上确定集体经济组织和农民土地财产的法律关系。建立土地所有权和土地物权化的土地权流转制度，完善农民宅基地使用权转让和农村集体建设用地使用权流转的法律法规，做好农民获得财产性收入的基础保障。

（二）构建统一、正规的土地交易市场

市场经济的各项交易都应该在市场的调节和分配下进行，推进土地流转，就要建立一个规范化的土地流转市场，并且建立严格而规范的配套制度和措施。首先，要在各区域建立统一的农村土地流转交易市场。农民可以通过在土地流转交易市场进行登记、评估，将土地信息和情况公示；土地需求者也可以进入市场登记，寻找适合自己需求的土地；交易市场通过各种方式将土地进行合理流转，使固化的土地资源灵活起来，实现农户和需求者的有效对接。其次，设立农民土地流转专管部门，对农民土地流转进行服务和监管。规定土地交易的手续、步骤及对土地流转双方的交易进行法律公证，保证土地流转的合法性，同时也为保障土地流转双方的合法权益提供条件。最后，引入城市建设土地管理和评估办法，设立专门的法律制度规定土地流转价格评估程序和定价机制。根据土地具体情况和区域经济发展水平等对土地进行市场价格评估，避免交易价格混乱，并且根据经济发展趋势，从法律和制度上对土地的延伸利益和再循环增值进行保护。

（三）充分实现政府行政、服务职能

政府机构和基层干部是农民进行土地流转时最直接的指导者和服务者，政府应挑选具有较强土地流转知识和经济能力的人作为土地流转的行政管理人员和农村基层服务人员，要提高他们的文化素养、法律知识和经济观念，指导农户正确行使土地的流转权利。一方面，政府和基层行政服务人员要弄清自己的角色，深刻树立人民公仆思想，全心全意为农民服务。另一方面，要充分实现农村民主自治权力，依照法律对自己拥有的土地行使权力，在自主、资源的情况下转让自己的土地。

（四）提高农民的维权意识，依法管理

农民群体法律知识较淡薄，要在农民土地流转中保护好农民的合法权益，就要在完善相关法律的同时，大力宣传与农村土地相关的法律，让农民了解更多的法律知识，增强承包农户的法律意识和法制观念，自觉守法、护法，正确行使权力，有效防止各种矛盾发生。同时对于农民权益受损的情况，应依法给予帮助，但不应该出现"人情户"和"关系户"等情况。既要让农民清楚知道自己是土地的主人，自己可以维护自身的合法权益，同时也要让他们依法办事，按章转让。

（五）建立完善的农民社会保障制度

建立完善的农民社会保障制度，不仅有助于实现农业规模化和可持续化发展，建设社会主义新农村，而且有助于广大农村剩余土地和闲置土地向需求者流转；既可以解决城市用地荒，又可以解决农村土地资源利用率不高的问题，有助于解决土地和收入分配问题。所以，建立完善的农民社会保障制度是解决"三农"问题、实现农村人均收入增加、缩小贫富差距的一个重要突破口，也为农民土地流转后的生产生活建立了保障。

参考文献

［1］陈超,任大廷.基于前景理论视角的农民土地流转行为决策分析［J］.中国农业资源与区划,2011(2):19-21.

［2］刘远熙.论土地流转与农民土地权益的保护［J］.农村经济,2011(4):53-56.

［3］郭立建.农民土地承包经营权流转机制研究［J］.河南社会科学,2007(4):154-156.

［4］张岑晟.我国农村土地流转中的主要问题与政府作为［J］.安徽农业科学,2011(23):14308-14310.

[5] 王军沣,伍振军. 农地流转的市场模式与参与方动机解析[J].北京:三农新解, 2011(2):77-83.

[6] 何虹. 农村土地流转中农民土地权益的法律保护[J].现代经济探讨,2012(1): 83-87.

[7] 田霞,王文昌. 农地流转中的农民土地权益保护问题探析[J].山西农业大学学报,2009(5):461-464.

[8] 徐溯. 市民化与农民土地资源流转的公共政策[J].中共四川省委党校学报,2011 (4):26-29.

[9] 郑鹏程. 新农村建设中农民土地流转的问题与对策研究[J].安徽农业科学,2012 (3):1879-1880.

[10]《推进乐山土地流转制度建设对策研究》课题组. 依法规范土地流转——切实保护农民土地权益[J].中共乐山市委党校学报,2010(2):19-23.

[11] 王权典. 农民土地权利保障因应法律变革之演进——结合《物权法》的基本理念及创制范畴[J].河北法学,2011(6):17-25.

[12] 陈永昌. 土地产权制度的重大创新——探索农民土地经营权流转制度改革[J].北方经贸,2001(4):6-8.

农村土地流转的风险及防范机制研究

一、我国农村土地流转的现状

随着经济社会的发展及城镇化和工业化的加速，土地流转成为必然趋势。近年来，农村土地流转规模扩大，2007 年全国农村土地承包流转总面积为 6372 万亩，仅占家庭承包耕地总面积的 5.2%。截至目前，全国农村土地流转面积已达 1.5 亿亩，超过全国承包耕地面积的 12%[1]；流转形式呈现出转包、转让、互换、租赁、入股等多种流转形式；越来越多的社会工商企业、龙头企业、农民专业合作组织和专业大户等规模经营主体参与流转，流转主体多元化；流转土地用途逐步由过去的单一粮食生产向蔬菜、养殖业、畜牧业、中草药等非粮食生产发展。土地流转有力地调整了农业结构，提高了农业效益，优化了城乡资源配置，加快了城镇化进程，增加了农民的收入。

但是，土地流转过程中存在着诸多问题。首先，土地流转的随意性、自发性强，口头协议多，流转合同的条款和内容不规范，程序过于简单，引发的纠纷较多。其次，土地流转机制不健全。土地流转市场没有形成，流转信息不畅，土地供求双方对接困难，土地评估缺乏依据，农民咨询缺少途径，鼓励土地流转的激励机制尚未形成，连接流转双方的政府指导机构和中介服务组织不够完善。再次，农民土地流转的意愿不高，土地流转地区差异较大。由于农业的比较利益低，土地对需求者的吸引力不高，再加上农民的恋土情结及担心失去土地后的风险，农民对土地流转的积极性低。经济发达地区的城镇化、工业化水平较高，第二、第三产业发展较快，农民非农就业渠道较多，对土地的依赖程度较低，土地流转的积极性较强，致使土地流转的规模相对较大。最后，农村土地产权不明晰，导致土地产权主体在村农民集体、乡镇农民集体及村民小组农民集体之间混淆，土地产权主体呈现出多元化的特征。现行的《土地管理法》《基本农田保护条例》及有关的行政法规对土地流转的方式、土地补偿价格、安置模式等规定不明确，权利界定模糊，弹性较大。

二、农村土地流转风险分析

（一）土地非农用途增加，存在粮食安全与生态破坏的风险

《中共中央关于推进农村改革发展若干重大问题的决定》明确规定：实行最严格的耕地保护制度，以确保 18 亿亩耕地红线，确保基本农田总量不减少，用途不改变；实行最严格的节约用地制度，提供的建设用地必须严格按照国家的法律规定和国家宏观调控所制定出来的总规模来执行。但是，村级管理者借助自身的资源优势，通过正式或非正式的渠道，直接或间接地侵害着土地流转的利益[2]。一些村集体打着集体用地的幌子非法征收土地，将土地的经营权从农民手中剥夺出来，然后以公共土地的名义办企业、建设乡村庄园或旅游度假村休闲场所、开发房地产；由于种粮比较效益低，为了获取土地效益的最大化，业主规模流转土地多用于发展优质经济作物、反季节作物、水产养殖等高附加值农业。因此，农业内部结构变动的不可控制性相应增大，土地资源要素的流动呈现出向具有高效行业转移集中的趋势，"非粮化"倾向增强，土地用途改变，用于种粮的面积和比重有缩减的趋势，从而影响粮食生产安全。同时，为了追求效益，业主在利益的驱动下可能会不顾生态环境保护，把原本属于林地、草地的土地用于建造工厂或者改种果树、药材、烟叶等经济作物，使得整个土地生态系统的多元性、协调性、层次性遭到破坏，抵御外界干扰的能力减弱，将不可避免地导致滑坡、泥石流等自然灾害频繁发生，或者带来大气污染、水污染、土壤污染及噪音污染等一系列破坏生态环境的问题。

（二）农民权益受损，存在群体性事件的风险

首先，部分地方政府出于政绩和利益需要，集中土地搞对外招商，强迫农民集中流转，农民的主体地位受到侵犯。一些乡镇政府、村委会成立集体组织机构，代表农民和业主进行谈判或交易。但是在这个过程中，由于对村委会及其成员的监督管理缺乏有效的措施，农村基层治理机制的不完善，以及土地流转的去向、方式、用途、收益、年限等事项，存在着未按程序经村民大会或村民代表大会讨论通过的情况，农民的知情权、参与权、决策权得不到保障[3]。其次，业主在对土地进行合并及建立相关基础设施后，如出现亏损或破产的情况，将可能违背流转合约，使农民遭受租

金损失；再加上土地流转的协议多是口头协议，有书面协议的也没有全部登记并进行公证，对双方的权利义务及违约责任没有明确规定。最后，随着公司的进一步发展，公司收益迅速增长，而农民收益却增长缓慢。土地流转价格偏低，不能反映土地要素实际价值和升值预期，导致农民心理失衡。一些地区设立土地流转集体资金，但农民对集体资金的使用情况缺乏了解，农民的权益受到损害。上述诸多情况交织在一起或者扩大化，有相同利益诉求的农民或种植大户等很容易形成暂时的群体，从而酿成群体性事件。

（三）农村土地流转规模过大，存在政治风险

土地流转速度快速增加，将造成诸多负面影响。首先，失地、失业人数增加，影响社会稳定。《全国土地利用总体规划纲要》指出，2000—2030年的30年间占用耕地将超过5450万亩。现代农业经济理论认为，每征用1亩地，将伴随着1.5个农民失业。农村社会保障体系不完善，农民就业能力偏低，城市非农产业对农村剩余劳动力吸纳能力有限，大批失地、失业农民存在，将凸显各种社会矛盾及政治问题。其次，土地规模经营提高土地效益，业主从中获得较高的收益。由于土地流转体系存在问题及政府在土地流转中的引导、调控、监督功能没有充分发挥，可能导致农民的收入水平下降，加大贫富差距，从而致使农民步入贫困及农民对政府的信任度下降。最后，按照我国现行的承包地流转方式，低价长租、转让、地权抵押融资和以承包地使用权入股设立公司等正常合法的流转方式长期实施，有可能使土地向私人资本集中，或被国际大资本控制，将危及粮食安全及重要经济领域安全。居安思危方能长治久安！[4]

（四）农村土地流转速度过快，存在文化风险

土地流转加速了城镇化建设，同时农村文化面临严峻挑战。首先，土地流转促使大量农村剩余劳动力的产生，一部分失业或者隐性失业的农民整天无所事事，赌博盛行，偷抢事件时有发生，封建迷信活动沉渣泛起，严重影响和谐农村建设。其次，一些政府部门缺乏长远眼光和科学规划，把农村土地流转的资金集结起来大兴建房之风，形成统一的"洋房"。从表面上看，这种举动既符合有关规定，又增加了GDP，实质上却破坏了农村左邻右舍的乡风文化。最后，土地流转造就一大批农民转变为市民，一些农民虽然居住在城市，但他们仍然保留很强的农村生活习惯，特别是风俗和约定俗成的传统，与城市居民的交往则只限于表层的关系，缺少生活中

的情感性互动，他们对城市社会缺少归属感，对市民身份缺乏认同感，长此以往，农村文化和城市文化都遭到极大冲击。

三、土地流转的风险的防范措施

（一）实行农村土地流转听证会，确保土地流转的公开性与公平性

农村土地流转听证会是保证土地流转合法化、妥善解决因土地流转不透明等引发的各类问题的重要途径。土地流转听证会可以由相关国土监督部门主动发起或者由土地流转的双方当事人之一申请发起，经相关部门审核后确定并公告听证会举行的时间和地点，指定与该土地流转行为无关的人员为听证主持人，相关职能部门如发改委、规划局、农业局、国土局等及乡镇村民代表应该参加土地流转听证会。听证会按照法定程序进行，鼓励双方代表积极发言，相关部门应善于吸收双方的有益建议，听取双方关于土地流转的方式和方法，协调好双方的利益矛盾，力求能够达成共识，对矛盾突出的部分应着重研究，最终达到化解土地流转双方的矛盾和利益冲突的目的。

（二）建立土地流转风险预警机制和农村突发性事件应急机制

建立土地流转风险预警机制和农村突发性事件应急机制，既有利于切实维护人民群众的权益，又有利于国家经济社会的又好又快发展；既具有现实的必要性，又具有时代的紧迫感。土地流转风险预警是指对土地流转的风险进行综合分析、评估、推断、预测，内容应包括土地流转是否符合农民的意愿、是否满足相关规定、业主是否经营顺利、是否造成环境污染、是否提高农民生活水平、是否有利于建设和谐社会等与土地流转有利害关系的问题。根据土地流转风险程度事先发出警报信息，并结合土地流转双方的利益，提出相应的防治措施。

（三）健全土地流转中介组织，完善土地流转机制

土地流转中介组织的主要功能是土地使用权供求登记和信息的发布、中介协调和合同签订指导、跟踪服务和纠纷调处、价格评估等服务，为土地流转双方提供沟通、交流的渠道。它有助于提高土地流转的效率，有利于降低土地流转的风险。当前我国农村土地流转中介组织还处于自发和起步状态，运作不规范、组织化程度较低、运营机制不够完善。因此，要实现农村土地流转中介组织组建、运营、管理的法制化，逐步制定《农村土

地流转中介组织法》《土地管理法》《农村土地流转法》及《农村土地流转协会条例》等相关法律法规；要设立配套的土地流转中介组织监管机构，政府主导，社会共同参与，对于圈地运动、污染环境、经济纠纷、改变土地用途等情况加大监督力度和惩罚力度；要注重农村社会土地流转专业人才的培养，建立土地流转师的资质认证、考核、培训和监管制度。

（四）实施严格的土地用途管理制度，发展现代化农业

实施严格的土地用途管理制度的目的是限制生态破坏和确保粮食安全。按照产权明晰、用途管制、节约集约、严格管理的原则，完善农村土地管理制度，坚持最严格的耕地保护制度，实行最严格的节约用地制度，从严控制城乡建设用地[5]。应完善耕地登记制度，落实耕地保护责任制度，在土地流转中严格按照土地用途进行开发利用，提高土地资源的利益效率，努力减少非农建设用地规模，避免农村土地流转过程中的"非粮化"倾向。在确保农村土地数量的基础上大力发展现代化农业。加大农业投入，加大粮食生产补贴，实施种粮大户贴息贷款政策，提高粮食生产产业化程度，有条件的地区要积极探索发展农业保险以降低农业风险，发展农业物流业以节约农民生产成本和提高农产品生产的市场反应速度。

（五）建立健全以就业保障为重点的农村社会保障体系

一是积极实施"订单式"培训，完善培训政策，增加农民就业的能力。二是努力挖掘农村内部的就业潜力，发展乡镇企业，大力调整农产品结构，积极发展高产、优质、高效的农业，开发占用劳动力较多的、高附加值的特色品种，加快发展畜牧业和水产业，增强农村剩余劳动力向第二、第三产业转移。三是建立农村劳动力就业扶持机制，成立就业服务机构，健全农民失业保险制度，完善劳动法律体系，为农民就业提供良好的就业环境。建立多层次、全覆盖的农村社会保障体系，逐步实现社会保障城乡一体化，维护农民的根本权益，促进土地流转和防范土地流转风险。四是以土地流转为契机，积极探索土地换保障模式，建立土地流转资金保值增值机制。

参考文献：

[1] 全国承包耕地已有12%土地流转　面积达1.5亿亩[EB/OL].人民网新农村频道,http://nc.people.com.cn/GB/10537916.html.

[2] 潘鸿,王臣.新型农民培训的需求与供给[J].农业经济,2009(7):28.

［3］林旭.论农地流转的社会风险及其防范机制［J］.西南民族大学学报(人文社科版),2009(8):208.

［4］封德平.我国农村承包地流转所蕴涵的政治风险及其化解［J］.学术论坛,2010(7):103.

［5］郭晓莉.河南省农村土地流转及存在风险问题研究［J］.消费导刊,2009(12):43.

健全农地流转机制　推进现代农业发展

推进现代农业建设，是促进农民增加收入的基本途径，是提高农业综合生产能力的重要举措，是建设社会主义新农村的产业基础[1]。坚持农村基本经营制度，稳定土地承包关系，规范土地承包土地经营权流转，是推动现代农业发展的客观要求。当前，部分地区在推动农村土地承包经营权流转过程中，积累了许多经验，取得了较好的效益，但也不同程度地存在着不规范的现象，甚至发生了一些矛盾纠纷。为了进一步探讨健全农地流转机制，笔者对江苏省江都市农村土地流转经营现状进行了调查，并结合其他地区情况，对农地流转机制作一阐述。

一、农村土地流转经营现状

自 1998 年农村土地二轮承包以来，江苏省江都市实施土地流转面积约 22.35 万亩，占农民家庭承包土地经营面积的 30%。其中，转包面积 11.66 万亩，占 52.2%；转让面积 7.43 万亩，占 33.2%；土地入股面积 2.16 万亩，占 9.7%；其他形式的流转面积 1.1 万亩，占 4.9%[2]。农地流转的基本特点主要体现在以下几个方面：

1. 土地流转效益优良化

以前土地流转主要是依靠行政推动，由镇政府或村委会协调工作，对农户提出流转要求，目前主要是通过市场进行调节，合理分配流转经营收益，引导农民自发进行土地流转。该市丁伙镇为加快发展花木产业，自土地二轮承包以来，已流转土地 1.63 万亩，签订流转合同 4135 份，农民普遍从土地流转中受益。

2. 土地流转形式多样化

该地区的土地流转有转包、转让、互换、租赁、入股等几种形式，其中以转包、转让、入股三种形式为主，占流转总面积的 95.4%。土地股份合作制作为一种以土地使用权入股经营的模式，有力地推动了农村土地流转，在行政引导与利益推动的双重激励下，合作运行质态较好，入股土地面积不断扩大，受益农民不断增多。至2007年第一季度，江都市已成立农村土地股份合作社60个，入股农户8949户，入股土地面积2.16万亩。

3. 土地流转主体多元化

农村土地流转在确保本地人员优先承包的前提下，突破了在本村、组、农户间进行流转的局限，跨村跨镇甚至跨更大区域的异地承包形式不断增多，参与的主体除农户外，经济技术部门、科研机构、工商企业等投资主体参与土地流转和经营的逐渐增多，特别是由于农业招商引资的力度加大，工商资本投入农业不断增加，缓解了农业长期以来投入不足的困难，通过引进先进的农业生产管理技术和装备，为传统农业的提升发展和现代农业的加快发展注入了强大的活力。江都市现代花木产业园、苏武农业科技示范园、永安猕猴桃科技示范园、超大集团小纪农业示范园等10个千亩以上重点农业园区，经过几年的发展，产业化经营模式日趋成熟，已成为拉动地方经济发展、促进农民增收的新的增长极。

4. 土地流转收益明显化

土地流转的基本动力是收益分配机制。部分地区在土地流转过程中，存在集体截留、克扣农户的土地流转收益的行为，通过土地流转机制的健全，一般都能将土地流转的收益全额返还给原承包户。对原来土地流转承包金偏低的，采取积极引导流转双方平等协商的办法，予以适当提高和补足。对于土地二轮承包前形成的集体农场，则由集体发包，集体所得的收益分配基本向农民倾斜。江都市真武镇真北村将集体农业对外发包的800多亩土地承包金由原来每亩180元提高到每亩330元，并全额返还给原承包户，增加了农民的收益。

二、农村土地流转动力因素分析

农村土地使用权流转不同于农地调整，调整是行政力量支配农民的行为，而使用权流转是基于市场和利益层面上的一种经济行为。推动农地使用权规范有序流转，可以解决因土地调整而产生的一些矛盾纠纷，能够切实保护农民的土地权益。农村土地流转主要有以下几方面的动因：

1. 农业产业化水平逐渐提高，规模农业发展迅速

该地区近年来不断加大农业结构调整力度，推进高效农业规模化发展，重点培育花木、蔬菜、特水等特色产业，仅这三类特色产业已发展到43万亩。规模特色农业发展促进了农村土地流转，同时也增强了土地的经营效

益。在农业产业化经营方面，目前该地区现代花木产业园等 10 个重点农业园建成面积达 2 万亩，市级以上农业龙头企业发展到 12 家，"龙头企业+生产基地+农户"的经营机制进一步优化，农民从农业现代化的经营模式中得到了实惠，从心理上愿意将土地流转出去，加速推动了农业适度规模经营。

2. 非农产业迅速发展，劳动力转移力度加大

一方面，由于农业比较效益不高，从事农业生产比较苦累，部分青壮劳动力和有一定技能的农民纷纷外出务工就业，劳务收入远远高于务农收入；另一方面，随着农村城镇化进程不断加快，非农产业对农业用地需求量不断增加，现代农业发展也要求适度规模经营，由此，经济发展对土地的需求迎合了农民离开土地的愿望，为土地流转提供了基本条件。

3. 强势资本注入农业，农业生产技术装备进一步提升

农业小规模分散经营与机械化大生产形成了一对体制性制约矛盾，土地分散种植制约了农业机械化生产进程，农业机械化水平不高导致了农业生产水平得不到突破，只有解决这一对物质与技术之间相互制约的矛盾，才能真正使农业生产力得到彻底解放。地方政府为提升农业产业化水平，大力开展招商引资，社会资本不断注入农业，民间与政府对农业投入的共同意志和行为为农业发展凝成了一股新力量。高效农业规模化、土地经营集约化、农业装备机械化、农业经营产业化等是推动现代农业发展的强劲动力，土地流转正是顺应现代农业发展和提升农业产业化经营水平的要求而出现的新型土地供给方式。

三、农村土地流转存在的问题

由于经济社会发展等多种因素，土地流转行为仍不够规范，流转机制还不健全，因土地流转而产生的矛盾纠纷时有发生，存在的问题主要表现在以下几个方面：

1. 土地流转信息公开程度不高

由于农村地区信息化水平不高，外部不能及时了解到个体农户的土地经营行为，难以把握土地流转信息，土地流转多数是在农户之间进行，在一定程度上表现出了排他性。土地资源信息传递机制与市场有效需求衔接程度不高，导致土地使用权流转成本增加，制约了土地规模经营的效率，阻碍了现代农业的发展。因此，土地资源要实现高效、规模、集约化的经营，必须突破资源信息不畅通的弊端。

2. 土地流转效率不高

由于市场经济发展的不稳定性，农民外出务工行为也具有不稳定性，返乡务农的现象时有发生，农民对土地经营的不稳定性，导致土地流转和规模经营的难度增大，这一点从根本上制约了土地的流转效率。另外，由于国家对农民种粮实施补贴，制定了免去相关税收的政策，调动了农民经营土地的积极性，部分农民对原流转出去的土地，认为是一种利益损失，要求与现承包人终止土地流转合同或要求提高土地租金。由于终止承租合同，违约方要承担违约责任，在农户利益和要求得不到满足、承包大户不能接受退租的情况下，容易造成农户与承包户矛盾激化。

3. 农业用地非农用途现象时有发生

地方政府对农村土地用途监管不严，执行耕地保护政策力度不大，使得部分农村土地存在着农地流转后用于第二、第三产业开发的现象。由于农业比较效益低，许多经营主体将流转的土地用于非农产业开发，转换土地用途的性质。农业用地非农化能够促进农民增收，增加集体收入，对促进当地经济发展有一定的积极作用。但是由于在发生土地流转时，发包价格是按照土地农业用途时的市场价格来决定的，当土地用途发生变化时，其承包价格要远远高于农业用途时的承包价，而这部分差价却得不到合理的分配。因此，必然会产生矛盾纠纷，给基层的稳定埋下了隐患，一定程度上扰乱了农业经济秩序。

4. 土地流转难成规模

土地使用权流转具有不稳定性，主要是因为非农产业的不发达和非农就业机会不多，外出务工就业相对不固定，经商风险较大，农民创业本领不强，技能素质不高，年龄结构偏大，农业收入仍是许多农民家庭收入的主要来源。由此，许多农民不愿放弃承包土地，分散种植与规模经营成为一对鲜明的矛盾。另外，许多土地流转是在农户间自发进行的，缺乏专业组织引导土地流转，组织化规模经营机制不健全，难以改变土地分散种植经营的局面。

5. 流转收益缺乏长效增长机制

由于土地使用权流转主体双方都对农业生产经营效益预期不足，对土地流转租金的商定一般是按照当时的市场价格标准约定的，期限较长的租赁协议对土地承包租赁价格没有一个合理的衡量标准，多数合同对流转租金一定几年不变，没有构建一个良好的土地收益递增长效机制，某种程度上侵害了农民土地收益的权利。

四、健全农村土地流转机制的对策

当前，农村土地流转市场化运作机制尚未形成，流转形式主要以集体组织推动、农户间自愿或中介组织带动等为主，通过市场带动的形式较少，由此产生的问题是土地资源达不到利用的最优状态。因此，推动农地市场化运作，有序推进农村土地流转，是提高农村土地制度效率、优化农地资源配置的重要措施。

（一）完善农地市场化运作机制

农户缺乏承包土地的所有权能，致使农户对集体组织的依赖性较强，部分农村地区集体组织功能逐渐弱化。集体组织功能弱化和农户经营自主化，影响了现代农业的进程，制约着农村经济持续健康发展，阻碍着农民收入增长长效机制的构建。其中，土地流转不畅因素已成为影响农业产业化和农民现代化的体制性障碍，而土地流转不畅的原因主要在于农村土地缺乏健全的流转市场和相应的配套措施。农村土地市场化流转的基本思路是以价格为杠杆，通过市场化运作，使农民拥有土地经营决策权、长久的使用权和最终支配权，并将使用权、占有权、支配权有效组合成具有产权性质的、可交易的、排他性的经营权，从而彻底实现农业土地上的所有权和经营权的两权分离[3]。完善农地市场化运作机制，要做到以下几点：

1. 明确农地市场经营主体

虽然集体拥有土地的最终处置权，农民享有使用权，但是经营权使用长期化的设置已经表明农民在较长时期内拥有排他性的权利。在承包期内，未经承包农户的同意，集体不可以随意调整农民土地或变更承包主体。因此，在发生农地使用权流转时，农户是土地流转的主体，土地流转的决定权在于承包的农户，而不是架设在集体组织名义之下的行政人员或其他中介组织。

2. 完善农地市场功能

由于政策因素及土地商品特性，我国农地没有得到相应的市场地位，不能直接进入市场进行交易，农地使用权市场大体可以分为两级：一是农地所有者让渡农地使用权的一级市场，二是农地使用权转为国有土地后进行再转让的二级市场。农地征用非农化用途时，农地使用权不能直接出让给非农用地建设单位，须先征归国有，再由国家土地管理部门将土地使用权转让给相关用地单位。农地二级市场是农地使用权主体将农地使用权再转移给其他农地使用者所形成的市场[4]。在当前法律政策环境下的土地市场，农地使用权出让涉及多方主体，即承包农户、基层集体组织、国土管理部门和用地主体等。基于多元主体的出现，农地使用权在市场上流转形成的收益该如何合理分配，是完善农地市场秩序和功能的关键。法律赋予农民拥有土地使用权，土地流转后形成的收益应当充分实现农民使用权人的收益，集体组织和土地管理部门不应当截留或非法获取土地收益。

3. 健全农地市场运行机制

规范农地流转行为，健全农地市场运行机制，要坚持"自愿、公平、效率"的原则。首先，坚持流转自愿原则。这是促进农地市场健康运行的基本要求，是保护农民利益的必要前提。如果农民对自己的土地使用权都没有自由决定权，那么《土地承包法》就失去了稳定农民土地承包经营权的意义。其次，土地流转价格要遵从市场需求定价，体现市场公平性。一些地区采取低价转包，承包价格多年不变，该做法可能造成农民土地权益受损，容易引发矛盾纠纷。因此，土地流转价格要按照市场的运行规则和需求来合理定位，要充分体现出土地这一特殊商品的实际价值，确保农民土地权益不受侵犯。再次，要以土地适度规模经营为导向，提高土地利用效率。农村土地流转市场的建立，是为了更加有效地引导土地向市场主体集中、向规模经营集中。因此，要充分发挥市场机制的导向作用，引导土地向农业适度规模经营集中，促进农地资源优化配置，提高农地经营效率。

4. 建立土地流转收益递增机制

目前，许多地区土地流转价格一旦确定多年不变，没有形成一个土地收益弹性机制，缺乏农地流转收益递增机制。在规范有序推进土地流转的同时，应当加强合理分配土地流转收益，构建起土地收益递增长效机制，充分实现农民的土地权益。

5. 转变村级集体组织职能

村级组织在农村税费政策时代承担着收缴税费的职能，在农民负担政策逐步规范完善、农业税全部免征、实施农业生产补贴等政策下，村级组织的管理功能逐步弱化，只有加快转变村级组织职能，才能摆脱村级组织名存实亡的困境。在农地经营管理方面，村组织可依据农户自愿，成立土地资产经营管理实体，直接承担促进农地的保值、增值义务，积极引导土地资源规模化经营，维护农民的土地权益。

（二）构建土地资源信息管理平台

农村土地资源信息化管理是推进农村土地资源优化配置的有效手段，

为规范农村土地资源管理、加快推动农业结构调整提供了便捷、有效的信息服务平台。为了充分发挥农村土地资源的经济效用，加速推进农村土地股份合作，江苏省江都市按照农业部的相关要求，选取武坚镇作为农村土地资源信息化管理工作试点，此项工作取得了一定的成效，对构建新型的农地资源信息管理平台起到了一定的借鉴作用。当然，就当前我国农村地区经济发展的水平，农地资源信息管理平台建设仍然任重道远。在构建农地资源信息化管理平台时，要注重以下几个方面问题：

1. **全面核实农村土地资源信息**

针对地区实际，对本地的土地承包面积、承包主体、土地经营现状、土地经营趋势等进行翔实的调查和梳理，将这些信息分区域、分层次、分期限、分用途进行汇总，统一记载到信息管理系统，以便及时了解本地的土地资源翔实信息，掌握土地资源现状，为推动土地规模经营、发展现代农业提供第一手基础资料。

2. **实施土地资源信息动态管理**

建立土地资源信息管理平台的目的是及时掌握土地资源利用现状和趋势，为经营主体提供便捷的信息服务。因此，建立信息平台，要注重反映土地资源利用的动态情况，要充分反映出承包农户对土地经营的现状、流转意愿、拟采取何种方式流转土地等信息，为土地经营主体提供有效的信息。

3. **强化土地资源绩效管理**

影响农地效率的因素是多方面的，其中农地制度安排是根本因素，农地资源配置效率是直接因素，如何合理配置农地资源，实现农地利用效率最优化，是构建土地资源信息管理平台的重要任务之一。要充分发挥土地资源信息管理平台对农户土地承包经营权的合法保护作用，为农民的土地承包现状及变动情况提供佐证，有效防止他方非法调整农地用途、侵害农民土地承包权益的行为，这也是进行农地资源绩效管理的基本要求。土地资源信息管理平台要充分体现出农地利用的最优方式、区域优势条件状况，以及土地利用投入状况等，以此为经营主体从事农业生产的决策提供依据。

（三）强化土地流转中间组织服务功能

加快农地市场化建设，不仅要有制度保障，还要有健全的组织保障，完善农地流转中间组织是构建农村土地市场的重要环节之一，中间组织在市场供需主体间发挥着信息传递、沟通调解、合理建议等作用。因此，要健全农地市场流转机制，必须强化土地流转中间组织的服务功能，其中基层集体组织发挥着关键的作用。

1. 充分发挥村级集体的组织作用

村级组织虽然在经济功能上与以前相比有所弱化，但是作为农民集体的政治性组织，在处理农民生产生活问题、协调经济关系、发展地方经济上仍具有一定的作用。外部经营主体想获取基层具体信息，还必须通过村级组织才能获得，否则得到的信息是不完整的。因此，在健全土地流转机制方面，要继续发挥村级组织的行政推动作用、沟通协调和服务作用，服务于地方经济发展，为农村土地有序流转、减少矛盾纠纷提供组织保障。

2. 规范农地市场交易秩序

针对部分地区土地流转行为不规范、流转手续不全、程序不到位、流转合同签订不完善等问题，要继续加强规范农地市场交易秩序，公开程序，减少流转环节和成本，提高流转效率和程序合法性，确保农民利益不受损失。

3. 突出中间组织的服务功能

由于市场主体呈多元发展趋势，介入农业生产经营的主体也日益增多，农民专业生产组织程度不断提高，合作水平有了新的提升，农地资产经营组织等类似的中介服务机构在健全农地流转机制过程中起着重要作用。该类组织以农地经营效率为目的，以市场为调节手段，优化土地资源配置，真正做到地尽其用，为提高农业效益、促进农民增收发挥良好的服务作用。因此，在规范农地市场交易秩序的同时，要不断加强中间服务组织的引导、服务作用，促进农地效率不断提高。

总之，发展现代农业，推进社会主义新农村建设，需要创新农村经营机制，不断提高农村土地经营水平，拓展农村土地经营方式，建立起适合农村经济发展的新型土地经营关系。

参考文献

[1] 中共中央 国务院关于积极发展现代农业扎实推进社会主义新农村建设的若干意见.中发〔2007〕1号文件,2006-12-31.

[2] 江都市委农村工作办公室.江苏省江都市2006年农经统计年报.

[3] 孙英威,等.农村土地有序流转须完善配套措施[J].高管信息,2007(11):5.

[4] 金丽馥.中国农民失地问题的制度分析[M].北京:高等教育出版社,2007.

关于农村耕地整治发展与建议

一、引言

我国虽然地域辽阔，国土面积位居世界第三，但是我国的人口数量居世界第一，可用耕地人均 0.09hm²，还不到世界人均的 1/2。在过去的十几年中，我国大力发展建设，使得耕地减少超过 0.07 亿 hm²，人们对耕地的需求日益凸显，人地矛盾日益尖锐。目前是中国工业化、城镇化、信息化和农业现代化四化同步发展的重要时期，为了缓解工业化、城镇化发展带来的日益突出的耕地供需矛盾，需要大力推进耕地整治工作，不断拓展建设用地空间，用持续的土地供应支撑工业化、城镇化持续健康发展。由于长期以来中国农田缺乏统一有机的规划，加上城镇化发展的加速，耕地地块形态破碎，耕地利用十分粗放，利用率不高；耕地利用结构和布局不合理，产出效率低，制约了"良田良种良法"相结合的现代农业发展。只有解决了地块的进入性和可高效操作性问题，先进农业装备才能够发挥作用，解放劳动生产率。切实促进"农业增产、农民增收、农村繁荣"，亟须大力推进耕地整治，补充耕地数量、提高耕地质量，巩固粮食安全基础，改善农村生产生活条件，降低农业成本以实现增产增收。因此，耕地整治与工程技术的共同作用，是快速提升现代农业发展的重要途径[1]。

农村耕地整治包括：一是对集体建设用地、宅基地和农民生产用地进行复垦；二是统一规划、管理、建设基础设施和公共服务的相关配套系统。农村耕地整治涉及耕地治理、复垦、开发、村镇规划、基本农田建设等各方面内容，是一项综合性的耕地利用与治理活动[2]。

二、国外成功经验的启示

纵观世界各国发展现代农业的历史，各国走的都是提升劳动生产率、增强农业竞争力的道路。通过扩大经营规模，提高技术和装备水平，大幅提升劳动生产率，落脚点都是耕地整治。德国通过全面重新规划耕地、整顿和修建道路网、更新村庄、兴修水利及各种土壤保护、自然保护和景观维护等措施，改善农林业的生产经营条件，合理开发利用耕地资源，保护乡村自然环境和景观，促进乡村基础设施建设，改善乡村生产、生存条件，保持进而提高乡村地区的生活价值，增加对居民的吸引力[3]。

耕地整治本质是有利于提高区域内耕地利用效率的农田交换和交易，并辅之以必要的工程建设行为，实质性地改变耕地条件。日本耕地整治后的田块最小不低于 $0.2hm^2$，一般是 $0.6hm^2$ 以上[4]。这是基于提高农业机械化使用效率的考虑。因此，我国耕地整治必须注意：田块规划建设一定要注重规格和布置，田块不能小，适应适度规模农业机械化作业使用效率的要求。

我国南方农村的情况与日本当年实行耕地整治时的情形很相似：一是耕地细碎化和分散化；二是耕地总面积不断减少，但撂荒耕地的面积却逐渐增加；三是农业人口老龄化、青壮农业劳动者向城市转移；四是用地矛盾十分突出，工业化和城市化发展用地大举向农村地区进军。日本通过法律法规建设、公众高度参与、提高土地整治综合效益等一系列措施，保障了土地整治有序运作。具体体现在：① 日本颁布了《农地法》《农业振兴地域法》《土地改良法》等。这些法律制度体系，有力地推进了日本土地整治工作的开展。② 日本土地整治制定了周密的工作程序并严格执行，保证公众的参与。在进行土地整治前，由土地整治区域中各村的村民代表和指导人员组成的委员会对规划方案、土地权属和地块调整方案等进行讨论和表决，经委员会 2/3 以上的成员同意后，土地整治工程才开始实施。③ 重视生态环境效应。日本开展的生态型耕地整治，不仅注重增加有效耕地面积，而且更注重通过耕地整治防治水土流失、土地荒漠化、土地盐碱化、土地污染、土地贫瘠化和土地损毁等问题；重视耕地整治综合效应，1955年日本颁布的《町村合并促进法》，促使日本村庄数量在 25 年的时间里减少了近 70%，土地整治有力地推动了日本的城镇化进程[5]。国外还非常重视耕地整治新技术的研究，早在 20 世纪 80 年代，德国巴伐利亚州已普遍应用计算机数据处理技术，建立耕地整治信息系统（LE-GIS），将耕地整治的各种数据、图件和权属状况等资料储存于该系统中[3]。

三、农村耕地整治存在的问题

（一）耕地整治规划缺乏权威性和严肃性

科学编制耕地整治规划，是做好耕地整治的前提和保障，规划一经批准，必须严格执行。但目前缺乏有效的规划效能监督机制，存在随意修改、变更规划的问题，缺乏规划的权威性和严肃性。

（二）缺乏法律制度的保证

目前，我国指导土地流转和整治的法规只有《农村土地承包法》和《农村土地承包经营权流转管理办法》等。土地整治在项目实施、工程招投标等方面，出现了一些侵害群众利益的问题，迫切需要出台一部土地整治法，依法推进土地整治[6]。

（三）农民的动力不足

由于政府宣传引导工作不到位，基层群众缺乏对土地流转和耕地整治政策法规的理解，担心会失去耕地承包经营权，进而失去生活的依靠，一些已经脱离农业的农户和长期进城务工人员也普遍把耕地作为最基本的生活保障。这就决定了农民不肯轻易离开耕地，宁可粗放经营，甚至不惜使耕地荒芜、闲置，也不肯把耕地交出来[7]。

（四）缺乏技术支持

耕地整治不仅关乎耕地，还涉及生态、环境、经济与社会等各个方面，具有很强的技术性，需要有充分的技术支持，以防止因不当的耕地整治造成环境不可逆。一些地区在耕地整治后，忽视自然条件，缺乏对本地生态环境的保护；农田建设千篇一律，忽视本地区农民需求和本地特色[8]。

四、农村耕地整治工作的建议

应紧紧围绕保护"18亿亩"红线的耕地数量，提高耕地质量，改善生产条件，优化用地格局，促进农民增收，加速新农村建设和农业现代化建设。具体的建议体现为6个有利于。

（一）有利于增强粮食的综合生产能力

农村耕地整治通过改造开发低效用地、不合理用地和未利用地，增强粮食综合生产能力。对耕地、宅基地和集体建设用地进行整理复垦，在增加耕地的同时，建设高标准基本农田。集中连片推进耕地平整、农田水利、田间道路及林网等建设，应按照良种、良法和良田同步推进，有利于农作物的生长发育，有利于水土保持，满足灌溉排水要求和防风要求，便于经营管理，提高农业综合生产能力，保障国家粮食安全。

（二）有利于适度规模机械化作业

农村耕地整治按照适度规模生产的要求、连片 3.33hm² 以上的规模和 0.6hm² 以上的田块，归并零散地块，鼓励农田向家庭农场和农业企业集中，提高农业生产的规模化、产业化和集约化，改变过去传统农业对耕地的粗放利用、经营模式，有利于田间机械化作业，提高农机使用效率，解放农村劳动力，提高农业生物技术和工程技术的现代化水平。

（三）有利于信息化动态监测管理

充分结合区域耕地整治工作的特点，运用最新的信息技术手段，研发区域耕地开发整治动态监测与管理信息系统。采用卫星遥感、无人机低空测量、GIS 等"3S"技术，以及数据库技术和网络技术等高科技手段建立区域耕地整治动态监测与管理信息系统。对项目区实施前、中、后的影像进行遥拍，通过不同时期、不同类型的数据对比分析，掌握项目实施的进展情况。对耕地开发整治进度进行动态监测管理，及时进行施工、变更、竣工及绩效评价的综合分析，为国家、地方政府提供决策依据。

（四）有利于促进生态农业的发展

耕地整治是对耕地资源及其利用方式的再组织和再优化过程，是一项复杂的系统工程，其整理过程改变了地表生态系统，必然对生态环境造成影响。农村耕地整治必须遵循自然生态规律，从不同尺度维护和修复自然生态过程和生物链，提高生态系统弹性和生态服务功能。通过自然资源保护、生态环境修复、生态网络和生态基础设施建设，保护生物多样性，提高乡村生态服务功能和景观价值，构建具有生物多样性保护、生态安全和美学价值的耕地利用空间格局[9]。

（五）有利于发展特色经济作物

由于作物生长对土壤、地形、气候等立地条件具有选择性，不同土地环境的作物生长具有差异性，对于经济作物尤其不能盲目用一种耕地标准，所以针对区域特色经济作物进行适宜性评价显得尤为重要。采用历史经验和建立先进的评价模型，对某个区域的耕地进行适宜性定量化评价。在深入开展耕地适宜性分析基础上，做好各类用地结构和布局的规划设计，因地制宜地进行耕地的功能布局和综合优化，促进农业生产结构调整。

（六）有利于加快新农村建设

农村耕地整治应有利于农村综合整治，完善配套设施，改善人居环境，改造旧村、建设新村，形成农村人口向城镇和中心村集中，产业向集聚区集中，耕地向规模经营集中的新农村格局。同时，可改善农业生产条件，促进农村富余劳动力转移，促进农民收入持续增长，加快新农村建设[10]。

联合推进农村耕地综合整治工作、惠民富民工程、新农村建设，收到了"一石三鸟"的成效[11]。开展农村耕地整治，人们对耕地应有新的认识。耕地到底该怎么用？人往哪里去？农业设施如何布局？只要我们有科学规划、法律保证、技术支撑，真抓实干，农村耕地整治将给我们带来巨大的生产力。

通过建立保障农业和粮食安全的耕地利用工程科技支撑体系，完善耕地保护体系、管理体系、支撑体系的建设，突破一批良田建设、保育与管控技术，建设一批高标准良田实验基地，落实《全国土地利用总体规划纲要（2006—2020年）》目标任务。到2020年初步形成耕地利用工程现代技术体系及耕地提等增长综合技术体系，建设"3亿~4亿亩"优质良田，更好地服务于高产、优质、高效、生态、安全的现代农业建设，更好地服务国家粮食安全和社会经济发展。

参考文献

[1] 郧文聚.没有农田整治，就没有现代农业[J].中国土地，2010(11):13-14.

[2] 韩育强.新农村建设中的土地整治策略分析[J].企业研究，2012(8):182-183.

[3] 郭飞.国内外土地整治研究进展[J].广东土地科学，2013,12(1):15-21.

[4] 郧文聚.鸟瞰日本土地整治[J].资源刊，2011(6):48-49.

[5] 袁中友，杜继丰，王枫.日本土地整治经验及其对中国的启示[J].国土资源情报，2012(3):15-19.

[6] 郧文聚.关于加快土地整治创新的思考[J].华中农业大学学报(社会科学版)，2011(6):1-5.

[7] 负鸿琬.农村土地流转的制约因素与对策[J].财务与金融，2011(5):87-91.

[8] 乔润令，顾惠芳，王大伟.我国土地综合整治的现状、问题与对策[J].宏观经济管理，2012(2):32-35.

[9] 郧文聚，宇振荣.中国农村土地整治生态景观建设策略[J].农业工程学报，2011(4):1-6.

[10] 刘新卫，杨晓艳.农村土地整治与农业现代化浅析[J].国土资源情报，2012(11):29-34.

[11] 国瑞.农村土地利用新篇章———新时期农村土地整治的历史使命[J].中国土地，2011(6):1.

农村土地流转与农村社会保障的关联分析

一、引言

党的十六大报告指出，有条件的地方可按照依法、自愿、有偿的原则进行土地承包经营权流转，逐步发展规模经营。党的十七届三中全会通过的《中共中央关于推进农村改革发展若干重大问题的决定》中还指出，要"加快健全农村社会保障体系"和"解决好被征地农民就业、住房、社会保障"，将农村土地流转和农村社会保障推到了一个新的历史起点。农村土地流转问题和农村社会保障问题日益成为学术界关注的焦点。例如，构建土地流转制度下农民社会保障制度，是建立覆盖城乡的社会保障体系、保障民生的关键[1]；土地流转加速条件下农村社会保障制度的完善[2]；社会保障视野下的中国农村土地制度改革[3]；只有极少数学者从土地流转与农民社会保障体系互动关系进行研究[4]。从总体上分析，当前对农村土地流转与农村社会保障的关联研究的数量少、不够系统、欠缺可行性。因此，如何确保在推动农村土地流转的同时，完善农村社会保障，在健全农村社会保障的同时，促进农村土地流转，实现农村土地流转和农村社会保障双赢，是当前新农村建设、全面小康社会建设、和谐社会建设中不可忽视的重要问题。

二、健全农村社会保障体系是促进农村土地流转的有效途径与前提

随着城市化进程的加速，在比较利益的驱使下，农民的收入已不再局限于农业收入，农民纷纷进城务工，开始从事第二、第三产业。大多数农民在进行非农产业取得收入的同时，并不放弃土地，以便从土地取得较为稳定的农业收入，作为家庭收入的底线[5]。在没有健全的农村社会保障体系时，农民很大程度上需依靠土地获取基本的生活资料和经济来源，以土

地收入作为保障最低生活水平和抵御社会风险的主要手段。在农村集体拥有土地的制度下，农村土地是一种综合性保障载体，它包含了最低生活保障功能、医疗保障功能、养老保障功能、失业保障功能等全方位的社会保障功能。实行家庭联产承包责任制，赋予了农民对土地的承包经营权，这种土地承包经营权既可以作为农民从事非农职业的退路，又能增强其抵御非农就业风险的能力[6]。中国农村土地的双重功能严重阻碍了农村土地流转。

然而，传统的土地制度越来越难以适应经济和科技的发展，土地流转已是不可避免的态势，特别是一些种田能手或善于经营的高手很想利用农村廉价的土地资源，以此从事规模化、专业化经营与生产。土地转入方需要建立农村社会保障体系，以对因严重的自然灾害给农业生产造成的巨大损失或因市场价格波动给土地转入方带来的损失给予保障。同时，农民迫切地需要社会保障解决土地流转后的后顾之忧。因此，消除农民和土地转入方的后顾之忧是解决农村土地流转困境的关键，健全农村社会保障体系是促进农村土地流转的有效途径和前提。

三、加快农村土地流转是建立农村社会保障体系的切入点和动力

由于受城乡"二元"结构的影响，中国农村社会保障的发展还存在诸多问题。一是传统社会保障模式功能日益弱化。主要是因为人口老龄化和老年人高龄化加剧，客观上进一步加重了农村养老的压力[7]。家庭规模的小型化和农村劳动力向非农地区转移弱化了农村老年人的家庭经济支持与日常照料功能，农村的"空巢老人"和"孤老家庭"日渐增多。二是农村经济增长缓慢制约农村社会保障的资金筹集。中国的基尼系数由 1978 年的 0.331 增大到 2007 年的 0.50，城乡收入比由 1978 年的 2.57 扩大为 2008 年的 3.34。农村居民收入增长还受到市场因素和自然因素的双重制约。三是农村社会保障资源欠缺。有关调查显示，占总人口 20% 的城市居民享受着 89% 的社会保障，占人口 80% 的农民享受的社会保障仅占 11%。失地农民实际上是处于"种田无地，上班无岗，低保无份"的状况[8]。农村社会保障仍然是影响经济社会稳定发展的重大课题。

农村土地流转对农村社会保障的积极影响主要有两个方面：一是农村土地流转为农村社会保障提供资金支持。土地流转可以实现土地使用权向种田能手集中，有利于优化资源配置，从而提高农业的现代化发展；有助于调整农业结构，催生了农业龙头企业、种养大户、专业合作社等农业经

营主体的产生,一些流出土地的农民可以选择从事其他行业或者被"返聘"到龙头企业、专业合作社等务工,增加劳务性收入[9],为建立农村社会保障体系奠定坚实的经济基础。二是土地流转过程中存在土地流转不规范、土地补偿机制不完善等问题,这些问题客观上要求《中华人民共和国土地管理法》《农村土地流转法》《农村土地承包经营权流转管理办法》等相关法律法规的建立和完善,强化农民的法律意识和法制观念,为建立农村社会保障体系提供良好的社会环境和法律保障。

四、以农村土地流转为契机,建立健全农村社会保障体系

(一) 合理分配土地流转收益,切实维护农民的权益

健全农村社会保障体系,最根本的是解决资金筹集问题。要建立合理的利益分配机制,处理好流入方、流出方和流转中介组织等各方面的利益关系[10],阻止有关部门或不法分子进行土地流转暗箱操控,让农民真正享有土地收益的主要部分;充分发挥土地补偿和安置费社会保障的功能,实行多样化的土地补偿安置办法,使土地收益的分配与使用更契合农民的长远利益;除一次性的货币安置外,土地流转还可采用留地安置、逐年支付租金、土地补偿费入股等多种方式,要积极探索土地流转的方式,应尽量避免"一刀切",从而为农民提供长期的社会保障[11]。政府应制定相关的法律和政策,采取强制性和公开性相结合的原则,对集体土地流转所产生的收益按比例筹措到农民的社会保障账户,做好资金的保值增值工作;相关部门还需制定相应的制度对农民缴纳的社会保障资金进行经营和管理,对不同流转方式所应采用的社会保障金的具体缴费方式、缴纳的数额或比例等予以明确的规范。

(二) 以土地流转调整农村产业结构,推动农村劳动力转移

土地流转有助于优化农村资源配置,提高土地的利用效率,调整农业结构,促使一部分农村劳动力从土地上解放出来,一部分种地能手集中土地形成规模经营,土地资源和人力资源得到有效协调,为建立农村社会保障体系提供坚实的经济基础。要把实现农民就业放在农村工作的首位,一是积极实施"订单式"培训,完善培训政策,提高农民综合素质,增加农民就业的能力。二是大力发展劳动力密集型产业和服务业,加快推进城镇化建设,发展乡镇企业,掀起农村基础设施建设的高潮,例如加快农田水利、道路、桥梁、自来水、电气化等对劳动力需求大的项目建设;大力调

整农产品结构，积极发展高产、高效的农业，开发占用劳动力较多的、高附加值的特色品种，加快发展畜牧业和水产业，努力挖掘农村内部的就业潜力，增强农村剩余劳动力向第二、第三产业转移。三是落实政府工作责任，各级政府要把促进农民就业创业摆上重要议事日程，建立农村劳动力就业扶持机制，成立就业服务机构，完善就业法律体系，为农民就业提供良好的就业环境。

（三）建立健全农村土地流转中介组织，完善土地流转制度

土地流转中介组织是土地流转的必然产物。然而，中国农村土地流转中介组织运作不规范、组织化程度较低、运营机制不够完善，整体上还处于自发和起步状态。因此，要注重农村土地流转专业人才的培养，建立土地流转师的资质认证、考核、培训和监管制度；要鼓励和支持农村土地流转中介组织的建立，政府为其提供相应的优惠政策和法律保护；要实现农村土地流转中介组织组建、运营、管理的法制化，逐步制定和形成系统的、配套的法律法规体系，修订完善现行法律制度对土地流转的限制[12]；要设立配套的土地流转中介组织监管机构，政府主导，社会共同参与，对于圈地运动、污染环境、经济纠纷、改变土地用途等情况，尤其要加大监督力度和惩罚力度。

五、以农村社会保障为依托，促进农村土地流转

（一）加强政府对农村社会保障的主导作用，确保农村社会保障基金保值增值

1. 多渠道、多元化筹集社会保障基金

① 中央财政、地方财政明确各自责任和投资分配比例，适当调整财政支出结构，加大对农村社会保障的投入，同时在《预算法》等法律中规定增加农村社会保障财政的比例。② 借鉴福利彩票、体育彩票的经验，发行社会保障彩票，从社会广泛募集资金。③ 开征社会保障税。社会保障税应与中国国情和经济发展水平相适应，由税务机关开征统一的、强制性的社会保障税。④ 通过土地流转、国有资产变现等方式筹集部分社会保障基金，通过转移支付等形式，支持农民的社会保障体系建设[13]。

2. 建立有效的农村社会保障基金投资运营机制

建立基金投资管理机构，负责组织基金的运营，进行科学投资运营；建立社会保障基金投资风险评估机构和防范机制，对社会保障基金投资方

向进行风险评估；采取多种形式进行投资融资，合理确定社会保障基金的投资结构。

3. 加强农村社会保障基金的监管

① 健全农村社会保障基金的预算管理体系。加强对社会保障基金的预算管理，保证专款专用，确实发挥农村社会保障的安全网作用。② 通过社会监督、舆论监督、内部监督等多方面健全农村社会保障基金筹集与运营的行政监督制度。③ 探索性地开展社会保障专项基金绩效考评工作，努力提高资金使用效益，推动社会保障基金向科学化、精细化管理目标迈进。强化国家权力机关的监督作用及自身监督作用，强化农村社保障行政职能部门对相应的业务管理部门和基金营运机构的监督[14]。

（二）着重建立健全 3 项农村基本社会保障制度

建立农村社会保障体系是一项庞大的系统工程，不能一蹴而就，要坚持广覆盖和低起点的原则，从农村经济的发展和中国的具体国情出发，在项目设置、工作进程等方面，要根据各地实际情况，区别对待，重点突破，分步推进。

1. 建立健全农村最低生活保障制度

各地应该综合考虑维持农民最基本生活的物质需要、农村经济发展水平、物价上涨指数、地方财政和村集体的承受能力等因素，制定较为科学可行的最低生活保障线标准；结合最低生活保障线标准的制定，严格按照审批程序进行，分类制定出属于保障对象的条件与范围；为了确保最低生活保障对象能按时享受或领取到足额的保障金，中央财政应加大转移支付力度，完善农村最低生活保障经费供给机制，同时还应强化农村"五保户"供养。

2. 建立健全农村医疗保障制度

要设立专门办事机构，负责农村合作医疗的组织协调和宣传教育及资金的筹集、运营、管理、监督，鼓励农民适当提高缴费标准，提高保障水平；要完善农村医疗卫生体系建设规划，加快农村医疗卫生服务机构基础设施建设，加强乡村医生的职业管理和技术培训，建立农民卫生健康服务体系；要完善药品目录和医疗服务收费标准，防止出现农民"因病致贫""因病返贫"现象。

3. 建立健全农村养老保障制度

要明确规定农村养老保障基金的筹集方式，应建立社会统筹与个人账户相结合的制度模式、以个人缴纳为主、集体补助为辅，政府给予必要的财政支持和税收政策扶持，充分体现效率原则和公平原则。基于中国的实际情况，还要充分发挥家庭养老在农村养老保障中的主体作用。

（三）构建多层次的农村社会保障结构

在城市化进程中，中国农民结构发生了明显变化，呈现出多样化、复杂化的特点。同时，中国农村经济和社会发展不平衡、不协调的现象不可能在短期内得到根本改变，在构建农村社会保障体系时，不可能实施统一的模式。针对中国的国情及农村的实际情况，可以将农村社会保障对象分为农民工、农业劳动者及失地农民。

1. 构建农民工的社会保障制度

根据农民工的流动性特点，应有区别、有针对性地做出制度安排。对于那些在城市中拥有较为稳定职业和收入的农民工，应创造条件让他们与城镇劳动者一样享有参加城镇养老、医疗、失业、工伤等相应社会保险的权利。对那些"候鸟式就业"的游离于城乡之间的农民工，应建立低门槛的、过渡性的、便捷的个人账户制度，实行不同档次的缴费率。要严格规定雇用农民工的用人单位，必须根据农民工的缴费比率选择缴纳相应档次的基本养老保险费和医疗保险费，按一定比例计入农民工的个人账户。

2. 构建农业劳动者的社会保障制度

采用国家、集体和个人共担的社会保障体制，保障账户可以设立个人账户和社会统筹账户，实现家庭保障和土地保障相结合。要进一步调整农村产业结构，加强农村基础设施建设，加大科技投入力度，提高土地产出效益，使农业增产、农民增收。有条件的地区要积极探索出适合农村经济发展的土地流转形式，可以考虑以土地承包经营权获取社会保障基金，实施"以土地换保障"的方案[15]。对特困户、农村"五保户"等困难群体和老人，要建立统一的农村居民最低生活保障制度，国家除了向保障对象提供资金补助外，还应采用实物补助。

3. 构建失地农民的社会保障制度

首先，以保障农民权益为核心，改革征地制度，使集体所有的土地在法律上取得与国有土地相平等的产权地位；认真履行征地报批前的"告知、确认、听证"程序，保证国家为了公共利益的需要才动用征地权；引入市场机制配置土地资源，对农民给予公平的补偿。其次，加大教育培训力度，切实推进失地农民就业创业。在就业方面给予就业指导，组织劳务输出，加大培训力度，提高劳动者素质和技能，为失地农民再就业创造良好的条件。最后，在社会保障资金筹集方面，应坚持政府、村集体、个人共同出资的原则，征地地价一部分发放给失地农民，保障其当前的生活需要，一部分要作为失地农民的社会保障基金，探索多渠道筹资机制和有效运营与严格监管的机制。

六、结论

在社会主义现代化建设中，农村土地流转和农村社会保障是两个非常重大的课题。一方面，要在充分认识农村土地流转和农村社会保障的历史地位和重大意义的同时，清醒地意识到当前中国农村土地流转和农村社会保障依然还存在诸多亟待解决的问题；另一方面，要根据中国国情妥善地处理农村土地流转和农村社会保障问题，来实现以农村土地流转为契机，建立健全农村社会保障体系，以农村社会保障为依托促进农村土地流转的良性互动。

七、讨论

农村社会保障和农村土地流转一直是国家和学术界关注的热点，也是解决中国"三农"问题的关键。但长期以来，农村社会保障和农村土地流转却未被看成是不可分割的整体，或者被认为是不相关的两部分。深入分析农村社会保障和农村土地流转，可以实现两者的和谐统一和协调发展。本研究的创新之处在于深入分析两者的问题及探索解决的措施，但由于笔者的研究水平和实践能力有限，在处理农村社会保障和农村土地流转问题的具体对策上缺乏全面的认识。因此，在今后的研究中将继续分析农村社会保障和农村土地流转的关联，并且着重深入实地调研，在实践的基础上不断完善。

参考文献

[1] 刘晓霞．土地流转制度下农村居民社会保障制度的建构[J].甘肃政法学院学报，2010(9):122.

[2] 王守智．土地流转加速条件下农村社会保障制度的完善[J].北京农业职业学院学报，2009(9):40.

[3] 黄花．社会保障视野下的中国农村土地制度改革[J].中国农学通报，2010(22):425.

[4] 何玲,刘濛,谢敬,等．土地流转与农民社会保障体系互动关系研究[J].农村经济,2010(4):72.

［5］王银梅,刘语潇.从社会保障角度看我国农村土地流转［J］.宏观经济研究,2009（11）:40.

［6］姜长云.农村土地与农民的社会保障［J］.经济社会体制比较,2002(1):50.

［7］李绚.城市化进程中农村养老问题探析［J］.农业经济,2010(9):30.

［8］李亚云.我国城市化进程中的农村社会保障问题与政策研究［J］.农村经济,2006（3）:72.

［9］王忠林,韩立民.我国农村土地流转的市场机制及相关问题探析［J］.齐鲁学刊,2011(1):107.

［10］张勤云,江辉.浅析农村土地流转中农民权益的保护［J］.中国农学通报,2011（6）:425.

［11］孔祥利.促进土地流转亟待建立健全农村就业与社会保障制度［J］.领导萃文,2009(2):30.

［12］中国人民银行渭南市中心支行课题组.规范发展农村土地流转市场［J］.中国金融,2010(21):88.

［13］朱梦蓉.农村土地流转过程中农民社会保障问题探析［J］.天府新论,2009（1）:88.

［14］尹焕三,陈玉光.政府在农村社会保障体系建设中的职能定位［J］.国家行政学院学报,2004(2):41.

［15］李长健,徐丽峰.完善我国农村社会保障制度研究［J］.桂海论丛,2010(2):110.

农地流转市场化运行机制的构建

——基于对江苏省江都区的实地考察

2013 年，中央一号文件提出要"坚持依法自愿有偿原则，引导农村土地承包经营权有序流转，鼓励和支持承包土地向专业大户、家庭农场、农民合作社流转，发展多种形式的适度规模经营"，推动农地合理流转是实现农业规模化经营、加快农业结构调整、增加农民收入和统筹城乡发展的重要途径，是推动现代农业发展的基本要求。农地流转已成为接下来"三农"工作的重点。当前，我国部分地区在推动农地流转过程中，积累了很多经验，取得了较好的效益，但也或多或少存在着不规范的现象，甚至发生了一些矛盾纠纷。为了进一步探讨健全农地流转机制，笔者对江苏省江都区部分城镇的土地流转经营现状进行了实地考察，并结合其他地区的情况，对农地流转机制作一阐述。

一、江都农地流转的经营现状考察

自 1998 年农村土地二轮承包开始，至 2012 年底，江苏省江都区遵循"依法、自愿、有偿"的原则，共依法规范农村土地流转面积 36 万余亩，其中土地入股面积 28 万亩，家庭农场经营面积 6 万亩，以转让、转包、互换等方式近 2 万亩。近几年，推动土地规范流转，促进农业适度规模经营已成为江都区农业发展的一大特色。经考察，该地区农地流转的基本特点主要体现在以下几个方面：

（一）土地流转形式多样化、流转主体多元化

该地区的土地流转有转包、转让、互换、租赁、入股等几种形式。其中，土地股份合作制作为一种创新模式，有力地推动了当地农村土地的流转。在行政引导与利益推动的双重激励下，该区土地股份合作制合作运行态势较好，入股土地面积正不断扩大，受益农民也不断增多，2009 年已成

立农地股份专业合作社 235 家。

近年来，该地区土地流转不再局限于当地农户之间，随着信息交流范围的扩大，跨村、跨镇甚至跨更大区域的异地承包形式不断增多。在实地考察过程中发现，很多来自河南、山东等地的承包大户承包了当地的土地。另外，经济技术部门、科研机构、工商企业等投资主体参与流转和经营的也逐渐增多，比如该区小纪镇蔬菜育苗基地就是一例成功的典型。值得一提的是，随着招商引资的力度加大，投入农业的资本不断增多，缓解了该区农业长期以来投入不足的困难；随之引进的先进生产管理技术和装备，也为该区现代农业的加快发展注入了强大的活力。

（二）土地流转过程规范化、流转收益显著化

规范土地经营权流转是实现中国农业现代化和农业产业化的必由之路。以丁伙镇为例，江都区 13 个镇先后建立了"农村土地流转交易服务中心"，为农民承包地的流转提供需求登记、发布流转信息、进行项目推介、指导合同签订、调处各类纠纷，强化了农经服务职能，将农村土地流转引向市场，使得全区土地流转面积 90% 以上通过土地流转有形市场得到规范、有序流转。另外，该区还专门建立农村土地承包纠纷调解委员会，设立专兼职纠纷调解员，不断健全农村土地承包经营调解仲裁体系，妥善化解各类矛盾和纠纷。自 2008 年以来，开庭仲裁了 28 起农村土地承包纠纷案件，庭前调解纠纷上百起，切实维护了农民的土地权益，有力地促进了该区农村经济发展和农村社会和谐稳定。

收益分配机制是土地流转的基本动力。以往在农地流转过程中，集体组织截留、克扣农户土地流转收益的行为常有发生。但随着土地流转机制的不断健全及当地政府日益重视，现在一般都能将土地流转的收益全额返还给原承包户。对于原来土地流转承包金偏低的，当地政府也采取积极引导流转、双方平等协商的办法，予以适当提高和补足。目前，通过流转竞标，江都区的土地发包价格已由 2010 年的亩均 450 元，提高到现在的亩均700 元以上，有效地促进了农民资产性增收。

二、江都农地流转的动力因素分析

农村土地使用权流转不同于农地调整，调整是使用行政力量支配农民的行为，而使用权流转是基于市场和利益层面上的一种经济行为（金丽馥，2009）。推动农地使用权规范有序流转，可以解决因土地调整而产生的矛盾纠纷，切实保护农民的权益。该地区农地流转得以快速高效发展，主要有

以下几方面的动因：

（一）产业化水平提高，大规模农业发展迅速

该地区近年来不断加大农业结构调整力度，推进高效农业规模化发展，重点培育花木、蔬菜、特色水产等特色产业，仅这三类特色产业已发展到58万亩。规模特色农业发展促进了农村土地流转，同时也增强了土地的经营效益。在农业产业化经营方面，目前该地区建设百亩以上高效农业园区104个，其中万亩以上园区4个，"龙头企业+生产基地+农户"的经营机制不断完善优化，农民从一步到位的经营模式中得到了实惠，少了很多后顾之忧，自然愿意将土地流转出去。

（二）非农产业发展，劳动力转移力度加大

一方面，现如今随着城镇化进程的不断加快，非农产业对农业用地需求量不断增加。农地适时流转可以更好地整合农村土地，减少因抛荒而造成的土地浪费，这就客观上要求土地适时进行流转。另一方面，当地经济发展相对较快，第二、第三产业的快速发展，为农村劳动力提供了充足的就业岗位，因此当地很多青壮劳动力更多地选择外出打工，而非从事农业生产。据统计，目前江都区农村劳动力总量38.6万人，其中，输出就业16.4万人，就近就地转移14.2万人，建工部门成建制输出3.4万人，从事非农产业就业比重达88%。这就为土地流转提供了可能。

（三）强势资本注入，农机化水平迅速提高

现代农业的发展离不开资金与技术的支持。江都区为提升农业产业化水平，大力开展招商引资，使得社会资本不断注入农业，大幅度提高了当地的农业技术水平。目前，该地区拥有农机总值达6.6亿元，农机总动力60.3万千瓦，稻麦油综合机械化水平达90.6%，是全国100个农机化示范区之一。而高效农业规模化、农业装备机械化、农业经营产业化等的发展又对土地供给方式提出了新的要求。通过土地流转实现规模经营正好顺应了现代农业发展和提升农业产业化经营水平的要求。

（四）政府大力推动，服务能力不断提升

江都区农地得以大面积成规模的流转，是行政推动的结果。政府鼓励农户之间进行自发的流转，以减少行政费用，提高流转效率，但也发现这样的小面积流转难成气候。因此，为了推动大规模的土地流转以发展高效农业，政府在遵循市场交易原则的基础上，加强引导，不断提升服务水平。2008年，该地区在区委农工办成立了区农村土地流转交易管理办公室，13个镇全部建成流转交易中心，各村明确1名流转交易信息员，区镇村三级流转交易服务专兼职人员达319人。同时加大投入力度，完善服务设施，改善

服务条件，使土地得以顺利、高效流转。目前，有4个镇被命名为扬州市"六有"（即有专职人员、有交易场所、有服务设施、有规章制度、有档案资料和有明显成效）土地流转示范中心。

三、当前农地流转存在的问题探因

当前全国各地的农地流转都在如火如荼地进行着，但由于制度机制上的缺陷、经济社会发展不平衡等多种因素的影响，大部分农村地区的土地流转行为仍不够规范，流转机制尚不够健全。通过对江都区农地流转情况进行考察，反观其他地区，并结合相关资料的梳理，笔者认为当前农村土地流转存在的主要问题如下：

（一）土地流转效率不高

土地是农民衣食之源、生存之本，承载着农民一部分社会保障和就业的功能。当前，我国农村社会保障机制尚不健全，失去土地可能意味着失去了最后的保障，因此农民"不敢"随便将土地流转出去；加之市场经济发展具有不稳定性，农民外出务工行为也具有不稳定性，而且"落叶归根"的传统思想深深影响着农民，因此他们"不愿"轻易将土地流转出去。这就导致土地难以按照市场经济规则流动，从根本上制约了土地的流转效率。与此同时，有些地方作为土地流转过程中重要载体的龙头企业，规模偏小，资金有限，没有能力对土地进行集中管理；有的企业缺少技术人员，管理不规范，合同履约率低，不仅没有增加农民收入，甚至会损害农民的利益，在一定程度上也挫伤了农民流转土地的积极性。

（二）土地流转市场不成熟

我国农村尚未形成统一规范的土地流转市场，土地流转主要依靠农户自发进行和政府推动（李爱玲，2012）。一方面，信息公开程度不高。尤其是偏远地区农村信息化水平较低，个体农户的土地经营行为较为闭塞，外部难以把握土地流转信息，使得土地流转仅限于个别农户之间，出现了排他性。另一方面，中介组织体系不完善。虽然有的地方如江都成立了不少土地流转的中介组织，但这些中介组织较为零散，缺少一个由下至上、网络化、多功能的中介服务体系，区镇村流转平台还不完备，土地流转渠道还不够畅通，农民以土地承包经营权置换、抵押的瓶颈仍然没有被打破，严重影响了土地的合理流动和优化配置。

（三）土地流转程序不规范

目前，相关土地流转规范机制还没有完全建立，相关法律法规也尚未制定，因此在完备流转手续、规范流转程序方面存在不少问题，存在无法可依的现象。纵观全国，很多地区的土地流转交易行为还处于自发和无序状态，农户与农户之间的转包、转让很多是以口头协议的形式进行，没有遵循一定的程序和履行必要的手续，未通过签订流转合同来规范双方的权利和义务关系，双方利益无法受到法律保护，一旦出现纠纷（往往发生在熟人和亲戚之间），很难进行调节（刘晓霞等，2009），这在一定程度上也增加了村委会的管理成本。

（四）农业用地非农化现象增多

随着城市化进程的发展，大量城市商业性用地向城郊农村蔓延，有的企业打着公益性的名义非法侵占农用耕地，随意转变土地的性质和用途。而一些乡镇地方政府又因为急于招商引资，在签订土地包租合同时，并没有限定土地用途，后期又疏于监管，使得部分农村土地在流转后被用于第二、第三产业的开发。农业用地非农化，虽然一定时期内能够促进农民增收，对当地经济发展有一定的积极作用，但却破坏了农民的长远利益。比如一些商家在耕地上建起了厂房或其他永久性建筑，破坏了土壤属性，即使农民到期收回，也难以再进行耕种。

（五）流转收益缺乏增长长效机制

农业生产是个长期过程，在土地流转过程中，由于流转主体双方都对农业生产经营效益长期发展预期不足，土地流转价格的商定一般都只是依照当时当地的市场价格标准，且期限较长的租赁协议对土地承包租赁价格缺乏一个较合理的衡量标准，多数合同一签好几年，流转租金也基本几年不变，这就没有构建一个良好的土地收益递增长效机制，在一定程度上侵害了农民土地收益的权利（金丽馥，2009）。

四、农地流转市场化运行机制的构建

土地作为市场经济的生产要素之一，只有通过市场这一平台进行合理流转，才能提高其使用效益。但是当前，我国农村大部分地区土地流转主要以集体组织推动、农户间自愿或中介组织带动等为主，通过市场带动的形式较少，这就使得土地资源达不到最优配置。由此，为了推动现代农业的发展，构建农地流转市场化运行机制是十分必要而迫切的。

（一）明晰农地产权关系是市场化的前提

从经济学角度看，资源配置实际上是产权在经济主体之间的分配。土地流转就是土地资源的再分配，使得土地产权分解，形成土地所有者、经营者、使用者等多元利益主体。而我国相关法律对各方的权能边界没有明确规定，对他们各自的权利和义务等也都没有具体阐述，从而导致各主体对自己责权利边界模糊不清，这也是造成一系列土地问题的根源。因此，明晰土地产权关系是首要解决的问题。

首先，要明确农民的市场经营主体地位。虽然法律规定集体拥有土地的最终处置权，农民只享有使用权，但是经营权使用长期化的设置已经表明，农民在较长时期内拥有排他性的权利。在承包期内，未经承包农户的同意，集体不可以随意调整农民土地或变更承包主体；而且在发生农地使用权流转时，农户应是土地流转的主体，土地是否流转、怎么流转的决定权应在承包农户手里，而不是架设在集体组织名义之下的行政人员或其他中介组织手中。

其次，要确保各方权能和利益明确有界。权能和利益模糊不清，势必会引发各种矛盾，且难以调解。科学界定国家、集体和农户三者各自的权能边界，就能在一定程度上对各个行为主体产生有效的约束。而明确各自的利益所属，则能更好地保证其对行为主体的激励作用，从而保障土地功能的有效发挥。

（二）构建合理化价格机制是市场化的核心

规范农村土地流转行为、提高农村土地流转效率，最为重要的是确立合理的流转价格，这是保障流转各方利益的基本（刘莉君，2011）。但是，当前农村土地流转的价格较为低廉，不尽合理，因而限制了土地流转的数量和质量。所以，要实现土地流转市场化，就必须形成合理的价格机制。

一是在市场中形成农地流转价格。土地既然是商品，其交易就应该是一个纯粹的市场行为，必须按照自愿和等价交换的原则进行，在坚持"不得改变土地集体所有性质、不得改变土地用途、不得损害农民土地承包权益"的前提下，由买卖双方"自由、平等、公正"地谈判决定。在交易中，其他行政力量必须尊重市场经济规律，从直接的农地流转活动中退出，由农地市场发现并形成农地交易价格。

二是建立并完善土地价值评估体系。农村土地价值评估是促进农村土地有序流转的一项基础性工作。为了促进农村土地资源价格合理形成，相关部门可以设立专门的农村土地价值评估机构及聘任专门的工作人员，对土地价值进行定点定量评估，并开展实时实地监督，将各项数据登记备案，构建价值评估信息系统，提高评估的效率和准确度；完善价值评估的相关法规以保障流转各方主体的利益。

（三）规范流转中间组织是市场化的助推器

加快农地流转市场体系的建成，不仅要有制度保障，还要有健全的组织保障，完善农地流转中间组织的服务是构建农地流转市场化的助推器，因为中间组织在市场供需主体间发挥着信息传递、沟通调解、合理建议等作用。

首先，发挥村级集体的组织作用。村级组织作为农民集体的政治性组织，在处理农民生产生活问题、协调经济关系、发展地方经济方面有着不可或缺的作用。村级集体组织在土地流转过程中能够进行很好的沟通协调及组织服务。因此，在健全土地流转机制方面，要继续发挥村级组织的行政推动作用和沟通协调能力，为农村土地有序流转、减少矛盾纠纷提供组织保障。

其次，突出中介组织的服务功能。随着农业生产经营主体日益多元化，农民专业生产组织程度不断提高，农地资产经营组织等类似的中介服务机构不断成立。这些组织以提高农地经营效率为目的，以市场调节为手段，优化土地资源配置，为提高农业效益、促进农民增收发挥了良好的服务作用（金丽馥，2009）。因此，在规范农地市场交易秩序的同时，要不断加强对这些中介组织的规范和引导，最大限度地发挥它们的服务功能，以提高农地流转质量和效率。

再次，重视信息平台的沟通效用。建立完善的农村土地流转信息发布平台是降低农村土地流转搜索成本、提高土地流转效率的重要保证。通过信息管理平台的搭建与完善，相关部门和经营主体都能及时公平地了解市场供需，掌握土地资源利用现状和趋势，结合自身需求，及时进行土地交易，从而有利于实现农地资源的合理配置。但应注意管理平台上信息发布的及时性和准确性。

（四）营造良好外部环境是市场化的保障

机制的运行必须有良好的外部环境作为保障。农地流转市场化要顺利运行，离不开农民的支持、政府的引导，以及健全的社会保障等外部条件。

首先，要加强政策宣传，提高农民意识。各地各部门需坚持实事求是的原则，因地制宜，制定出适合本地的土地流转政策方案，并且加强宣传，提高农民对相关政策的理解与认识，做出合理判断，主观上倾向于支持农地流转市场化机制的构建。同时，通过政策的宣传与学习，加强农民的法律意识，自主减少土地流转过程中产生的不必要的矛盾，以推动土地高效有序地流转。

其次，要转变政府职能，坚持宏观调控。由于我国农地市场发育还不完善，单纯依靠市场手段不能达到资源优化配置目标，且由于农村土地集体所有制的基本属性和维护社会公平的必要性也决定了农村土地市场不能单靠市场调节，因此政府应在充分发挥市场机制的基础之上，提高引导和服务能力，适时加强宏观调控。如加强对土地规划的控制，尤其是农地向非农业用途流转时；又如建立专项资金，加大农业规模经营的财政扶持力度；做好农地流转用途监督及健全土地承包仲裁制度，使农地流转尽早走上市场化、规范化、法制化的轨道（王忠良，2003）。

再次，要健全社会保障，解除后顾之忧。前文已述及，农民之所以不愿意转出土地，有一个重要原因就是农村社会保障制度的不健全。因此，推动土地流转市场化机制的构建，必须积极而稳妥地推进农村社会保障制度改革，建立起从最低生活保障到农村养老、医疗、生育、伤残的农村社会保障体系，彻底解除农民的后顾之忧，逐渐降低农民对土地的依赖性，农民可以"了无牵挂"地外出就业，从而使更多的农地得以被转让出来，进入土地流转市场，盘活整合，提高利用率。

总之，构建农地流转市场化机制需要兼顾各个方面，这一工作可谓任重而道远。但一旦市场化机制建成，便会对农地的合理流转、土地资源的有效配置产生重大的意义，也将有力地促进规模农业的发展，从而加快我国现代农业的步伐。

参考文献

［1］中共中央 国务院关于加快发展现代农业 进一步增强农村发展活力的若干意见.中发〔2013〕1号文.

［2］江都区委农村工作办公室.江苏省江都区2012年农经统计年报.2012.

［3］金丽馥.健全农地流转机制，推进现代农业发展——以江苏省江都市农村土地流转经营情况为例［J］.理论导刊,2009(1).

［4］李爱玲.构建农村土地流转市场化运行机制的策略分析［J］.改革与战略,2012(8).

［5］刘晓霞,周军.我国农村土地流转中存在的问题及其对策［J］.当代经济研究,2009(10).

［6］刘莉君.农村土地流转模式的绩效比较研究［M］.北京:中国经济出版社,2011.

［7］黄延廷.农地市场化流转及其对策研究［J］."三农"问题研究,2012(5).

［8］王忠良.论我国农村上地使用权流转的市场化［D］.湖南大学,2003.

户籍制度改革与农业转移人口市民化问题探究

2014 年，国务院印发的《关于进一步推进户籍制度改革的意见》中明确要求，建立城乡统一的户口登记制度，取消农业户口与非农业户口性质区分和由此衍生的蓝印户口等户口类型，统一登记为居民户口，体现户籍制度的人口登记管理功能[1]。这是户籍制度改革自 1984 年户籍严控制度松动以来迈出的空前的一大步，标志着这一基础性改革开始进入全面实施阶段。与此同时，农业转移人口市民化进程抓住此次制度机遇，努力让符合条件的农业转移人口真正实现他们的"中国梦"，融入城市社会，享受与城市居民等同的生活水平与质量。

伴随着中国城镇化进程的加速，农业转移人口市民化进程却严重滞后，在户籍制度改革背后的核心是利益的再分配。现行户籍制度是一种身份体制的依托，基于户籍身份出现了城乡、区域之间的不平等，架构在此基础之上的社会福利体系和社会管理体系割裂了劳动力的自由流动，但在全球市场经济的推动下，正面临瓦解和消除。同时，进一步扩大的城乡差距又对推动户籍改革形成了阻碍，造成的问题也积重难返，必须通过政策的改变和创新推动新型城镇化，致力打破二元化和区域分割的载体性制度，构建城乡一体化和国民一体化，使中国人自由迁徙的梦想得以实现。

一、户籍问题是农业转移人口市民化的关键

（一）中国户籍制度的历史演变进程

户籍制度是中国最基础的户籍人口管理政策，在计划经济时期，根据地域和家庭成员关系将户籍属性划分为农业户口和非农业户口，这种城乡二元户籍制度在城市和乡村之间竖起一堵高墙，带有一定的福利身份区隔和歧视性。如今，在飞速发展的市场经济和民主化的社会生活背景下，现行户籍制度已经引起越来越多的争议，户籍改革是广大人民尤其是持有农村户口群众的迫切需求，他们有着强烈融入城市的期望。

中国的户籍制度一个是渐进式改革的过程。第一阶段是户籍制度的自由迁徙阶段，1950年公安系统在内部颁发了《特种人口管理暂行办法（草案）》，正式开始了对重点人口的管理工作，这是新中国户籍制度开始的起点；1951年公安部制定了《城市户口管理暂行条例》和1955年《国务院关于建立经常户口等级制度的指示》的发布，基本统一了全国的城乡户口登记制度和工作。第二阶段是户籍制度的严控阶段，1958—1978年，由于社会主义改造和"一五"计划的基本完成，从而进入了计划经济时代，农业户口和非农业户口二元格局也在此背景下随之确立，标志着城乡有别的二元户籍管理体制形成，户籍也演变成带有城乡之间等级差异的身份制度。第三阶段是1978年至今的户籍制度改革阶段，转折点是1984年《国务院关于农民进入集镇落户问题的通知》的颁布，规定农民可以自理口粮进集镇落户，是中国户籍严控制度开始松动的标志。1985年9月，作为人口管理现代化基础的居民身份证制度颁布实施，中国开始实行居民身份证制度，小城镇户籍也逐步放开。直至2014年，经过酝酿的《国务院关于进一步推进户籍制度改革的意见》正式发布，确立了新型户籍制度改革目标，旨在推动1亿左右"农民工"为主体的农业转移人口在城镇落户，这必将点亮亿万人的梦想。

（二）典型城市户籍制度改革尝试

伴随着市场经济的不断发展，与计划经济体制下的户籍制度产生矛盾，虽然城乡二元户籍壁垒有了松动，但是要让农业转移人口拥有更多机会和权利实现市民化，户籍改革已迫在眉睫，各地方政府都在进行相关户籍制度改革实践的探索。

一是2013年上海市政府官网公布了《上海市居住证管理办法》，按照最新实施的居住证积分制，持有居住证、总积分标准分值达到120分的外来人口，可以享受基本公共服务待遇。这种积分制度作为一种过渡性措施，代表着户籍制度的逐步放松。但是由于上海市户籍指标控制十分严格，实行的居住证积分制对文化水平较低的农业转移人口来说相对不公平，他们扣除教育背景的分数之外很难达到120分的合格分数线。因此，大量外来务工的农业转移人口并不能顺利进入管理序列最终获得城市户口，也被排除在了享受公共服务的壁垒之外。

二是广州市发改委出台的《广州市户口迁入管理办法实施细则》明确指出，作为特大型城市的广州必须严格控制人口规模、优化人口结构，逐步形成与广州经济发展、产业结构相匹配的人口政策体系，着力创新人口管理体制机制、推进外来人口逐步市民化和公共服务逐步均等化，促进人口、资源、环境的可持续发展[2]。新政的重点服务对象是高层次人才、紧缺人才及艰苦行业一线从业人员等3类人群，围绕产业转型升级和城市可持续发展，在重点解决好高素质、高层次人才及紧缺的专业技术和高技能人才的同时，兼顾长期在广州市工作生活、实际已融入广州市的"存量"人员的落户问题，为环卫、养老和残疾人护理等长期在一线从事艰苦行业的来穗务工人员拓宽入户渠道[3]。

三是2014年江苏首个《新型城镇化与城乡发展一体化规划》出台，旨在推进符合条件的农业转移人口落户城镇。在城区人口500万以上特大城市和城区人口300万以上大城市中心城区建立以居住证为基础，以就业年限、居住年限和城镇社会保险参加年限为基准的积分制落户政策，只要满足以上三个条件即可攒积分入户江苏，全面放开城镇落户限制。同时，南京也将建立居住证与户籍准入对接制度，根据综合承载能力与发展潜力，以就业年限、居住年限、城镇社会参保年限等为基准条件，因地制宜制定具体的积分式、梯次化人口落户政策，并向全社会公布，调控落户规模和节奏，引导各类人才在城市落户的预期和选择[4]。

（三）户籍制度改革的经验启示

在以上典型城市和省份的实际操作中，体现出渐进性、统筹性和差异性三个特点。作为中国两个特大城市的上海和广州及大城市南京来说，在面临人口规模大、基础设施和公共服务供不应求及公共资源短缺的情况下，如果一蹴而就放开户籍制度限制，带来的后果肯定无法预料，所以户籍改革呈现出来渐进性的特点。同时也呈现出了统筹性和差异性，将户籍改革和公共服务政策改革配套及对不同类型的城市制定了不同的落户标准，这样就可以进行自主选择，比如采取居住证制度和积分制度，但是在这两种制度下矛盾也十分凸显，尤其在以户籍制度为载体的社会福利制度和社会管理制度上的差异较大。

一般户籍制度改革方案的原则焦点主要在收入、住房、社会保障等方面。但是要解决市民化中的户籍问题，并不只着眼在户籍登记本身，与户籍相关联的配套改革也十分重要。只要解决了社会保障、子女教育、土地和办理各种手续及证件的便利性等问题，户籍改革就可以化繁为简。

二、市民化进程在户籍制度改革中遇到的阻碍

（一）户籍制度背后的福利改革

在市场经济的推动下，农村剩余劳动力进城务工、经商，从事非农业劳

动人员的数量大大增加，城乡二元社会的管理模式已经不能适应当前经济发展的需求，户籍改革迫在眉睫。其中户口与利益要素捆绑是决定城乡二元户籍制度的根本，更造成了城乡二元社会。几十年来，城乡分割的二元户籍制度作为维护二元社会结构的工具，被植入和捆绑了太多公民居所、地位、福利水平、受教育程度等差异因素。在这些社会福利的背后又牵扯到地方财政和原居民的利益，不剥离这些利益附着就难以进行彻底的户籍改革。

这些"不平等"的利益主要包括社会保障差异、就业保障差异、教育保障差异和住房保障差异。除此之外，还有一项由户籍带来的差异——生命差价。2004年最高人民法院《关于审理人身损害赔偿案件适用法律若干问题的解释》生效执行，其中规定：死亡赔偿金按照受诉法院所在地上一年度城镇居民人均可支配收入，或者农村居民人均纯收入标准，按20年计算。根据《中国统计年鉴》数据，2013年各省（市、区）城镇居民人均可支配收入及农民人均纯收入中，北京分别为40 321元、18 337元，广东分别为33 090元、11 669元，江苏分别为32 538元、13 597元。根据户籍差异的死亡赔付标准，三地城市居民相较农村居民的"价值"，分别约为2.20、3.00和2.39倍。

（二）市民化进程中的农民权益保护

城市大门逐步打开，但依旧有不少城外人持观望态度。以四川省为例，据四川省统计局数据显示，进城务工人员中明确愿意把户口转为城镇户口的仅为10.7%[5]。同时，许多农业转移人口和常住人口在城市长期落不了户或者在未明确利益分配细则的情况下，根本不愿意移动户口。土地是农民安身立命的根本，目前农民土地承包经营权、宅基地使用权、集体收益分配权的保障制度还未完善，而且农民落户城镇还需要放弃现有土地权益，但在落户之后能否得到城市相应的社会福利还未可知。因此，农民对进城落户心有顾虑，也越来越看重附着在农村户口上的福利。

总而言之，围绕土地产生的利益太大而农民作为个体力量又太弱，在市民化道路上的农业转移人口失去了土地和最后的依靠换来了身份，却未享有市民的同等待遇，难以真正融入高成本的城市生活，阻滞了市民化的步伐。让远观的人愿意落户，让落不了户的人梦想成真，还需要进行一系列配套改革[6]。

（三）中小城市对农业转移人口的落户吸引力

当前，户籍改革的主要阻碍从城乡二元结构变成大、中、小城市发展水平间的区域差异，如果只是想把农村户口变成城市户口是相对容易的，但是想要拥有北上广这些特大城市的户籍却困难重重，即使推出了相应的户籍改革办法，但指标对农民工的要求太高，难以达标。从长远来说，增强中小城市的吸引力才能对特大城市进行分流减压，然而从落户意愿来看，中小城市的吸引力明显不足。国务院发展研究中心对2013年流动人口落户意愿研究显示，农民工流动人口68%愿意落户大城市，32%愿意落户中小城市[7]。

同时，大城市的承载力也存在很大的问题，比如自然资源、公共服务的提供等。相反，虽然中小城市有非常大的潜力，但是对转移人口落户的吸引力却不大，最为关键的就是就业机会和子女教育问题。需要给农业转移人口提供适合的就业机会和建设教育水平较好的学校，这些都和当地经济发展规模和产业结构密切相关。

三、深化户籍制度改革的思考

从身份体制的制度安排过渡到国民一体化的制度安排，这是户籍制度改革的方向。不再让户籍制度成为身份体制的象征和社会福利制度的载体，回归到居住地登记制度的本质，同时构建市场化流动的资源配置体系和城乡之间、区域之间公共平等的一体化国民身份体系。

首先是财政制度。在资源短缺和社会需求日益扩大的背景下，户籍制度改革中的居住证制度能否真正带来基本公共服务均等化，需要中央和省级这样的高层级政府承担更多的责任。关于资源短缺问题需要明确三点：其一，虽然资源短缺和人口规模有一定关系，但是不能将两者画等号。以广东省为例，广东容纳了全国三分之一的外来人口，但是广东省人均住房面积却逐步增加，对比东北三省，近几年人口越来越少而社会资源也呈正比下降。所以更多的资源依赖更多的人加以创造，并不能简单以人口多少来看资源不足。其二，政府提供基本公共服务的能力和国家经济、社会发展阶段直接相关，需要中央参与其中制定更为公平的顶层制度。其三，由国家财政支撑转移人口在城市生活的基本公共服务均等化之外，还想得到其他的附加价值利益最终还取决于个人的努力，如提高自身素质、融入城市价值观等。

其次是土地制度改革。在农业转移人口落户城镇后享受到的权益小于放弃土地权益的情况下，应实行有偿退出制度。农民有偿退出土地获得部分收益，落户城镇后可以进行相应的经营生产，促进其城镇化的竞争力。此外，公安部、发改委、教育部等十一部委也进行了联动户籍改革，明确提出现阶段不得以退出土地承包经营权、宅基地使用权、集体收益分配权作为农民进城落户的条件[8]，不仅在保障落户城镇农民"三权"问题上的制度越来越完善，也实际进行了城镇试点，山东省德州市和浙江省湖州市都进行了尝试。

最后是城市接纳力。一是由于大城市具有自我选择功能，以市场来决定转移人口能否真正停留，被排斥在外的人是否愿意去外围周边的都市圈生活。与此同时，城市的运转也需要低端劳动力，大量的外来务工农业转移人口，虽然存在教育水平不高、收入水平较低、从事的工作大都是一些没有相应技能职称的服务型行业等问题，却在为城市提供大量不可或缺的基础性生活服务。在他们落户城镇的过程中，必须考虑落户人口的比重，只要符合相应城市劳动力的结构需求与经济建设的发展需求，能够在激烈的市场竞争中获得就业岗位，并且符合本地落户的政策，都能一步步获得平等享有基础公共服务和劳动力就业的机会。这就不只需要市场调节发挥作用，还需依靠体现公平的政策来调整城市人口结构。二是特大城市膨胀并不仅仅是市场的原因，还有行政配置资源的问题。国家的城镇化战略是继续发展大城市，还是转移发展中小城市？如果不将生产力往中小城市布局，医疗资源、教育资源不向中小城市倾斜，问题依然难以解决。而中小城市又是农业转移人口的重要流入地，约有50%以上的农业转移人口都流向了中小城市。所以，户籍制度改革不论是对促进新型城镇化还是加快农业转移人口市民化都是十分关键的环节，这就需要进行产业选择或者制度调控。随着科技进步和社会发展，经济的力量会突破行政的藩篱。

参考文献

[1] 国务院关于进一步推进户籍制度改革的意见[N].人民日报,2014-07-31(008).

[2] 迦见.探索与广州定位相匹配的新型户籍制度[N].南方日报,2015-07-09(A20).

[3] 练洪洋.广州户籍新政凸显城市需求[N].广州日报,2014-03-13(F02).

[4] 市政府关于印发南京人才居住证实施办法的通知[J].宁政规字〔2014〕7号.

[5] 李玲.四川仅10.7%的进城务工者愿转为城镇户口[EB/OL].http://finance.huanqiu.com/data/2014-07/5084451.html,2014-07-25.

[6] 张安毅.户籍改革背景下农民集体所有权与收益分配权制度改造研究[J].江西财经大学学报,2015(2):28-34.

[7] 顾仲阳.户改,不只是换个户口本[N].人民日报,2014-08-25(017).

[8] 张雯.十一部委联动户籍改革:农民进城不必退出"三权"[EB/OL].http://finance.ifeng.com/a/20140731/12829938_0.shtml,2014-07-31.

土地流转背景下农村养老保障问题研究

　　土地流转是我国农业发展的必由之路，党的十七届三中全会通过的《中共中央关于推进农村改革发展若干重大问题的决定》进一步对农村土地流转政策做出明确规定。同时文件还指出"加快健全农村社会保障体系"，将农村土地流转背景下农民的社会保障问题推到一个新的历史起点。积极探索和研究土地流转背景下农村养老问题，并提出相应的政策建议，对于解决广大农民"老有所养"问题，促进社会和谐稳定具有重要意义。

一、土地流转与农村养老保障的关联分析

　　一方面，土地流转健全农村养老保障体系。首先，土地流转为农村养老保障提供资金来源。土地流转可以通过多种方式增加农民收入，一是土地流转可以促使土地形成规模经营。传统的分散经营导致农民市场参与能力差、农产品缺乏竞争力、无法适应市场的需求变化、农业结构不合理等多方面问题。土地规模经营能弥补分散经营的缺陷，实现土地使用权向种田能手集中，有利于高新技术和大中型农业机械的推广和运用，有助于降低农产品的单位成本，从而提高农业的现代化发展。二是土地流转能够优化资源配置，提高土地的利用效率，调整农业结构，催生农业龙头企业、种养大户、专业合作社等农业经营主体的产生，一些流出土地的农民可以选择从事其他行业或者被"返聘"到龙头企业、专业合作社等务工，增加劳务性收入。三是土地流转有利于解决农村人地矛盾和耕地撂荒的问题，在比较利益的驱使下，农民选择进城打工，增加了在第二、第三产业的收入，转移了农村剩余劳动力，也推动了城镇化建设，为建立农村养老保障提供良好的物质条件并奠定坚实的经济基础。其次，土地流转过程中存在土地流转不规范、土地补偿机制不完善、土地流转中介组织不健全等问题，这些问题客观上要求《中华人民共和国土地管理法》《农村土地流转法》《农村土地承包经营权流转管理办法》等相关法律法规的建立和完善，强化

农民的法律意识和法制观念，为建立农村养老保障体系提供良好的社会环境和法律保障。

另一方面，农村养老保障推动土地流转。我国实行平均分配土地使用权和土地集体产权的农村土地制度，以致农村土地有了特殊的经济保障功能和社会保障功能，这些都极大地影响农民的心理行为。长期以来，农民对土地产生了依赖情结，不利于农村土地流转，无法建立高层次、大规模、市场化的农村土地流转机制。然而，随着市场经济的快速发展、工业化和城镇化进程的加快，农民所占有的土地资源无论是在数量上还是在质量上都出现了危机，土地的保障功能呈现弱化趋势。同时，我国农村社会保障制度总体水平较低，绝大多数农村地区社会保障制度还完全处于空白状态。农村社会保障制度的严重滞后，极大地束缚了农村劳动力的流动，使农民长期依赖土地，从而限制了土地的流转，一定程度上阻碍了农业、农村产业结构的调整，农村产业化的速度也相对缓慢，最终农民收入增长乏力，农业现代化进程也相对缓慢[1]。农村社会保障制度的不完善成了阻碍土地流转的主要因素。另外，土地流转冲击了农村传统基本生活保障，农民失去了土地产生的保障，生存问题受到影响，反过来又制约土地流转。因此，建立农村养老保障既具有紧迫性，又具有重大意义。

二、农村养老保障的现状及原因分析

（一）家庭养老占主体，但功能呈弱化趋势

建立在血缘关系基础上的家庭养老是我国传统的养老模式，是中华民族传统美德之具体体现，也是当前我国农村最主要的养老方式。但随着经济社会发展，家庭养老面临着诸多困境：一是人口老龄化和老年人高龄化加剧，使得需要赡养的老年人口增多。截至 2009 年，60 岁及以上老年人口达到 1.67 亿，占总人口的 12.5%，而且全国 70%以上的老龄人口分布在农村地区，农村老龄化问题尤为突出。人口老龄化导致社会劳动人口减少、社会负担加重等一系列问题，客观上进一步加重了农村养老的压力[2]。二是由于我国实行计划生育国策，家庭结构形成了"四、二、一"或者是"四、二、二"，即一对夫妻赡养 4 个老人，抚养 1 个或 2 个小孩。家庭规模的小型化导致家庭劳动力明显减少，从而赡养老人的人数减少，削弱了家庭养老组织基础。三是农民收入增长缓慢削弱了家庭养老的经济基础。由 2001 年至 2010 年的中国统计年鉴可知，城镇居民家庭人均可支配收入平均每年增长 9.9%，而农村居民家庭人均纯收入平均每年增长只有 6.6%，农

村居民收入增长还受到市场因素和自然因素的双重制约，并且生产资料和农产品价格波动较大，农村居民的收入则更少。四是随着土地流转和城镇化的加快，农村劳动力向非农地区转移，农村劳动力转移弱化了农村老年人的家庭经济支持与日常照料功能，农村的"空巢老人"和"孤老家庭"日渐增多。五是在日益发达的市场经济条件下，市场经济的价值观念对传统家庭和伦理道德的冲击强烈，年轻一代敬老爱老的意识匮乏，致使家庭养老的主体责任意识逐渐淡化，依赖传统的伦理道德观念来维持农村家庭养老模式受到冲击。

（二）社会养老呈必然趋势，但处于起步状态

社会养老保障是指由社会提供经济供养、生活照料和精神慰藉职责的一种保障机制。近些年来，政府有关部门日益重视农村社会化养老的探索和研究，并进行了大量的试点工作，逐渐形成以农村社会养老保险制度为主及"五保"供养制度、农村老人优待抚恤制度、农民退休养老制度、商业养老保险为内容的农村养老保障机制，农村养老保障取得了一定的成果。但仍然存在较多问题：一是保富不保贫。目前推行的社会养老保险是一种在政府组织引导下，根据农民自愿，保险资金以农民个人交纳为主，集体补助为辅，国家予以政策扶持，实行储备积累的模式。这种模式的弊端是富裕家庭可以获得更多的保障，而贫困家庭则很少。农村地区经济普遍比较薄弱，无法为农民交纳养老保险金，再加上农民参保意识差，大量农民必然被排斥在养老保障制度之外。二是覆盖面小。在农村，有些儿女不够孝顺，有些儿女不在身边，老人的生活来源只有靠自己劳动，根本得不到政府的周济，再加上农民的经济状况和其他条件的限制，目前我国农村养老保险的覆盖面很小。三是保障水平低。农村的经济发展水平低，农民的投保档次一般也都很低。按民政部《农村社会养老保险交费领取计算表》计算，每月投保 2 元的农民，交费 10 年后，每月可以领取养老金 4.7 元，15 年后每月可以领取 9.9 元。若再考虑管理费增加、银行利率的下调和通货膨胀等因素，农民领到的养老金会更少。四是制度不够规范。在一些推行农村养老保险的地区，养老保险基金难以实现保值增值。目前参保的人数不多，许多措施缺乏强制性；农民退休养老制度完全依赖集体经济的发展，在市场经济条件下难以稳定；各种形式的养老保险、养老储蓄受利率变化影响大，没有与物价指数挂钩，难以保证将来支付的养老金能够维持基本生活[3]。

（三）社区养老前景理想，但道路艰难

社区养老在农村养老保障体系中处于重要地位，社区养老体系包括为老年人提供部分经济支持、组织和帮助老年人寻找合适的养老方式、建立和管理为老年人服务机制、对家庭养老的引导和督促。社区养老是家庭养老与社会养老之间的承接，之所以能够为农民普遍认同，主要是因为社区可以让老年人获得精神上的慰藉，同时可以降低成本、节省开支。但由于受诸多因素的影响，社区养老没有普及化和规模化。首先，社区养老是以集体经济为基础，然而，农村集体组织的力量比较有限，农民的整体收入水平也比较低，集体组织的财力也因此受到影响。在一些比较贫困的农村，集体组织甚至不能为农民养老提供任何帮助。其次，农民对社区养老的认识不够，很多农民认为社区养老是家庭不和谐或者儿女不孝顺的表现。再次，由于农民的文化水平不高，难以对社区进行科学管理，缺乏专业人员管理，敬老院的运转状况不容乐观，抑制了社区养老的功能。最后，社区养老的覆盖范围小，保障水平低，很难满足现代农民的需求。因此，社区养老存在很多问题亟待解决。

三、土地流转背景下解决农村养老保障问题的政策建议

（一）完善土地流转机制，实现土地换保障

土地是农民养老保障的基本生产资料，也是农村养老与城镇养老的一个重要差别。但土地养老保障功能越来越弱，一是随着城市化和非农产业的发展，大量土地被征用或者参与市场流转；二是传统农业投入大、产值低，存在市场风险和自然灾害；三是土地制度不完善，农民只有使用权，没有所有权，不能通过变卖土地的方式来换取养老资金。因此，为了更好地保护农民利益，使农民在土地流转中获得养老保障，应该从多方面建立健全土地流转机制。一是建立土地交易市场，确保农民获得土地收益和土地增值；二是要配套建立土地流转的风险防范措施，如大力发展农业保险制度，降低投资者经营风险，提高其履约能力[4]；三是积极探索土地流转形式，有条件的地方应实施土地入股分红养老制度；四是强化土地承包权的物权，进一步稳定农民的土地承包权，并赋予承包农民明确的土地处分权，借以行使转让、出租、入股和抵押等权利；五是坚持"自愿、依法、有偿"原则和土地经营权流转形式多样化原则。以《中共中央关于推进农村改革发展若干重大问题的决定》的颁布实施为契机，修订和完善现行有关农村土地承包经营权流转监管方面的法规和办法，制定相关配套制度和

规章，建立土地流转监管机制，使土地经营权流转工作有章可循、有法可依[5]。

（二）确保土地流转资金保值增值，大力发展农村经济

由于土地流转行为不规范，以及相关法律法规的欠缺，再加上农民的理财能力不强，农民在土地流转中的资金难以实现保值增值。有的农民在获得资金后缺乏长远眼光，导致失地又失业，陷入贫困状态。因此，为了避免这些农民的短视行为，政府应制定相关的法律和政策，采取强制性和公开性相结合的原则，对集体土地流转所产生的收益按比例筹措到农民的养老账户，做好资金的保值增值工作；应建立配套法律法规，针对集体土地流转设立专门的农民养老账户，尤其是要建立专门的农村养老机构，对发生土地流转的农民应按时向养老账户缴纳一定比例的补偿金。同时，相关部门还应当制定相应的制度，对农民缴纳的养老资金进行经营和管理，对不同流转方式所应采用的养老金的具体缴费方式、缴纳的数额或比例等予以明确的规范。为了明确政府职责，激发农户缴费的积极性，政府还可以通过对土地流转收益征税的方式，将税款中的一部分或大部分返还到农户的养老保障资金账户中去，类似于现有的城市居民的公积金管理制度，专款专用，一人一账户，农户向这个账户每缴纳一元钱，政府就应当对等地为他再存入一元钱。由于绝大多数农户账户的资金有限，所以必须规定农户在一定期限内不能动用这个账户基金[6]。另外，还应增加农业投入、调整农业结构、转移农村富余劳动力、加快城镇化步伐、健全农村社会保障体系等，千方百计增加农民收入。

（三）规范《家庭赡养协议书》，巩固家庭养老的基础地位

我国农村经济总体水平还不高，集体经济实力还不强，家庭养老仍然是我国农村养老的主要方式。但目前家庭成员的减少及子女价值观的改变导致家庭养老受到严峻挑战。因此，要利用各种宣传工具，采取群众喜闻乐见的形式，大张旗鼓地做好尊老敬老的宣传教育工作，弘扬中华民族敬老、爱老的传统美德，教育年轻一代要孝敬老人；各社会团体、群众组织及有关职能部门要大力开展敬老工程，定期表彰尽心尽力赡养老人的子女和家庭，形成养老敬老的良好氛围；要强调在赡养老年人方面，儿女肩负一样的责任；要强调在外居住的子女不仅要在经济上接济老年人，还要经常照顾老年人的生活，带去感情慰藉；要认真贯彻《中华人民共和国老年人权益保障法》，真正保障老年人的权益，将家庭养老置于国家法律的监督

之下；要鼓励和支持签订《家庭赡养协议书》，使老年人的合法权益和子女应尽的义务公开化，根据当地农村的实际经济状况制定每一位子女给付赡养费的最低标准，并随着经济发展和物价上涨及时上调。《家庭赡养协议书》涉及老年人衣、食、住、行、医、丧等方面，《家庭赡养协议书》由父母及子女各留一份，当地老年协会也存一份，建立监督和评估机制，通过政府指导、舆论引导、典型带动和计生组织保证，使《家庭赡养协议书》真正发挥作用。对虐待老人的，要采取必要的法律措施，以切实保证农村老人的正常生活，把家庭养老提高到一个新的水平。

（四）设立农村养老金政府托底标准，推进农村养老保险事业

目前，农村养老保险基金过于分散、管理费用高、受政府干预多、运营效率低，农村社会养老保险发展缓慢，难以保障养老权益。应充分发挥政府在农村社会养老保障中的重要作用，完善农村社会养老保障体系，逐步提高老年农民的养老金水平。依据市郊农村低保水平，按一定比例设立农村养老金政府托底标准，各地区应依据自己的经济实力向上浮动，并随着经济社会的发展适度调整。国家可通过对矿产品、农产品、娱乐产品、水电、土地等资源的使用者和道路使用者征税，或从税收和土地出让金中划出一部分作为国家对农村养老的供款，制定统一的城乡社会保险关系转移、衔接办法，改变过去完全靠个人账户积累的模式，建立动态缴费增长机制，缴费标准随着预期领取的养老金标准的变化而调整。另外，要增加国家对农村欠发达地区、民族地区和贫困群体的财政投入，以体现社会保障的公平原则；要扩大农村社会养老保险的覆盖范围，以政府投资为主，低水平起保，降低农民参保门槛，增强抗风险能力，提高保费标准，提高保障水平；要出台有关拓宽农村社会养老保险基金运营渠道方面的法规，为依法操作提供法律依据，增加社会养老保险基金的运营渠道，实现其保值增值；要增加农村养老保险金的筹集途径，如发行农村养老基金彩票，向社会募集资金；要完善农村社会养老保险管理体制和监督机制，明确农村社会养老保险的法律责任，确保社会养老金的顺利收缴和安全发放；要大力发展农村商业养老保险，从政策上、税收上鼓励个人参加储蓄性商业养老保险，以充分保障农村老年人口老有所养。总之，确保土地流转资金保值增值，探索建立与农村经济发展水平相适应、与新型合作医疗和最低生活保障等制度相配套、农村社会养老保障方式多元次、制度法制化、资金来源多渠道、管理规范化、服务社会化的农村社会养老保险制度，把农村社会养老保险事业推进到一个新的发展阶段。

参考文献

[1] 段铷,赵桂玲,晋颖. 土地流转背景下河北省农村养老保险制度设计[J].特区经济,2010(2):167.

[2] 李绚. 城市化进程中农村养老问题探析[J].农业经济,2010(9):30.

[3] 林闽钢. 我国农村养老实现方式的探讨[J].中国农村经济,2003(3):36.

[4] 四川省社会科学院调研组. 必须高度重视农村土地流转中存在的问题和潜在风险[J].农村经济,2011(2):5.

[5] 王裕明,张翠云,吉祥. 基于土地换保障模式的农村居民养老问题研究[J].安徽农业科学,2010(5):2623.

[6] 林俊荣. 土地经营权流转与农村养老保障资金的筹措[J].农村经济,2006(6):74.

土地流转条件下农民就业问题探索

党的十六大报告指出："有条件的地方可按照依法、自愿、有偿的原则进行土地承包经营权流转，逐步发展规模经营。"党的十七届三中全会通过的《中共中央关于推进农村改革发展若干重大问题的决定》指出，应"加快健全农村社会保障体系"和"解决好被征地农民就业、住房、社会保障"。将农村土地流转条件下农民的社会保障问题和就业问题推到一个新的历史起点。就业与社会保障——土地承包经营权流转后农村居民面临的两大难题[1]。社会保障是社会发展的稳定器，保障农民的基本生存权。但是，目前我国农村难以形成高水平、系统、全面的社会保障，一旦遇到大病、自然灾害、物价上涨等因素，土地流转条件下农民的保障功能就显得十分微小。因此，应该将工作重心从生活保障转到就业保障，积极地探索出土地流转条件下农民最关心、最实际、最根本的问题，从而协调好眼前利益和长远利益，统筹好区域发展和共同发展，兼顾好农民利益和国家利益，为实现全面小康和谐社会打下坚实的基础。

一、土地流转条件下农民就业问题的紧迫性

（一）土地流转的必然要求

土地流转有利于形成土地规模经营，加快转移农村剩余劳动力，提高城镇化水平，完善资源的优化配置和推进农村产业结构升级，对我国农村和国民经济的又好又快发展具有重要作用。然而，按《全国土地利用总体规划纲要》的规划，2000—2030 年的 30 年间占用耕地将超过 5450 万亩，现代农业经济理论认为，每征用 1 亩地，将有 1.5 个农民失业。按照这样的比例算，土地流转下的农民数量将非常庞大，这个群体如果得不到妥善安置，不仅不能让国家和农民从土地流转中获得应有的收益，反而造成新的问题、新的矛盾，导致农村经济发展受阻，社会建设受损等严重后果。

（二）全面建设小康社会的现实要求

我国现在正处于全面建设小康社会的关键时期，小康水平总的来说还处于低水平、不全面、不协调阶段，各种利益矛盾相继凸显，多种经济社会自然问题错综复杂，任何一个问题都可能影响全面建设小康社会的健康推进。土地流转牵涉到经济社会政治，关系到农民的切实利益、国家的整体规划、企业生产的积极性及多方面的利益诉求，涵盖土地资源、人力资源、市场资源等多领域。正如胡锦涛同志所指出的："群众利益无小事。凡是涉及群众的切身利益和实际困难的事情，再小也要竭尽全力去办。"[2]

（三）转变发展方式的客观要求

十七届五中全会明确提出制定"十二五"规划的指导思想是，以科学发展为主题，以加快转变经济发展方式为主线，深化改革开放，保障和改善民生，促进经济长期平稳较快发展与社会和谐稳定，为全面建成小康社会打下具有决定性意义的基础[3]。转变发展方式是一场深刻变革，关系改革开放和社会主义现代化建设全局。转变发展方式是时代赋予的紧迫课题，已刻不容缓。但是目前我国农民的就业现状陷入一种怪圈，即农民就业不好→城市经济发展不快→创造就业机会不多→农村经济发展较慢→农民就业减少，如何让农民持续稳定又好又快地发展，是当前和长远都必然要面对的难题。就业是民生之本，如果这个根本问题得不到合理解决，会直接影响以人为本的科学发展。

二、土地流转条件下农民就业问题的特征

（一）农村富余劳动力增加，普遍性失业紧迫

农村劳动力不断向非农产业、城镇转移，是经济社会发展的普遍规律，是优化社会资源配置的重要手段，是推进城镇化进程和现代农业建设的必然要求。近年来，中央和各地政府都制定实施了一系列改善农村劳动力进城就业环境的政策，"十五"期间农民外出务工人数平均每年增加442万人，2005年增加了564万人，全国共有10824万农村劳动力转移就业。但是，我们也要清晰地看到，目前农村潜在的剩余劳动力总量达1.8亿以上，在2020年之前，平均每年大约有1000万人需要从农村转移出来，任务还很重。同时，2006年我国劳动力供给增量达到峰值，劳动力供求矛盾更加突出，加上农村劳动力素质偏低，就业信息不充分，特别是

一些限制劳动力流动的体制还没有从根本上消除，农民进城务工面临一系列市场和非市场的障碍。

（二）农民就业空间不足，结构性失业严重

随着经济和科技的发展，一些地方经济增长过分依赖资本密集型和技术密集型产业，忽视在技术进步中发展劳动密集型产业、培育能够开拓就业的新兴产业。而目前农民的文化水平较低技术能力掌握不强，难以适应企业的技术要求，造成高素质劳动力需求与农村低素质劳动力供给脱节的矛盾，大量农民就业空间只能局限于建筑、纺织、采掘、餐饮等传统产业，从事着简单、繁重、辛苦、低薪的劳动。虽然近几年政府对农产品实施鼓励和优惠政策，但土地带来的效益不能满足农民的经济需求，传统土地就业模式已失去效应。农业逐步迈向规模化、科技化、现代化经营，农业内部就业空间有限，传统农业就业模式的弊端也日益凸显。农民在土地流转条件下处于农村和城市就业的边缘，结构性失业严重。

（三）农民就业能力较低，隐性失业较多

由于农民受教育程度普遍较低，工作经验欠缺，接受新事物较慢，农民就业能力较低已是不争的事实，农民最需要就业服务来弥补这些不足。然而，现实是城乡教育资源、教育投入严重不协调导致农民就业教育落后，农民无法真正融入城市就业岗位中，因为就业能力较低不得不回到农村；农村缺乏健全的就业培训机构，培训质量不高，难以培育出市场所需的劳动力，有些地方完全没有就业培训组织，农民只好从事简单的行业；农民获得的就业信息不足，没有完善的就业信息服务站，不能及时把握最新、最准确的就业信息，而且服务站的管理者难以做到公平公正，农民既不能从就业部门获得就业信息，也不能从互联网获得就业机会，只能靠亲戚朋友介绍或被动等待就业机遇。

（四）农民就业形势不理想，政策性失业频繁

政府就业宏观调控目标应是保障每一位劳动者就业并提供劳动报酬和福利，然而受长期的城乡二元结构影响，土地被视为农民的就业保障，农民被认为是不存在失业的群体，但实质上农民处于隐性失业状态中。政府的宏观调控目标，如城镇新增就业、城镇登记失业率等，也尚未充分考虑农民的就业和失业状况，农民就业处于盲目、自发、无序的状态。农民本身就业能力有限，再加上一些就业政策的不公平，更使得农民处于弱势地

位，就业形势更加严峻。农民就业时还普遍没有签订劳动合同，或只有短期合约，农民的权益屡屡受到侵害，农民工作条件艰难、生活条件艰苦，还受到种种歧视。就业政策问题是制约农民就业的主要问题。

三、土地流转条件下农民就业问题的成因

首先，从主观因素分析，教育水平低是阻碍农民就业难的首要问题。据有关资料统计，目前全国4.8亿农村劳动力中，高中以上文化程度的只占12.4%，初中文化程度的占50.2%，小学以下文化程度的占37.3%，受过职业技术培训的农民不足5%，受过技能培训的仅占1%。由于农民文化素质和劳动技能普遍不高，参与市场竞争能力弱，对市场的应变能力有限，直接导致就业能力与市场要求相矛盾。其次，农民就业思想落后。由于受生活环境的影响，有些农民在就业问题上存在着一定的思想偏差。在条件相对较好的地方，有的农民觉得有了土地流转中带来的利益，再依靠村集体的福利生活，吃、穿、住、行都得到了满足，缺乏寻找工作的积极性。在条件相对比较差的地方，需要农民自己谋求生路，有的农民缺乏对当前形势的正确认识，对就业岗位、收入要求较高，对工作挑三拣四，一般不愿从事苦、脏、累的工种，造成找工作高不成、低不就的局面，难以找到合适的工作岗位。还有部分人习惯农村种田那种自由、自主的生活方式，因而经受不了工厂严格的劳动纪律约束，适应不了加班加点和流水生产线劳动强度大的工作环境，尤其不愿意进厂当作业工人，宁愿在家等待寻找适合自己的工作。最后，农民拥有的就业资源不足。就业资源包括人际关系、资金、能力、生产资料等，人际关系是隐形资源，在现代社会显得尤为重要，成为就业和成功的关键，而农民的交际圈没有跨出农民的范围，就算依靠亲戚朋友找到工作，依旧是工资低、工作时间长、工作环境差；资金是就业和创业的基础，拥有足够的资金才能通过创业带动就业，农民收入一直较低，再加上城乡、区域、行业贫富差距拉大制约着农民就业，同时，缺乏完善的社会保障也导致农民不敢冒险；能力是就业的根本，然而农民就业能力水平低，不具有从事高水平职业的潜能；生产资料是就业的工具，我国农民只有从事农业劳动的简单生产资料，不具有科技含量高的工具，难以形成规模大、有特色、效益高的农业，农民更无从事其他行业的生产资料，这限制了农民就业的领域。

从客观层面分析，一是土地流转制度不完善。一些土地流转在政府部门直接操控下进行，不符合市场经济规律，农民的利益在流转中受到损害；

土地流转方式单一，转包、出租、互换、入股合作、拍卖等这些流转方式强调资金交易，欠缺长远打算，忽略了就业在农民生存和发展中的重要性。一些地方政府不能根据自己的实际情况做出正确决策，为了避免麻烦就采用"一刀切"的方式，农民得到资金后不能合理利用，导致土地流转后矛盾重重。总的来说，政府在土地流转中的宏观调控力度不够，没有建立规范的土地流转机制，没有建立完善的土地流转中介组织，没有建立有效的法律法规，没有建立明确的监督机构和管理部门，没有在土地流转过程中充分考虑农民就业问题。二是政府的公共服务能力不足。由于劳动力市场缺乏统一管理，长期处于分割状态，劳动力的供求、价格等市场信息受其影响，无法准确、广泛地传播，致使广大农村劳动者难以及时获得明确的用工需求信息，所以流动就业具有一定的盲目性。另外，一些地方的公共就业服务体系建设不到位，无法向农村外出务工人员提供就业服务，非法职业中介乘机大行其道，有的甚至与个别企业劳资人员串通一气搞假招工，骗取农民工的中介费，严重扰乱了劳动力市场秩序。与此同时，烦琐的就业手续，复杂的登记项目，充满歧视性的就业要求，成为农民进城就业道路上难以逾越的鸿沟[4]。三是劳动保障法制建设不完善，执法力度不够。我国《宪法》第二章第四十二条规定：中华人民共和国公民有劳动的权利和义务。国家通过各种途径，创造劳动就业条件，加强劳动保护，改善劳动条件，并在发展生产的基础上，提高劳动报酬和福利待遇。然而，农民作为弱势群体，由于缺乏维护劳动权利的能力和意识，在就业中很多正当权益得不到保护，常常处于不利位置，严重影响农民劳动的积极性和创造性。现有保障农民工权益的法律法规不完善，主要表现在：劳动保障法制不健全，立法层次较低；现行涉及工资支付、劳动合同的具体规定缺乏强制性，有的企业没有和劳动者签订劳动合同，有些劳动合同中对农民的利益没有考虑全面；对违法行为处罚力度不够；在工资支付方面，对企业主拖欠、克扣工资等行为，只是设定了50%～100%的赔偿金，却没有强制手段；在劳动保护方面，对企业肆意延长劳动时间、不依法提供劳动保护措施的行为缺乏强硬的处罚措施；等等。总的来说，相关法制不健全，执法力量不足，执法效果不理想。四是随着科技的发展，劳动密集型产业逐渐减少，各行各业对从业者科学文化知识的要求越来越高，农民就业形式更加严峻，还要受到大学生的挤压。现在大学生数量迅速增加，很多大学生不得不放下身段到服务业、建筑业、纺织业甚至是完全从事体力的行业就业，从而挤压了农民就业的空间。

四、对策建议

（一）建立土地流转条件下农民跟踪分析机制

土地流转趋势既然不可回避，就应该主动把握土地流转的规律，掌握土地流转的特点，以及带来的成效与负面影响，运用好土地流转带来的利益而灵活地避开其不利之处。这就要求政府、社会、农民共同参与，建立农民跟踪分析机制。农民跟踪分析机制应体现以人为本思想，把农民的根本利益作为机制的出发点和归宿。土地流转条件下农民跟踪分析机制的具体内容应包括：土地流转带给农民的风险分析、农民生活条件在土地流转前后比较分析、农民政治参与意识分析、农民社会保障分析、农民就业问题分析、农民住房安置分析。农民就业问题不是孤立存在的，而是与其他因素紧密联系在一起的，相互影响，互相渗透。土地流转条件下农民跟踪分析机制就是以农民参与土地流转为这个过程，充分考虑农民的长远利益和整体利益，从而为农民就业问题找到合理的出路，以便让农民真正成为土地流转的受益者。

（二）加强农民技能培训

农村土地流转后，农民就业客观上需要从农业转向其他行业，但是因为产业结构调整及产业和就业扩张对人力资源素质要求越来越高，农民文化素质低和劳动技能弱，成为阻碍就业的主要因素。加快培养有文化、懂技术、会经营的新型农民和有专长、有技能的各类专门人才是解决农民就业问题的重点工作。一是健全完善培训政策，对农民参与职业技能培训的，各级财政要给予补助，有条件的地方要实行免费培训。二是加强培训基地建设，优化培训资源配置，结合地方经济发展特点，培育形成一批优势专业和特色工种，满足市场用工需求。加快建设一批培训示范基地，巩固和创建一批劳务培训和输出品牌。加强对培训机构信用等级评定和专兼职教师持证上岗制度建设，提高培训服务水平。三是积极实施"订单式"培训，提高培训针对性和实用性，提高农民培训后的就业率。

（三）强化对农民就业观念的宣传教育

受农村消极就业观念影响，农民就业愿望不强，就业期望与实际不符，农民就业难，难就难在转变思想观念，只要观念转变了，就业的渠道就宽广了。因此，要引导和教育农民转变就业观念，提高自谋职业、竞争就业的自觉性和创造性，积极主动地参与市场化就业。做好农村义务教育、成人教育，培养农民爱学习、爱劳动、爱生活的良好习惯，宣传就业对于增加收入、改善生活条件的重要性和必要性，消除农民懒惰的就业心态。积极鼓励农民自主创业，自谋职业，宜工则工，宜商则商，淡化农民对土地的依赖情结，逐步把就业方向转向其他行业，自谋职业的农民应享受有关税费及信贷方面的优惠政策。制定和完善关于鼓励支持个体私营经济发展的政策，鼓励农民通过非全日制、临时性、季节性工作等灵活多样的形式实现就业，支持一时找不到就业门路的农民发挥其农业生产技能，承包经营农业园区、基地等，继续从事农业，千方百计改变农民的就业观念。

（四）推进城镇化进程，构建农民就业载体

加快推进城镇化，不仅是社会发展的必然趋势，也是解决农村剩余劳动力问题的根本出路，推进城镇化进程最关键的是发展乡镇企业。乡镇企业发展不仅灵活方便，而且效益突出，是中国改革开放的"异军"。近年来，乡镇企业经济总量跃上新台阶，社会贡献特别是对农民就业和增收的贡献进一步扩大。2005年全国乡镇企业从业人员达14180万人，占全国农村劳动力的比重26%左右；2005年农民人均从乡镇企业获得劳动报酬达1100元，约占农民人均纯收入的34%。乡镇企业要重点在以下两个方面"突围"：从产业上来看，要大力发展劳动力密集型产业和服务业。乡镇企业结构调整一定要符合区域产业政策，依托靠近农村和连接城市的优势，主动参与产业的分工和协作，大力发展农副产品深加工业等新兴产业。从空间上看，乡镇企业发展要从分散发展走向集中发展。乡镇企业布局分散，导致运输成本高、基础设施落后、产业关联效应不强，特别是不能获得集中所带来的技术进步、市场信息、资本市场、人才市场等方面的外部效应。这是乡镇企业在与城市工业竞争中处于劣势的一个重要原因。因此，在城镇化进程中，发展乡镇经济既要选好产业，又要搞好空间布局，发挥聚集经济效益。同时，加强县城和重点镇建设，县城和重点镇是城镇体系的重要连接点，是城市和广大农村联系的桥梁，加强这个级别的城镇建设，提高其人口、产业等方面的承载能力，对于转移农村富余劳动力就业具有重要意义。

（五）调整农村产业结构，拓展农村内部就业

随着科学技术的进步和农民收入的增加，农村第二、第三产业有着十分广阔的发展前景，特别是第三产业的发展，是转移农民就业的重要路径。

我国农业的优势产业是劳动力密集型及技术密集型产业，如蔬菜、水果、畜牧产品和水产品等，这些产品在国际市场上具有很强的竞争力。我国应以优化品种结构和质量、增加效益为中心，大力调整农产品结构，积极发展高产、优质、高效的农业，开发占用劳动力较多的、高附加值的特色品种，加快发展畜牧业和水产业，努力挖掘农村内部的就业潜力。同时发展信息服务业、教育服务业、餐饮业、旅游业等。另外，掀起农村基础设施建设也是促进农民就业的重要渠道，相对于经济的飞速发展，农村在农田水利、道路、桥梁、自来水、电气化等方面严重滞后，极大地制约着农村经济的更好发展，也制约着农村市场需求的增长。要抓住新农村建设的大好机遇，利用农村剩余劳动力和农闲时节，政府出钱，农民出力，掀起一场农村基础设施建设的新高潮，既可以解决农民就业、增加农民收入，又可以扩大内需、推动经济增长，更重要的是为以后农村经济的又好又快发展打下坚实的基础。

（六）健全宏观调控，完善农民就业环境

一是要落实工作责任，各级政府要把促进农民就业创业摆上重要议事日程，并对农民就业做出硬性规划，在一定的年限里达到农民就业指标。实行严格的专项工作责任制，形成党政组织高度重视、职能部门齐抓共管、全社会协同推进的工作机制和环境氛围。二要成立就业服务机构，负责对就业的管理与服务，及时把就业信息传达下去，提供有利于就业的大环境。三是构造有效、畅通的信息服务网络[5]，在目前城市劳动力供需矛盾加剧、农民就业时间紧迫的情况下，建立劳动力市场和农民之间的双向沟通网络就显得尤为重要和珍贵。应积极免费为农民提供求职登记、职业指导、职业介绍、劳动事务代理等服务，及时准确地为他们提供就业信息。四是建立农民失业保险制度，完善的失业保险体系是现代社会的一个重要标志，它在社会经济的运行中起着"减震器"和"安全网"的作用。五是完善劳动法律体系，加强对农民就业权益的保护。我们现已有大量关于劳动关系的法律法规，对劳动者合法权益保护的法律制度已渐成体系，但是在保护农民工的权益方面、劳动法律制度方面还存在诸多问题，应尽快出台《促进就业法》、制定新的《工资支付办法》、制定《劳动争议处理办法》、修订《工会法》等，为农民就业营造良好的制度环境。

参考文献

[1] 孔祥利.促进土地流转亟待建立健全农村就业与社会保障制度[J].领导萃文,2009(2):27.

[2] 胡锦涛.在"三个代表"重要思想理论研讨会上的讲话[M].北京:人民出版社,2003:20-21.

[3] 中国共产党第十七届中央委员会第五次全体会议公报[M].北京:人民出版社,2010.

[4] 周志雄.论建立失地农民的就业保障制度[J].探索与争鸣,2007(5):53.

[5] 曹习华.试论失地农民的就业保障[J].企业家天地(理论版),2007(6):176.

乡村振兴战略下的城乡融合发展之路

当今中国，农村人口占很大比例，农村的发展关系着我国整个社会的发展及人民对美好生活的满足度。习近平总书记在党的十九大报告中提出乡村振兴战略和区域协调发展战略，充分显示了"三农"问题在我国社会主义现代化中的重要地位，以及党中央解决农村区域发展不协调问题的决心。乡村振兴战略涉及农村经济、政治、文化等方面的建设，加快推进实施乡村振兴战略要以注重协同性、关联性、整体性为根本，以产业兴旺、生态宜居、乡风文明、治理有效、生活富裕为总体要求。城乡融合发展以乡村振兴为前提，因此，以乡村振兴战略带动城乡融合发展是当今我国城乡发展的必由之路。

一、乡村振兴战略的基本内涵

党的十九大报告对乡村振兴战略的基本内涵作了全面概述，报告中指出："要坚持农业农村优先发展，按照产业兴旺、生态宜居、乡风文明、治理有效、生活富裕的总要求，建立健全城乡融合发展体制机制和政策体系，加快推进农业农村现代化。"

（一）以坚持农业农村优先发展为基本前提

经济振兴是乡村振兴的关键点，也是乡村振兴战略最新、最根本的问题。促进农村经济发展，就必须大力发展乡村产业，而乡村产业要以农业为根本，因此，要坚持现代化农业道路，实现新型工业化、信息化、城镇化和农业现代化的同步发展。改革开放以来，我国工业化、信息化、城镇化飞速发展，唯独农村农业的发展相对滞后，推进农业现代化的任务艰巨。我国正处于全面建成小康社会的决胜期，中国特色社会主义正处于进入新时代的关键期，对于推进农业现代化发展提出了更为紧迫的要求。因此，将农村区域发展、农业现代化发展置于优先发展的地位，加快缩小城乡差距，平衡城乡发展，是新时代的重点任务。

（二）以产业兴旺、生态宜居、乡风文明、治理有效、生活富裕为战略总要求

产业兴旺是乡村振兴的关键点。经济振兴是乡村振兴的关键和根本点，经济振兴以产业振兴为保障，因此乡村振兴战略的首要任务是抓产业振兴。

生态宜居是乡村振兴战略的前提。乡村振兴的根本目的是提升农民的生活质量，发展的根本目的也是提高我国人民的生活水平，满足其对美好生活的需求。面对日益恶化的生态环境问题，习近平总书记提出了"生态文明"思想，一切发展要以保护生态环境，尊重大自然的发展规律为前提，牺牲了生态环境所带来的经济效益都是徒劳的。

乡风文明是乡村振兴战略的灵魂。乡村振兴不是单纯的经济振兴，而是经济、政治、文化等多方面协同发展。乡村振兴不仅仅以增加农民收入为目标，除去物质层面，更要有精神层面的支持。在满足物质条件的基础上，丰富农民的精神文化生活才会达到美好生活的要求。

治理有效是乡村振兴的保障。科学治理、民主治理是达到有效治理的根本途径，乡村建设得不到有效的治理，农民的生活就会从根本上失去保障。

生活富裕是乡村振兴的根本所在。物质基础决定上层建筑，乡村振兴的根本目的是提升农民的生活质量和水平。生活富裕是农民过上美好生活的保障，也是检验乡村振兴战略的根本标准。

（三）以建立健全城乡融合发展体制机制和政策体系为关键环节

改革开放以来，我国城镇化进程加快，截至 2016 年年底，全国常住人口城镇化率达到 57.4%，此时，城乡二元结构的现状并没有得到破解，反之日益突出的是城乡发展不平衡的问题。实现城乡融合发展，首先要破解城乡二元结构的局面，否则乡村振兴战略就失去了其本身的意义。因此，改革创新，加快乡村振兴战略的顶层设计，以城乡融合发展的体制机制为乡村振兴战略提供不竭动力。充分发挥市场在资源配置中的作用，实现人才、科技、资金等诸多要素在城乡间的充分流动，从本质上改变城乡二元化格局。

（四）以加快推进农业农村现代化为根本目标

"三农"问题是我国全面建成小康社会最薄弱的环节，我国农村人口占

总人口多数比例，农村发展不平衡不协调不充分的现状从另一方面表明了未来发展的机遇和潜力。我国工业化、城镇化的飞速发展为农村的发展打下了坚实的基础，也具备了工业、城市反哺农村的基础和条件。因此，加快推进农业农村现代化以乡村振兴为目标具有现实的必要性和可行性。

二、我国乡村发展面临的困境

我国城乡发展不平衡的问题日益严重，在一定程度上阻碍了城乡融合的进程。过分重视城市发展导致农村发展滞后，对整个社会的平衡发展具有重大影响。

（一）农村空心化、老龄化现象严重，缺乏相关配套机制

农村建设需要完备的、有预见性的发展规划，才能够保证农村协调统一、可持续发展。长期以来，我国农村地区农业生产方式较为分散，缺乏合理有效的政策、市场引导，农业发展达不到优质化、品牌化、特色化，不能形成区域发展优势产业，在发展规划方面缺乏统一协调的规划政策，不能充分体现现代化发展理念。当前，我国农村地区存在诸多不良现象，如盲目建设、滥用土地资源造成资源浪费等，在经济得不到发展的同时更加破坏了生态环境。农业生产达不到现代化和规模化，许多贫困地区生产生活方式还很落后，农村居民的生活幸福感得不到有效提升。

农村发展需要相应的配套机制，这不仅是农村发展的保障，更是农村区域协调发展的助推剂。城镇化的推进，导致土地、户籍、人才发展等方面的问题愈加凸显。由于户籍制度的限制，众多进入大城市务工的农村人员不能够真正融入城镇成为城镇人口，享受不到与城镇居民相同的公共服务。对于目前的农村务工人员来说，"融不进的城市，回不去的农村"很大程度上降低了他们的幸福指数，甚至在一定程度上增加了社会不稳定因素，影响整个社会的和谐发展。

土地政策方面，相关土地流转、收益分配机制缺乏，使得土地不能得到有效的流转和规模化经营，导致农村经济发展缓慢。人才保障方面，缺乏有力的留住人才的政策和机制。随着城镇化的发展，农村年轻劳动力向城镇转移，特别是有文化的青年大多数选择留在城镇，造成农村人才流失现象愈加严重。在当前农村，真正留下来的多数是老人和留守的儿童，他们缺乏劳动能力和相关现代化农业技术，导致农村发展停滞不前。

（二）农业转移人口享受不到均等化的公共服务

当前，我国城镇化的发展导致一些资源单方向流向城镇，成为城镇经济发展的支撑，这一现象使得农业生产和农村经济发展所需要的要素缺失。面对大量青年流向城镇，老人、妇女、儿童留守的局面，规模化、现代化农业生产方式的根基不稳，造成大量农田荒置、农村产业萎缩。一些交通不便的贫困农村，由于人口流失、生产生活方式落后，村落日益衰败，严重影响我国现代化建设。

进城务工的农村人员作为城市的建设者，没有城镇户口，享受不到应有的福利和待遇，最终还是要回到农村，更加不利于城镇化率的提高和农村区域的全面发展。同时，他们的基本权益得不到保障，导致社会不公平现象。我国应尽快出台相关政策，使他们真正扎根于城镇，成为"城里人"，享受到其应有的福利和待遇，提升居民幸福指数。让更多的农村人口融入城镇，减少农村人口，有利于农村农业产业化、规模化经营，加快推进农村地区的发展。

（三）生态环境污染严重，经济发展与生态环境保护关系失衡

农村发展缺乏的是环境保护机制。长期以来，农村的环境防治得不到与城镇相均衡的待遇，和人民日益增长的美好生活需要相背离。农业生产的农膜等废弃物得不到妥当的处理，对土地土壤造成严重的破坏，农作物中产生的秸秆也用作焚烧使用，对大气带来一定程度上的污染；农村居民的生活垃圾受到相关设施的限制，得不到及时处理，农民环保意识薄弱，造成垃圾随处丢弃的现象；农药的过度使用引发农产品质量问题，严重影响了居民的身心健康和生活的幸福指数。生态问题是农村发展的短板，要保持我国社会的可持续发展，就要突出解决人权保障存在的问题，打造一个和谐、绿色、有序、健康的生态环境。

三、乡村振兴战略下城乡融合发展的路径选择

2018 年 2 月 4 日，中央一号文件《中共中央 国务院关于实施乡村振兴战略的意见》发布，这是对新时代乡村振兴战略所做的顶层设计，彰显了"三农"问题在我国社会主义现代化建设进程中的重要地位。针对当前我国城乡发展面临的问题，进一步建立健全城乡区域协调发展的相关体制机制，实现城乡融合发展，是新时代我国城乡发展的重要途径。

（一）与实施农业供给侧结构性改革相衔接

农业供给侧结构性改革是当前我国农村发展的一大力量。当前，我国在粮食生产的数量上基本不存在问题，但是结构失衡较严重，主要表现为农产品供求结构的错位、生产成本高、资源利用过度等，这已经成为我国经济社会发展的一大突出性短板。为了补齐这一短板，增强我国农业发展优势，2017年年初，我国对优化农产品产业结构、推行绿色生产方式、壮大新产业新业态、强化科技创新驱动、加大农村改革力度等问题做出全面部署，这一举措对解决农村土地利用率低下、农产品的劳动生产率不高、农产品供求结构失衡等问题具有重要意义，更是推进乡村振兴战略与城乡融合发展的核心举措。

推动城乡融合发展应与实施农业供给侧结构性改革相衔接，以此为主要抓手，深入推进农业供给体系质量和效率改革，在保证农产品供给数量充足的前提下，品种和质量可以在一定程度上契合消费者的需求，使得农产品的有效供给达到结构合理、保障有力的水平，推动农业现代化建设。把质量兴农、产业兴旺作为改革的主要目标，加快推进农业导向由增产到增质转变，巩固夯实农业生产能力，创新农业经营主体，推动互联网与农业相结合的发展模式，努力加快推进构建现代化农业产业、生产、经营体系，加快推进新技术、新业态、新模式的发展，不断提高农业创新力和竞争力。强化制度性供给，坚持完善产权制度和要素的市场化配置，最大限度地激活主体、要素、市场，强化改革的系统性、整体性和协同性，深入推进农村集体产权制度改革，调整农产品价格机制，摒弃束缚农民的不合理限制，加强农民培训，打好脱贫攻坚战。

（二）与推进新型城镇化建设相融合

乡村振兴战略的总体要求与新型城镇化的基本特征高度契合，如城乡协调发展、生态宜居、治理有效等，其中最主要的是人的现代化。应协调、融合新型城镇化政策，加快实施乡村振兴战略，在前期的方式、方法的基础之上达到新的要求、新的高度。首先，要重新塑造城乡关系，坚持以工代农、以工补农，城镇带动农村，重点建设农村公共基础建设，逐步实现全覆盖、普惠共享、城乡一体化的社会公共服务体系，推动新型城镇化、工业化、信息化、农业化的协调发展，构建工农互补、城乡互促、全面融合、共同发展的新型城乡关系；积极引导城市人才、技术、资金等要素流向农村推动工业、农业、服务业的融合联动发展。其次，要实现生态宜居，坚持绿色可持续发展，改善水电路等基础设施，统筹兼顾山水、林田的保护建设，进一步加强农村资源的保护和循环利用，构建资源节约、环境友好的空间格局、生产方式和生活方式；实现有效的治理，进一步加快建立健全现代乡村治理体系，建立健全法治、居民自治、德治相互结合的乡村治理模式，提高农民自治能力和法律意识，严肃查处侵犯农民利益的腐败现象，确保乡村和谐有序地发展。

（三）与实现农业现代化建设相配套

加快推进农业农村现代化，实现小农户与现代化发展的有机衔接是实施乡村振兴战略的重要内容之一，这也与之前我国实现农业现代化的目标一致。推进实施乡村振兴战略，要与建设现代农业部署相协调，并在此基础之上不断提高。深入推进农业现代化，以农业机械化为前提，以生产技术的科学化为动力，以农业产业化为重要内容，利用农业信息化手段，进一步保障农产品的高质量有效供给，促进农民持续较快地增收和农业的可持续发展，走高效产出、产品安全、资源节约、环境友好型的农业现代化道路；加快推进现代农业生产经营服务体系建设，通过现代科学技术服务农业、现代生产方式改造农业，大力推动农业生产经营机械化、信息化，推动应用农业科技创新和成果，增强农业综合竞争力，培育新型化的职业农民和农产品经营主体，建立健全农业社会化服务体系，加快农业转型升级，打造高水平集约化、组织化、规模化、社会化、产业化的农业经营模式。

（四）与推进农村精神文明建设相联系

乡风文明是农村精神文明建设的根本任务，也是乡村振兴战略的一项重大任务。实施乡村振兴战略要与农村精神文明建设相互协同。大力弘扬中华优秀传统文化，深入推进农村精神文明建设，移风易俗，通过村规民约等方式改善农民精神面貌，提高精神文化水平，打造乡风文明、家风优良、民风淳朴的精神风貌；不断加大资金投入，加大财政支持力度，健全农村公共文化建设，促进医疗卫生、教育事业、服务系统协调发展；坚持农耕文明与现代文明的有机结合，打造传统风貌、自然风貌、文化保护和生态宜居一体化的新农村面貌；积极推进村务公开，完善村民自治制度，选贤举能，发挥人才优势，完善乡村治理，加强法制建设，提高农民自身法律维权意识，在保留乡土文化的同时，构建乡村自治、法治、德治三位一体的乡村治理体系，促进城乡融合发展。

参考文献

［1］陈炎兵．实施乡村振兴战略 推动城乡融合发展——兼谈学习党的十九大报告的体会［J］.中国经贸导刊,2017(34):52-55.

［2］付翠莲．新时代以城乡融合促进乡村振兴:目标、难点与路径［J］.通化师范学院学报,2018,39(1):1-8.

［3］刘彦随．中国新时代城乡融合与乡村振兴［J］.地理学报,2018,73(4):637-650.

［4］陈婉馨．乡村振兴战略与城乡融合机制创新研究［J］.人民论坛—学术前沿,2018(3):72-76.

［5］杨仪青．城乡融合视域下我国实现乡村振兴的路径选择［J］.现代经济探讨,2018(6):101-106.

［6］吕风勇．乡村振兴战略的根本途径在与城乡融合［J］.中国国情国力,2018(6):53-55.

［7］王亚华,苏毅清．乡村振兴——中国农村发展新战略［J］.中央社会主义学院学报,2017(6):49-55.

［8］王喜成．以乡村振兴战略带动实现城乡融合发展［J］.区域经济评论,2018(03):122-123.

农村合作组织研究

新型城镇化进程中农村土地股份制的探索

　　农村土地股份合作制是继 20 世纪家庭联产承包责任制之后的一种新型的土地制度，也是促进农村经济更好发展的途径。作为时代发展的必然产物，它取代了家庭联产承包责任制，有利于统筹城乡发展，加快新型城镇化进程。

　　党的十八届三中全会通过的《中共中央关于全面深化改革若干重大问题的决定》中指出：建立城乡统一的建设用地市场，在符合规划和用途管制前提下，允许农村集体经营性建设用地出让、租赁、入股，实行与国有土地同等入市、同权同价。加快构建新型农业经营体系，鼓励农村发展合作经济。在保证现行农村土地基本制度不变的前提下，进行土地股份合作制的改革无疑是一项利大于弊的尝试。城镇化的进程加快，占用了越来越多的农村土地，但是城市与农村的土地二者产权主体和结构不同，需要进行转换，这就带来了一定矛盾，涉及我国的土地产权制度的改革与创新，这个矛盾如果得不到解决，必然阻碍新型城镇化的发展。因此，农村土地经营模式的变革势在必行。笔者认为，在我国农村实施土地股份制改革，将土地所有权、经营权和使用权主体适度分离，变农民对土地的占有为股权，推动农业的规模化经营和城镇化的发展，为我国城镇化发展开辟了新道路。

一、土地股份制实施背景及现存困境

　　我国是一个农业大国，农业人口占很大的比例。国家统计局最新数据显示，到 2013 年年末乡村人口为 62961 万人，占总人口的 46.27%，城镇人口占 53.73%，同比 2012 年，乡村人口占总人口比例下降 1.15%，而城镇人口则以同比例上涨，主要原因是城镇化的发展和农村经济发展，而农村土地股份制改革的推进也起了一定的作用。

　　早在 20 世纪 80 年代中期，农村土地股份制开始在广东南海（今佛山市）

试行，促进了南海的工业化、城市化，山东、浙江、上海、江苏等经济发达地区的农村紧随其后，也开始推进土地股份合作制，并取得了一定的成效。探索这种新型的土地制度改革，农民通过入股获得收益，有利于实现农民收入的持续性和永久性。这不仅是城镇化加快的需要，也是农村乃至国家长治久安的需要。在农村土地股份制改革的过程中遇到了以下一些困境：

（一）产权组织定位不清晰

我国各地在建立合作机构上存在一些差异，主要表现有：在进行农村土地股份制改革时，有的地区建立股份制企业，有的地区建立股份合作公司，有的地区建立股份合作社。改革目标的定位不清产生的矛盾无法保障农民的权益。

同时，在法人资格的确立上仍然存在无依据的问题。农村土地股份合作社不同于行政事业单位法人和工商法人，更异于社团法人，没有明确的法律地位。它的职能主要包括发展农村集体经济、推动农业现代化和增加农民收入等。随着城镇化进程的加快，部分农民转变为城镇居民，原有的农村股份合作社也随之转变为社区股份合作社，承担起社区管理的责任。

（二）农民入股意愿不高

农民的积极参与和普遍认同是土地股份合作制有效实施的前提，即农民自身理性的增长及对土地股份合作制的能动接纳是进行土改的必要条件。例如帅小林对成都市的调查发现，影响农民加入土地股份制合作社的因素主要包括家庭非农收入比重及年人均总收入，往往这两者越高农户入股的意愿越大；村干部受教育程度、村庄年收入的高低等也是影响因素。对于那些60岁以上的老人，农业是他们的主要经济来源，如果他们入股，由于年龄问题难以再就业，只能依靠合作社的土地分红，而分红的钱难以保障他们的基本生活，即使有些合作社需要老人来做工，但是招收人数有限，工资有限，无法解决所有老人的生活保障问题，因此，这些老人对入股合作社的意愿不高。

（三）实践地区分布不均匀

经济基础决定上层建筑，上层建筑反作用于经济基础。农村土地股份合作制的实践与推广在一定程度上受经济条件的约束，从我国最早进行试点的地区广东南海，逐步推广到山东、浙江、上海、江苏等地，不难发现这些都是经济较为发达的地区，同时，在这些地区进行土地股份制改革的农村也具有一定的经济实力，例如浙江的温岭市、江苏的昆山和扬州等，然而在一些经济相对落后的城市的农村则存在盲点，这样就阻碍了农村土地股份制在全国各地区的推广与实施，不利于推动农业管理规模化发展，阻碍了农村经济发展。

（四）农村土地使用制度与流转制度市场化程度低

市场对土地资源的配置未能起到基础性作用，农民通过土地取得经营性收入的机会不多。我国现行的《土地管理法》规定："国有土地和集体所有的土地的使用权可以依法转让。"但对农村集体所有的土地使用权如何进入市场和进入市场后如何进行商业化运作，至今尚未制定出相关的法规。股份合作制需要有支持其长期发展的市场，任何市场都是变化的，因此，亟须开拓新的市场。在开拓新市场的基础上，仍要确保原有市场。而当前大多数农村土地股份合作社准备不充分，仅仅局限于简单地规模扩大再生产。这样不能集中土地和扩大农业经营规模，而且农民利益无法得到充分体现，导致合同纠纷和侵权行为时有发生。

（五）合作社经营管理存在压力和风险

在土地股份制改革实践的农村，大多数农民受教育程度低，对改革过程中存在的风险和管理方法等问题的认知程度低，当问及会存在什么风险，农民回答最多的是"分红不能保证"。合作社的分红并没有农民想象中那么满意，而关于怎样管理，他们没有自己的建议，可见，拥有股权的农民缺乏对土地股份合作社运营的较强的风险意识和监督力度。

在农村股份合作社建立之初，原集体经济组织的管理人员主要是经营管理团队成员，资产的不断扩大，管理人员的经营管理能力滞后于合作社发展的脚步，同时农村股份合作社由村委会管理、负责人由村主任或书记兼任，缺乏专业的管理，管理的不完善造成经营失误，侵害了农民的股东利益；同时，随着农村土地股份制改革的不断深入、整合资源范围的扩大，无形之中增加新的运营成本、风险和代价。因此，现行的农村土地股份合作社经营存在较大压力和较高风险。

二、农村土地股份制现存困境的原因分析

（一）社会矛盾问题普遍存在

当前，我国颁布了农村社保新政策，采取个人缴费、集体补助外加政

府补贴相结合的筹资方式。在经济条件落后的乡村，无劳动力的老人的基本生活都难以得到保障，缴纳养老保险费成为一个难题；集体补助仅限于有条件的村集体，不适合所有村，村民委员会召开村民会议民主确定补助的相关标准，落后的乡村缺乏有实力的经济组织或者个人为参保人提供缴费赞助；政府往往要求符合领取条件的参保人全额支付新农保养老保险金，东部地区补贴一般约为50%，而实际领取到的少之又少。

同时，在新型城镇化进程中，由于城乡社会保障尚未接轨，那些脱离土地进入城镇的劳动力转变为城市居民，却无法享有所转移城市的社会保障，这样就依赖于集体经济组织，农村股份合作社也转变为社区股份合作社，但无法在观念上、管理上摆脱旧俗。这不但限制了社区股份制改革的深化，而且阻碍了农村向城市的转变，从而产生诸多社会矛盾，进而阻碍了新型城镇化的发展。

（二）对农村集体经济组织或村委会依赖性强

农村土地股份合作社主要设立理事会、监事会和社员代表大会三大部门，相互合作共同维持合作社的正常运转。实际上这"三会"的主要成员同时是村委会、村党支部的成员。一些重大事项的决定权不是掌握在入股农户手中，而是掌握在村委会、村党支部成员手中。而懂管理、会经营、有组织和执行能力、处事公正廉洁透明的领导班子才是这种制度需要的，若村集体领导班子不具备这种能力，随着资产的不断扩大，对管理人员的能力要求也逐渐提高，同时农村股份合作组织缺乏有效的监督，将会造成经营失误和监督机制的失效，因此损害股东利益。

在《宪法》《土地管理法》《农业法》等法律中，对农村集体经济组织的成立、运作、管理等内容尚未有明确规定，导致农村集体经济组织没有具体的形式，与村行政不分，权利和职能被掌握在村委会手中。由于没有法人地位，农村集体经济组织难以进入市场发展，这必然阻碍农村经济的发展，为城镇化发展的进程带来负面影响。

（三）政策法律不够健全和完善

任何一个新生事物每一步的顺利前行都需要不断创新的制度的支持，农村土地股份合作制的深化改革也不例外，农村土地股份合作改革实践遇到了很多政策法律障碍，面临着很多政策法律风险，对改革的深化在一定程度上有着阻碍作用。例如，不明确的深化改革方向，缺乏相应的政策法律支持推动改革，具体涉及这项改革具体解决什么问题，实现什么样的目标；股权的分配设置中个人股包括人口股，无法保障今后产生的集体组织成员同样享有集体资产和权利。目前，我国缺乏针对土地流转而制定的相应的政策法律，风险必然存在。然而，针对任何一个新事物发展过程中出现的新情况，都需要因时制宜地制定法律政策来保障改革的顺利进行。政策法律总是落后于实际的改革步伐，从而使得股份合作组织面临现有体制、机制的制约困境。

（四）资金支持不够充足

改革实践表明，农村土地股份制改革都是在广东、浙江、江苏、山东等一些经济条件比较好的农村，而那些经济发展相对落后的和缺少当地公司支持的偏远的乡村无法享有改革试点的机会，部分合作社缺乏有力的市场条件，处于困难的融资环境，农村土地股份合作社规模的扩大需要充足的资金支持，避免陷入资金困境，阻碍股份合作制组织自身的正常发展。一些股份合作社由于地处穷乡僻壤，得不到具有经济实力的公司（组织）的支持或者无法得到金融机构的贷款（通过土地、果园抵押也难以获得贷款），缺乏充足的资金支持，无形之中极大地阻滞了股份合作社发展的步伐。

（五）农民文化程度低，导致利益失衡

农民中大部分人受教育程度低，对于那些完全依赖土地获得经济来源的老人和未接受任何文化教育的农民，虽然在农村建立了土地股份合作社，农民通过入股土地成为股民而获得分红。但是，具体涉及合作社的管理、股权设置和运行的问题时，农民的意识比较模糊，他们更关心股权分红的问题，而农村土地股份合作组织实权掌握在村委会手中。掌握实权的村民委员会在利益的诱使下，将集体土地变成寻租的工具，拥有股权的农民按股分红获得一定的收益，而实质上大部分收益却属于村集体经济组织或村委会。这样直接导致土地收益归属问题出现失衡，在一定程度上损害了村民的经济利益。

三、农村土地股份制度现存问题的应对策略

在我国新型城镇化快速发展的过程中，农村土地股份制必须要坚持特殊情况特殊分析的原则。在新型城镇化进程中，需要不断地创新与完善土地股份制这一新的土地改革模式，解决在农村土地改革过程中产生的一系

列问题，以下是针对实践过程中产生问题的应对策略。

（一）充分尊重群众意愿，提高群众生活保障

农民真正缓解对土地的人身依附及主动接纳，是农村土地股份制有效实施的前提。农民自身理性的增长和对新型土改模式的能动接纳，成为农村土地改革的重要条件和根本条件。土地股份合作制的推行有助于提升农村在经济、政治和文化等层面的整体形象和社会管理。

农村社会保障体系的完善和健全与农民参与股份合作制的能动性密切相关，农民的基本生活得到了保障，有助于推动土地股份合作制的顺利进行。党的十八届三中全会进一步提出改革目标即建立更加公平可持续的社会保障制度。当前，需要将现行的新型农村社会养老保险和城镇居民社会养老保险整合为统一的城乡居民基本养老保险制度，扩大参保缴费覆盖面，适当降低社会保险费率，鼓励公司和个人为乡村贫困老人赞助保险费。老年人的基本生活得到了保障，无疑可促进土地股份制改革更加有效地实施。

（二）健全合作社内部的管理机制

农村土地股份制改革政策性强、涉及面广、工作量大、复杂性强，合作社内部需要做到以下几点：第一，完善内部管理结构，切实做到"三会"的"三权分立"，规范组织结构，明确各机构的权利和责任，"三会"要遵循决策、经营、管理和监督的规则，明确程序等；第二，通过委托代理机制引入管理人才负责合作社的正常运作，构建具有社会化、知识化、专业化的经营管理团队，完善管理体制，引进现代化管理技术，加强科学规范管理；第三，建立监督、制衡、激励机制，使内部权力机构更加有效，相互制衡。

（三）完善相应的法律政策

政府要加大研究股份合作制运行的力度，解决制度瓶颈阻碍农村新型股份合作制发展的困境，尤其注重针对各种合作制组织的专业化研究，明晰在发展过程中遇到的制度性障碍，因地制宜地制定专门的政策化解制度障碍。在适宜的情况下，改革相关制度，为农村新型股份合作制的发展创造良好的制度环境，优化相应管理，同时引导其自我完善。

因此，在推进农村新型股份合作社发展进程中，必须立足农村现实条件，政府要加大对其发展的支持和引导来解决机制构建过程中暴露的问题。政府要加大在政策法律方面的工作，因时制宜、因地制宜地解决在发展过

程中出现的各种问题，为新型城镇化进程中的农村土地股份制的健康发展营造强有力的政策法律环境。

（四）吸引社会资本解决资金困难

农村经济的发展、产业结构与农村土地股份合作社的发展有密切联系。从土地股份制改革的实践来看，经济发达的地区（如苏州）取得试点的胜利与当地的第二、第三产业发达密不可分，大量劳动力向非农产业转移，为当地土地股份合作社的发展创造了有利条件，相继建立了众多大规模的合作社，而有些地区非农经济不发达，农业人口多，如果盲目发展就达不到好的效果。因此，一方面，需要处理好人口转移和就业问题，为更多的农民创造再就业机会，保证他们在土地入股后获得稳定的收益，能动地加入股份合作社；另一方面，对于经济条件较差的地方，可以引入外部资金。例如重庆市的黔江区石会镇中原村利用资源比较丰富的旅游资源，吸引外部资金加盟，推动当地土地股份制的发展。政府也需要在财政上予以扶持，通过财政与金融机构力量为偏远农村的发展开通融资渠道。

（五）增强农民股份合作意识，权衡股份合作收益

农民对土地股份制改革的认知程度与改革的进程有着十分重要的关系，当地政府及村委会在推行改革的过程中，要大力宣传相关知识，开展由当地村民组成的土地股份合作社大会，由相应的管理人员引导农民正确地认识股份合作社改革的优势，并针对农民的疑惑及时给予解释说明。

农村土地归农民所有，农民应自主选择土地股份制，政府不能介入太多，在改革的进程中，政府要保护农民的权益不受损，保护好农民的合法权益是运作的关键。这一改革属于利益调整，涉及各方面的利益关系。因此，政府应以保护农民利益为大局，要做到以下几点：第一，合理、合法、公平地制订合约，认真研究和评估怎么定权、定股，保护农民土地利益；第二，合作社内部股权分红要对外公开，做到公正、合理，严禁合作社内部利益寻租而大肆浪费耕地资源，保障权利不失衡。

参考文献

［1］徐建春,李翠珍.浙江农村土地股份制改革实践和探索[J].中国土地科学,2013(5).

［2］肖妍,程培堽.农村土地股份合作社运行特征、成效和潜在问题——以上林村土地股份合作社作为例[J].农业经济,2012(7).

［3］伍友琴.农村土地股份制与城镇化发展[J].改革与战略,2011(5).

[4] 黄军,康文峰. 农村土地集体所有制的有效实现形式——推进社会主义农村土地股份制改革的思考[J].兴义民族师范学院学报,2012(3).

[5] 张兰君,赵建武. 农民土地股份合作制模式研究[J].农村经济,2013(6).

[6] 陈幸德. 浙江省农村土地股份制改革的现状与对策[J].浙江国土资源,2013(5).

[7] 柯慧,邵晨,陈盈. 新型土地流转模式的研究——股份制[J].经济师,2011(10).

[8] 李然. 论土地股份合作之中的股权问题[J].时代金融,2013(3).

[9] 罗丽,康云海. 农村土地股份制模式的对比分析及其对策[J].新农村建设,2011(3).

[10] 马兴彬. 我国农村城镇化进程中土地流转问题研究[D].哈尔滨工业大学,2013.

新形势下完善农民专业合作社的对策研究

农民专业合作社是在农村家庭联产承包经营的基础上，同类农产品的生产经营者或者同类农业生产经营服务的提供者、利用者，自愿联合、民主管理的互助性经济组织[1]。中国农民专业合作社悄然兴起于20世纪80年代，蓬勃发展于90年代中期，是中国农村继家庭联产承包责任制后生产方式的又一次重大变革。近年来，镇江市农民专业合作社获得了快速的发展，有效带动了农民收入的增长，但同时也存在一些发展困难，必须从转变思想观念、加强协作配合、加大金融支持等方面予以破解。

一、镇江市农民专业合作社的发展现状

（一）基本情况

至2015年年底，镇江市全市共有工商注册的农民专业合作社3200个，其中省级示范合作社266个，市级示范合作社105个，主营业务分布于粮食种植、蔬菜种植、水果种植、苗木种植、茶叶种植和加工、畜禽饲养、水产品养殖、农机服务、植保服务、土地股份等领域，基本覆盖大农业的所有领域。其中，全市农民专业合作社对农村经济发展的促进作用主要体现在：带动农业生产组织化、规模化，改进农产品品种、质量，培训农民并提供农业生产技术服务

（二）抽样调查情况

1. 合作社的一般情况

（1）注册资本规模和运营资本规模。通过对镇江10家农民专业合作社的抽样调查发现，注册资本最少为27万元，最多为1206万元，平均注册资本约280万元，不同行业的合作社在注册资本规模方面差距较大。投入运营资本方面，实际投入运营资本最少为60万元，最多为1000万元，平均为340万元左右，表明合作社实际需要的资本大于注册资本，不同规模的合作

社在运营过程中资金需求方面差异较大。

（2）合作社"三化"情况。在生产标准化、经营产品品牌化和管理动作规范化方面，样本合作社中生产标准化覆盖农户比例为80%，有5个合作社有自己的商品品牌，占样本数的50%，生产过程中的规范管理到户率达100%。

（3）合作社"四有"情况。样本合作社100%都有固定的办公场所，面积从30平方米到1000平方米不等。有约三分之一的合作社有办公室、财务室、会议室、示范教室等办公用房，三分之一的合作社有培训教室、产品检验室、育种厂房等。全部样本合作社都有健全的管理章程，设有管理机构，有财务制度，配备了专（兼）职财务人员。有一个合作社党员人数较多，建有党总支。

（4）合作社带动农户数。在样本合作社中，每个合作社带动农户数从110户到623户不等，平均每个合作社带动农户275户，说明带动的农户范围比较广泛，其中尤以带动本乡镇农户为主，平均占比69.6%。

（5）合作社培训农户数。样本合作社都开展了对入社农民的职业技能培训，绝大多数入社农民积极参加技术培训，近三年入社农民平均年培训时间分别为4.66天、3.57天和4.20天（部分合作社前两年这方面的统计数据缺失，准确性受影响），2014年入社农民平均培训时间是准确的，为4.20天。

2. 合作社的生产经营情况

（1）在"五统一"方面的情况。在样本合作社中，70%的合作社统一购买生产资料；80%的合作社有统一的技术服务；60%的合作社产品有统一的包装；70%的合作社统一销售产品，农户自己不再销售产品，另有30%的合作社采取合作社与农户共同销售产品形式销售农产品；有20%的合作社为入社农户提供信贷支持（由合作社自有企业提供信贷担保）。

（2）在提高产品竞争力方面采取的举措。样本合作社都十分注重产前、产中、产后的管理与服务，把产品竞争力首先建立在"质优"上，合作社生产的农产品在质量方面要明显优于传统农户生产的。50%的合作社利用品牌优势参与市场竞争，取得了很好的成效。品牌意识的增强，对于提升合作社竞争力起到积极的促进作用。

（3）在保证产品质量方面采取的举措。合作社在提升农产品质量方面主要采取的措施有品种改良、按质论价、技术指导、标准化生产、环境管控等。合作社在农产品种改良方面发挥了先导作用。比如，茗缘茶叶专业合作社用三年时间完成全体入社农户的茶叶品种改良，现已全部改种优良茶叶品种。加工生产类合作社在生产过程中推行责任到户，按产品质量决定收购价格，既保证了合作社利益，也保证了入社农户的利益。种植类合作社则采取技术人员到生产现场的方式进行质量管控，某苗木专业合作社派 3 个技术员到农户生产现场进行巡回指导并管控质量；某葡萄专业合作社通过采取肥水管理、有机肥补贴等途径，加强生产过程，保证产品质量。

3. 合作社在提高农户经济效益方面的作用

（1）提供生产技术指导并收购农户生产的全部农产品。某水稻种植合作社，为农户提供良种、生产技术、机械作用等方面的服务，并以高于市场保护价的形式全部收购农户的生产的水稻。某红薯专业合作社以每公斤2.4 元的价格收购入社里 138 个农户的产品，保证了农户的收益。

（2）改变种植结构增收。从经济效益的角度看，种植果蔬、苗木的经济效益明显高于单一粮食生产。一亩葡萄的收益相当于 10 亩水稻的收益，一亩苗木的收益相当于 6~7 亩水稻的收益。从事经济作物生产的合作社的农户收入，一般都高于传统粮食生产类农户的收入。

（3）统一销售，保证农户收益。大多数合作社都通过统一销售的方式，帮助农户解决农产品销售难的问题。某柳编合作社和某草编合作社，把入社农户生产的各类编织品销售到了全国各地，这两个社的入社农户收入多的达到十多万元，少的也有两三万元。

（4）增加农户的农田租金收入。样本合作社中有七个合作社租赁农民的土地，农民可以获得稳定的土地收益。土地股份合作社则通过利润分成的形式，让入社农户分享合作社收益。

（5）入社农民可以获得工资性收入。80% 的合作社提供劳动就业岗位，增加了农民的工资性收入。样本合作社平均常年用工保持在 20 人左右，人均工资性收入在 18000 元左右。

二、合作社目前的主要困境

（一）产品销售困难

在样本合作社反映的众多困难中，产品销售困难列第一位。在受宏观经济形势影响时，苗木、茶叶、鲜鱼、优质大米等的销售都会有不同程度的滑坡。某苗木专业合作社 2015 年销售量下降了 20% 以上。部分合作社生产的农产品由于销售困难，仓储时间过长，面临产品变质的问题。

（二） 筹措资金困难

这方面的问题也比较突出，大部分合作社都反映贷款难、手续烦琐，资金成本普遍较高，近三年，合作社贷款利率通常在年息8%到9%之间。

（三） 技术工人难招

部分合作社存在熟练工难招的问题，如茶叶生产类合作社每年都很难招到足够数量的熟练采茶工。

（四） 农户管理困难

一是农产品生产类合作社中的农户，不能严格按照合作社的要求进行生产，造成不合格产品比例较大，影响销售；二是加工类合作社中的农户，不按工艺要求生产，出现产品质量问题，造成销售出的产品因质量问题被退回，给合作社造成经济损失。

三、支持农民专业合作社建设和发展的建议

习近平同志在浙江工作期间提出，大力推进农民专业合作、供销合作、信用合作"三位一体"服务联合体建设，浙江在全国率先颁布了地方性法规《浙江省农民专业合作社条例》。2016年5月24日，习近平总书记在黑龙江考察时指出：农业合作社是发展方向[2]。这些都是新时期做好"三农"工作的重要依据，为农民专业合作社的发展指明了方向。

（一） 强化合作社社员专业合作、标准化生产的观念

现阶段，农民专业合作社还建立在家庭联产承包责任制的基础之上，不少农民发展现代农业的意识相对薄弱。调查发现，不少农户缺乏进行专业合作的认知和意愿，对合作社要求的标准化生产也重视不够，部分农户存在生产经营过程中不服从管理、随意性较大，不利于形成标准化、规范化的生产格局。实地调研中，有些合作社的创办者也有抱怨，主要集中在以下方面：农民对标准化生产认识淡漠、缺乏合作意识，有些收入高的农民更倾向单干，现阶段加入合作社的意愿还不强。这些情况的存在都影响合作社今后的发展，需要加以重视[3]。

更新农民的生产经营理念是下一阶段涉农部门的一项重要工作，建议相关职能部门加强宣传教育，以期普遍提高农民的认识，增强他们发展现代农业的意识。要向农民宣传专业合作的意义和作用，特别要讲清楚专业

合作和农业标准化生产对农民增收的好处，要利用成功的典型进行宣传，提高农民参与专业合作和标准化生产的积极性。

（二）鼓励农民专业合作社走适度规模经营之路

农业适度规模经营是发展现代农业的必由之路。目前，镇江市农民专业合作社还处在中小规模，虽然在技术引进、新产品推广方面取得了一定成效，但也存在设施、设备利用率不高，总体生产规模偏小，单位农产品广告宣传、市场营销成本过高等问题，不利于降低生产经营成本，也不利于合作社所生产的商品的品牌建设。下一步应从两个方面扶持合作社上规模：一是对已经工商注册的合作社，要采取措施帮助他们进一步发展壮大，尤其是省市两级示范合作社，要鼓励他们吸收更多的农户加入，从而发展壮大自己；二是对生产经营门类相同的合作社，要鼓励他们建立合作联社，走联合开发、共拓市场的道路，以维护共同利益，而不是在一个较小的市场区域内进行低价竞争。

（三）重视解决合作社产品同质化、单一化问题，走特色农业道路

产品同质化有利于生产者之间的竞争，对消费者是有利的，但对生产者来说可能带来不利影响，有可能强化生产者之间的竞争。以句容地区的草莓和葡萄为例，从 2009 年该地区发展草莓和葡萄种植以来，很多合作社（农户）都集中生产某一两个品种的草莓和葡萄，集中在一个时间段上市，合作社（农户）间的价格竞争表现得较为明显，出现丰产不丰收的情况。调查中也发现，个别合作社已经在产品特色化方面下了功夫，并取得了很好的成效。比如某葡萄合作社不仅自己改良葡萄品种，还从日本、德国引进了新的葡萄品种，错峰上市，做到了人无我有，经济效益显著增长。建议农业部门继续抓好此类典型合作社的后续追踪分析，总结经验，加以推广。

（四）重视解决合作社之间竞争与协作的关系问题

目前，镇江农民专业合作社大多数局限于自然村，合作社之间在农产品生产方面有很大程度的类同。如丹徒区和句容市的茶叶生产合作社、丹阳市的淡水养殖合作社、句容市的草莓生产合作社和葡萄生产合作社等，都存在各个合作社之间竞争大于协作、各自对外销售、互相压价竞销等问题，非常不利于合作社自身的发展，也不利于农民增收。

建议地方政府部门要做好居中联络工作，帮助、支持合作社以产品为

中心和纽带，成立生产经营协会，通过协会与市场建立联系，试点由协会统一进行加工和销售，在一个较大地域内做到"一个品牌、一个标准、一个价格"，从而有效地解决合作社之间竞争与协作的关系问题。

（五）进一步完善对合作社的金融支持

基于大部分合作社都反映贷款难、手续烦琐、资金成本普遍较高的问题，建议政府有关部门加强与金融机构的联系，特别是为农业服务的政策性银行（农业银行和农村信用社）要坚持为农服务，要简化贷款手续，方便合作社融资、贷款。政府有关部门还要加强对金融机构的督察，严禁在贷款利率之外添加不合理费用，降低合作社贷款成本。

参考文献

[1] 刘永建. 农民专业合作社文化建设可持续发展探讨[J].农村经济与科技,2010-11-01.

[2] 杜尚泽.习近平黑龙江考察:农业合作社是发展方向[EB/OL].http://politics.people.com.cn/n1/2016/0525/c1024-28376720.html,2016-05-25.

[3] 李小洁,邹富良.农民专业合作社对农业生产标准化的促进作用研究[J].广东农业科学,2012(18).

农村经济合作组织建设中的政府管理职能

农业自身的产业特性和市场特性，决定了对农业必须实行宏观调控。随着农村经济体制改革的深入，市场机制对农业资源配置的基础性作用也日益增强，面对改革中出现的新情况、新问题，要巩固农业的基础地位、增加农民的收入和保持农村社会的稳定，仅仅局限于解决农业内部的微观管理问题是不行的，还必须同时重视政府对农业的宏观调控。目前，我国的农业宏观调控体系已基本形成，但仍有许多缺陷和不足，还需要进一步健全和完善。

一、农业经济宏观调控的必要性

农业经济的宏观调控，是指国家为实现一定时期的农业经济发展目标，有计划地运用或通过社会主义市场经济条件下的各种机制和手段，从总体上对农业经济发展的全过程进行检查、监督和调节。有效的宏观调控，对于保证农业生产稳定而持续地增长，保证农村各业及农村经济与整个国民经济之间的协调发展，具有重大的意义和作用。

（一）农业在国民经济中的基础地位和重要作用要求政府必须进行宏观调控

农业始终是关系到经济发展和社会稳定的基础性产业，它提供的产品在人们日常生活中具有特殊的重要性，对国民生活、经济发展和社会稳定有着重要的作用。我国人口有 14 亿多，其中有 9 亿多在农村，这是我国最基本的国情。没有农业的健康发展，也就没有国民经济的健康发展；没有农业的稳定，也就没有农村的稳定、国家的稳定。只有对农业实施有效的宏观调控，实现农产品供求的基本平衡，才能为整个经济发展和社会稳定提供坚实的基础。

（二）农业的天生弱质性和弱竞争能力，需要政府加强宏观调控

由于农业是依靠动植物的生理机能并在自然环境的协同下进行的，自然再生产与经济再生产交织在一起，生产周期长，各种自然因素对其生产影响很大，即使是使用现代农业科学技术，也难以做到完全不"靠天吃饭"，再加上农产品需求弹性偏低，不具备与其他产业进行平等竞争的能力，其经济效益一般低于其他产业。如果没有政府的宏观调控，农业会因为其产品在市场上不能获得平均利润而萎缩，造成工农两大产业比例失调，影响整个国民经济的发展。事实上，世界上任何国家都没有把农业和其他产业放在平等竞争的位置上，总是在各个环节上尽可能地对农业生产进行补贴和保护，这个过程就是政府进行宏观调控的过程。

（三）市场机制具有的局限性，需要政府加强宏观调控进行弥补

市场机制有效配置资源的前提是要有一个完全竞争的市场，没有价格扭曲，要素价格能够充分反映要素的稀缺程度，产品价格能够充分体现产品的供求关系。但现实中这样一种市场是不存在的，现实中的市场都具有一定程度的不完全性，并且市场本身不能缩小这种不完全性，使得市场机制对资源配置的调节作用受到制约。只有借助政府的宏观调控，才能使这种不完全性控制在最小的限度内。而且，市场机制的调节是一种事后调节，这种调节容易引起经济波动，需要政府进行事前调节以预警并纠正不利的经济波动。

（四）农业发展进入新阶段，要求政府必须完善宏观调控体系

改革开放以来，我国农业实现了由生产力水平低下、农产品短缺到综合生产能力连上几个新台阶，农产品总量基本平衡，有了丰年有余的历史性飞跃。人民 的温饱问题解决以后，对农产品的质量、营养等提出了更高的要求，农业的发展不仅受到资源的约束，还越来越受到需求的约束。如果不能适应这种新变化，就可能出现增产不一定增收的状况。目前，我国正从传统的计划经济体制逐步转向市场经济体制，市场运行机制还不健全，农产品的流通体制、价格机制、市场信息反馈机制等都有待健全和完善。要解决这些矛盾和问题，就必须完善政府对农业的宏观调控体系。

二、农业经济宏观调控的目标

农业经济宏观调控的目标，是由政府设定的对农业经济活动进行调节、

引导和控制所要达到的基本目的。根据我国的基本国情，农业宏观调控的目标应包括总量平衡、农民收入、农业环境、农村社会环境和平抑风险等。

（一）总量平衡目标

这是农业宏观调控的首要基本目标。其基本含义是：农产品的供给必须满足人民生活和经济发展对农产品的需求。这种平衡关系同时包括了总量平衡和结构平衡。总量平衡是一定时期内农产品的供给总量与该时期内对农产品需求总量的平衡。而结构平衡则是农产品供给结构和需求结构之间的平衡，具体来说它又包括品种结构的平衡、质量结构的平衡和地区之间的平衡。总量平衡和结构平衡是互相联系、彼此制约的，总量平衡是结构平衡的前提，结构平衡是总量平衡的基础。随着经济发展和人们收入水平的提高，农产品供求结构平衡的重要性将越来越突出。因此，农业宏观调控目标，既要保持农产品供求总量平衡，又要保持农产品供求的结构平衡。

（二）农民收入目标

收入预期是农民从事生产经营活动的基本依据，农业生产经营者是独立的经济利益主体，农民只有在收入增加的前提下才能扩大供给。在我国现阶段农户小规模经营的格局下，农产品使用价值和价值的矛盾，以及由此而引起的产量和收入、农民微观目标和宏观目标的矛盾日益突出，政府通过各种措施号召农民发展农业的愿望难以得到广大农民的有效响应。农民收入的徘徊甚至下降，不仅降低了农民的投资能力，削弱了农业发展的后劲，而且影响了通过农村有效需求的扩张促进整个国民经济发展的整体目标的实现。因此，政府必须把提高农民收入作为制定农业政策的重要目标。在经济发展过程中，必须保证农民收入稳步增加，城乡居民收入差距要保持在合理范围之内，不同地区农民之间收入差距也要保持在一个合理的范围之内。当经济发展到一定水平，要逐步缩小城乡居民之间的收入差距，并最终消除该差距。

（三）农业环境目标

农业是与自然环境关系最为密切的产业。一方面，农业的发展离不开良好的生态环境和自然资源的支撑；另一方面，农业生产活动又对生态环境和自然资源产生一定的影响。不当的生产方式，会损害生态系统的平衡，造成自然资源的破坏和浪费，从而影响农业的可持续发展。因此，农业宏观调控必须十分注意保护资源和环境，维护生态平衡，实现资源的可持续利用和农业的可持续发展。

（四）农村社会环境目标

当前，农村社会环境突出的问题是：社会风气不好，封建迷信、非法宗教活动重新抬头；社会治安不稳定，偷盗、抢劫、赌博、拐卖妇女儿童、黑社会势力等犯罪现象在一些农村地区时有发生。因此，必须加强农村精神文明建设和基层民主政治建设，加大社会治安综合治理力度，实现农村的安居乐业和社会安定，为农业和农村经济发展创造良好的社会环境。

（五）平抑风险目标

农业中的风险主要有自然风险、技术风险、政策风险和市场风险。在市场经济条件下，市场风险是一种综合性的风险，其他风险都必然在市场风险中得到体现。尤其是在农业小规模生产、分散经营的格局下，农业生产的商品化程度越高，面临的市场风险就越大。因此，为防止市场出现过度波动，保护农民的经济利益，政府应把平抑市场风险作为宏观调控的重要目标之一。

三、农业经济宏观调控的内容

农业经济宏观调控着眼于经济运行的全局，主要运用经济、法律和必要的行政手段，对农业资源的配置从宏观层次上进行调节和控制，保证农业持续稳定协调地发展。具体包含以下几个方面的内容。

（一）制定合理的农村产业政策

农村产业政策是政府根据国民经济发展的客观要求，调整和改善农村产业之间的关系，促进各产业协调发展的政策体系。农村产业政策又包括产业结构政策和产业组织政策两方面的内容。农村产业结构政策的核心在于政府首先应明确重点扶持哪类产业。我国农村产业结构政策的重点是：第一，继续稳定和强化农业的基础地位，为其他产业发展提供坚实的保障。第二，大力促进农村第二、第三产业的发展，推动产业升级。产业组织政策涉及的重要问题主要有两个：一是规模经济，二是市场竞争效率。据此，中国农村产业组织政策应着眼于以下三点：第一，实行农村土地使用权商品化，促进土地的合理流转与适度集中。第二，实行乡镇企业的适度集中。

这不仅表现在地区上的集中，而且应加强产业的联合和合作。第三，引导农民联合起来进入市场。

（二）强化政府对农业的投入，提高农业综合生产能力

一般而论，政府的农业投资是与整个经济增长同步的。为保证市场经济下各种生产要素以合理的数量投入农业生产，稳步提高农业的综合生产能力，政府必须通过立法手段确保农业投资的比例，以克服说起来"头等重要"，做起来"排不上位"的"口号农业"的弊端，保持农业投资的稳定性和连续性。首先，要提高中央政府财政预算内资金、国家基本建设资金用于农业的比重。政府在确保农业贷款增长率高于全国平均贷款增长幅度的同时，提高农业中长期低息贷款等政策性贷款的比重。其次，要改变农业投资方式，变分散投资为集中投资。农业资金投入的重点首先应放在农业基础设施建设上，既包括农业的基本生产条件，也包括农产品流通所需要的基础设施。农业资源综合开发商品性农产品基地建设是政府农业投资的另一重要对象。最后，要对农业投资实行"基金化"管理，防止农业资金的"非农化"现象发生，确保有限的资金能够真正用于农业发展。

（三）完善市场体系，培育市场中介，引导农民进入市场

市场体系是发展农村市场经济的基础工程，市场中介是连接生产与消费、微观与宏观的桥梁。市场体系的建设着重在于两个方面：一是要有计划地建立一批全国性的农产品批发市场，一般应建立在对同类农产品供给有决定意义的主产区，地方政府在合理布局的前提下相应建立区域性农产品批发市场。二是要大力发展要素市场，重点推进劳动力、资本和土地市场的发育。劳动力市场发育的关键在于加速农村工业化和城镇化建设，改革现行的户籍管理制度，使广大农业劳动力资源能够有序、逐步地从农业中转移出来；资本市场发育的重点在于农村的金融制度，主要是完善农村合作金融制度和充分发挥利率杠杆对资金供求的调节作用；土地市场发育的核心是尽快解决农业用地被征用时只补偿农业损失而用地单位却转手倒卖从中非法牟利的问题，并尽可能地创造农村土地有偿使用和有偿转让的条件。

（四）完善主要农产品的价格保护制度和实施主要农业生产资料的价格补贴制度

价格保护是市场经济下政府实行农业宏观调控的重要内容，所有发达

的市场经济国家无一不是依靠价格政策和贸易措施保护本国农业的。我国实施价格保护政策的关键在于确定一个合理的保护价格水平,当农产品市场价格低于保护价时,政府实施保护价收购,以免"谷贱伤农"。

(五) 健全重要商品的缓冲储备体系和风险基金制度

农产品缓冲储备是保证农产品供给安全、平抑价格波动的重要手段。农产品储备主要有"周转储备"(或称为商业储备)和"后备储备"(或称为专项储备)两部分,二者可统称为"缓冲储备"。农产品储备体系与政府的保护价收购是紧密联系在一起的,它是政府实施价格保护的物质基础。当前,需要进一步完善的工作有:① 建立中央政府、地方政府和农民个人储备的多级储备体系。中央政府主要负责国家级农产品储备和进出口调剂,并通过产销订货或批发市场调节各省之间的余缺。各省、自治区、直辖市的专项农产品储备保证本区域内各地区之间的供求平衡。政府通过经济手段鼓励农民个人储备。② 合理确定农产品储备规模。农产品储备要求适度的规模,其目的在于既保证农产品储备能起到应有的调控作用,又使政府的调控成本尽可能的小。

(六) 有计划地发展农村社会化服务

深化农村改革和发展农村经济,都需要建立健全农村社会化服务体系。发展农村社会化服务,有利于稳定和完善农村双层经营体制,有利于解决小生产和大市场的矛盾。要通过农村社会化服务贯彻计划意图,使农业生产经营市场性和资源流动市场性同时具有计划性,以保证农村的持续稳定发展。从现实情况来看,在市场调节的基础上,农户对于政府调节的要求同样具有迫切性。但是,农户不需要直接管理他们具体经营活动的政府调节,而是需要既承认他们的自主市场选择,又能对他们的生产经营活动有帮助的政府调节。这种调节实际上是政府对农业的服务,即通过有效的服务,使农户自觉地接受国家计划指导,从而把农户的市场选择与国家的计划发展目标紧密结合起来,使农户的市场选择被纳入计划发展的轨道。因此,政府有计划地发展农村社会化服务,是政府农业调节的重要内容。

四、深化农业宏观管理体制改革的措施

改革开放以来,我国农业宏观管理体制由原来的计划经济模式向市场经济模式转变。作为农业生产的微观组织——人民公社已经解体,农户成

为生产的基本单元；农业生产中的指令性计划全部取消，对部分重要产品的生产改为指导性计划，农民有了生产经营的自主权；国家放弃了对大多数农产品的直接定价权，农产品的价格由市场上的供求状况决定；农产品收购中的统购派购任务陆续取消，除粮食、棉花等少数农产品外大多数农产品可以通过市场直接销售；国家开始建立农产品价格保护制度。但是，无论从农业经济的发展要求来看，还是从社会主义市场经济体制的要求来看，农业宏观管理体制都还不够完善。因此，为了深化农业宏观管理体制的改革，必须采取以下措施。

（一）转变政府职能，明确政府与市场之间的关系

凡是市场能够调节的由市场调节，市场不能调节或不能很好调节的，就由政府来调节，但要适度。根据国外市场经济国家的经验，政府调节农业的边界为：一是政府对农业的调节以不打破农产品交易市场机制为限，这是因为政府调节经济具有局限性。二是政府对农业的调节以不损害农民收入增长为限。

（二）在农业宏观管理目标选择上，以增加农民收入为首要目标

增加农产品供给与增加农民收入是农业宏观调控的两大重要目标，但两者存在着一定的矛盾。通常情况下，政府追求的是粮食等主要农产品产量的增加，而农民追求的是收入水平的提高。从我国国民经济长期发展出发，从保证国内需求的稳定增长出发，政府必须把提高农民收入的目标作为农业宏观管理的基点。

（三）建立和完善农产品流通调控机制

1. 要完善农产品储备调节制度

只有建立了较为完备的农产品储备调节制度，才能在市场供不应求和供过于求时迅速有效地进行吞吐调节。我国从 1990 年起建立了粮食专项储备制度，并成立了专门的管理机构——国家粮食储备局。由于我国地域辽阔，各地区之间差异较大，单由中央一级储备，难以兼顾各个地方的需求，而且仅依靠中央财力难以建立完备的储备体系，还需要在省一级建立一定的储备作为必要的补充。根据我国十几年的实践经验，在中央和省两级建立储备制度，重点应放在中央一级。

2. 要完善农产品风险基金制度

农产品风险基金制度是对吞吐调节发生的亏损在资金上进行弥补，以

保证宏观调控得以延续和加强。农产品风险基金原则上应由调控主体即中央政府承担，但在目前中央财政困难较大的情况下，由地方财政（主要是省级财政）按比例分担一部分。今后随着中央财政力量的逐步增强，应当相应提高中央财政在农产品风险基金中所占的比重。

（四）加强农产品市场中介组织建设，建立健全信息网络

发达的市场中介组织是市场体系成熟和市场经济发达的重要标志，也是联系政府、市场和农户的纽带。当前我国农产品市场属于初级市场阶段，各地出现了经纪人和农协等中介组织，但数量极少，服务功能单一。因此，积极稳妥地建立农产品中介组织是建立和完善农产品市场的重要环节。在市场经济体制下，生产经营的信息主要来自市场，如何使农民了解到准确的农产品市场行情，并依此进行生产经营决策，是发展农村市场经济的重要问题。政府宏观调部门应向农民提供国家宏观经济发展战略、中长期发展规划和产业政策的信息，以及国内外农产品市场需求状况及价格的信息；充分利用新闻媒介定期向农民公布信息；利用各种会议、培训班、展览会等提供信息服务。

（五）完善我国农村金融体系，落实金融手段对农业的支持

国家银行的信贷资金要优先用于发放农业贷款，保证农业贷款资金能够及时、足额到位。要完善农业政策性贷款制度，将所有的政策性贷款都纳入农业发展银行的业务范围，采用政策性贷款的管理方式和要求按计划落实，加强对政策性银行贷款使用单位的审核监督，建立完善的监督机制，确保资金用途和资金效益符合规定的要求，确保政策性贷款能够按计划回收和再投入使用。

参考文献

[1]谢根成.论市场经济条件下政府对农业的宏观调控[J].商丘师范学院学报,2003(1):73-74.

[2]董兴.深化农村改革,健全农业宏观调控体系[J].思想战线,1999(2):7-11.

[3]李苏.我国农业宏观调控目标分析[J].福建论坛,2000(6):32-33.

[4]林善浪,等.21世纪中国农业发展问题报告[M].北京:中国发展出版社,2003.

[5]严瑞珍.中国农村经济学[M].北京:中国经济出版社,1994:6.

健全农村土地股份合作制的探索

——以扬州市江都区为例

    农村土地股份合作制不是一个新生事物，但体现了时代发展的新要求。我国土地股份合作制实践比较成功而又得以稳定持续发展的地区，主要是珠江三角洲和长江三角洲等地的大城市郊区农村，这些地区工业化和城镇化程度高，第二、第三产业发达，农村人口大量转移，这些因素是土地股份合作制得以持续成功实施所不可缺少的外部条件。为加深对农村土地股份合作制发展的研究，笔者于2012年8月对江苏省扬州市江都区农村土地流转现状进行了实地考察。考察发现，土地入股的流转方式越来越受到农民的青睐，但同时也发现土地股份合作在运行过程中存在一些问题：一方面是内部机制的原因，另一方面也反映出当前农地制度存在一些不合理的因素。

一、农村土地股份合作制的运行质态

    农村土地股份合作制是土地使用权股份化、合作化的农村土地流转经营机制，主要构成要素有土地使用权、资金、技术、公共服务、劳动力贡献等，就其内在机制而言，农村土地股份合作制是一种集农民、集体、企业、国家等多元主体利益于一体的均衡机制，主要是由土地增值收益所诱致的一种过渡性的制度安排，有效实现了集体目标和土地使用效率目标的统一[1]。农地股份合作制主要以土地承包权为股权，但因土地承包权缺乏处置权利，是一项不完全产权，即土地股份合作制不能体现出"风险共担，利益共享"的经营机制。因此，农地股份合作制以土地承包经营权入股，并不具有股份合作制的条件。但基于我国农地制度的特殊性和农村经济发展的需要，只要不违反《农村土地承包法》，灵活利用制度边际处置土地使用权，就能实现土地经营机制创新。从这一角度看，农村土地股份合作制是突破当前农村经济发展制度约束瓶颈的一种手段，体现出了强大的活力，是推动农村土地制度创新的有效模式。

农地股份合作制发展的基本要求是实现经营利润，如何在合作社内部合理分配收益，是衡量合作机制是否完善的重要标准，也是进一步激励股权更好地发挥经营效益的基本动力。当前，农地股份合作收益主要是根据入股要素的数量与贡献的多少及既定的合作社章程进行分配。参股要素主要有土地使用权、资金、技术、劳动力、公共服务等[2]。江都区在确保农民的股权不受损失，吸引更多的农民以土地参加合作经营的同时，采取了保底分红的办法，即无论合作社经营状况如何，农民都能从合作社中获得基本的收入保障，减少农民在合作社中经营的风险，保护农民土地权益不受损。在保底分红的基础上，实行弹性收益分配机制，根据合作经营绩效和盈余程度，除留出一部分作为公益公积金之外，全部在合作社内部进行合理分配。

二、江都区农地股份合作制运作条件

江都区地处苏中地区，全区总面积 1332km²，辖 13 个建制镇和 1 个省级经济开发区，总人口 107 万人，其中农业人口 76 万人，农村土地面积 6 万 hm²。江都区农业土地股份合作起步于 1966 年的土地一轮承包时期，先后在江都区郭村镇庄桥村、宜陵镇焦庄村、原宗村乡西贾村、原嘶马镇高巷村推进试点。截至当年年底，全区共发展各类农场 460 个，其中村办农场 181 个，站办农场 47 个，厂办农场 13 个，家庭农场 156 个，股份合作农场 63 个，农业适度规模经营面积达 0.84 万 hm²。但 1998 年土地二轮承包后，由于《农村土地承包法》的出台及当时粮价偏低等因素，部分农场解体，农业适度规模经营有所萎缩。2004 年邵伯镇渌洋湖农林综合开发土地股份专业合作社的成立，标志着江都区农村土地流转走上了规范化、法制化的轨道。2006 年年底，新组建农村土地股份合作社 56 家，入股土地 0.33 万 hm² 以上，农业适度规模经营面积回升到 1996 年的水平，接近 0.87 万 hm²。仅土地股份合作社每年以翻番的速度递增，截至 2009 年年底，全区遵循"依法、自愿、有偿"的原则，采取转让、转包、互换、入股、租赁等流转形式，共依法规范农村土地流转面积 1.97 万 hm² 以上，全区已有农地股份专业合作社 235 家，占农民家庭承包土地地面积的 43.3%，其中转让 0.23 万 hm²、转包 0.43 万 hm²、互换 0.032 万 hm²、入股 1.19 万 hm²、租赁 0.094 万 hm²。涉及农户 135641 户，签订规范的土地流转合同 138980 份，其中农民以土地承包经营权入股组建土地股份合作社 235 个，入股面积 1.19 万 hm²，占流转总面积的 60.1%[3]。

当前，我国农地股份合作制在许多地区不断发展和完善，但基于各种客观因素，部分地区土地股份合作发展仍不成熟，单凭行政力量推动农村土地股份合作发展是不可取的。以下是对江都区经济发展不同梯度地区的土地股份合作制运作情况的简要分析，来说明农地股份合作制的适用条件。

（一）农地非农化增值收益，是诱致农地经营制度创新的根本

江都区仙女镇地理位置优越，邻近城区，京沪高速公路穿镇而过，深受城区经济辐射影响，非农产业发展较快，开放型经济占据重要地位。

仙女镇为了不断满足企业用地和被征地农民生活保障的双重需要，由镇政府、农村集体经济组织及农民共同参股投资，统一修建标准厂房和道路等公共服务设施，为成长型小企业的发展提供基地载体。相对于国家农地征用须先征用为国家所有再上市的做法而言，这种做法不仅节省了行政成本，也为灵活处置土地用途留下了政策空间，有效实现了农民土地使用权者的基本权益，而交易费用的降低及生产成本的减少吸引了企业主体争相租用土地，这一隐性互惠制度为企业、农民主体双方带来了利益共享和合作剩余。土地股份合作制就是基于合作后能够给多方主体共同产生效益最大化，从而共同分享合作剩余，也为政府引导地方经济发展提供了有效的激励制度范式。

农地股份合作社的利益主体有农民、集体组织、企业及地方政府。农民通过农地非农化，除直接分享到土地增值收益外，可以在当地充分实现就业、创业，或者毫无牵挂地在外务工，增加收入；企业不仅节省了征用土地成本，而且有廉价、充足的当地劳动力资源，为提高经营效益提供了人力、物力基础；政府减少了与分散的农户进行谈判的成本，缩短了征地流程，提高了行政效率，不断促进地方经济良性发展。基于3个主体共享土地增值收益的一致需求，达成了多元主体的利益均衡发展。

（二）纯农业种植经营的农地股份合作化是寻求改变种植方式的有效选择

1. 江都区东北部村镇农地股份合作制发展的困惑

江都区小纪镇、武坚镇、樊川镇第一产业的产值在社会经济总量中的比例比较高，农民以地为本、以农为业的思想根深蒂固，农业种植成为农民生活保障的基础。在这种情况下，政府是引导和推动农村土地流转的主要力量。江都区分别在小纪镇、武坚镇开展了土地股份合作社试点。试点中将分散在各个小组的地势较低、种粮效益较差的荒滩进行分组，按人落实股权，另将一直由村经营的滩地作为集体股，建立了股份合作社，实行

统一竞价发包养殖水产品，收益分配上原属各小组的滩地发包收入全部返还农户，原属村经营的滩地，其发包收入的 30% 用于农户分配，20% 用于合作社积累，50% 用于村委会补贴办公费。从这 2 个村镇的农村土地股份合作制的实践来看，推动农村土地股份合作经营的主要原因是农村土地置荒、农民外出务工等，而通过土地外部利润推动土地股份合作发展的因素并不明显，而且土地股份经营项目不具有明显的特色和效益。

2. 从分散种植到规模经营的农地股份合作效益分析

江都区的部分村镇农业生产占据着经济发展的重要地位，农民依靠农业种植这一渠道实现增收依然很重要。在这些工业带动力不强的村镇，农村土地收益不明显，通过土地股份合作，将农民分散的土地集中起来进行规模种植经营，如果市场行情好、没有遭遇自然灾害，能实现较好的效益；如果受某些因素影响，导致种植情况、市场行情都不好，则农业规模经营可能会有所损失，农民利益得不到较好的实现，农地股份合作制就会丧失存在的基础条件。

三、江都区土地股份合作的利益机制

（一）外部利润是农地股份合作的动力根源

当前，农村土地股份合作制已成为许多地区探索农地经营新方式的一种最有效的制度选择，这种自下而上的农村基层制度创新，逐渐为政府、社会所重视。以江都区为例，虽然农村土地股份合作制在第一产业占主导的村镇也有所发展，但发展较快、相对成熟的还是在江都郊区村镇，这些村镇工业化发展速度快，农民市民化进程不断推进，农村劳动力外出务工、农民就地转移就业创业机会较多，农民素质相对较高，这些因素为农村土地股份合作发展提供了基础条件，其中又以工业化发展带来的土地增值为主[4]。由于现行征地制度不完善，补偿标准不合理，农民对土地征用补偿预期与实际所得相差甚远，利益差别直接推动了农民要求分享工业化发展成果和土地增值收益。因此，外部利润的存在，是推进农地股份合作发展的动力根源。江都区真武镇真北村将集体农业对外发包的 53.3hm² 以上的土地承包金由原来的 2700 元/hm² 提高到 4500 元/hm²，并全额返还给原承包户，这才增加了农民参与土地股份合作的积极性。

（二）利益非均衡是农地股份合作的存在基础

农地股份合作之所以不断得到发展，有其潜在的利益驱动，主要是规模收益和农地非农化潜在收益等。一些村镇通过集中农村集体土地，统一开发经营，尤其是对耕地进行适度规模种植，发展现代高效农业，从而获取规模效益，促进农村集体组织和农民收入增加。然而，土地资源禀赋差异、土地增值潜力、城镇化波及程度等因素对土地股份合作发展的影响更大，农地转为建设用地后获取的高于农地租赁价格的部分收益是土地股份合作制重要收益来源。因现行土地收益分配机制不尽合理，农民、集体、政府、企业之间的利益处于非均衡状态，农民要求充分实现土地增值收益的愿望及潜在收益的存在直接触发着土地经营制度创新。

（三）权益共享是农地股份合作的成功所在

农村土地股份合作制在坚持入社自愿、退社自由的前提下，将农民土地集中起来，进行统一经营，实行利益共享、风险共担的利益机制。目前，土地股份合作社的参股要素有土地使用权、资金、技术、集体投入等，就土地使用权而言，只要农民愿意加入土地股份合作社，就可以成为合作社的股东之一。按照江都区合作社章程，只要是加入合作社的社员，都有权按照份额享受应得的土地收益的权利。这种既稳定农村土地承包经营权（即不侵犯农民土地使用权利），又能通过制度保障合理获得土地收益分红的权益共享机制，是获得农民一致同意的关键所在。

四、江都区农村土地股份合作制的局限性分析

农地股份合作制是新形势下农村土地经营制度的又一重大创新，但是运作土地股份合作制需要成熟的外部条件。在区域经济发展不平衡、配套制度不完善等因素制约下，农地股份合作制还不是一个普遍适用的制度选择，更不是创新农地经营制度的最终目标模式，只是在特定条件下一定区域内的过渡性制度安排。换言之，农地股份合作制还存在一定的局限性。

（一）农地产权不完善，影响农地股权稳定性

当前，我国农村土地是农民集体所有，农民对其承包的农地只享有经营、收益、流转等权利，缺乏具有实质性产权的处置权。产权残缺对股权具有以下几个方面的影响：一是影响农地股权的稳定性。土地流转行为不规范现象仍然存在，致使农民对土地使用权的稳定性没有足够的信心，担心自己承包的土地流转后，因农地权属不清而产生矛盾纠纷。因此，土地产权不稳定导致土地流转不规范，可能造成农民土地使用权入股后权益有

所丧失。另外，由于经济发展对土地流转的需求逐步增强，土地流转形式也呈现多样化，甚至出现难以管理的局面，这对我国土地产权体系的法制建设造成了严重的不良影响，如果不及时规范农地流转方式，可能对我国农地制度的长远安排产生深刻的影响[5]。二是影响股权保障功能。土地股份合作社将农民土地集中起来统一经营，虽然农民可以在合作社里务工，挣取工资，获取土地股权收益分红，但是农民失去了对自己土地的直接支配权，实质上是将土地物质权货币化后的一种股权收益。股权的稳定性深受土地股份合作经营状况影响，合作社运行得好，农民收益才能得到保障，一旦合作社发生亏损，农民得不到分红，加之农地产权不完整，农民的土地使用权已作为股权投入合作社中，农民想收回自己的承包地是相当困难的。

（二）区域发展不平衡影响农地股份合作发展

农地股份合作制为实现多元主体利益目标提供了有效的制度平台，促进了农民增收。但是农地股份合作制运行是有条件的，并不是所有地区都适用土地股份合作制。其一，效益是土地股份合作的根本。运作土地股份合作主要有两个目的：一是进行规模种植，实现规模效益；二是进行第二、第三产业开发经营，获取建设用地的土地增值收益和经营效益。比较这两种方式，获取土地增值收益能更有效地推动土地股份合作制的发展，依靠纯农业种植的方式所取得的收益并不能满足合作制发展的有效需求。如果土地没有更高的利润收益，股份合作社运作就会面临困难，即便建立起来以后，如果仍然从事低水平的农业种植经营，土地的经济效益不高，股民很难通过合作社实现增收，合作社也失去了存在的意义。其二，制度成本制约土地股份合作发展。对照江都区土地股份合作社章程等可以看出，合作社的组建、成立、运作、收益分配等环节，都有着很强的专业程序和运行机制。例如，在股权设置上，对土地股的折算、资金技术股的标准及其他股权的衡量都很难准确规定，对股权分配也很难科学设置。合作社机构组成人员素质参差不齐，对组织机构顺利运行有一定的影响。另外，股权收益分配程序比较复杂，加入或退出合作社的成员，其股权收益分配及决算等方面更为复杂。许多地区的土地股份合作制在股份设置中包含了集体股和个人股、资金股和技术股等名目不一的股份，各地因地区特点设置股份的程序、种类和原则也不尽一致，由此可见，土地股份合作制所追求的多重目标从根本上决定了其运行成本很高。

（三）农地股份合作制内部机制存在弊端

农村土地股份合作社的成立是建立在土地承包经营权主体自愿基础上的，不得强制要求农民将土地承包经营权入股。《农村土地承包法》也规定了土地承包经营权流转的主体是承包方，承包方有权依法自主决定土地承包经营权是否流转和流转的方式。农村土地股份合作的基础是土地使用权，农民将土地作为股份参与土地股份经营，一般情况下是集体统一规划经营，或者由集体统一用于项目开发，由于其不具有分割性，难以恢复原状，农民要收回其土地，该怎么分割？如果不要求收回土地，那么土地财产到底该怎么核算？这是农地股份合作制需要解决的难题。因此，土地股份合作社的退社自由其实并不自由，而且这种行为存在一定的社会风险。

（四）农地股份合作制缺乏完善的法律保障

土地股份合作社类似于股份合作制企业，但是许多土地合作社不具备企业独立法人资格，法律和政府对农村土地股份合作社性质没有明确的规定，定位也很模糊，股份合作社既体现出了企业经营行为，又具有合作经济组织的性质。土地股份合作社的法人登记也很困难，工商部门认为其不符合企业法人资格而不予登记，民政部门认为其具有经营行为，不符合社团要求，也不好登记。目前已出台的《农民专业合作社法》对农民专业合作经济组织作了明确规定，但是并没有将农村土地股份合作社纳入合作社范畴，致使农村土地股份合作制无法可依，不受法律政策保护和扶持[6]。因此，没有一个良好的法律政策环境，土地股份合作的发展方向比较模糊，运行环境也不完善。

五、完善农村土地股份合作制度的建设

《物权法》在坚持农村土地承包经营制度的前提下，强化了土地承包权人的相关权利，稳定了农村土地经营关系，农民的土地权益保护更加有力。从实践层面看，农民的土地权益维护意识逐步增强，而且种植收益较以往有所提高，农业机械化生产水平不断提升，农民种田的积极性得到加强，进一步强化了农民的惜地思想。但事实上，农民的土地权益仍未能得到充分保护，一些侵犯农民土地的行为时有发生，其根本原因在于农地产权问题还没有得到彻底解决。因此，要进一步加强农村土地制度建设，不断完善农地股份合作经营机制，实现农地经营绩效最优。

（一）坚持农村土地集体所有

首先，在相当一段时期内继续坚持农村土地集体所有。基于国情的特殊性，我国现在每年新增1100万人，每年只能从农村转移800万人进城就业生活。40年后，中国农村的人口依然有7亿多，人均耕地还达不到现在的水平，所以小农经济是中国农业经济的长期现实的选择[7]；加上农业产业基础薄弱，农民就业创业能力不强，农业仍将成为大部分农民的主要收入来源。农村土地集体所有、家庭经营的制度具有极强的适应性和生命力，是一项适合我国国情的农村基本经营制度，目前乃至今后一段时间，既不能改变农地集体所有的性质，更不能改变家庭经营的组织形式。因此，当前，我国仍需坚持农地集体所有，进一步稳定和完善农民的土地社会保障功能，在此基础上，推进农村土地法律和制度建设，加快实现农民土地使用权长期化、物权化、市场化、资本化，加速农村土地使用权立法保护进程，用法律形式真正肯定并赋予农民长期而有保障的土地使用权。

其次，限制集体对土地的处置权力。法律赋予了基层集体组织享有土地所有权能，但并不是任集体为所欲为。当前，我国法律只注重农民这一主体对土地的相关权利内容，而忽视了对集体组织形使土地权利的界定，缺乏必要的限制性规定。因此，在完善农地产权制度的同时，进一步界定集体组织对土地的相关权利，防止基层干部滥用权力，搞土地权钱交易，滋生腐败现象；要注重在禁止集体私自处置集体土地、土地资源收益分配不公、强制调整农民土地、征地补偿不合理等方面做出具体规定[8]。

最后，为整合农地资源提供法律依据。新农村建设要求优化农村区域功能布局，整合分散的土地及推动农地适度规模经营。但我国农村地区的农地资源比较散落，村庄布局不尽合理，部分农村地区土地功能已逐渐弱化，有必要通过适当的土地调整，重新优化农地生产布局。从实践发展来看，当前我国应进行土地权利结构调整和重新构建，以法律形式界定和规范农村土地使用权的范畴，重点突出明确所有权、承包权、使用权、收益权及处分权等方面。

（二）增强农民土地处置权能

当前，我国亟须对农民的土地处置权能加以明确规定，以发挥农地的使用功能。其一，完善农民土地处置权能。在农村土地集体所有的前提下，农民不可能完全享有土地处置权，只能是依照农村土地相关法律制度进行合法实施，主要体现在转包、出租、互换、转让等几种流转方式。农民土地处置权能实际上是在集体统一意志支配下的一种附和行为，处于被动状态。正因为农民的土地处置权能缺失，造成了农地征用制度不公平、农民土地权益得不到保护等现象。因此，在新农村建设进程中，要提高农民的市场主体地位，必须要增强农民的土地处置权能。其二，扩大农民的处置权能范围。进一步放开农民的土地处置权能，但其最终目的并不单纯是维护农民的承包权，主要目的是让土地能够"活"起来，搞活土地经营，充分体现出土地的资本性。要实现农地资本性功能，法律应当赋予承包农户享有排他的占有、使用、收益权，并且享有包括使用权继承、有偿转让、转包、入股、联合经营、抵押等权利在内的较充分的处置权，从而使农民的土地承包权成为一种具有实质意义的包含使用权、转让权、继承权和抵押权于一体的土地财产权。其三，建立完善的处置权配套制度。放开土地处置权能会不会导致农地私有化、土地兼并、农民失地而流离失所？这些都需要有一套完善的配套制度，使农民的土地处置权在充分实现社会保障功能的前提下稳步实施。

（三）赋予农民土地资产性权利

土地不仅有社会保障功能、生态功能，还具有极强的资本增值功能。如何实现农地资本功能，维护好农民土地资产性权利，是完善农地产权功能的重要途径。其一，确保农民拥有土地资产性权利。通过界定土地产权关系，进一步明确农民的土地权利。在坚持土地集体所有的前提下，将土地的物质形式转化成股权化的资本形态，让合法享有土地产权的农民都能平等分享到土地权益，以实现土地的资本化[9]。土地股份既可以作为资本参与社会资本或市场流动配置，实现股份合作经营，也可以兑现成土地资源，对其直接占有和使用，实现土地经营效益。其二，实现土地资产市场化经营。通过健全农地市场机制，建立起平等的土地产权体系，以市场为导向，追求经济效益最大化。切实将土地作为社会生产要素，鼓励土地在合法前提下自由流通，提升土地资本增值功能和经济效益。允许农村土地使用权依法、自愿、有偿转让，在稳定承包经营使用权的基础上，用市场手段配置土地的经营使用权，解决人地矛盾。其三，健全土地资产实现途径。在现行农村土地制度框架下，通过简单的农业生产很难实现土地资本增值功能，因为农业效益比较低下，土地经营利润有限，农民要使土地价值变现，只能通过转让、出租等流转方式，而不能买卖、抵押。因此，在产权不完整的前提下，土地资产价值并没有完全实现。如何实现土地资产增值功能，除了完善市场机制外，还必须进一步强化农地股份合作制建设，通过稳定农民对集体土地的股权，实现股权收益长期化，确保农民分享到土地增值收益[10]。另外，土地地力评估和定价也是农村土地市场化、资本化的一项前提工作，是健全和发展农村土地市场体系的重要环节。

（四）确保农民土地使用权长期化

今后相当一段时期，我国农村土地仍然是农民主要的经济来源。因此，我国在推进农村土地制度建设过程中，不能犯"冒进主义"的错误，也不能搞"一刀切"，而是要按照农村发展实情稳步推进。其一，确保农民土地使用权长期化。农村土地调整、承包权利的不稳定性等深刻影响着农民对土地投入和经营的积极性，为进一步优化农地资源、提高农村土地产出率，需要加快实现农民对土地使用权的长期化经营。通过土地使用权长期化设置，逐步实现农民对承包土地的物权性质，稳固农民对土地的支配权，限制外部主体侵犯农民土地权益。其二，以法律形式固化农民土地使用权长期性。目前，我国涉及农村土地制度方面的法律对农民与土地之间的关系仍界定为承包关系，规定了耕地承包经营期限为30年，期满后由承包经营权人继续承包。农民是被动接受集体组织给予的表面性的土地经营权利，而不是处在真正的主人地位上对土地行使经营权，造成的直接影响是降低了农民的生产积极性。在土地集体所有制的前提下，如何实现农民的土地长期稳定性经营，是摆在我国农地制度改革面前的最迫切问题之一。当前，在实现农民土地经营期限长期化的基础上，加快农民土地使用权立法进程，以法律形式赋予农民的土地承包经营权长期化，从而为维护农民的土地权益提供法律后盾。在立法过程中，要注重对农地所有权主体、农民土地经营方式、农民享有的土地处置权能等环节进行具体规定，并辅之以必要的配套政策，完善农民土地使用权法。

参考文献

[1] 王小映. 土地股份合作制的经济学分析[J]. 中国农村观察,2003(6):31-39.

[2] 金丽馥. 新时期农村土地股份合作制探析[J]. 当代经济研究,2009(1):31-35.

[3] 江苏省扬州市江都区委农村工作办公室. 江苏省扬州市江都区 2011 年农经统计年报[Z].2011.

[4] 金丽馥. 健全农地流转机制 推进现代农业发展——以江苏省江都市农村土地流转经营情况为例[J]. 理论导刊,2009(1):73-75.

[5] 封德平. 我国农村承包地流转所蕴涵的政治风险及其化解[J]. 学术论坛,2010(7):101-105.

[6] 金丽馥,冉双全. 农村土地流转的风险及防范机制研究[J]. 理论与改革,2011(5):69-70.

［7］李昌平．慎言农村土地私有化［J］.发展规划与结构调整,2006(4):26-28.

［8］林旭．论农地流转的社会风险及其防范机制［J］.西南民族大学学报(人文社科版),2009(8):206-210.

［9］金丽馥,卢学锋．新农村建设中农地经营机制创新路径分析——以江苏省江都市为例［J］.学海,2010(5):102-106.

［10］金丽馥,陆蓉．新农村建设中农村集体建设用地合理流转的新思考［J］.江海学刊,2009(2):88-91.

新时期农村土地股份合作制探析

虽然农村土地股份合作制不是一个新生事物，但体现了时代发展的新要求。自广东南海（现佛山市）试运行以来，土地股份合作制在全国许多地区都不同程度地有所发展，尤其是沿海发达地区的郊区农村。然而，在运行过程中，该制度也存在一些问题，一方面是内部机制的原因，另一方面也反映出当前农地制度存在着一些不合理因素。因此，在经济发展不断加速的今天，进一步探讨农地股份合作制具有现实意义和必要性。

一、农村土地股份合作制的运行质态

农村土地股份合作制作为一种经营机制，具有一般的制度功能，其产生、运作、效用等各环节都受制度、社会环境等因素影响，尤其是经济社会发展水平因素。当前我国农村经济社会发生了巨大的变化，随着经济不断发展，农地股份合作经营机制也日臻完善，但由于制度发展局限性和区域发展不平衡性，农地股份合作制同时体现出了当前农村土地经营的困境。

（一）农村土地股份合作制概述

1. 农村土地股份合作制的内涵。农村土地股份合作制是土地使用权股份化、合作化的农村土地流转经营机制，主要构成要素有土地使用权、资金、技术、公共服务、劳动力贡献等，就其内在机制而言，农村土地股份合作制是集农民、集体、企业、国家等多元主体利益于一体的一种均衡机制，主要是由于土地增值收益所诱致的一种过渡性的制度安排，有效实现了集体目标和土地使用效率目标的统一[1]。农村土地股份合作制与一般股份合作制相比较，具有特殊性，主要表现在股权构成要素的差异。农地股份合作制主要以土地承包权为股权，但因土地承包权缺乏处置权利，是一项不完全产权，而一般的股份合作制要求股权要素具有完全产权权能，否则股份合作制在经营收益分配和风险机制上对股权的处置难以确定，即土地股份合作制不能体现出"风险共担、利益共享"的经营机制。因此，农地股份合作制以土地承包经营权入股，从股份合作制的成立条件看，其并不具有股份合作制条件，但基于我国农地制度的特殊性和农村经济发展的需要，只要不违反《农村土地承包法》，灵活利用制度边际处置土地使用权，就能实现土地经营机制创新。从这一角度看，农村土地股份合作制虽然不是我国农地制度的长久安排，只是为突破当前农村经济发展制度约束瓶颈的一种手段，但土地股份合作又展现出了强大的活力，是当前推动农村土地制度创新的有效手段。

2. 农地股份合作经营收益分配主要方式。农地股份合作制发展的基本要求是实现经营利润，如何在合作社内部合理分配收益，是衡量合作机制是否完善的重要标准，也是进一步激励股权更好地发挥经营效益的基本动力。当前，农地股份合作收益主要是根据入股要素的数量及贡献的多少，以及按照既定的合作社章程进行分配。参股要素主要有土地使用权、资金、技术、劳动力、公共服务等。部分地区考虑到要确保农民的股权不受损失，吸引更多的农民以土地参加合作经营，采取了保底分红的办法，即无论合作社经营状况如何，农民都能从合作社中获得基本的收入保障，减轻农民在合作社中经营的风险，保护农民土地权益不受损。在保底分红的基础上，实行弹性收益分配机制，根据合作经营绩效和盈余程度，除留出一部分作为公益公积金和来年的必要投入之外，全部在合作社内部进行合理分配。

二、农地股份合作制的运作条件

当前，我国农地股份合作制在许多地区不断发展和完善，但基于各种客观因素，部分地区土地股份合作发展仍不成熟，单凭行政力量推动农村土地股份合作发展是不可取的。以下对江苏省经济发展不同梯次地区的土地股份合作制运作情况的简要分析，说明农地股份合作制的适用条件性。

（一）农地非农化增值收益——诱致农地经营制度创新的根本

江苏省昆山市地理位置优越，邻近上海，深受上海经济圈辐射影响，非农产业发展迅猛，开放型经济占据重要地位。

1. 昆山富民合作社发展进程。昆山市政府在推动工业化进程中，为了不断满足企业用地和被征地农民生活保障的双重需要，1996 年，苏州市政府提出了允许集体存量建设用地使用权可以有条件地进行转让、出租。2002

年，昆山市政府为整合、规范农地股份合作社发展，将农地股份合作社统一命名为昆山富民合作社，对此昆山市提出了 28 条富民政策，明确要求由富民合作社进行原创型企业基地建设。原创型企业基地经政府统一规划后，由镇政府、农村集体经济组织及农民共同参股投资，统一修建三层以上标准厂房和道路、食堂等公共服务设施，为成长型小企业的发展提供基地载体[2]。由此，农地非农化有了政策支撑。这一系列政策的出台，相对于国家农地征用需先征用为国家所有再上市的政策而言，不仅大大节省了行政成本，也为灵活处置土地用途留下了政策空间，有效实现了农民土地使用权者的基本权益，而交易费用的降低及生产成本的减少诱致了企业主体争相租用土地，这一隐性互惠制度既为企业、农民主体双方带来了利益共享和合作剩余。当双方主体在合作与不合作之间产生的后果不一致，而且合作的效用要远远大于不合作的效用，通过合作能使双方主体利益达到最大化，此时就产生了一个"合作剩余"。该如何共同分享到"合作剩余"，而不是彼此都得不到应得到的最大收益，则只有通过共同合作，达成共同意志，充分享有合作剩余。土地股份合作制就是基于合作后能够给多方主体共同产生效益最大化，从而共同分享合作剩余，也为政府引导地方经济发展提供了有效的激励制度范式。

2. 昆山富民合作社的制度效应。农地股份合作社的利益主体有农民（土地使用权属者）、集体组织、企业（用地主体）及地方政府。作为农民，通过农地非农化，除直接分享到土地增值收益外，还可以在当地充分实现就业、创业，或者毫无牵挂地在外务工，增加工资收入；作为企业，不仅节省了征用土地成本，而且有廉价、充足的当地劳动力资源，为提高经营效益提供了人力、物力基础；作为政府，减少了与分散的农户进行谈判成本，缩短了征地流程，提高了行政效率，不断促进地方经济良性发展。基于三个主体共享土地增值收益的一致需求，达成了多元主体的利益均衡发展，共同推动着昆山富民合作社持续健康发展。

（二）纯农业种植经营的农地股份合作化——寻求改变种植方式的有效选择

1. 江苏苏北部分地区农地股份合作制发展困惑。宿迁市是农业大市，农民比例在江苏地区最高，第一产业的产值在社会经济总量中的比例也最高，农民以地为本、以农为业的思想根深蒂固，加之农民收入偏低，农业种植成为农民生活保障的基础。这种情况下，政府是引导和推动农村土地流转的主要力量。2006 年，盐城市分别在阜宁县施庄镇红心村和建湖县恒济镇建河村开展了土地股份合作社试点。红心村有五个组，其中一个组有87亩土地，离村庄较远，农民种植的积极性不高，其余四个组共108亩，连接在一起，长期由集体统一对外发包。红心村根据实际情况，对已经承包到户的一个组，以各承包户为股东单独组建了一个股份合作社，另外四个组以各村民小组为股东，成立了一个合作社。两个合作社将土地集中对外发包，给镇农技人员种植水稻制种，发包收入全部返还给农户。建河村因处于水网地区，地势低洼，该村将分散在各个小组的516亩地势较低、种粮效益较差的荒滩进行分组按人落实股权，另将一直由村经营的500亩滩地作为集体股，建立了股份合作社，实行统一竞价发包养殖水产品，收益分配上原属各小组的滩地发包收入全部返还农户，原属村经营的滩地，其发包收入的30%用于农户分配，20%用于合作社积累，50%用于村委会补贴办公费[3]。从这两个地区的农村土地股份合作制探索和实践进程看，推动农村土地股份合作经营的主要原因是农村土地搁荒、农民外出务工等，而通过土地外部利润推动土地股份合作发展的因素并不明显，而且土地股份经营项目不具有明显的特色和效益。

2. 从分散种植到规模经营的农地股份合作效益分析。在苏北部分地区，农业生产占据着经济发展的重要地位，农民依靠农业种植这一渠道实现增收依然重要。宿迁市2004年三次产业结构比为28.7∶42.2∶29.1，虽然较2003年的30.2∶40.1∶29.7有所调整，但是农业产值所占比重仍然较大[4]，对于一个农业大市，由于外出务工的竞争激烈，部分农民仍然要长期从事农业生产，一些工业带动力不强的地区，农村土地收益不明显，通过土地股份合作，将农民分散的土地集中起来进行规模种植经营，如果市场行情好、没有遭遇自然灾害，能实现较好效益；如果受某些因素影响，导致种植情况、市场行情都不好，则农业规模经营可能会有所损失，农民利益得不到较好的实现，则农地股份合作制就会丧失存在的基础条件。

三、农村土地股份合作的利益机制

制度创新是在均衡—非均衡—均衡状态下得到演进和变迁的，诺斯等学者使用均衡分析框架来分析制度从非均衡到均衡的演变过程，通过创新活动，创新者或创新集团取得因制度变革带来的潜在利益[5]。在新制度条件下，这些利润实现后，制度达到一个均衡。农村土地股份合作制作为土地经营制度的一种创新，具有一般制度创新效应的同一性。

（一）外部利润是农地股份合作的动力根源

当前，农村土地股份合作制已成为许多地区探索农地经营新方式的一种最有效的制度选择，这种自下而上的农村基层制度创新，已渐渐为政府、社会所重视，部分地区还辅之以行政力量推动发展。虽然农村土地股份合作制在纯农业地区也有所发展，但发展较快、相对成熟的还是在发达地区的郊区农村，比如上海、江苏、浙江、广东等沿海城市的农村地区，这些地区工业化发展速度快，城镇化程度高，农民市民化进程不断推进，农村劳动力外出务工、农民就地转移就业创业机会较多，劳动技能素质相对较高，这些因素为农村土地股份合作发展提供了基础条件，其中又以工业化发展带来的土地增值为主。由于现行征地制度不完善，补偿标准不合理，农民对土地征用补偿预期与实际所得相差甚远，利益差别直接推动了农民要求分享工业化发展成果和土地增值收益。因此，外部利润的存在，是推进农地股份合作发展的动力根源。

（二）利益非均衡是农地股份合作的存在基础

农地股份合作之所以不断发展，有其潜在的利益驱动，主要是规模收益和农地非农化潜在收益等。一些地区通过集中农村集体土地，统一开发经营，尤其是对耕地进行适度规模种植，发展现代高效农业，从而获取规模效益，促进农村集体组织和农民收入增加。然而，土地资源禀赋差异、土地增值潜力、城镇化波及程度等因素对土地股份合作发展的影响更大，农地转为建设用地后获取的高于农地租赁价格的部分收益是土地股份合作制重要收益来源。因现行土地收益分配机制不尽合理，农民、集体、政府、企业之间的利益处于非均衡状态，农民要求充分实现土地增值收益的愿望及潜在收益的存在直接触发着土地经营制度创新。

（三）合法规避管制是农地股份合作的直接动因

《农村土地承包法》和《土地管理法》都对农地用途作了具体规定，严格限制农用土地转为建设用地，对耕地实行特殊保护，严格控制耕地转为非耕地。如何合法规避法律管制，实现土地增值收益，土地股份合作制较好地利用了相关法律、政策的边际制度。《土地管理法》第四十三条规定：任何单位和个人进行建设，需要使用土地的，必须依法申请使用国有土地；但是，兴办乡镇企业和村民建设住宅经依法批准使用本集体经济组织农民集体所有的土地的，或者乡（镇）村公共设施和公益事业建设经依法批准使用农民集体所有的土地的除外。第六十条规定：农村集体经济组织使用乡（镇）土地利用总体规划确定的建设用地兴办企业或者与其他单位、个人以土地使用权入股、联营等形式共同举办企业的，应当持有关批准文件，向县级以上地方人民政府土地行政主管部门提出申请，涉及占用农用土地的，依照本法第四十四条规定办理手续。这一规定为土地股份合作制发展留下了政策空间。昆山农民以土地使用权或资金入股，组成富民合作社，通过租赁集体土地、建造标准厂房并对外出租，获取租金收入，年终实行按股分红，有效规避了国家相关制度的约束。

（四）权益共享是农地股份合作的成功所在

农村土地股份合作制在坚持入社自愿、退社自由的前提下，将农民土地集中起来，进行统一经营，实行利益共享、风险共担的利益机制。目前，土地股份合作社的参股要素有土地使用权、资金、技术、集体投入等，就土地使用权而言，只要农民愿意加入土地股份合作社，就可以成为合作社的股东之一。因地区实际情况，各地股份合作类型不完全一样，但按照合作社章程，只要加入合作社里的社员，都有权利按照份额享受应得的土地收益的权利。这种既稳定农村土地承包经营权，不侵犯农民土地使用权利，又能通过制度保障合理获得土地收益分红的权益共享机制，是取得农民一致同意的关键所在。

四、农村土地股份合作制的局限性分析

农地股份合作制是新形势下农村土地经营制度的又一重大创新，但是运作土地股份合作制需要成熟的外部条件，在区域经济发展不平衡、配套制度不完善等因素制约下，农地股份合作制还不是一个普遍适用的制度选择，更不是创新农地经营制度的最终目标模式，只是在特定条件下一定区域内的过渡性制度安排。换言之，农地股份合作制还存在一定的局限性。

（一）农地产权不完善影响农地股权稳定性

1. 农地产权残缺的表现。当前我国农村土地是农村集体所有，农户家庭只享有农地承包经营权，我国《宪法》和《民法通则》对农地所有权主体界定不清晰，集体概念比较模糊，农民对其承包的农地只享有经营、收益、流转等权利，缺乏具有实质性产权的处置权，处置权的缺失使农民对土地长期经营没有足够的预期。《物权法》也对农村土地承包经营进行了规定，土地经营权可以采取流转、转让、租赁等方式进行处置，但没有规定

完整的处置权能。

2. 产权残缺对股权的影响。一是影响农地股权的稳定性。农业结构调整、农地征用等都涉及土地流转。目前部分地区缺乏规范的土地流转行为，程序和手续都不够完善，农民维护自身权益意识和认识度不够高，干部行政行为仍具有一定的影响力，土地流转行为不规范现象仍然存在，致使农民对土地使用权的稳定性没有足够的信心，担心自己承包的土地流转后，防止因农地权属不清而产生矛盾纠纷。因此，土地产权不稳定性导致土地流转不规范，可能造成农民土地使用权入股后权益有所丧失。另外，由于经济发展对土地流转的需求逐步增强，土地流转形式也呈现多样化，甚至出现难以管理的局面，这对我国土地产权体系的法制建设造成了严重的影响，如果不及时规范农地流转方式，可能对我国农地制度的长远安排产生深刻的影响。二是影响股权保障功能。土地股份合作社将农民土地集中起来搞统一经营，虽然农民可以在合作社里务工，挣取工资收入，还可以获取土地股权收益分红，但是农民失去了对自己土地的直接支配权，实质上是将土地物质权利货币化后的一种股权收益。股权的稳定性深受土地股份合作经营状况影响，合作社运行得好，农民收益才能得到保障，一旦发生亏损，农民既得不到分红，加之农地产权不完整，农民的土地使用权已作为股权加入到合作社中去，农民想收回自己的承包地是相当困难的。

（二）区域发展不平衡，影响农地股份合作的发展

农地股份合作制为实现多元主体利益目标提供了有效的制度平台，促进了农民增收。但是农地股份合作制运行是有条件的，并不是所有地区都适用土地股份合作制。

1. 效益是土地股份合作的根本。运作土地股份合作主要有两种目的：一是进行规模种植，实现规模效益；二是进行第二、第三产业开发经营，获取建设用地的土地增值收益和经营效益。比较这两种方式，获取土地增值收益能更有效推动土地股份合作制的发展，依靠纯农业种植的方式所取得的收益并不能满足合作制发展的有效需求。广东南海市（现在的佛山市）自1993年起，已先后建立农村股份合作组织1870个，其中以村委会为单位组建集团公司191个，占全部总数的近80%，以村民小组为单位组建的股份合作社1678个，占99.8%。但建立了股份制有分红的村只有34个，仅占17.8%，有分红的股份合作社974个，仅占52%[6]。因此，如果土地没有更高的利润收益，股份合作社运作就会面临困难，即便建立起来以后，如果仍然从事低水平的农业种植经营，土地的经济效益不高，合

作社则很难实现分红，股民也不能通过合作社实现增收，合作社则失去了存在的意义。

2. 制度成本制约土地股份合作发展。对照部分地区土地股份合作社章程等可以看出，从组建、成立、运作、收益分配等环节，有着很强的专业程序和运行机制。比如股权设置上，对土地股的折算、资金技术股的标准及其他股权的衡量都很难准确规定，对股权分配上也很难科学设置。合作社机构组成人员素质参差不齐，对组织机构顺利运行有一定的影响。另外，股权收益分配程序比较复杂，加入或退出合作社的成员，其股权收益分配及决算等方面更为复杂。许多地区的土地股份合作制在股份设置中包含了集体股和个人股、资金股和技术股等名目不一的股份，各地因地区特点其设置股份的程序、种类和原则也不尽一致。由此可见，土地股份合作制所追求的多重目标从根本上决定了其运行成本很高。

（三）农地股份合作制内部机制存在弊端

《农民专业合作社法》规定加入农民专业合作组织的社员享有"入社自愿、退社自由"的权利，虽然农村土地股份合作社与农民专业合作社有所不同，不受该法的调节，但农村土地股份合作社的成立也是建立在土地承包经营权主体自愿基础上的，不得强制要求农民将土地承包经营权入股。《农村土地承包法》也规定了土地承包经营权流转的主体是承包方，承包方有权依法自主决定土地承包经营权是否流转和流转的方式。另外，农民专业合作组织主要经营对象是农产品，加入专业合作组织的社员要退出合作社的，可以以货币形式进行结算，能将其财产及股权收益从合作社中分割出来。而农村土地股份合作的基础是土地使用权，农民将土地作为股份参与土地股份经营，一般情况下是集体统一规划经营，或者由集体统一用于项目开发，由于其不具有分割性，难以恢复原状，农民要收回其土地，该怎么分割？如果不要求收回土地，那么土地财产到底该怎么核算？这是一个难题。西南政法大学曹兴权教授分析指出，村民从入股的那一天起，他们的土地承包经营权就已经转让了，就已经和公司一起承担风险。如果公司经营不善，农民想退股怎么办？按照《公司法》的规定，股份不能退只能转让。如果公司倒闭，按照《破产法》的规定，债务人必须用现行所有财产清偿所有债务。这也就意味着，作为股东的农民，土地承包经营权就永远地失去了[7]。因此，土地股份合作社的退社自由其实并不自由，而且这种行为存在一定的社会风险。

（四）农地股份合作制缺乏法律保障

农村土地股份合作是农村土地经营方式的一种创新，顺应了农村经济发展要求。土地股份合作社类似于股份合作制企业，但是现今许多土地合作社不具备企业独立法人资格，法律和政府对农村土地股份合作社性质没有明确的规定，定位也很模糊，股份合作社既体现出了企业经营行为，又具有合作经济组织的性质。土地股份合作社的法人登记也很困难，工商部门认为其不符合企业法人资格而不予登记，民政部门认为其具有经营行为，不符合社团要求，也不好登记，目前已出台的《农民专业合作社法》对农民专业合作经济组织作了明确规定，但是并没有将农村土地股份合作社纳入合作社范畴，致使农村土地股份合作制无法可依，不受法律政策保护和扶持。因此，没有一个良好的法律政策环境，土地股份合作的发展方向比较模糊，运行环境也不完善。

五、加强农村土地股份合作制度建设

在坚持农村土地承包经营制度的前提下，《物权法》强化了土地承包权人的相关权利，稳定了农村土地经营关系，农民的土地权益保护更加有力。从实践层面看，农民的土地权益维护意识逐步增强，而且种植收益较以往有所提高，农业机械化生产水平不断提升，农民种田的积极性得到加强，进一步强化了农民的惜地思想。但事实上农民的土地权益仍未能得到充分保护，一些侵犯农民土地的行为时有发生，其根本原因在于农地产权问题还没有得到彻底解决。因此，当前在加快社会主义法治建设进程的同时，进一步加强农村土地制度建设，不断完善农地股份合作经营机制，实现农地经营绩效最优。

（一）坚持农村土地集体所有

首先，相当一段时期内继续坚持农村土地集体所有。有观点认为土地私有化是解决当前农地矛盾的最直接、最有效的制度选择，该观点有其合理性，客观上土地私有能更加有效保护农民的土地权利，而且许多发达国家农地私有化制度运行非常稳定，土地经营效率也很高。但是，基于国情的特殊性，我国现在每年新增 1100 万人，保持 8% 的经济增长，每年只能从农村转移 800 万人进城就业生活。40 年后，中国农村人均耕地还达不到现在的水平，所以小农经济是中国农业经济的长期现实的选择[8]；加上农业产业基础薄弱，农民就业创业能力不强，农业仍将成为部分农民的主要收入来源。如果实施土地私有化，社会资本争抢廉价的土地资源，容易造成土地垄断经营，致使部分农民无所依靠，难以预料会形成"圈地之风"。另外，如果国家允许农村土地私有化，强势资本兼并农村土地，容易导致部分农民成为无地游民。相反而言，农村土地集体所有、家庭经营的制度具有极强的适应性和生命力，是适合我国国情的一项农村基本经营制度，目前乃至今后一段时间，既不能改变农地集体所有的性质，更不能改变家庭经营的组织形式。因此，当前我国仍需坚持农地集体所有，进一步稳定和完善农民的土地社会保障功能，在此基础上，推进农村土地法律和制度建设，加快实现农民土地使用权长期化、物权化、市场化、资本化，加速农村土地使用权立法保护进程，用法律形式真正肯定并赋予农民长期而有保障的土地使用权。

其次，限制集体对土地的处置权力。法律赋予了基层集体组织享有土地所有权能，但并不是任集体为所欲为。当前我国法律只注重农民这一主体对土地的相关权利内容，而忽视了对集体组织形使土地权利的界定，缺乏必要的限制性规定。因此，在完善农地产权制度的同时，进一步界定集体组织对土地的相关权利，防止基层干部滥用权力，搞土地权钱交易，滋生腐败现象；要注重在禁止集体私自处置集体土地、土地资源收益分配不公、强制调整农民土地、征地补偿不合理等方面做出具体规定。

最后，为整合农地资源提供法律依据。新农村建设要求提升农村整体形象，优化农村区域功能布局，整合分散的土地及推动农地适度规模经营。但我国农村地区的农地资源比较散落，村庄布局不尽合理，部分农村地区土地功能已逐渐弱化，有必要通过适当的土地调整，重新优化农地生产布局。国务院经济体制改革办公室副主任邵秉仁指出，今后一段时期要把调整农业、农村经济结构当成一项中心任务来进行，必须涉及土地使用权的大量变更，包括土地使用权自愿、有偿、依法转让、继承，有计划地退耕还林、还草、恢复生态及非耕地资源的合理开发利用等，这些变更如果没有法律依据很显然会带来极大矛盾[9]。从理论政策和实践发展来看，当前我国应进行土地权利结构调整和重新构建，以法律形式界定和规范农村土地使用权的范畴，重点突出明确所有权、承包权、使用权、收益权及处分权等方面。

（二）增强农民土地处置权能

"处置"即处理的意思，体现在对某一对象的支配程度。当前，我国亟待对农民的土地处置权能加以明确规定，以发挥农地的使用功能。

其一，农民土地处置权能不完整。当前，在农民土地集体所有的前提下，农民不可能完全享有土地处置权，只能是依照农村土地相关法律制度进行合法实施，主要体现在转包、出租、互换、转让等几种流转方式，农民土地处置权能实际上是在集体统一意志支配下的一种附和行为，处于被动状态。正因为农民的土地处置权能缺失，造成了农地征用制度不公平、农民土地权益得不到保护等现象。因此，新农村建设进程中，要提高农民的市场主体地位，必须要增强农民的土地处置权能。

其二，扩大农民的处置权能范围。目前，众多学者呼吁要放开农民的土地处置权能，有效保护农民的土地承包经营权益。事实上确实需要进一步放开农民的土地处置权能，但其最终目的并不单纯是维护农民的承包权，主要目的是要让土地能够活起来，搞活土地经营，充分体现出土地的资本性。要实现农地资本性功能，法律应当赋予承包农户享有排他的占有、使用、收益权，并且享有包括使用权继承、有偿转让、转包、入股、联合经营、抵押等权利在内的较充分的处置权[10]，从而使农民的土地承包权成为一种具有实质意义的包含使用权、转让权、继承权和抵押权于一体的土地财产权。

其三，建立完善的处置权配套制度。放开土地处置权能会不会导致农地私有化、土地兼并、农民失地而流离失所？这些都需要有一套完善的配套制度，使农民的土地处置权在充分实现社会保障功能的前提下稳步实施。

（三）赋予农民土地资产性权利

土地不仅有社会保障功能、生态功能，还具有极强的资本增值功能。如何实现农地资本功能，维护好农民土地资产性权利，是完善农地产权功能的重要途径。

1. 确保农民拥有土地资产性权利。通过界定土地产权关系，进一步明确农民的土地权利。在坚持集体土地所有的前提下，将土地的物质形式转化成股权化的资本形态，让合法享有土地产权的农民都能平等分享到土地权益，以实现土地的资本化。土地股份既可以作为资本，参与社会资本或市场流动配置，实现股份合作经营，也可以兑现成土地资源，对其直接占有和使用，实现土地经营效益。

2. 实现土地资产市场化经营。通过健全农地市场机制，建立起平等的土地产权体系，以市场为导向，追求经济效益最大化。切实将土地作为社会生产要素，鼓励土地在合法前提下自由流通，提升土地资本增值功能和经济效益。允许农村土地使用权依法、自愿、有偿转让，在稳定承包经营使用权的基础上，用市场手段配置土地的经营使用权，解决人地矛盾。

3. 健全土地资产实现途径。在现行农村土地制度框架下，通过简单的农业生产很难实现土地资本增值功能，因为农业比较效益低下，土地经营利润有限，农民要使土地价值变现，只能通过转让、出租等流转方式，而不能买卖、抵押。因此，在产权不完整的前提下土地资产价值并没有完全实现。如何实现土地资产增值功能，除了完善市场机制外，还必须进一步强化农地股份合作制建设，通过稳定农民对集体土地的股权，实现股权收益长期化，确保农民分享到土地增值收益。另外，土地地力评估和定价也是农村土地市场化、资本化的一项前提工作，是健全和发展农村土地市场体系的重要环节。

（四）确保农民土地使用权的长期化

针对我国农村现实，农村土地现在是、今后相当一段时期仍然是农民主要的经济来源和社会保障[11]。因此，我国在推进农村土地制度建设过程中，不能犯"冒进主义"，也不要搞"一刀切"，而是要按照农村发展实情稳步推进。

其一，确保农民土地使用权长期化。农村土地调整、承包权利的不稳定性等深刻影响着农民对土地投入和经营的积极性，为进一步优化农地资源，提高农村土地产出率，需要加快实现农民对土地使用权的长期化经营。温家宝总理在十届全国人大三次会议举行的记者招待会上答记者问时指出："农民对土地的生产经营自主权将长期保持不变，也就是永远不变。"这为我国农村土地制度改革指明了方向。通过土地使用权长期化设置，逐步实现农民对承包土地的物权性质，稳固农民对土地的支配权，限制外部主体侵犯农民土地权益。

其二，以法律形式固化农民土地使用权长期性。目前，我国涉及农村土地制度方面的法律对农民与土地之间的关系仍界定为承包关系，规定了耕地承包经营期限为 30 年，期满后由承包经营权人继续承包。"承包"是指接受工程、订货或其他生产经营活动并且负责完成的意思。由此可以推断出农民是被动接受集体组织给予的表面性的土地经营权利，而不是处在真正的主人地位上对土地行使经营权，造成的直接影响是降低了农民生产积极性。在土地集体所有制前提下，如何实现农民的土地经营长期稳定性，是摆在我国农地制度改革面前的最迫切问题之一。当前，在实现农民土地经营期限长期化的基础上，加快农民土地使用权立法进程，以法律形式赋予农民的土地承包经营权长期化，从而为维护农民的土地权益提供法律后盾。在立法过程中，要注重对农地所有权主体、农民土地经营方式、农民享有的土地处置权能等环节进行具体规定，并辅之以必要的配套政策，完善农民土地使用权法。

参考文献

[1] 王小映. 土地股份合作制的经济学分析[J]. 中国农村观察, 2003(6).

[2] 刘芳, 钱忠好, 郭忠兴. 外部利润、同意一致性与昆山富民合作社制度创新[J]. 农业经济问题, 2006(12).

[3] 盐城市农村土地股份合作制改革情况汇报. 盐城市委农村工作办公室在2007年江苏省农村土地改革现场会上的交流材料, 2007.

[4] 江苏统计信息网. 宿迁市关于2004年国民经济和社会发展的统计公报. www.jssb.gov.cn.

[5] 卢现祥, 朱巧玲. 新制度经济学[M]. 北京: 北京大学出版社, 2007: 507.

[6] 国务院发展研究中心课题组. 南海土地股份合作制在探索中完善[J]. 中国经济时报, 2003-05-16.

[7] 曾向荣. 重庆农民土地入股新政来龙去脉. 广州日报, 2007-07-29.

[8] 李昌平. 慎言农村土地私有化. 中国土地, 2004(9).

[9] 王景新. 中国农村土地制度的世纪变革[M]. 北京: 中国经济出版社, 2001: 64.

[10] 王景新. 用法律和制度保障农民的土地使用权利——中国农村土地使用权立法和制度安排国际研讨会综述. 开放研究, 2000(2).

[11] 迟福林. 走入21世纪的中国土地制度改革[M]. 北京: 中国经济出版社, 2000: 7.